U0935677

延边大学「十一五」「211工程」重点学科建设项目
「朝韩日经济与东北亚国际合作」项目

东北亚区域合作法律环境研究丛书

中韩两国竞争法比较研究

A Comparative Study of Competition Law Between China and South Korea

金河禄　蔡永浩／著

中国政法大学出版社

2012·北京

总 序

本书是延边大学“十一五”“211 工程”重点学科建设项目——朝韩日经济与东北亚地区国际合作的系列研究成果之一。

随着我国同朝鲜、韩国、日本三国关系的日益紧密，以及国际局势的不断变化，东北亚国际合作问题成为我国政府以及学术界关注的焦点问题之一。如何加强我国与朝鲜、韩国、日本三国之间的合作，处理好共性与个性的关系，推动东北亚地区的和平与发展，是我国新时期经济发展和外交战略面临的重大课题，也是实现我国东部边疆稳定发展的重大研究课题。

国内外学者从当代现实利益角度出发，对东北亚区域内贸易与投资、国际物流、劳务合作、图们江流域国际合作开发、朝核问题、地区安全等方面进行了广泛研究，并取得了许多具有重要价值的研究成果。但是，这些研究大都是集中在专门性领域，其研究的深度还远远不够。东北亚地区国际合作的实践机理、政治法律及其人文地理环境的综合性研究还不够深入，特别是朝鲜、韩国、日本经济本体的基础性理论研究、中朝韩日经济关系史的研究还不够系统和全面，国内还没有真正形成共同的研究平台和解读体系。同时，周边国家的政治经济现实与未来变化对边疆跨境民族聚集地区的影响方面的研究尚处于空白状态。

针对东北亚区域政治经济发展变化和区域国际合作的现实状况，区域国际合作理论研究应紧密结合新时期我国国家发展战略，以国家重大战略需求为导向，紧紧围绕中朝韩日经济发展与东北亚地区国际合作的重大现实问题开展创新性的理论研究，这既是学科建设与发展的需要，也是新时期提升我国对外开放水平、提高开放程度的战略需要。

第一，加大对朝韩日三国经济本体的基础理论研究以及这些国家与我国的经济关系研究，系统研究朝韩日三国经济发展内外环境的变化，准确解析三国经济发展变化与我国经济发展变化的互动规律，构建国内共同研究的平台和解读体系，这些研究既是学科理论创新与发展的重大需求，也是新形势下建立我国东北亚地区国际合作参照系、“思想库”的重大需要。

第二，推动中日韩战略伙伴关系和战略互惠关系发展。中韩建交以来两国经济关系得到飞跃性发展，中韩关系已经提升为战略伙伴关系；中日关系在曲折发展中已经升格为战略互惠关系。如何加强中韩日在能源、环境、产业、贸易、投资、金融与科技等方面的深入合作，加强新时期朝韩日对外经济战略走向及其内外影响的理论研究，是我们理论界需要给予重视和进行重点研究的重大问题。

第三，高度关注和深化有关朝鲜半岛政治经济问题的研究。这里既要继续跟踪研究美欧日俄等世界大国的朝鲜半岛政策、南北朝鲜政治关系的新变化，也要密切关注朝鲜的政治体制变化对我国的影响，在复杂多变的大国关系中把握朝鲜半岛问题的本质，为党和国家的战略决策提供可靠的依据和有价值的参考。

第四，亟待加强东北亚地区国际合作中的法律问题研究。目前需要深入研究中朝韩日经贸关系中的法律纠纷以及东北亚各国出入境相关法律、东北亚各国的外国人法律地位、东北亚各国跨境犯罪等问题，这些问题都是在东北亚经济合作中必须予以关注的问题。

第五，深化“沿边、沿江”开发开放研究，推动沿边沿江开

第一章
中韩两国的市场经济制度及其比较

第一节　韩国资本主义市场经济体制的确立及其发展

自1948年大韩民国建立，韩国就把资本主义市场经济体制确立为国家的基本经济制度，开始了发展资本主义市场经济的历史进程。就韩国市场经济体制的基本类型而言，20世纪60年代以前属于资本主义自由市场经济体制，但是，20世纪60年代以来，随着国家综合经济开发的起步，由于强化了政府在经济发展中的主导作用，逐步发展为政府主导型市场经济体制。进入20世纪末，由于经济的持续快速发展和社会民主化程度的不断提高，为了提高社会福祉水平并使更多国民分享经济发展成果，以1987年宪法修改为契机，韩国的资本主义市场经济体制又开始了建立社会市场经济体制的历史进程。

一、韩国宪法与资本主义市场经济体制的确立

1948年随着大韩民国的建立与制宪宪法的制定，确立起来的韩国市场经济体制，迄今已走过了半个多世纪的发展历程。纵观已近半个多世纪韩国市场经济体制的发展历程，它不仅与韩国政治体制的演变以及经济的发展紧密相连，而且也与由韩国政治体制演变、经济的发展与进步所引起的宪法制度发展密切相关。所以，就韩国市场经济体制的发展可以作如下具体说明：

（一）制宪宪法的制定[1]与市场经济体制的确立

1948年随着大韩民国的建立，韩国制宪议会制定了《大韩民国宪

〔1〕1948年随着大韩民国的建立制定的宪法，由于是韩国历史上的第一部宪法，所以被人们称之为“制宪宪法”。但是，在韩国宪法学界也有人把它称为“建国宪法”。

法》（以下简称韩国宪法），即制宪宪法，韩国宪法考虑当时已处在崩溃边缘的国民经济、国民的强烈愿望以及国民面临的普遍贫困，选择了市场经济体制作为国家的基本经济制度。但是，在当时韩国的资本主义市场经济制度中，相对于国民以及经济主体所享有的经济自由，国民以及经济主体的经济平等得到了更为充分地尊重以及更加明显地强调。1948 年制定的韩国制宪宪法，不仅在序言中明确提出国家“保障所有个人在政治、经济、社会以及文化等所有领域的机会均等，并最大限度地保证个人能力的充分发挥”，而且也明确阐明韩国把实现政治民主、经济民主以及社会民主作为建国的根本理念。

关于国家所追求的经济民主，韩国的制宪宪法在其第 84 条作出了如下具体阐述：“大韩民国把能够确保给全体国民提供基本生活需求的社会正义、能够确保实现国民经济均衡发展的基本经济结构，作为国家的基本经济制度。所以国民个人的经济自由，必须受到国家这一基本经济制度的严格制约。”关于国家的基本经济制度，韩国的制宪宪法不仅在其序言和第 84 条作出如上的原则阐述，而且在有关的其他条款中还作出了具有统制性质的诸多具体规定，如有关“重要自然资源原则上实行国有化”的规定；[1]“运输、通讯、金融、保险、水利、自来水、天然气等带有公共性质的企业，原则上应当实行国营或公营的规定以及对于对外贸易实行国家控制”[2]的相关规定等。

在大韩民国建立之初，基于制宪宪法的有关规定在韩国形成了以资本主义的自由市场经济体制作为其根本基础的资本主义经济制度。但是，由于在自然资源的开发与利用、国营或公营的经营等诸多重要经济领域存在较为明显的国家统制因素所以当时韩国的资本主义自由市场经济体制并非纯粹的资本主义自由市场经济体制。

（二）1954 年修宪与自由市场经济体制的发展

20 世纪 50 年代随着 6.25 战争[3]的结束，通过借力美国的经济援助和自身的艰苦努力，韩国迅速恢复被战争破坏了的国民经济，所以实现国民生活的进一步安定与国民经济的全面振兴，已成为韩国政府必须予以关注的一个重大课题。但是，美国却以经济援助为条件，要求韩国

[1] 参见大韩民国宪法第 85 条。

[2] 参见大韩民国宪法第 87 条。

[3] 所谓“6.25 战争”是指 1950 年 6 月 25 日爆发的朝鲜战争，这一战争在中国也称抗美援朝战争。

确立资本主义自由市场经济在国家经济生活中的基础地位。所以，韩国在1954年为了顺利地取得美国的经济援助，迅速恢复被战争破坏了的国民经济，实现国民生活的进一步安定以及国民经济的全面振兴，大幅度地修改了宪法中的经济条款，在国家的经济生活中，确立了资本主义自由市场经济体制的基础地位。

1954年的宪法修改，不仅使韩国在国家的经济生活中，确立资本主义自由市场经济体制的基础地位，而且还使韩国资本主义市场经济的发展全面地摆脱了由于“国家统制”所带来的深刻影响，并且极大地促进了战后的经济重建事业，促进了对落后国民经济体系的全面改造。由于1954年的宪法修改，韩国宪法不仅确立了对私有财产所有权的保护、对个人以及企业经营自主权的尊重，还包括重要公用企业在内的企业民营化，以及政府经济规制的缓解等原则，而且在国家的经济生活中，确立了资本主义自由市场经济的基础地位，并极大地推动了韩国资本主义市场经济的发展。但是，资本主义自由市场体制形成与发展，也直接导致了韩国经济对外依赖性的进一步提高。

（三）1962年修宪与政府主导型市场经济体制的形成

1961年韩国爆发了5.16[1]军事革命，以朴正熙为首的少壮派军人掌握了国家政权。在此之后以朴正熙为首的军人政府，为了尽快确立国家自立型经济体系的经济基础，迅速改变国民经济的落后状况，并且促进国民经济的快速协调发展，不仅于1962年制定并实施了国家经济发展的《第一个经济发展五年计划》,[2]正式启动了国家综合经济开发，而且为了给业已启动的大规模经济建设提供有效法律支持，还于1962年12月再一次实行了宪法修改，大幅度修改了宪法中的很多经济条款，直接促成了韩国的资本主义市场经济体制由资本主义自由市场经济向混合经济体制即政府主导型市场经济体制的转变。

关于国家的基本经济制度，实施了1962年修宪后的韩国宪法，不仅通过第111条第1款明确规定：“大韩民国经济制度的根本基础是，对于个人经济自由与创意的尊重。”由此重申了国家实行资本主义市场经济制度的基本原则，而且还通过宪法第111条第2款的规定，明确提出“为了满足全体国民的基本生活需求，为了实现社会正义以及国民经

---

〔1〕 1961年5月16日，朴正熙发动军事政变并掌握了国家政权，这一事件被后人称为“5.16军事革命”。

〔2〕 从1962年起到1981年止，韩国先后制定并实施了4个“经济发展五年计划”。

济的协调发展，国家可以在一定的必要范围，对于市场主体的经济活动和市场经济的运行过程进行一定的规制与调节”。由此确认了对于市场经济活动的国家干预原则。认为单纯依靠市场机制的自律性调节无法解决的问题，可以通过国家经济干预进行直接的规制与调整，从而为国家实行广泛经济干预提供了必要的法律依据。

经过1962年的宪法修改，韩国宪法虽然在有关的经济条款中再次重申了市场经济原则，并确认了对于市场经济活动的国家干预原则。但是，在韩国的资本主义市场经济制度中，不仅经济平等得到了比经济自由更加突出地强调，而且以实现社会正义和国民经济协调发展为目标的，对于市场主体的经济活动和市场经济运行过程的国家干预也得到了充分肯定。所以，不仅形成了特色明显的政府主导型市场经济体制，即韩国型的混合经济体制，而且也为韩国实现国民经济的持续高速发展提供了重要的宪法保障。

（四）1987年修宪与社会市场经济体制的形成

20世纪60年代随着国家综合经济开发的起步，为了给国家综合经济开发提供有效的法律支持，韩国早在1962年进行宪法修改，从而进一步强化了国家的经济干预，而这一次修宪以及随后不断强化的国家经济干预，不仅使韩国的市场经济由资本主义自由市场经济体制逐步演化为以强调政府主导为主要特征的混合经济经济体制，即政府主导型市场经济体制，而且也极大地促进了韩国市场经济的发展进程，并使韩国迅速跻身于新兴工业化国家行列。

20世纪60年代以来，政府主导型市场经济体制的形成与发展，极大地促进了韩国市场经济的发展进程。但是，到了20世纪80年代，政府主导型市场经济体制，开始导致经济力量的过度集中、产业发展的不平衡、市场机制调节功能的萎缩以及资源配置的不合理等诸多消极后果。因此，为了消除由于政府主导型市场经济体制所带来的诸多消极后果，巩固国家综合经济开发所取得的经济发展成果，并且把经济发展成果合理地分配给全体国民，进入20世纪80年代韩国再一次进行修宪，大幅度地调整了宪法中的很多经济条款，开始了建立社会市场经济体制的历史进程。进入20世纪80年代，韩国进行修宪〔1〕修改宪法中的经

---

〔1〕 20世纪80年代韩国曾在1980年和1987年进行过两次宪法修改。但是，由于这两次宪法修改的目的是建立社会市场经济制度，所以把它统称为20世纪80年代的宪法修改。

济条款，开始着手建立社会市场经济体制的具体背景是：

（1）为了消除实施国家综合经济开发政策所带来的负面影响，以政府规制缓解为主要内容的政府主导型市场经济体制的改革，已经提上了重要的议事日程。20 世纪 60 年代以来，由于实行政府主导型经济发展战略，强化了对于市场经济活动的国家干预，极大地促进了国民经济的快速发展。但是，到了 20 世纪 80 年代，各种政策失败开始日益显现，为了适度缩小对于市场经济活动的国家干预，并且不再使各种政策的失败现象重演，韩国不仅在 1990 年组成了以国务总理为委员长的规制缓解委员会，而且还于 1993 年制定了专门的《企业规制缓解法》，开始对政府主导型市场经济体制进行系统改革。

（2）20 世纪 80 年代初，韩国以设立“成长发展阻碍要素改善审议委员会”为契机开始缓解政府的各项规制，开始了由政府主导型市场经济体制向民间主导型市场经济体制的转变，始于 20 世纪 80 年代的政府规制缓解，其主要目标是改善经济发展的软环境。20 世纪 80 年代的政府规制缓解，虽然由于受“光州起义”等政治事件的影响没有取得预期效果，但是，由于“广州起义”等一系列民主化运动，促进了全体国民民主意识的普遍提高，并且增强了全体国民对经济规制缓解的热切期盼，所以它为韩国的政府主导型市场经济体制实现向民间主导型市场经济体制的转变，打下了坚实的社会基础。

（3）20 世纪 80 年代的政府规制缓解，即对政府主导型市场经济体制的全面改革，其法律依据形成于 1980 年实行的宪法修改〔1〕。经过 1980 年的修改，韩国宪法不仅重申并保留了市场经济原则，而且还就垄断行为的防止、中小企业的保护、农（渔）民以及中小企业自助组织的培育、健康消费的引导、消费者权益的保护等内容作出了明确的原则规定。修改后的韩国宪法所确立的这些原则，不仅随着《独占规制与公正交易法》等法律的制定或修订得到了进一步落实，而且在 1982 年开始实施的《第五个经济社会发展五年计划》中也得到了较为充分的反映。从 1982 年起实施的《第五个经济社会发展五年计划》，不仅把过去的指导性计划转变为诱导性计划，而且还把政府主导型市场经济体制转变成了民间主导型的市场经济体制，并为发挥市场机制自律性调节的积极作用还做出了很多积极努力。而这些努力的具体成果不仅反映于 1987 年

〔1〕关于国家的基本经济制度，韩国的 1980 年修宪不仅重申并保留了市场经济原则，而且还确认了对于市场经济活动的政府规制与调整。因此，从这时起韩国已开始建立社会市场经济制度的历程。

的宪法修改，而且还通过1987年的宪法修改得到了进一步的巩固与发展。

1987年随着民主政府的建立，为了清算过去的军人政治，韩国再一次实行了宪法修改。经过1987年的修改，韩国宪法就国家基本经济制度作出如下规定：大韩民国“把能够给个人和企业提供充分经济自由，以及创意发挥空间的市场经济原则，作为国家经济制度的根本基础，并且为了实现国民经济的均衡发展、国民所得的合理分配、防止经济主体经济力量的滥用以及实现促进经济民主化等目标，对于市场运行以及经济主体经济活动，国家应当实行必要的规制与调节”。经过了1987年修改后的韩国宪法，有关国家基本经济制度的一系列规定表明，韩国的资本主义市场经济体制已完成了，由政府主导型的市场经济体制向民间主导型市场经济体制，即社会市场经济体制的转变[1]。

二、政府规制与韩国的资本主义市场经济体制

始于20世纪60年代的韩国综合经济开发，由于政府果敢经济政策的推进以及自立型国家经济体系的建立，使韩国早在20世纪80年代就已步入了新兴工业化国家行列。纵观韩国市场经济发展以及韩国实现经济起飞的历史进程，作为国家经济干预的重要手段，政府规制发挥了极为重要的作用。所以，有关韩国国家经济干预即政府规制的考察，对于我们正确理解韩国市场经济发展以及准确解读韩国的市场经济体制，具有极为重要的理论与现实意义。

（一）政府主导型市场经济体制的形成与发展

在各种类型的现代市场经济制度中，政府规制作为国家规范市场运行以及经济主体经济活动，实现对于市场经济运行过程国家干预的一项重要举措，对于现代市场经济发展正发挥极为重要的保障和促进作用。所以，对市场经济活动国家干预主要方式即政府规制的系统考察，不仅有助于我们进一步深化对现代市场经济的认识与把握，而且也有利于我们进一步加深对于国家经济干预，以及政府主导型市场经济体制形成过程的深刻理解。

现代市场经济不论其具体类型如何，都无一例外地把对市场经济活动的国家干预作为市场机制自律性调节最重要的辅助手段，因此作为国家经济干预的一种重要手段，政府规制必然要对市场经济发展产生重要

---

〔1〕 参见崔炳善：《政府规制论》，法文社（韩）2003年版，第628～637页。

影响。从经济法的视角来看，所谓的政府规制一般是指，“为了维护正常的国民经济秩序，而由国家即由政府实施的，对于市场运行以及经济主体经济活动过程的控制与协调”。在现代市场经济条件下，对于市场经济活动的各种政府规制，由于具有主观性与单方性的特征，不仅在一定条件下有可能侵犯到经济主体的法定自由与权利，而且在某些情况下还有可能制约市场机制自律性调节作用的发挥。所以，政府规制的不断强化势必导致市场经济，由纯粹自然形态的自由市场经济体制逐步发展为异化形态的市场经济体制。韩国的政府主导型市场经济体制正是由于政府规制的不断强化所导致的异化形态的市场经济体制。纵观韩国资本主义市场经济体制的历史发展过程，特别是从20世纪60年代起的政府主导型市场经济体制的发展过程，它与政府规制的发展与演变密切相关。

关于韩国政府主导型市场经济体制发展的历史过程，可以分为形成期与发展期这两个基本发展阶段，作如下具体的阐述与说明：

1. 韩国政府主导型市场经济体制的形成

20世纪60年代随着国家综合经济开发的起步，为了给已经起步的国家综合经济开发提供有效的法律支持，韩国不仅通过修改宪法大幅度地调整了宪法中的很多经济条款，确立了政府主导型市场经济体制的宪法基础，而且还根据修改后的宪法制定了《中小企业基本法》、《中小企业创业支持法》、《农村振兴法》、《农业机械化促进法》、《海外建设促进法》等一系列有关特定产业培育与振兴的法律，并且随着这些法律的制定与实施，还形成了有关各种产业的市场准入以及登记等制度。20世纪60年代以来，随着1962年宪法有关经济条款的大幅度修改以及其他相关法律和法规的制定与实施，不仅强化了对于市场经济发展过程的政府主导，而且还使韩国的资本主义市场经济体制实现了由资本主义自由市场经济体制向政府主导型市场经济体制的转化。

2. 韩国政府主导型市场经济体制的发展

纵观韩国市场经济体制以及政府规制发展的历史过程，在20世纪60年代随着国家综合经济开发的起步，韩国陆续制定并且实施了各种产业培育法以及产业振兴法等法律，形成了各种产业的市场准入以及登记等制度，因此各种产业的市场准入以及各种产业登记成为这一时期政府规制的重点。但是，到了20世纪70年代，由于国家对重工业和化学工业等这些薄弱产业开始实行特殊的保护政策，所以这一时期政府规制的重点自然是价格规制、进口规制以及各种产品的产量规制。而进入20

世纪 80 年代以后，随着世界性政府规制缓解浪潮的兴起，韩国的政府规制又开始得到了全面的缓解。

（二）政府主导型市场经济体制及其弊端

始于 20 世纪 60 年代的国家综合经济开发，以及为了给国家综合经济开发提供法律支持所实行的宪法修改，不仅导致了政府经济规制的全面强化，而且促成了韩国的资本主义市场经济体制实现了由资本主义市场经济体制向政府主导型市场经济体制的全面转化。政府主导型市场经济体制的形成，又促进了韩国资本主义市场经济的全面发展，使韩国由人均收入不足 200 美元的落后国家，迅速发展成为新兴工业化国家。但是，在各种类型的现代市场经济制度中，由于政府规制的本质是“行政权为了克服由于市场机制的自律性调节所带来的，各种非效率以及不公平等消极现象，而直接作用于市场运行以及经济主体经济活动过程的国家协调与控制”。[1] 所以政府规制对于市场机制的自律性调节以及经济主体的法定自由与权利必然造成一定的侵害。

政府规制虽然在韩国经济的起飞阶段，为实现国民经济发展发挥了重要的积极作用，但是，后来由于政府规制的不断强化，直接导致了经济力量的过分集中、经济发展的不平衡以及分配不公等一系列经济与社会问题，使得政府规制开始成为影响市场经济发展的重要制约因素。为了实现市场经济的进一步发展，实行政府规制的缓解改善国家经济干预已成为必须解决的一个重要课题。回顾韩国经济的发展历程，政府规制带来的消极影响主要有：

第一，由于国家的集中支持，造成了国家的经济力量日益集中于少数大企业或企业集团，并由此导致出现了资源配置的不合理现象。

第二，由于对特定产业和特定产业部门的集中支持，进一步加深了农业与工业、出口产业与内需产业、中小企业与大企业间发展的不平衡。

第三，由于政府规制的强化，造成了市场机制自律性调节功能的萎缩，而市场机制自律性调节功能的萎缩，又加重了资源配置的不合理现象。

第四，由于对市场经济活动的国家干预，特别是由于政府经济规制

---

〔1〕 参见李元雨：“行政法意义上的政府规制及其本质”，载《陆士论文集》第 38 集（韩）1990 年，第 157 页。

的不断强化，使韩国的市场经济体制开始丧失了其应有的活力。[1]

（三）韩国社会市场经济体制的形成与发展

进入20世纪60年代，随着国家综合经济开发的起步，韩国强化了对于市场经济活动的国家干预，实现了国民经济的持续快速发展。但是，进入20世纪80年代，随着国家经济规模的日益扩大以及民间经济力量的不断加强，政府规制开始成为影响市场经济发展的重要制约因素。所以，为了进一步提高市场经济的发展质量，在韩国开始掀起了一系列政府规制缓解浪潮。

韩国的政府规制缓解，根据1997年爆发的金融危机可以把它分为1997年金融危机爆发前的规制缓解与1997年金融危机爆发后的规制缓解这样两个基本发展阶段。在1997年金融危机爆发之前，韩国的政府规制缓解内容仅限于行政程序的简化等基本行政领域，未能涉及特定产业的市场准入、金融体制、土地管理等经济行政的核心问题。但是，在1997年金融危机爆发以后，为了进一步推动政府规制改革，彻底消除由于政府规制带来的一系列制约市场经济发展的客观因素，韩国政府采取了如下两项具体措施：

首先，把政府规制的缓解对象分成了以下两个基本类别：一是企业设立条件、产业用地、与建筑有关的各种审议制度、企业负担的减免、新兴产业的市场准入、商品流通以及企业贷款等应当优先缓解的各种规制；二是能够直接加重国民以及中小企业负担，并且与国民生活密切相关的各种规制，以及与中小企业生产经营密切相关的各种规制。在此基础上，为了给正在展开的政府规制改革，即政府规制缓解提供有效的法律支持，进入20世纪90年代，韩国还先后制定并实施了《有关企业活动规制缓解特别措施法》、《行政规制以及民愿事务基本法》和《行政规制基本法》等与规制缓解有关的基本法律。[2]

其次，始于20世纪80年代的政府规制改革，即韩国的政府规制缓解运动，其根本法律依据形成于20世纪80年代实施的宪法修改。进入20世纪80年代，韩国为了推动政府规制的系统改革，于1980年和1987年曾先后进行了两次修宪，并就国家基本经济制度作了如下规定：大韩民国“把能够给个人和企业提供充分经济自由，以及创意发挥空间的市

---

〔1〕 参见权五乘：《经济法》（第4版），法文社（韩）2002年版，第41～43页

〔2〕 参见崔松和：“关于韩国企业的民营化——规制缓和与行政法”，载《东亚行政法学会第五次学术会议论文集》2002年，第212～226页。

场经济原则，作为国家经济制度的根本基础，并且为了实现国民经济的均衡发展、国民所得的合理分配、防止经济主体经济力量的滥用以及实现促进经济民主化等目标，对于市场运行以及经济主体经济活动，国家应当实行必要的规制与调节”。[1] 由此明确了政府规制改革的目标是实现由政府主导型市场经济体制向社会市场经济制度的转变。

三、韩国资本主义市场经济体制的内容与特征

由于制宪宪法的制定与实施而确立起来的韩国资本主义市场经济体制，随着20世纪60年代国家综合经济开发的起步以及国家经济干预的不断强化，到了20世纪60～80年代，已发展为政府主导型的市场经济体制或称混合经济体制。但是，由于政府主导型市场经济体制给市场经济发展带来了很多难以克服的结构性问题，进入20世纪80年代，韩国就已开始建立社会市场经济体制的历史发展进程。在韩国的资本主义市场经济制度中，由于至今盛行对于市场运行以及经济主体经济活动的国家干预，所以有关韩国资本主义市场经济基本内容与特点的考察，还应立足于韩国资本主义市场经济体制的现实状况。

（一）韩国资本主义市场经济体制的基本内容

关于国家的基本经济制度，《大韩民国宪法》在第119条第1款作出了如下的具体阐述：大韩民国“把能够给个人和企业提供充分经济自由以及创意发挥空间的市场经济原则，作为国家经济制度的根本基础”。[2] 韩国宪法有关国家基本经济制度的这一规定，不仅明确宣示韩国把以市场机制的自律性调节作为核心的市场经济体制，作为国家整个经济制度的基础，而且还明确表明在韩国实行的市场经济体制其根本的基础是：生产资料的资本主义私人占有制以及对国民个人和经济主体经济自由的充分尊重。由此我们可以看出，韩国的市场经济体制明显属于资本主义市场经济这一基本类型。

关于在协调市场经济运行中国家的基本任务，《大韩民国宪法》不仅在第119条第2款规定：“为了实现国民经济的均衡发展、国民所得的合理分配、防止经济主体经济力量的滥用以及实现经济民主化，对于市场运行以及经济主体经济活动，国家应当实行必要的规制与调节。”

---

〔1〕《大韩民国宪法》第119条。

〔2〕韩国宪法所确认的“私有财产原则”和“经济自由原则”主要是根据《大韩民国宪法》的前文、《大韩民国宪法》的第10、23条和第34条等条款的规定所确立的。

而且还在宪法第125条和126条分别规定："国家发展对外贸易，并对国际贸易实行必要的规制与调节"；"……基于国防或者国民经济的迫切需要，国家不仅可以实行私营企业的国有化或者把它们转变为公有企业，而且也可以直接统制或管理它们的经营活动"。根据韩国宪法有关国家经济制度的这些基本规定，我们可以看出韩国的资本主义市场经济体制包括了如下若干基本内容与要点：

（1）韩国的资本主义市场经济体制，不仅把生产资料的资本主义私人占有制作为国家整个市场经济制度的基础，把对个人以及企业自由与创意的最大限度尊重作为确保市场经济体制正常运转的基本原则，而且还把市场经济规律以及市场机制的自律性调节作为实现资源配置的最基本手段。所以，在韩国的资本主义市场经济制度中，虽然认可对于市场经济活动的国家干预，但是，由于生产资料的资本主义私人占有制，以及对个人以及企业自由与创意的最大限度尊重，市场机制调节始终是实现资源配置的最基本手段。

（2）在韩国的资本主义市场经济制度中，为了充分发挥市场机制自律性调节的积极作用，为了维护正常的市场经济秩序并且促进竞争，对于那些能够影响经济主体自由竞争，能够影响市场机制发挥调节作用的市场垄断、企业联合以及企业的其他不正当竞争等行为，根据实际需要，国家可以实行必要的规制与干预。所以，在韩国的资本主义市场经济制度中，对于市场运行以及市场主体经济活动的国家干预，已成为市场经济制度不可或缺的重要内容。

（3）目前在韩国的国家机构体系中，为了确保对于市场运行以及市场主体经济活动国家干预合法与有效，不仅设立了专司国家经济干预的计划预算处、财政经济部、公平交易委员会、金融监督委员会等专门的经济管理机构，而且还构建了由金融、财政、税收等多种经济调控手段构成的，用于实现国家经济干预的宏观调控体系。因此，在韩国的资本主义市场经济制度中，实现国家经济干预的宏观调控体系自然成为市场经济制度的重要内容。

（4）根据韩国宪法的相关原则及其规定，目前法治主义早已成为韩国政治体制以及行政管理的一项重要原则，[1]所以国家经济干预也应遵

〔1〕《大韩民国宪法》虽然没有有关法治主义的专门规定。但是法治主义原则通过《大韩民国宪法》第89条有关政府职权的规定；《大韩民国宪法》第96条有关政府各部门的设置以及职责范围的规定；《大韩民国宪法》第102条有关各级法院设置的规定；《大韩民国宪法》第107条有关违宪法律审查制度的规定等内容得到了充分的体现。

循法治主义原则。由宪法规定所确立的法治主义原则要求，对于市场运行以及市场主体经济活动的所有国家经济干预，即由国家行政权实施的对经济主体法定自由与权利的限制、行政机关给经济主体的附加的各种经济义务，不仅要有明确的法律依据，而且限制经济主体法定自由与权利或者给经济主体附加经济义务的这些法律，应当对所有同类市场经济主体产生完全相同的制约效果。

根据宪法规定所确立的韩国资本主义市场经济体制，它是一种把对市场经济活动的国家干预即实行国家统制的统制经济成分，融入到资本主义自由市场经济制度的“混合经济”。所以，在韩国的资本主义市场经济制度中，虽然所有经济问题的最终解决在原则上依赖于市场机制的自律性调节，但是，仅靠市场机制的自律性调节无法解决的经济主体的市场垄断、国民收入的合理分配等诸多问题，在很大程度上还依赖于国家经济干预。

（二）韩国资本主义市场经济体制的基本特征

进入20世纪60年代，随着国家综合经济开发的起步，为了实现国民经济的持续快速发展，韩国在注意发挥市场机制自律性调节作用的基础上，不断强化了对市场经济活动的国家干预，实现了市场机制的自律性调节与国家经济干预的有机结合，并使韩国的资本主义市场经济体制实现了由资本主义自由市场经济体制向政府主导型或称“政府—财阀主导型”市场经济体制的转变。[1]使韩国的资本主义市场经济体制具有了如下若干基本特征：

（1）在国家的基本经济制度中，生产资料的所有制结构不仅是整个国家经济制度的一项重要内容，是国家以及经济主体所有经济活动能够得以存在的根本前提，而且对市场运行以及市场主体的经济活动也将产生极为重要的影响。在国家的基本经济制度中，生产资料所有制结构所具有的这种基础地位，以及它对市场运行、经济主体经济活动所产生的这种重要影响，在韩国的资本主义市场经济制度中也并不例外。

关于生产资料所有制形式，在目前韩国的国民经济生活中，主要是把私企业、公企业、公私联营企业等概念，作为区分不同所有制的主要

〔1〕 纵观已近数十年的韩国经济发展过程，对于促进国民经济的发展，韩国政府发挥了十分重要的主导作用。但是，在韩国对于国民经济发展的这种政府主导，在很多情况下，都是通过对大企业或企业集团即财阀企业的所实施的支持来实现的。因此，对于政府主导型的韩国市场经济制度，我们也可以把它表述为“政府—财阀主导型的市场经济制度”。

标准。但是，在韩国现实的经济结构中，公企业与公私联营企业所占比重不大，并且随着公企业民营化步伐的不断加快，这一比重目前还在不断下降。所以，在韩国的市场经济制度中，生产资料的资本主义私人占有制，不仅成为韩国整个市场经济体制的根本基础，而且也极大地影响了韩国市场经济的发展走向。因此，生产资料的资本主义私人占有制，是韩国资本主义市场经济体制，有别于中国社会主义市场经济制度的一个重要特征。

（2）就资源配置的具体方式而言，韩国强调的是市场调节与国家干预的有机结合。纵观已近半个多世纪韩国市场经济发展历程，直到20世纪80年代，韩国在资源配置中，由于市场体制不健全等多方面的客观原因，相对于市场机制的自律性调节，强调的是对市场经济活动的国家干预。但是，自进入20世纪80年代以来，随着政府主导型市场经济体制所导致的经济发展不平衡以及腐败等一系列问题，市场机制的自律性调节得到了更加突出地强调。不仅如此，韩国还以1987年修宪为契机，开始了全面确立社会市场经济体制的历史进程。经过1987年修宪后的韩国宪法，它所要建立的韩国型的社会市场经济体制，不仅把均衡有序的国民经济发展、稳定并适度的国民收入分配、各类经济主体的协调发展以及经济民主化的实现等作为基本内容，而且这一市场经济体制最基本的本质特征是，强调市场调节与国家经济干预的有机结合。

（3）在韩国的资本主义市场经济制度中，虽然国家经济干预也是一种实现资源配置的重要辅助手段，但是，却远比其他国家的经济干预有了更加广泛的作用范围和更加强烈的作用强度。纵观韩国市场经济发展的历史进程，虽然在国家综合经济开发的起步阶段，把经济发展计划的制定与实施作为实现国家经济干预的主要方式，但是，随着国家整体经济规模的不断扩大、国家综合经济实力的不断增强以及社会民主化程度的不断提高，目前已经把价格、税收、利率等经济手段，作为实现国家经济干预的主要手段。

第二节　中国社会主义市场经济体制的形成与发展

20世纪80年代以来，随着对外开放和经济体制改革的不断深入，中国已经实现了由社会主义计划经济体制到社会主义市场经济体制的转变，并且在国家的经济生活中确立了社会主义市场经济体制的基础地位。目前中国的社会主义市场经济体制，通常把中国共产党的政治领导和生产资料的社会主义公有制，作为有别于资本主义市场经济体制的本质特征。纵观已近二十多年中国社会主义市场经济产生与发展的历史过程，可以作如下具体说明：

一、经济体制改革与中国社会主义市场经济理论

自1949年中华人民共和国成立，中国长期坚持走社会主义发展道路。因此在国家的经济生活中，社会主义计划经济体制根深蒂固，严重影响和制约了社会生产力的发展。但是，随着十一届三中全会的胜利召开以及全党全国工作重心的转移，对外开放不断扩大，经济体制改革不断深入。1993年召开的第九届全国人大第二次会议，正式把社会主义市场经济体制写入宪法，[1]使中国的经济体制完成了由社会主义计划经济体制向社会主义市场经济体制的过渡。

（一）中国的经济体制改革

随着1976年“文化大革命”的结束，以1978年12月召开的十一届三中全会为契机，中国开始了全面而又系统的经济体制改革。回顾三十多年的经济体制改革历程，始于农业生产领域的经济体制改革，目前不仅已扩展到经济与社会生活的各个领域，而且也给中国的社会生活带来了深刻变化，使中国开始步入小康社会。通过近二十多年的改革与发展所取得的成果，涉及我国经济与社会生活的各个领域，但是，其具体成果可以归纳为以下三点：

（1）党的十一届三中全会以来，通过三十多年的思想解放以及持续深入的对外开放和经济体制改革，中国不仅极大地解放了生产力，促进了社会生产力的持续高速发展，全面提高了人民的物质生活水平，并且在经济建设的所有领域都取得了令世人瞩目的巨大发展成果，使我国的综合国力有了进一步提高，而且在社会主义民主政治建设、道德文化建设、国防现代化建设、科技与教育事业的发展等所有社会生活领域，也取得了全面的发展与进步。

（2）改革开放以来，通过三十多年的持续改革与开放，中国社会主义经济制度的基础，即生产资料所有制结构已发生了深刻变化。中国的生产资料所有制结构，已由过去把生产资料的国家所有和劳动群众集体所有制作为主要生产资料所有制形式的单一制结构，发展为把生产资料

---

[1] 《中华人民共和国宪法》第15条第1款规定“国家实行社会主义市场经济”。

的国家所有和劳动群众集体所有制作为所有制结构的主体，并有私营经济、外资经济、中外合资（合作）等经济成分作补充的多种所有形式并存的所有制结构。

（3）通过三十多年的持续改革与发展，国家组织经济建设以及实现资源配置方式也发生了深刻变化。建国以来，由于中国长期实行社会主义计划经济体制，计划和命令等行政手段成为国家组织经济建设以及实现资源配置的最主要手段。但是，随着对外开放的不断扩大和经济体制改革的不断深入，我国社会主义市场经济体制逐步建立，通过经济规律发挥作用的市场机制的自律性调节，已成为国家组织经济建设以及实现资源配置的最基本手段。

（二）社会主义市场经济理论的提出

始于20世纪80年代的中国经济体制改革，由于党和政府的全力推动，以及社会各界的广泛参与，到了20世纪80年代末，已取得了令世人瞩目的巨大成果，并使我国经济建设和其他各项社会事业取得了重大发展。但是，时至这一时期的改革由于把建立有计划的社会主义商品经济作为基本奋斗目标，并且提出了以计划经济为主、市场调节为辅的口号，所以造成中国的经济体制改革无法突破社会主义计划经济体制这一基本框架，使得社会主义计划经济体制成了严重制约经济体制改革、影响社会主义经济建设进一步发展的重要制约因素。因此，进入20世纪90年代，随着建设具有中国特色社会主义步伐的不断加快，在中国不仅首次提出了有关社会主义市场经济建设理论，并且在1993年实施的宪法修改中还明确规定：“国家实行社会主义市场经济。国家加强经济立法，完善宏观调控。国家依法禁止任何组织或者个人扰乱社会经济秩序。”进入20世纪90年代，中国之所以能够把社会主义市场经济写入宪法，并开始着手建立社会主义市场经济体制，这是中国长期坚持执行改革开放政策，并且一贯倡导实事求是思想路线的必然结果。

回顾中国社会主义市场经济理论的发展过程，先是由我国改革开放的总设计师邓小平同志，在1992年春的“南巡讲话”中提出：“计划多一点还是市场多一点，不是社会主义与资本主义的本质区别。计划经济不等于社会主义，资本主义也有计划；市场经济不等于资本主义，社会主义也有市场。计划和市场都是经济手段。社会主义的本质，是解放生产力，发展生产力，消灭剥削，消除两极分化，最终达到共同富裕。”[1]

---

〔1〕《邓小平文选》（第3卷），人民出版社1993年版，第373页。

这样不仅在中国第一次提出了社会主义市场经济理论，而且还引发了有关建立社会主义市场经济体制的讨论，使社会主义市场经济理论在全国范围得到了广泛共鸣。之后于1992年末召开的中国共产党第十四次全国代表大会，则把建立社会主义市场经济体制正式确定为中国共产党的基本政策目标，并建议全国人民代表大会把社会主义市场经济写入宪法，这样于1993年召开的第九届全国人民代表大会第二次会议，正式把社会主义市场经济写入宪法，确立了社会主义市场经济体制。

（三）社会主义市场经济体制的形成与发展

自1993年把社会主义市场经济写入宪法，明确“国家实行社会主义市场经济”，并把社会主义市场经济确立为国家基本经济制度以来，我国不仅继续致力于改革开放全面推进社会主义现代化建设，而且也积极着手建立社会主义市场经济体制，并且已经构建了社会主义市场经济体制的基本框架。回顾我国社会主义市场经济体制形成与发展的历史过程，中国社会主义市场经济体制的建立，已取得了很多重要成果，这些成果可以概括为以下几点：

（1）在现代市场经济的发展中，充满活力的市场经济主体以及经济主体的创造性经济活动，对于促进市场经济发展具有极为重要的现实意义。因此，为了造就充满活力的市场经济主体，中国不仅通过国有企业的转让、国有企业的股份制改造、设立合资（合作）企业以及外资企业等一系列改革开放措施，促进了市场经济主体的多元化，而且还通过企业产权制度改造，特别是通过全民所有制企业产权制度改造，实现了企业所有权与企业经营权的分离，造就了一大批充满活力的市场经济主体，为市场经济发展注入了活力。[1]

（2）在各种类型的市场经济制度中，所有经济主体都围绕市场这一中心开展自己的经济活动，因此体系完备、功能完善的市场体系，对于市场经济发展起着至关重要的保障与促进作用。自1993年中国正式把社会主义市场经济写入宪法，并开始着手建立社会主义市场经济体制以来，不仅采取措施建立了现代化的企业制度，并且通过促进市场主体的多元化，造就了市场主体即企业的竞争氛围，而且还加紧了市场体系的建设步伐，培育了各种要素市场，建立了体系比较完备、制度相对完善的市场体系，此外与这些已经建立的市场体系相适应的价格机制、竞争

〔1〕 参见吴振坤主编：《社会主义市场经济理论基本难题研究》，中共中央党校出版社1996年版，第108～125页。

机制、供求机制和风险机制也已基本形成。

（3）在现代市场经济条件下，要充分发挥市场机制自律性调节的作用，必须要有合理统一的市场规则。因此，为了确立合理统一的市场规则，促进市场经济健康发展，自 1993 年以来中国狠抓社会主义市场经济法律体系建设，并已基本构建了社会主义市场经济法律体系。目前在中国已经制定并实施的有关市场经济的基本法律，不仅有公司法、私营企业法和合伙企业法等用于规范市场主体的法律，计划法、银行法和价格法等用于规范国家宏观调控的法律，反不正当竞争法、产品质量法和消费者权益法等用于规范市场管理的法律，而且还有保险法、劳动法和失业保障法等用于规范社会保障的法律。

二、政府规制与中国社会主义市场经济体制

中国的社会主义市场经济体制，由于把大部分生产资料的国家所有制和劳动群众集体所有制、以中国共产党领导为核心的社会主义政治体制，作为有别于资本主义市场经济体制的本质特征。所以，在中国的社会主义市场经济制度中，政府规制不仅具有了比韩国的政府规制更加广泛的作用范围，而且由于受社会主义政治体制的深刻影响，政府规制自然也具有了比在韩国资本主义市场经济体制中的政府规制更加强烈的作用强度。

（一）政府规制与社会主义市场经济体制

中国的社会主义市场经济体制是把以中国共产党领导为核心的社会主义政治体制与市场经济体制有机结合在一起的一种新型市场经济体制。但是，由于社会主义市场经济体制与其他各种类型的市场经济体制一样，把市场机制自律性调节、对公民个人以及经济主体法定自由与权利的尊重作为其最基本的本质特征，把对于市场经济活动的国家干预即政府规制作为市场机制自律性调节的一种最重要辅助手段，所以，在中国的社会主义市场经济制度中，对于市场经济活动的国家干预即政府规制，也必须根据现代行政法的依法行政原理，受到法律和法规的严格规范与制约。

现代市场经济不论其具体类型如何，都把市场机制的自律性调节作为实现资源配置的基本手段，并且把对市场经济活动的国家干预即政府规制作为市场机制自律性调节最主要的辅助手段。但是，在中国的社会主义市场经济制度中，对于市场经济活动的国家干预即政府规制具有比资本主义市场经济条件下的国家经济干预更加广泛的作用范围和更加有

力的作用强度。在社会制度不同的国家，对于市场经济活动的国家干预即政府规制，其作用范围和作用强度上表现出这种明显差异，其根本原因主要有以下几点：

（1）在社会主义市场经济制度中，对于市场经济活动的国家经济干预即政府规制，具有比资本主义国家的国家经济干预更加广泛的作用范围和更加有力的作用强度，其根本原因就在于生产资料的社会主义公有制。因为在把生产资料的社会主义公有制作为市场经济体制所有制基础的情况下，由于生产资料的所有者与国家经济干预即政府规制的实施者是统一的，它们之间不可能有根本的利害冲突。所以在很多情况下，那些能够足以影响经济主体法定自由与权利的政府规制，不仅并不必然导致经济主体的抵制与反抗，而且在某些情况下还有可能得到经济主体的积极响应。〔1〕

（2）中国的社会主义市场经济体制，由于它把以中国共产党领导为核心的社会主义政治体制作为有别于资本主义市场经济的本质特征，在中国社会主义市场经济制度中，对市场经济活动的国家干预必然要受社会主义政治体制的深刻影响，使得中国社会主义市场经济条件下的国家经济干预即政府规制，具有了比资本主义市场经济条件下的国家经济干预更加广泛的作用范围和更加有力的作用强度。之所以具有这样广泛的作用范围和强烈的作用强度，这在很大程度上是目前实行的社会主义政治体制，特别是单一化的政权组织形式以及中央的集中统一领导所带来的必然结果。

（3）就国家政权的具体结构形式而言，中国由于自秦汉以来的漫长历史发展中，除了较短时期处于分裂状态外，不仅长期维持了作为统一多民族国家的国家地位，而且长期坚持了中央集权这样一种政权组织形式，而国家结构形式和政权结构形式的这种历史传统，不仅决定了中国目前的国家结构形式只能是统一的多民族国家，而且也决定了中国目前的政权组织形式只能是人民代表大会制度。所以，建国以来我国所有宪法均明确规定，“中华人民共和国是全国各族人民共同缔造的统一的多民族国家”，并把人民代表大会制度作为国家政权的基本组织形式。长期以来，由于我国把具有集权性质的人民代表大会制度作为国家政权的基本结构形式，所以国家经济干预也就具有了与这种国家政权组织形式

〔1〕社会主义市场经济以生产资料的国家所有，作为最主要的生产资料的所有制形式。因此，在实行社会主义市场经济制度的情况下，最主要的生产资料所有者与政府规制的发动者必然都是国家。

相对应的，相对广泛的作用范围和相对强烈的作用强度。

（二）社会主义市场经济条件下的政府规制及其问题

包括社会主义市场经济在内的各种现代市场经济体制，它们所具有的共同特征是：在把市场调节作为资源配置最基本手段的同时，把对市场经济活动的国家干预即政府规制，作为市场机制自律性调节最重要的辅助手段。但是，在中国的社会主义市场经济制度中，由于国家经济干预即政府规制比其他市场经济体制类型中的政府规制，表现出更加广泛的作用范围和更加有力的作用强度，在一定程度上影响到了中国社会主义市场经济发展。所以，在中国的社会主义市场经济制度中，政府规制必须解决以下两个问题：

（1）中国的社会主义市场经济体制，由于把生产资料的社会主义公有制作为整个市场经济体制的所有制基础，并且把以中国共产党领导为核心的社会主义政治制度，作为它有别于资本主义市场经济体制的基本特征。所以，在中国的社会主义市场经济制度中，政府规制自然具有了比资本主义市场经济条件下的政府规制更加广泛的作用范围和更加强烈的作用强度。而这样一种作用范围相对广泛、作用力度相对强烈的政府规制，必然对市场机制的自律性调节以及经济主体的法定自由与权利造成冲击。所以，在我国的社会主义市场经济制度中，采取措施规范和控制国家经济干预即政府规制，并且正确协调和处理市场机制的自律性调节与政府规制、政府规制与确保经济主体自由竞争间的关系，已成为发展社会主义市场经济必须给予关注的重要问题。

（2）在我国的社会主义市场经济制度中，由于受生产资料的社会主义公有制以及社会主义政治体制的深刻影响，国家经济干预具有了比在资本主义市场经济条件下的国家经济干预更加广泛的作用范围和更加强烈的作用强度。但是，由于社会主义法制建设的相对滞后，以及受过去实行的社会主义计划经济体制影响，对市场经济活动的国家干预即政府规制，在很多情况下还至今依赖于行政命令、行政强制等单纯的行政手段。因此，在中国的社会主义市场经济制度中，采取措施努力使对市场经济活动的国家经济干预即政府规制，尽早摆脱社会主义计划经济体制影响，并且不断向着规范化、法制化方向发展，是我国社会主义市场经济的进一步发展必须解决的又一重大课题。

（三）政府规制改革与社会主义市场经济的发展

回顾三十多年的中国经济体制改革历程，特别是回顾已近十多年中国社会主义市场经济的发展历程。在我国的经济生活中之所以能够全面引入以竞争机制为核心的市场经济体制，并且把社会主义市场经济确立为我国社会主义经济的基础运行方式，这是我们在党的十一届三中全会以后，长期坚持实行对外开放政策，并对社会主义计划经济体制进行了系统改革的必然结果。所以，我国社会主义市场经济的进一步发展，也必然与我国对外开放的持续扩大、经济体制改革的不断深入和政府规制的改革紧密相连。

所谓社会主义市场经济是指“虽然大部分的生产资料归国家或社会共同所有，但是，对于市场运行以及经济主体经济活动的调节，不是把国家计划作为主要调节手段，而是把市场机制的自律性调节作为基本调节手段的经济体制”。[1]在现代市场经济条件下，要确保市场经济的持续快速发展，不仅要在资源配置中确保市场机制发挥基础性作用，而且还要不断改革和完善政府规制，使政府规制不影响市场机制自律性调节作用的正常发挥。所以，在中国的社会主义市场经济制度中，政府规制必须进行如下几项重要改革：

（1）社会主义市场经济由于把生产资料的社会主义公有制、以中国共产党领导为核心的社会主义政治制度，作为有别于资本主义市场经济的本质特征，使得对市场经济活动的国家干预即政府规制，不仅具有了比资本主义市场经济条件下的政府规制更加广泛的作用范围和更为强烈的作用强度，而且也更容易造成对于市场机制的自律性调节以及经济主体法定自由与权利的侵犯。所以，在中国的社会主义市场经济制度中，对于市场经济活动的国家干预即政府规制，不仅应当尽可能采用价格、利率、税收等间接的经济干预手段，而且还必须把它们置于社会主义法制的严格监督与制约下。

（2）社会主义市场经济由于它把以中国共产党领导为核心的社会主义政治制度，作为自己有别于资本主义市场经济的最重要本质特征。所以，在中国的社会主义市场经济制度中，由于对经济建设和社会各项事业的中国共产党领导，对市场经济活动的国家经济干预即政府规制，变得比其他国家的国家经济干预即政府规制更加有力。根据中国共产党的性质以及我国的国家性质，中国共产党必须实现对经济建设和社会各项事业的领导，但是，如果方式不当势必成为影响社会主义市场经济健康发展的一个重要制约因素。所以，在中国的社会主义市场经济制度中，对经济建设和社会各项事业的中国共产党领导，对市场经济活动的国家

---

〔1〕 权五乘：《经济法》（第4版），法文社（韩）2002年版，第30页。

干预即政府规制，必须按照有利于社会主义市场经济发展的原则进行必要改革。

三、中国社会主义市场经济体制的内容与特征

中国的社会主义市场经济体制，由于它是在党的十一届三中全会后，随着对外开放政策的实施以及对社会主义计划经济体制的系统改革，逐步发展起来的一种新型的社会主义经济体制。所以，中国的社会主义市场经济体制，必然与过去长期实行的社会主义计划经济体制具有多种内在联系，并使中国的社会主义市场经济体制具有了以下若干基本内容与特征：

（一）社会主义市场经济体制的基本内容[1]

中国的社会主义市场经济体制，它是在生产资料的社会主义多种所有制基础上，即生产资料的国家所有制和劳动群众集体所有制以及各种非公有制经济的基础上，把以“四个坚持”作为基本特征的社会主义政治体制，与在资源配置中强调市场机制自律性调节基础作用的市场经济体制有机结合在一起的新型的市场经济体制。进入20世纪90年代，中国的经济体制之所以能够实现由社会主义计划经济体制到社会主义市场经济体制的彻底转变，完全是长期实行改革开放政策的必然结果。根据社会主义市场经济理论，中国的社会主义市场经济体制，主要包括以下若干基本要点与内容：

（1）宪法规定：“中华人民共和国是工人阶级领导的、以工农联盟为基础的人民民主专政的社会主义国家。”[2]坚持对经济、教育、文化等各项社会事业的中国共产党领导，并且确保“四个坚持”在国家政治生活以及各项社会事业中的统治地位，不仅是中国社会主义市场经济体制的一项重要内容，而且也是中国社会主义市场经济体制能够得以存在的根本政治基础。

（2）宪法规定：“社会主义经济制度的基础是生产资料的社会主义公有制，即全民所有制和劳动群众集体所有制”；“国家在社会主义初级阶段，坚持以公有制为主体、多种所有制经济共同发展的基本经济制

---

〔1〕参见王维澄、李连仲：《社会主义市场经济教程》，北京大学出版社1995年版，第64～67页。

〔2〕《中华人民共和国宪法》第1条。

度”。[1]全民所有制经济和劳动群众集体所有制经济，特别是全民所有制经济，不仅是中国社会主义经济制度的根本基础，是国民经济的主导力量，而且它在中国的社会主义市场经济体制中占有特别重要的基础地位。

（3）现代市场经济的健康发展，不仅要求对市场经济规律给予充分的尊重，不得侵犯经济主体的法定自由与权利，并注意发挥市场机制自律性调节的基础作用，而且还要求对市场运行以及市场主体的经济活动，实行必要的国家干预即政府规制。所以，在中国的社会主义市场经济制度中，对市场经济活动的国家干预即政府规制，以及实施国家经济干预的相应的规制结构，也是中国社会主义市场经济体制的重要组成部分。

（4）中国的社会主义市场经济，由于把生产资料的社会主义公有制作为整个经济制度的基础，并把以中国共产党领导为核心的社会主义政治体制，作为有别于资本主义市场经济的重要特征。使中国的社会主义市场经济，在把经济主体的市场竞争作为推动市场经济发展根本动力的同时，把社会生产力的发展、各项社会事业的全面进步、人民群众的共同富裕作为自己的根本宗旨。所以，在中国的社会主义市场经济制度中，能够确保人民群众共同富裕的社会保障，自然成为社会主义市场经济制度的一项重要内容。

（二）社会主义市场经济体制的基本特征

进入20世纪90年代，中国之所以能够在国家的经济生活中成功引入市场机制，并把社会主义市场经济确立为国家基本经济制度，这是中国长期坚持实行改革开放政策，并且系统改革了社会主义计划经济体制的必然结果。中国的社会主义市场经济理论，由邓小平同志在1992年的“南巡讲话”提出，并且经过于1992年末召开的中国共产党第十四次全国代表大会的发展，于1993年正式写入宪法完成了它的确立过程。根据我国的社会主义市场经济理论，中国的社会主义市场经济体制具有以下若干基本特征：

（1）关于社会主义市场经济体制，我国宪法不仅明确规定“国家实行社会主义市场经济”，[2]而且也进一步阐明“中国各族人民将继续在中国共产党领导下……不断完善社会主义的各项制度，发展社会主义

[1]《中华人民共和国宪法》第6条。

[2]《中华人民共和国宪法》第15条。

市场经济……把我国建设成为富强、民主、文明的社会主义国家”。[1]因此以中国共产党领导为核心的社会主义政治体制，自然成为社会主义市场经济的重要政治基础。与此同时，建立并且完善能够适应市场经济体制运行需要的，具有中国特色的社会主义民主政治制度，已成为进一步发展我国社会主义市场经济的关键。所以，在中国的社会主义市场经济制度中，以中国共产党领导为核心的社会主义民主政治制度，自然成为中国社会主义市场经济体制的一个重要特征。

（2）关于社会主义经济制度的基础即生产资料的所有制结构。《宪法》规定：“中华人民共和国社会主义经济制度的基础是生产资料的社会主义公有制，即全民所有制和劳动群众集体所有制……”“国有经济，即社会主义全民所有制经济，是国民经济中的主导力量。国家保证国有经济的巩固和发展。”[2]所以虽然经过十一届三中全会以来的改革与发展，我国的生产资料所有制已由过去单一制结构，转变为包含有多种非公有制经济成分的生产资料所有制结构，但是生产资料的国家所有制和劳动群众集体所有制，依然是我国社会主义政治经济制度的重要基础。因此，生产资料的社会主义公有制成为社会主义市场经济有别于资本主义市场经济的又一重要特征。

（3）在社会主义市场经济条件下，虽然所有经济主体都有其追求的特定经济目标。但是，由于“社会主义的本质，是解放生产力，发展生产力，消灭剥削，消除两极分化，最终达到共同富裕”，所以，所有经济主体经济活动的终极目标，是满足人们日益增长的物质和文化生活需要。我们知道社会主义制度是一种由劳动人民当家作主的制度，并且社会主义的本质是解放生产力，最终实现全体人民的共同富裕。所以，在中国的社会主义市场经济制度中，进一步解放和发展生产力，实现广大人民群众的共同富裕，不仅成为国家的重要政策目标，而且也成为社会主义市场经济有别于资本主义市场经济的又一重要特征。

第三节　中韩两国市场经济体制的一般比较

中韩两国的市场经济制度由于各自不同的政治体制以及生产资料的

[1] 《中华人民共和国宪法》序言。

[2] 《中华人民共和国宪法》第6、7条。

所有制结构等原因，表现出了多方面的差异。但是，若不考虑中韩两国市场经济制度的政治要因，中韩两国的市场经济制度仍具有很多共同点。所以，中韩两国市场经济制度的一般比较，必将对中韩两国竞争法的比较提供重要基础。

一、中韩两国的政治体制与市场经济制度发展

作为国家制度的重要组成部分，国家的政治体制与经济制度既相互联系又互相制约，任何一方都不能独立于对方而独立地存在和发展。即不论是何种类型的社会制度，一定的政治体制必然以特定经济制度的存在作为其存在和发展的根本基础；并且特定政治体制一旦得以确立，它也必然在一定范围内影响和左右它赖以建立的经济制度发展。而国家政治体制与经济制度二者间这种既相互联系又互相制约的对立统一关系，在任何国家都是如此。

（一）韩国的政治体制与市场经济制度发展

1948 年随着大韩民国建立制定的制宪宪法以及随后制定的所有宪法均明确规定："大韩民国的一切权力属于国民，大韩民国的一切权力均源自于国民。"〔1〕 由此不仅使韩国走上了资本主义的社会发展道路，而且还使韩国确立了具有自身特色的资本主义政治体制与资本主义经济制度。就韩国的资本主义政治体制以及经济制度的具体内容而言，资本主义的自由民主和民主政治体制是韩国资本主义政治体制的核心内容，而韩国的资本主义经济制度也把与自由民主和民主政治紧密相联的资本主义市场经济作为它基本的核心内容。所以，韩国资本主义市场经济与韩国资本主义政治体制密切相关。

自 1948 年大韩民国建国，特别是自 1962 年起实施国家综合经济开发政策以来，韩国不仅实现了国民经济的持续高速增长，使韩国早在 20 世纪 80 年代开始跻身新兴工业化国家行列；而且自 20 世纪 80 年代以来，由于国民经济的持续高速增长，国家的政治体制以及市场经济体制的类型也发生了深刻变化。即经济的持续快速发展以及随后掀起的政治民主化浪潮，不仅使长期执政的军人政权退出了政治舞台，实现了国家政治生活的民主化，而且由于受经济发展以及政治民主化浪潮的综合影响，国家经济制度的基础即市场经济体制的类型也开始发生了深刻变化，即由过去的政府主导型市场经济体制转变成为强调自由、正义以及

---

〔1〕《大韩民国宪法》第 1 条第 1 款。

公平为主要特征的社会市场经济体制。

回顾韩国市场经济制度的发展历程，始于20世纪60年代的国家综合经济开发，使韩国的资本主义市场经济经历了如下具体的演变与发展过程：20世纪60年代随着国家综合经济开发的起步、“经济发展五年计划”的实施以及国家经济干预的强化，使得20世纪50～60年代的资本主义自由市场经济体制确立；到了20世纪70～80年代，先是演变成为政府主导型市场经济体制，在此之后由于经济的持续高速增长以及国家经济干预的不断强化，开始导致了经济力量的过度集中、市场机制调节功能的日益萎缩以及企业发展的不平衡等诸多经济问题。为了克服这些消极现象，进入20世纪80年代，在韩国掀起了政府规制缓解浪潮，开始了对政府主导型市场经济体制的系统改革，并把社会市场经济体制的建立确立为经济体制改革的主要目标。

始于20世纪60年代的国家综合经济开发，不仅促使韩国取得了令世人瞩目的经济发展成果，并且开始跻身新兴工业化国家行列，而且也使韩国的资本主义市场经济体制，经历了由资本主义自由市场经济体制到政府主导型市场经济体制，再由政府主导型市场经济体制到社会市场经济体制转变的历史发展过程。20世纪60年代以来，韩国资本主义市场经济发展所经历的这一系列历史演变过程，反过来又促使韩国的资本主义政治体制在20世纪80年代发生了深刻变化。即到20世纪80年代末，韩国的资本主义政治体制已经实现了由军人政权的军事独裁统治到资本主义民主政治体制的转变。[1]

（二）中国的政治体制与市场经济制度发展

自1949年中华人民共和国成立，中国就走上了社会主义的发展道路，不仅确立了以中国共产党领导为核心的社会主义政治体制，而且在我国经济生活中确立了生产资料社会主义公有制的基础地位，并实行严格的社会主义计划经济制度。但是，以1978年末召开的十一届三中全会为契机，中国不仅结束了由“文化大革命”所导致的“十年内乱”，实现了全党全国工作重点的转移，并在20世纪80年代就启动了改革开放的历史进程，开始了对于社会主义计划经济体制的系统改革，并且随着改革开放进程的不断发展，早在1993年就把建立社会主义市场经济

---

〔1〕在此所说的“军事独裁政权向资本主义民主政体的转变”是指，随着1979年10月朴正熙总统的被刺以及通过1980年和1987年的宪法修改，所确立的总统直选制以及宪法法院的设立等宪法制度的改变。

体制设定为我国最终的改革目标。

始于20世纪80年代的改革开放，至今已走过了三十多年的发展历程。通过十一届三中全会以来，这三十多年改革开放的历史发展过程，我国不仅提出了有关社会主义市场经济的系统理论，并且使我国的社会主义经济制度实现了由社会主义计划经济体制到社会主义市场经济体制的历史性转变。通过十一届三中全会以来二十余年的改革与发展，我国还于2001年11月10日成功地加入了世界贸易组织即WTO，不仅使中国的对外开放开始面临了崭新局面，而且还使社会主义市场经济的发展迎来了一个新的重要发展机遇。

任何一个国家的政治体制与经济制度，都存在既相互联系又互相制约的对立统一关系。所以，确立社会主义市场经济体制、加入世界贸易组织等这样一些客观事实，即国家基本经济制度以及经济建设环境的这种重大变化，必将为中国社会主义政治体制向着更加民主化的方向发展提供强大的外部动力。

自1993年把社会主义市场经济写入宪法，并把它确立为国家的基本经济制度以来，随着改革开放的不断深入以及社会主义市场经济体制的逐步建立，中国的社会主义民主政治制度建设，也取得了提出“三个代表”重要思想、科学发展观理论等很多重要发展。就中国的社会主义民主政治建设而言，不仅确立了依法治国建设社会主义法治国家的基本方略，建立了社会主义市场经济法律体系的基本框架，而且还进一步巩固和发展了人民代表大会制度、中国共产党领导的多党合作和政治协商制度以及民族区域自治等制度，并且按照简政放权、精干高效的原则和建立社会主义市场经济体制的要求，实行政府机构改革，使社会主义民主政治建设也取得了重要发展。

作为世界性的国际经济贸易组织，WTO不仅确立了国际贸易所应遵循的基本原则，而且还根据这些原则制定了所有成员必须遵循的法律以及规则。根据WTO原则、法律以及规则的要求，WTO的所有成员不仅应当建立相对完备的有关国际贸易与市场经济的法律体系，而且还必须确保国内经济政策的透明。20世纪80年代我国启动了加入世界贸易组织的谈判进程，经过近十五年艰苦的谈判过程，我国已于2001年加入世界贸易组织，成为WTO的重要一员，作为WTO的重要成员，我国不仅应建立适应市场经济运行需要的与国家贸易有关的相应法律体系，而且还应当按照市场经济的运行需要，全面改革政府的行政管理体制使之适应社会主义市场经济发展的需要。因此，WTO的原则、法律和规则，必将对中国的经济与社会发展产生重大影响。

二、中韩两国市场经济制度的共同点

随着第二次世界大战的结束以及中韩两国的相继建国，中韩两国不仅走上了各自不同的社会发展道路，并把资本主义市场经济与社会主义市场经济作为各自国家经济制度的根本基础。但是，中韩两国的市场经济及其运行，由于中韩两国相近的历史文化传统，以及强调市场机制自律性调节与国家经济干预有机结合的资源配置方式，具有了如下若干重要共同特征：

（一）强调市场调节的资源配置方式

作为一种资源配置方式，市场经济不仅把市场机制的自律性调节作为实现资源配置的基础方式，而且把对于市场经济活动的国家干预作为市场机制自律性调节最主要的辅助手段。就目前中韩两国的市场经济制度而言，虽然由于市场经济制度类型的各异，它们在市场经济体制赖以存在的根本基础，即生产资料所有制形式以及与市场经济制度相对应的社会政治体制等诸多领域存在明显区别。但是，它们却都把市场机制的自律性调节作为实现资源配置最基本的基础方式。所以，市场机制自律性调节在资源配置中的基础作用，是在中韩两国的市场经济制度中所存在的一个最重要也是最基本的共同点。

根据韩国宪法有关国家基本经济制度的规定〔1〕，韩国不仅把生产资料的资本主义私人占有制作为市场经济以及国家经济制度的根本基础，尊重个人和企业在经济活动中表现出来的自由与创意，而且还采取措施保障经济主体能够开展充分自由的市场竞争。所以，在韩国的资本主义市场经济制度中，虽然强调了对经济发展以及市场经济活动的政府规制，并把社会市场经济体制的建立作为市场经济发展的基本方向。但是，在韩国的市场经济制度中，对市场经济活动的国家干预，由于只是作为市场机制自律性调节的最重要辅助手段，所以市场机制的自律性调节依然是资源配置最基本的基础方式。

关于国家基本经济制度，我国宪法不仅规定“国家实行社会主义市场经济。国家加强经济立法，完善宏观调控。国家依法禁止任何组织或

〔1〕 有关国家基本经济制度的规定，在《大韩民国宪法》中体现于第23、32条和第119条等条款。

者个人扰乱社会经济秩序”。[1]而且还阐明“中华人民共和国社会主义经济制度的基础是，生产资料的社会主义公有制即全民所有制和劳动群众集体所有制”。[2]“国有经济，即社会主义全民所有制经济，是国民经济中的主导力量。国家保证国有经济的巩固和发展。”[3]但是，在中国的社会主义市场经济制度中，由于市场机制的自律性调节作为资源配置的基本手段得到了国家以及社会的认可，所以国家经济干预只是弥补市场机制自律性调节的重要辅助手段。

社会主义市场经济体制与资本主义市场经济体制，由于它们赖以存在的生产资料所有制以及在它基础上建立的社会政治制度存在明显不同，在市场经济的具体运行机制、对市场经济活动的国家干预等诸多领域，理所当然地表现出多方面的差异。但是，由于各种类型的现代市场经济体制都把市场机制的自律性市场调节作为资源配置的最基本手段，市场机制的自律性调节自然成为在中韩两国的市场经济制度中所存在的又一重要共同特征。

（二）对于市场经济活动的国家干预

现代市场经济不论其具体类型如何，在它们无一例外地把市场机制的自律性调节作为实现资源配置最基本方式的同时，虽然在其程度上具有一定差异，却又都把对于市场经济活动的国家干预即政府规制，作为市场机制自律性调节最重要辅助手段。因此，在包括中韩两国在内所有实行市场经济制度的国家，不论它们实行市场经济制度的具体类型如何，国家经济干预都是一种必不可少的重要调节手段。所以，对于市场经济活动的国家干预即政府规制，自然成为在中韩两国市场经济制度中所存在的又一个重要共同特征。

20世纪80年代以来，随着对外开放以及经济体制改革的不断深入，中国的经济体制实现了由社会主义计划经济到社会主义市场经济的过渡。纵观中国社会主义市场经济体制的形成过程，它从改革开放之初的社会主义计划经济体制开始，经历了以强调计划经济主导作用为基本特征的计划经济为主、市场调节为辅时期（1979～1984），以强调商品经济基础地位为基本特征的、有计划的社会主义商品经济时期（1984～1987），以强调市场机制自律性调节为基本特征的国家调节市场、市场

---

〔1〕《中华人民共和国宪法》第15条。
〔2〕《中华人民共和国宪法》第6条。
〔3〕《中华人民共和国宪法》第7条。

引导企业时期（1987～1989），以强调计划调节与市场调节的有机结合为基本特征的准市场经济时期（1989～1992）以及社会主义市场经济体制的确立（1992年以后）等发展阶段。[1]所以，在中国的社会主义市场经济制度中，不仅至今遗留了大量计划经济体制的痕迹，而且对市场经济活动的国家干预，还习惯于使用行政命令等单纯的行政手段。

就国家基本经济制度而言，韩国早在建国初期就把资本主义市场经济确立为国家的基本经济制度。但是，自20世纪60年代以来，由于国家综合经济开发政策以及“经济发展五年计划”的实施，韩国开始奉行政府主导型经济发展战略，使对市场经济活动的国家干预开始较多地采用行政命令等直接性行政干预手段。所以，在对市场经济活动的国家干预中大量采用直接性的行政干预手段，成为在中韩两国市场经济制度中所存在的又一重要共同特征。但是，必须指出，在中韩两国的市场经济制度中，对市场经济活动的国家干预即经济行政，由于中韩两国各自不同的政治与行政体制，也表现出了一系列重要区别。

（三）WTO原则、法律以及规则的适用

经过近十五年的长期协商过程，中国于2001年11月10日正式加入了世界贸易组织即WTO，成为了世界贸易组织的重要一员。从此中韩两国作为世界贸易织的重要成员，不仅开始享有了基本相同的国际权利，而且也开始承担了基本相同的国际义务。作为一个重要的国际经济贸易组织，WTO不仅把国际贸易自由化与世界经济一体化作为自己的基本政策目标，而且还制定了一系列所有成员必须认真遵循的原则、法律以及规则。所以，在制定并且实施各项国内经济政策时，应当充分尊重并且适用WTO原则、法律以及规则，自然成为在中韩两国市场经济制度中所存在的又一重要共同特征。

为了尽早实现国际贸易自由化，并且加快世界经济的一体化进程，WTO制定了所有成员必须认真遵循的一系列原则、法律以及规则。在WTO所确立的这些原则、法律以及规则中，作为成员必须认真遵循的原则主要有：非歧视原则、自由贸易原则、可预见性原则、透明度原则、公平贸易原则、互惠互利原则、公平解决争议原则、鼓励发展原则和经济改革原则等内容。此外，WTO考虑到世界各国不同的经济发展水平以及世界各国的利益差别，允许某些成员在一定条件下，可以根据

---

〔1〕参见董洪日：《社会主义市场经济概论》，山东大学出版社2003年版，第46～49页。

具体情况免受多边贸易规则即 WTO 的原则、法律以及规则的约束。但是，WTO 的原则、法律以及规则的适用，仍具有适用范围的广泛性、对成员国约束的强制性等特征。所以，切实贯彻 WTO 的原则、法律及其规则，已成为中韩两国必须履行的重要国际义务。

根据 WTO 所有成员的共同约定，WTO 的原则、法律以及规则不仅普遍适用于 WTO 的所有成员，而且对所有成员均具有很强的法律约束力。因此，虽然由于经济与社会发展程度的差异，在具体适用 WTO 原则、法律以及规则时，不同国家可以根据 WTO 规则享受不同的待遇。但是，中韩两国的经济贸易活动应当受到 WTO 原则、法律及其规则的约束则是不容否定的客观事实。

三、中韩两国市场经济制度的不同点

（一）市场经济发展的不同政治环境

随着第二次世界大战的结束，中韩两国相继建国并且各自选择了不同的社会发展道路，所以中韩两国是在各自不同的政治环境下，实现了各自国家市场经济的发展。就目前中韩两国市场经济发展的根本政治背景而言，虽然中国的社会主义市场经济的发展，把以中国共产党领导为核心的社会主义民主政治作为市场经济发展的根本政治背景；韩国资本主义市场经济的发展，则是把立足于国民主权原则的资本主义自由民主体制作为市场经济发展的根本政治背景。纵观中韩两国市场经济发展的历史过程，中韩两国市场经济发展所处的不同政治环境，极大影响中韩两国市场经济制度的发展走向，并且使中韩两国市场经济体制具有了各自不同的具体内容。

纵观中韩两国市场经济制度的发展，中韩两国根据各自不同国情所选择的社会发展道路，即在中韩两国实行的不同政治制度对于市场经济发展产生了巨大影响，使中韩两国的市场经济体制具有了各自不同的具体内容，并且表现出了各自不同的基本特征。如前所述，任何国家的政治制度与经济制度二者之间都是既相互联系又互相制约的对立统一关系。即某一特定国家政治制度不仅以这一国家特定的经济制度作为其存在和发展的根本基础，而且某一国家特定政治体制的确立，又必然在一定范围内影响和左右它所依赖的经济制度的发展方向。所以，不仅中国的社会主义民主政治制度建设，必然会促使中国的社会主义市场经济向着更加民主的方向发展，而且根据宪法规定确立的韩国资本主义自由民主政治制度，也必然会使韩国的资本主义市场经济向着强调自由、正义、安全和福祉的社会市场经济的方向发展。

就国家的社会政治体制与经济制度这两者间的关系而言，国家经济制度始终是国家社会政治体制得以建立的直接基础。因此，一个国家特定经济制度的存在，不仅直接决定与之相对应的政治体制的存在，而且这一特定经济制度的性质也直接决定了在它基础上所确立的政治体制的基本性质。但是必须指出，经济制度的这种基础地位以及作用，并不否认社会政治体制对于促进经济制度发展的能动作用。所以，不仅中国社会主义民主政治制度建设，会促进中国社会主义市场经济的进一步发展；而且由韩国宪法确立的资本主义自由民主政治体制度，也必将推动韩国的资本主义市场经济发展为社会市场经济。

（二）市场经济的不同所有制基础

根据宪法规定，市场经济目前已成为中韩两国的基本经济制度，中韩两国市场经济体制的确立及其发展，为中韩两国取得令世人瞩目的经济与社会发展成果，提供了重要并且是现实的制度基础。但是，就目前中韩两国市场经济体制的所有制基础即生产资料所有制形式而言，由于中韩两国选择了各自不同的社会发展道路，它们理所当然地把不同的生产资料所有制即生产资料的社会主义公有制和资本主义私人占有制，作为了各自国家市场经济体制的根本基础。而中韩两国各自不同的生产资料所有制，又使中韩两国的市场经济体制不仅具有了各自不同的内容，而且也表现出各自不同的基本特征。

关于国家的基本经济制度，韩国不仅通过宪法第 119 条规定：即“大韩民国的经济制度，把对个人以及企业经济自由与创意的尊重为根本”。由此明确了市场经济体制在国家经济生活中的地位，而且通过宪法规定明确阐明了对于财产私有制、对于个人以及经济主体自治原则的法律保护，所以韩国的市场经济体制明显属于资本主义市场经济制度范畴。但是，就中国的基本经济制度而言，中国宪法不仅明确阐明“国家实行社会主义市场经济。国家加强经济立法，完善宏观调控。国家依法禁止任何组织和个人扰乱社会经济秩序”。〔1〕而且还规定国家促进全民所有制、劳动群众集体所有制等多种所有制经济的共同发展，〔2〕并且对全民所有制和劳动群众集体所有制这些社会主义经济制度的基础实行特

---

〔1〕《中华人民共和国宪法》第 15 条。

〔2〕《中华人民共和国宪法》第 6 条。

别保护的原则,[1]所以中国的市场经济体制便具有了社会主义市场经济的性质,使中韩两国的市场经济不仅具有了本质上的区别,而且也使对于市场经济活动的中韩两国国家干预表现出了很多重要区别。

就中韩两国市场经济体制的所有制基础而言,中国的社会主义市场经济体制由于中国的社会主义国家性质,理所当然地把以生产资料的全民所有制和劳动群众集体所有制为代表的社会主义公有制作为整个市场经济体制的根本基础;而韩国的市场经济体制,由于它所选择的资本主义发展道路,自然把生产资料的资本主义私人占有制作为整个市场经济体制的根本基础。在中韩两国的市场经济制度中,由于生产资料所有制基础的客观差异,不仅直接导致了中韩两国的市场经济体制在其内容以及基本特征上存在一系列重要区别,而且还导致中韩两国的国家经济干预也存在一系列重要区别。

(三)市场经济的不同发展阶段

就中韩两国的市场经济制度而言,不仅它们得以存在的政治背景、所有制基础存在重要区别,而且确立市场经济体制的时期、市场经济体制的发展阶段也存在明显差异。纵观韩国资本主义市场经济的发展历程,它在大韩民国建立之初,就已通过制宪宪法把它确立为国家基本经济制度,自那时起伴随韩国的经济与社会发展,市场经济体制至今也已走过了半个多世纪发展历程,所以半个多世纪以来,推动韩国市场经济制度发展的根本动力,始终是经济主体间的市场竞争。但是,纵观中国社会主义市场经济体制的形成历程,由于它是在党的十一届三中全会以后,随着社会主义计划经济体制的系统改革以及社会主义现代化建设的不断发展,逐步由社会主义计划经济体制演化而来,所以它是我国实行改革开放政策、不断深化经济体制改革以及扩大对外开放的必然结果。因此,纵观中国社会主义市场经济体制形成与发展的历史过程,改革开放是推动中国社会主义市场经济体制形成的根本动力。正如邓小平同志所指出的"革命是解放生产力,改革也是解放生产力"。[2]

中国的社会主义市场经济体制与韩国的资本主义市场经济体制,不仅在市场经济体制的确立时期、市场经济体制形成与发展的政治背景和市场经济体制的生产资料所有制基础等方面都存在重要差异,而且市场经济体制的发展所经历的具体发展过程、市场经济体制未来的发展走向

---

〔1〕《中华人民共和国宪法》第7条。

〔2〕《邓小平文选》(第3卷),人民出版社1993年版,第370页。

等方面也存在重要区别。即韩国资本主义市场经济体制，由 20 世纪 50 年代的资本主义自由市场经济开始，经历了 20 世纪 60～70 年代的政府主导型市场经济体制的时期，目前把强调国民经济均衡发展、国民收入的合理分配作为主要特征的社会市场经济设定为未来的发展方向，所以国家经济干预在韩国已经或者正在经历由弱到强、再由强到弱的发展过程。但是，中国的社会主义市场经济体制，由于它是随着经济体制改革以及对外开放的不断深入，而由社会主义计划经济体制逐步演化而来的全新的社会主义经济体制，由于 2001 年中国的成功“入世”以及社会主义民主政治制度的不断发展，目前向着日益强调市场机制自律性调节的方向发展。因此，国家经济干预即经济行政，目前虽然相对于韩国的国家经济干预范围更广、力度更强，但是，目前正经历由强到弱的历史发展过程。

第二章
中韩两国竞争法制的形成与发展

第一节 韩国竞争法制的形成与发展

从法律规范以及法律制度的视角来看，作为一个重要的法律部门，韩国竞争法的发展始于20世纪60年代，并且在20世纪80年代最终完成了它的形成过程。纵观半个多世纪韩国竞争法制的发展进程，竞争法制的每一步重要发展都与经济的发展、政治体制的演变和社会环境的变化密切相关。因此，有关韩国竞争法制形成与发展的历史过程回顾，也根据韩国竞争法律制度形成并发展的历史顺序，并结合每一发展阶段的时代背景予以具体说明。

一、公正交易法的立法探索

（一）20世纪60年代的立法探索

1. 1964年提出的《公正交易法（草案）》

（1）1964年提出《公正交易法（草案）》的背景。自1962年国家正式启动综合经济开发政策以来，促使国民认识到垄断以及不正交易[1]危害的是1963年发生的“三粉”事件。当时由于少数大企业垄断了水泥、面粉和白糖等粉状商品即“三粉”的生产与销售，使得这些少数大企业依靠其自身的垄断地位，随意操纵这些商品的价格及其供应以致严重影响到国民生活，所以为了维护国民权益、确保国家经济秩序的稳定，政府不仅于1963年7月先后制定并发表了《综合物价政策7原则》和《综合物价对策》，把包括“三粉”在内的8类商品确定为价格统制商品，而且根据首尔大学校商科大学韩国经济研究所于1964年3月14日以“有关确保公正交易的立法制度研究”为题所提出的研究报

---

〔1〕 韩国竞争法所称的“不正交易”就是中国相关法规所称的“不正当竞争”。

告为基础，韩国的经济企划院于同年8月制定并发表了共有29个条款构成的《公正交易法（草案）》。

（2）1964年《公正交易法（草案）》的内容。1964年的《公正交易法（草案）》的主要内容有：①不当价格与不当交易条件的具体类型；②规定能够给交易带来实质性影响的，企业或企业团体间的协议及其共同行为必须予以申告，如果认为企业或企业团体申告的价格或交易条件不当，可以劝告企业或企业团体改正相关协议，或者企业或企业团体发布命令令其中止共同行为；③规定作为掌管与公正交易有关事务的政府机构，在经济企划院设立隶属于经济企划院的公正交易委员会；④规定如果企业或企业团体不服公正交易委员会作出的各项决定，可以向首尔高等法院和大法院提起相应诉讼；⑤规定对于违反本草案有关规定的企业以及相关责任者，可以处1年以下的拘役或罚金，并且可以没收其所取得的利益。

（3）1964年《公正交易法（草案）》的评析。1964年制定并发表《公正交易法（草案）》，目的在于替代原有的《物价调节临时措施法》[1]。但是，由于以“韩国经济人协会”为主的企业界认为，既然要培育能够主导国民经济发展的大型企业，就不得不牺牲消费者的某些利益。即由于他们认为商业资本的积累和大企业对于流通市场的支配，是在经济发展的过程中所必然要经历的过渡期，所以不仅不能把企业的垄断利益追求视为一种罪恶，而应进一步刺激可以使企业实现利益最大化的投资意愿。使得《公正交易法（草案）》未能提交内阁会议审议，就迎来了不得不废弃的最终命运。

2. 1966年提出的《公正交易法案》

（1）1966年提出《公正交易法案》的背景。1966年韩国开始制定第二个经济开发五年计划，围绕第二个经济开发五年计划政策方向的设定，经济企划院为了强化市场机制的自律性调节，确立公正并且自由的竞争体制，于1966年4月开始了《公正交易法》的立法进程。

1966年经济企划院制定《公正交易法》的目的是，确立公正自由的市场经济秩序。即在保护广大消费者利益的同时，最大限度地促进企业的市场经济活动，实现产业经济整体的健康发展，最终使国民经济整

---

〔1〕在“5.16军事革命”后，为了消除经济混乱实现国民经济生活的安定，为了在解除价格管制的同时，实现主要生活必需品价格的安定，韩国于1961年12月13日制定了《物价调节临时措施法》。

体实现实质性的全面提高。该法案经过近1个月的紧张起草于1966年5月初见端倪。

（2）1966年《公正交易法案》的内容。于1966年5月完成起草，并于同年7月14日提交国会的《公正交易法案》，全文共44条并且另有3项附则，其主要内容有：①明确提出了限制竞争的合同、企业结合、不正当交易、市场支配地位的滥用等具体的规制对象。②确立了经济企划院长官的中止命令、部分或全部合同的无效宣告、防止违反行为重复发生的措施等规制方法。③在原则上禁止了限制竞争的共同行为。④作为执行由《公正交易法案》确定职务的执法机构，在经济企划院设立公正交易委员会，并且规定该委员会由委员长1人和委员12人组成，该委员会隶属于经济企划院，每届公正交易委员会的任期为2年。⑤规定对违反本法案有关规定的企业以及相关责任者，可以处最高3年的拘役或3千万元（韩元）以内的罚金。⑥规定如果企业或企业团体不服公正交易委员会作出的决定，自知道该决定之日期的1个月内或者自作出该决定之日起的2个月内，可以向经济企划院长官提出异议申请。对该异议申请所作出的裁决，自裁决之日起的1个月内或者自提出异议申请经过3个月后的1个月内，可以向首尔高等法院提起诉讼。⑦如果代表者、代理人或者使用人实施了由本法案规定的违反行为，对雇佣他们的法人或个人也可处以相应的罚金。⑧作为对由本法案所规定违反行为的追诉要件，规定必须有经济企划院长官或者其他主务部长官的告发。

（3）1966年《公正交易法（草案）》的评析。正如很多人所料，本法案的公布在韩国引起了社会各界的广泛热议，特别是众多业内人士由于认为该法案，把对企业活动的广泛统制作为具体目标，必将极大限制企业活动，进而影响整个国民经济的发展，所以极力阻挠和反对通过该法案。在社会各界的广泛热议和业内人士的强烈抵制中，1967年6月30日该法案随着第六代国会的任期届满，迎来了自动废弃的厄运。

3. 1967年提出的《公正交易法案》

（1）1967年提出《公正交易法案》的背景。由于1967年6月30日随着第六代国会的任期届满，导致《公正交易法案》的自动废弃，所以政府在同年8月2日向开始了新一届任期的第七代国会，提交了很多内容几乎相同的、新的《公正交易法案》。

（2）1967年《公正交易法案》的内容。于1967年8月提交国会的《公正交易法案》全文共有44条。其中不同于1966年所提交《公正交易法案》的主要内容有：①增加了具体界定“事业者团体”的内容；

②规定禁止干预构成事业者团体成员的公正交易行为、规定禁止限制事业者的数量、规定禁止不当地限制事业者团体成员的机能或活动；③把公正交易委员会委员长、委员的任期由过去的2年增加到3年；④在附则中删除了废止“物价调节临时措施法”的相关规定，并且把限制竞争合同的失效期确定为本法施行6个月以后。

（3）1967年《公正交易法（草案）》的评析。在该法案提交国会后，随着1969年《垄断规制法案》的提出和政府的撤回请求，该法案未经国会审议就被政府撤回。

（二）20世纪70年代的立法探索

1.1971年提出的《公正交易法（草案）》

（1）1971年提出《公正交易法（草案）》的背景。进入20世纪70年代，在国际上，由于美国陷入长期的越南战争，美元币值持续动荡，并且由于资源输出国基于资源民族主义实行企业联合，使得世界经济在持续的萧条中形成了物价的不断攀升。在国内，由于第七代总统选举和第八代国会议员选举所导致的通货膨胀以及出口增幅的下降，为了改善国际收支所采取的调高换率的举措，由于国际市场石油价格的上升所采取的提高各种石油产品价格的措施，未能实现当初设定的稳定国内经济的目标。

为了降低由于调高换率而给国内物价管理带来的冲击，1971年9月4日经济企划院发表了《物价安定综合对策》[1]，与此同时，早在1971年6月经济企划院就已开始了《公正交易法（草案）》的起草，并且使新的《公正交易法草案》最终在同年的9月9日得以完成提交国会审议。

（2）1971年《公正交易法（草案）》的内容。1971年经济企划院提出的《公正交易法（草案）》，与1967年提出的《公正交易法案》和1969年提出的《独占规制法案》相比，它是在综合前两个法案的基础上增加了部分内容。该法案的主要内容有：

第一，事业者、买卖业者或事业者团体不得实施以下各种行为：①不当地规定具有差别的价格或交易条件；②不当地规定可以拘束对方

---

〔1〕在《物价安定综合对策》中，作为安定物价的具体措施，政府提出了如下8项具体措施：①禁止不当体提高价格；②禁止买空卖空；③开征超利润税；④规定各市、道组成物价约束班；⑤限期禁止官许及协议价格的提高；⑥减少财政支出；⑦扩大出口；⑧在年内冻结电费、水费等公共价格。

经营活动的交易条件；③不当的买空卖空行为；④以不当的价格或交易条件，损害相对方或竞争者利益的行为；⑤不得通过诱导竞争者的先手交易，在商业交往中根据不当的资金或方法，不当地攫取物品、货币或者其他经济上的利益；⑥混同于其他事业者的商品或劳务以及其他可以导致误认的行为；⑦以虚伪夸张的手段宣传其商品或劳务以及实施其他不当表示的行为；⑧没有正当理由中断或者拒绝业已形成的通常商业交易关系的行为；⑨在类似于上述各种行为的行为中，经济企划院长官提请公正交易委员会审议，并且以总统令的形式予以确定的行为。

第二，在特定的行业领域，事业者团体不得实施在现在或将来限制事业者或买卖业者数量的行为，不得实施限制事业者或买卖业者活动的行为，不得实施排除或者妨碍事业者或买卖业者退出经营的行为。

第三，从事独占事业的经营者应履行以下各项义务：①与贩卖价格及原价、生产、贩卖组织、交易条件有关的事项以及其他由总统令规定的事项，应当根据有关法令向经济企划院长官予以审告；②决定或者维持不当价格的行为；不当地调节商品的生产、销售、出库或者调节劳务的提供；确定不当交易条件；不当地妨碍其他事业者经营活动；其他由总统令规定的类似行为；③事业者如果实施不当行为，经济企划院长官应采取相应的纠正措施。

第四，事业者、买卖业者或事业者团体，如果要实施限制竞争的行为[1]应提前向经济企划院长官申请登录，在提出申请后的 1 个月内经济企划院长官未予登录，则应认定该限制竞争的行为无效。

第五，在实施由该法案所规定禁止行为的事业者团体、所规定不当行为的独占事业者；实施未登录、登录被取消、登录中止或登录内容变更不当行为的事业者、买卖业者和事业者团体中，根据本法规定的纠正措施接受纠正的，应向被害者承担无过失损害赔偿责任。

第六，为了履行由该法案所规定功能设立的公正交易委员会，其委员长由经济企划院长官担任。该委员会包括委员长、委员长提请总统任命的委员在内，共有 9 名以内的委员组成，委员长以及委员的任期为 2 年。公正交易委员会为决议机关，经济企划院长官如果对委员会的决议

---

〔1〕 本法案所称的限制竞争的行为是指，通过合同和协议等方式限制自由竞争，实际影响市场关系的下列各种行为：①共同决定或维持商品或劳务价格得行为；②共同限制支付、出让或提供条件的行为；③共同限制或者调节商品生产、销售、出库或提供劳务的行为；④共同限制交易区域或交易对象的行为；⑤共同限制商品或者劳务质量的行为；⑥共同限制技术或者设备的行为；⑦其他由总统令规定的类似于以上各种行为的行为。

具有异议，可以向委员会提出一次再审请求。

第七，如果对经济企划院长官根据本法案规定所作的处分具有异议，应当在作出该处分之日起的 20 日内，可以向经济企划院长官提出再审请求。

（2）1971 年《公正交易法（草案）》的评析。1971 年的《公正交易法（草案）》，与 1964 年、1966 年和 1967 年的相关法案比较，具有明显的折中性特征，它不仅得到了消费者团体、中小企业团体等的积极评价，而且大企业的抵制也由于法案本身的折中性特征而大打折扣，所以似乎《公正交易法》的立法已成定局。但是，由于政府与国会对其立法所采取的暧昧态度，以及 1972 年 10 月 17 日颁布实施的“非常措施”第八代国会宣布解散，所以该法案再一次迎来了不得不被“废弃”的命运。

2. 1973 年提出的《物价安定法》

（1）1973 年制定《物价安定法》的背景。自 1971 年末由于受第一次石油危机的影响，国内物价呈现出明显的持续高涨态势。因此，为了通过对物价实行直接的具体规制，实现物价的基本稳定和促进市场交易，并且确保国民生活的安定和保护消费者利益，政府于 1973 年 3 月 12 日除了制定并公布了限定最高价格以及价格明示制度的规定以外，还包括了一部分促进公正交易内容的《物价安定法》。在此必须指出，制定该《物价安定法》的机关并非立法机关即国会，而是处在“维新”这一非常时期的“非常国务会议”。

（2）1973 年《物价安定法》的内容。1973 年制定的《物价安定法》其主要内容有：①规定可以指定商品、租金或劳务的最高限价；②规定不得买空卖空、不得拒绝交易；③规定实行价格明示制度；④为了有效实现对于消费者利益的保护，规定政府及地方自治团体必须采取必要措施。

（3）1973 年《物价安定法》的评析。就《物价安定法》所确定的具体内容而言，实际上就是对过去政府依据其行政权，对物价进行实质性实务性规制的各种措施，所进行的总结与概括以及成文化的改造。在外资的引进、资源的分配中具有各种认可与许可权的政府，过去主要是依据其行政权实行物价规制，但是，指定最高限价的结果，由于市场机制的扭曲，不仅导致形成了市场出荷价格和市中价格的二元价格结构，而且也未能确立公正的交易秩序并且确保物价的稳定，所以确立公正的交易秩序确保物价的稳定，还需要制定并且实施更加有效的法律。

3. 1975 年制定的《物价安定及公正交易法》

（1）1975 年制定《物价安定及公正交易法》的背景。由 20 世纪 70 年代初的第一次石油危机所导致的通货膨胀，到了 1975 年虽然已经得到初步缓解。但是，由于受石油危机的所导致的生产萎缩和物价暴涨的影响，使韩国经济面临了自 20 世纪 60 年代以来最为深刻的经济危机。当然在韩国当时的经济生活中物价持续暴涨，其部分原因在于 1974 年末的汇率调整。但是，其主要原因仍然是过去长期实行的违背市场规律的价格对策，即对于个别商品实行的价格统制以及由此所掩盖的成本压力。

鉴于以上种种情况，1975 年 9 月 3 日政府确立了暂时搁置《公正交易法》的立法企图，修改补充已有的《物价安定法》的方针，并且在 1975 年 12 月 31 日为了实现具有弹性的价格统制，规范限制竞争以及不公正的交易行为，最终实现市场物价的基本稳定，在参照已有的《物价安定法》和仅停留于探讨阶段的《公正交易法案》的基础上，制定并公布了《物价安定及公正交易法》。[1]

（2）1975 年《物价安定及公正交易法》的内容。1975 年制定的《物价安定及公正交易法》共有正文 32 条另有 4 条附则，其内容主要分为物价安定与公正交易两个方面。

第一，与物价安定有关的法律规定：①为了实现国民生活和国民经济的稳定如果认为确有必要，政府可以就某些特别重要商品的价格、不动产的租金或者劳务的报酬等，按照发生交易的不同阶段以及交易发生的不同地区规定最高限价。②为了实现对消费者利益的保护，并且确保公正的市场交易秩序，如果主务部长官认为确有必要，可以根据总统令的相关规定，命令相关事业者就特定商品的价格和特定劳务的报酬予以具体明示。③主务部长官根据相关法律规定或者对于事实上的国家独占事业，在决定这些应当由总统令予以确定的商品价格、事业费标准等公共产品的价格时，应当经过国务会议的审议并且取得总统的承认。④在遇有由于物价的急剧上涨和商品供应的不足，已严重影响国民生活以及国民经济正常运行的情况时，可以根据总统令的有关规定，给相关商品的生产者和经营者、进口商和出口商、运送者或保管者，下达要求其在

---

〔1〕 1975 年制定《物价安定及公正交易法》目的在于，为维护公正的市场交易秩序并且确保物价的基本稳定提供法律根据，通过实现与物价有关法律的统一提高物价行政的效率，用《物价安定及公正交易法》取代《公共收费审查委员会设置法》及《物价安定法》。

5个月内制定、变更并实施相关生产计划的指示；下达有关商品供应与出库的指示；下达有关调整流通组织、减少流通环节、改善流通渠道的指示。

第二，与公正交易有关的法律规定：①规定独占事业者决定或者变更商品的价格或者劳务报酬，必须向主务部长官予以申告。如果主务部长官认为申告的价格不当，可以令提出申告的独占事业者变更其申告内容。②事业者不得实施不当地区别并且对待交易对象的行为；不当地要求竞争者的顾客与自己进行交易的行为；不当地利用自己的优势地位与相对方进行交易的行为；以不当地拘束相对方的经营活动为条件进行交易的行为；以虚假或夸张的手法宣传其商品或劳务，并且隐瞒其商品的真实质量与数量的交易行为；以取得暴利为目的卖空商品或者规避商品交易的行为；由于故意中断、减少商品生产或者限制商品出库，具有阻碍公正交易的现实可能，而被经济企划院长官指定为不公正交易行为的行为。即事业者不得实施不公正交易行为。③事业者不得以合同、协定、决议以及其他方法，与其他事业者在特定的事业领域共同实施违反公共利益实际限制竞争的竞争行为。即不得实施决定、维持或提高价格的行为；规定商品的销售条件、劳务提供条件或者代价支付条件的行为；限制商品销售、出库或者提供劳务的行为；限制交易地区或交易对象的行为。④对于实施不正当交易行为或限制竞争行为的事业者，经济企划院长官可以令其中止或者纠正违反行为。⑤为了审议、决议与物价安定以及公正交易有关的事项，在经济企划院设立包括委员长1人在内共有17名以内的委员所组成的物价安定委员会。物价安定委员会的委员长由经济企划院长官担任，一部分经济部处的长官和受到总统任命或委任的民间人士出任委员会的委员。

第三，其他法律规定：①根据该法律受到处分事业者如果不服处分，应当在自知道该处分之日起的15日内；自作出该处分之日起的30日内，向主务部长官提出异议申请。②对于违法者可以并处2年以下的拘役和3千万元（韩元）以下的罚金。

（3）1975年《物价安定及公正交易法》的评析。

第一，1975年制定的《物价安定及公正交易法》，随着1976年3个相关实施令的相继颁布形成了完整的法律体系。此后，根据“确定独占事业以及独占事业者范围和基准的规程”，指定并公布了独占事业和独占事业者名单，使《物价安定及公正交易法》进入了具体的实施阶段。

在当时所指定并公布的127个品目，根据其加重值占了批发物价总指数的27.2%，消费者物价指数中的5.3%。

第二，纵观《物价安定及公正交易法》的具体内容，特别是考察该法对独占规制所采取的态度，可以感到相对于物价安定条款，有关公正交易的条款居于次要地位。正如在前面已经指出，该法律就规制独占仅就独占价格的申告及其变更作了规定，所以无法认为该法规定了规制独占的具体手段。

在市场经济制度中，价格在原则上是市场调节的自然结果，所以要规制独占必须首先规制或者同时规制导致形成独占的市场结构，但是，该法对此却没有予以应有的足够重视。即该法不仅规定主务部长官如果认为事业者申告的价格不当，可以令事业者变更其价格，而且还规定主务部长官可以指定不予申告的独占价格。通过以上各种具体规制方法也许能够实现物价的基本稳定，但是，实践证明它也必将导致市场经济丧失其应有的活力。

第三，1975年制定的《物价安定及公正交易法》，终结了在过去10多年《公正交易法》的立法进程，由于受"成长优先主义"制约屡遭失败的历史，终于使长期的《公正交易法》立法探索结出了丰硕的果实。

二、独占规制法的立法探索

（一）1969年提出《独占规制法案》的背景

在市场经济条件下，市场竞争作为推动市场经济发展的基本动力，对于市场经济发展发挥极其重要的保障和促进作用。但是，在某些情况下竞争机制也有可能带来消极的企业行为和社会效果。其表现就是以滥用市场支配地位、企业的结合和共同行为等方式表现出来的独占行为。所以进入20世纪60年代，为了维护竞争秩序并且确保竞争机制发挥积极作用，韩国开展了系统的有关《独占规制法》的理论研究与立法探索，并且为了制定《独占规制法》付出了很多积极努力。但是，长期的立法努力未能取得预期效果，时至20世纪60年末未能完成立法过程制定《独占规制法》，其主要原因有以下几点：

（1）《独占规制法》的制定遭遇了企业界的强烈反对。特别是韩国大企业所主张的成长优先主义理论，得到了热切期待尽早摆脱绝对贫困状态的大多数国民的理解与支持，使得企业界特别是大企业提出的成长优先主义的理论，成为阻碍影响《独占规制法》立法过程的重要制约因素。

（2）政府制定《独占规制法》的意志不够坚定，为了制定《独占规制法》也未付出更多积极努力。20 世纪 60 年代政府之所以着手制定《独占规制法》，其主要的推手是社会舆论与国民的热切期待，后来在遭遇企业界特别是来自大企业的强烈抵制后，又改变初衷抛弃了《独占规制法》的立法努力。即在独占问题开始成为影响市场经济发展的制约因素时，开始提出并讨论《独占规制法》的立法必要性，而在由于采取相应的应急措施，独占的法律规制问题在一定程度上得到缓解时，又随即中止《独占规制法》的立法过程。

（3）20 世纪 60 年代韩国实行的独占规制政策，它是国家物价安定政策的重要一环。所以在这一时期提出的《独占规制法案》或其他相关法律，相对于恢复并且维护正常的竞争秩序，更多地把谋求物价安定作为其主要目标。所以不仅未能实现搞活市场经济的目标，而且还加深了经济政策和实体经济的分离。并且使制定实施《独占规制法》长期处于理论探索阶段。

进入 20 世纪 60 年代末，也就是在 1968 年实施的国政监察中，有几位国会议员提出了《新设汽车工业株式会社走私案》，并且使该案在此后的国政监察中成为监察的焦点。以此为契机独占企业的肆意妄为引起了国民的广泛关注，于是经济企划院为了限制企业的独占，经过与执政党等有关机构的协议，在同年的 12 月 19 日起草了《独占规制法试案》，并在 1969 年 2 月经过公听会的审议，把在审议中提到的诸多建议纳入《独占规制法试案》，最终向国会提交了共有 22 条和 2 项附则构成的《独占规制法案》。

（二）1969 年《独占规制法案》的主要内容

1969 年向国会提交的《独占规制法案》其主要内容有：

（1）明确提出《独占规制法案》的立法目的是，防止由于独占和限制竞争所导致的各种弊端。

（2）规定从事“独占事业”〔1〕的“独占事业者”〔2〕应当履行以下义务：①向经济企划院长官审告商品的贩卖价格和原价、与贩卖组织及

〔1〕 本法所称的垄断事业是指，由于同一种类的商品或劳务如果被 5 个以下事业者所生产并销售的商品或提供的劳务所占领，或者由于 1 个事业者占有同种商品或劳务供应的 20% 以上的市场份额，其生产和经营足以给国民的经济生活带来重要影响，所以由总统令予以专门确认的特定事业。

〔2〕 本法所称的垄断事业者是指，专门经营上述垄断事业的事业者。垄断事业者的生产和经营由于占有国内总的生产能力或供应能力 20% 以上的市场份额，通过经济企划院长官提请垄断规制委员会审议最终予以确定的事业者。

交易条件有关的事项、其他由总统令所确定的事项。②“独占事业者”不得实施不当地操纵价格、给交易附不当交易条件、没有正当理由而拒绝或中断交易、不当地妨碍交易及其供给、不当地变更商品以及劳役的量与质等行为。③如果“独占事业者”实施上述各种不当行为，经济企划院长官可以给独占事业者确定时间令其在规定时间内予以纠正。如果独占事业者不予纠正，在听取主务部长官意见的基础上，可以采取停止该不当行为、宣告根据不当行为所签合同的部分或全部无效、确定适当价格或交易条件等措施。

(3) 事业者或者买卖业者，如果出于操纵商品或劳务的价格、控制商品生产以及流通的目的签订了合同或协议，应当在自签订合同或协议之日起的10内，根据总统令的相关规定向经济企划院长官予以申告。

如果受到申告的经济企划院长官认为，该行为限制公正自由的市场竞争并且有损于社会公益的实现，可以给相关事业者限定一定期限，要求其在规定期限内纠正该行为，如果相关事业者不予纠正，经济企划院长官可以在听取主务部长官意见的基础上，经独占规制委员会的审议令其纠正该行为。

(4) 如果事业者违反经济企划院长官所做的要求其纠正不当行为、要求其纠正限制竞争行为的命令；如果事业者未履行相应的申告义务，对相关责任者最高可以处3年拘役或3千万元（韩元）的罚金。如果法人或个人的雇员为了执行由法人或个人委托的业务，实施由本法案所规定的违反行为，除处罚行为人即雇员以外，还应给其法人或个人处以罚金刑。但是，由本法案所定的违反行为，应当有经济企划院长官的告发。

(5) 作为执行由《独占规制法案》所确定各项职务的机构，该法案规定设立由经济企划院长官任委员长，财务部长官、工商部长官、大韩商工会议所会长、中小企业协同组合理事长等4人为当然委员，并且由经济企划院长官在具有丰富的企业经营和经济管理知识及其经验的人员中，提请总统委托的5名委员等，总计共有10人组成的独占规制委员会。

(三) 1969年《独占规制法案》的评析

在本法案中应当引起注意的是，对“独占事业”和“独占事业者”所作的定义。当然并非只要满足由上述定义所确定的构造基准，即可被认定为“独占事业”或“独占事业者”，也不是所有“独占事业者”的行为都应当成为规制对象。但是，与过去以往的《公正交易法》不同，在有关独占的定义中引入市场结构基准这一概念的做法应当得到肯定。与此相联系，引入构造基准这一事实足以说明，在以往的不正交易以及独占的法律规制中，总是试图从物价的视角予以观察做法，已经发生了深刻变化。

上述的《独占规制法案》也与过去的《公正交易法案》同样，一度成为社会各界热议的重要焦点。但是，尽管有官界与学界的广泛赞同，由于以企业界为中心的主流舆论认为，韩国经济的当务之急是企业资本的积累和货币供应的促进，至于独占规制法的立法目前还为时尚早，所以未能通过国会审议，后来即 1971 年 7 月随着国会会期的终了而被自动废止。

三、独占规制及公正交易法的制定

（一）1980 年制定《独占规制及公正交易法》的背景

1. 民间主导型市场经济秩序的确立

始于 20 世纪 60 年代的国家综合经济开发，虽然使韩国取得了令世人瞩目的经济发展成果，但是，由于受自 20 世纪 70 年代以来出现的“石油危机”等各种经济现象的影响，认为只有通过经济秩序的创新才能有效克服这些消极影响，已成为全社会的广泛共识。所以在 1979 年作为消除由于经济发展和经济危机所导致各种消极现象的具体措施，政府提出必须改变由政府—财阀主导的经济发展方式，逐步确立民间主导型的市场经济秩序。

为了确立民间主导型的市场经济秩序，并且确保市场经济的持续稳定发展，经济企划院决定以“实现事业者得到产业支援的机会均等”、“促进事业者公正的市场竞争”、“实现金融业的全面自律”为目标确立相关制度。而后来相继制定《产业支援法》和《独占规制与公正交易法》，并且强力促进“银行的民营化”，正是政府实现上述具体目标的重要举措。

2. 消除“双重价格”改善市场流通

1979 年为了实现经济运行以及国民生活的基本稳定，韩国政府发表了旨在实现经济稳定的“4・17 经济安定化施策”[1]。在此施策发表以

---

〔1〕 1979 年 4 月 17 日发表的《经济安定化综合对策》，其着眼点是经济安定特别是确保物价稳定，为此，它把确保生活必需品的供应和物价稳定、财政紧缩政策的实施、调整对重化学工业的投资、改善金融运营、调整抑制不动产投资的制度、确保生活必需品安全的对策、确保贫困层生活安定的对策等作为其事业的重点领域。特别是为了保障生活必需品的供应并且确保物价的基本稳定，提出改善物价行政，确立了缩小统制对象品目的基本方针。

前，韩国政府管理物价的主要方式是根据《物价安定及公正交易法》，以独占商品和服务的价格为主对价格实行直接统制。但是，在对价格实行直接统制的情况下，由于商品或服务的价格根据个别企业的成本予以确定，形成了明显有别于市场价格的价格，即不直接反映市场供需状况的价格，所以对价格实行直接统制的结果，不仅导致了“双重价格”的形成，而且还极大地扰乱了市场流通。

1971 年经济企划院发表“物价安定综合对策”后，反对限制竞争的相关施策未能得到有效实施，究其原因是《物价安定及公正交易法》所确立的竞争政策，没有就防止企业通过合并实现独占作出相关规定。在政府的各种法令或行政制度也有很多限制或制约竞争的因素。此外，由于长期实行政府—财阀主导型的经济开发政策，还导致了国家的经济力量日益集中于少数大型的财阀企业，而这种经济力量的日益集中，在当时就已成为影响和制约经济发展、导致各种社会问题的重要因素，并引起了人们的广泛关注。

1979 年个别商品的市场集中度

	独占型企业 3 企业 50% 以上	竞争型企业 3 企业 50% 以下	合计
商品种类	2 071	250	2 321
比率（%）	89	11	100

资料来源：经济白书（经济企划院，1981 年）。

经济力集中于少数企业的状况

	系列企业数			累积占有率（卖出额基准,%）	
上位 5 企业	76	113	48.7	14.8	16.2
上位 10 企业	115	183	59.1	20.4	22.6
上位 15 企业	159	227	42.8	24.4	26.9
上位 20 企业	239	348	45.6	32.0	35.0
工矿业全体	25.785	32.776	18.0	100.0	100.0

资料来源：经济白书（经济企划院，1981 年）。

3. 《独占规制及公正交易法》的立法过程

作为确立竞争体制的具体制度手段，经济企划院于 1979 年就开始《独占规制及公正交易法》的立法进程。具体考察《独占规制及公正交易法》的立法过程，从 1979 年 9 月制定《公正交易制度的改善方案》起到 1980 年 7 月，主要围绕确立公正交易制度的必要性、《独占规制及公正交易法》立法方向的设定展开了热烈讨论，并在同月 17 日完成该法律案试案的起草。在此以后，1980 年 9 月确定了该法最终的立法原则，通过与相关部处的协议提交于同年 11 月 5 日召开的公听会征求意见，在充分吸纳各种意见的基础上确定了该法的最终法案。该法的最终法案于同年 12 月 9 日通过国务会议审议，并在同月 11 日通过立法会议的决议成为正式法律，最终在同月 31 日予以公布。

（二）1980 年《独占规制与公正交易法》的主要内容

1980 年制定的《独占规制及公正交易法》，共有 14 章 60 条并且另有 8 条附则，是一部内容庞大的重要法律，该法律的主要内容有：

1. 市场支配地位的滥用禁止

（1）大幅度强化了成为占有市场支配地位事业者的具体要件，规定占有市场支配地位的事业者必须具备以下条件。即在事业者最近 1 年在国内的总供给额必须达到 300 亿元（韩元）以上；1 个事业者的市场占有率达到 50% 以上或者 3 个以下事业者的市场占有率合计达到 70% 以上。但是，在后一种情况下每个事业者的市场占有率必须达到 5% 以上。

（2）把滥用市场支配地位的行为分为价格滥用行为和一般滥用行为这两个基本种类。并且规定前一种滥用行为的主体必须是占有 50% 以上市场份额的事业者，而后一种滥用行为的主体则是其他支配市场的事业者。

（3）规定市场占有率达不到 50% 的支配市场事业者间的，时差在 3 个月以内的价格共同上调必须向经济企划院报告。

（4）如果认为市场支配地位的滥用行为或者价格的共同上调不当，经济企划院长官可以令该事业者降低价格、中止滥用市场支配地位的行为或者采取其他纠正措施。如果该事业者无视相关命令可以给其赋加课征金。[1]

2. 企业结合的限制

（1）为了限制企业结合，《独占规制及公正交易法》原则禁止，纳入资本金 10 亿元（韩元）以上或者总资产 50 亿元（韩元）以上的事业者，直接或者通过系列公司实施实际限制竞争的，取得其他公司的股

---

〔1〕 所谓课证金是指，把违反行政法规、不履行行政法法定义务的行政相对人作为制裁对象，并由行政机关实施的具有货币即金钱性质的制裁。在韩国最先引入课征金制度的是《垄断规制与公正交易法》，该法引入课征金制度的目的是，剥夺违法经营主体由于违反法定义务而取得的违法收入。

份、兼任其他公司职务、与其他公司合并以及设立新公司等行为。

（2）为了限制企业结合，《独占规制及公正交易法》选择了申告主义，并且把申告主义作为规制企业结合的具体方法。规定事业者实施取得其他公司股份等行为必须向经济企划院长官申告。经济企划院长官对上述各种违反行为，可以令事业者采取禁止企业结合、处分部分或全部股份、辞去所任职务等必要的纠正措施。特别是《独占规制及公正交易法》规定，经济企划院长官如果遇到违法的公司合并或设立，可以提起公司合并或设立无效的诉讼。

3. 不当共同行为的限制

（1）为了限制不当的共同行为，《独占规制及公正交易法》规定，共同行为只有履行登记手续才可发挥应有的法律效力，由此把履行相应的登记手续确立为实施共同行为的事业者必须履行的法定义务。

（2）《独占规制及公正交易法》规定，如果经济企划院长官认为，申请登记的共同行为属于限制竞争的共同行为，可以拒绝登记或者经申请人同意在变更申请事项后予以登记。

4. 不当交易行为的禁止

《独占规制及公正交易法》规定：禁止不当地区别对待、排挤交易的相对方或者引诱、强迫竞争者的顾客与自己交易的行为；禁止不当地利用自己在交易中的优势地位与对方交易的行为；禁止不当地制约相对方事业活动的行为；禁止由于经济企划院长官认为具有阻碍公正交易的可能，而被其指定、告示的虚假、夸张的广告宣传或者隐瞒商品质量、数量等不公正交易行为。

5. 其他

（1）《独占规制及公正交易法》规定，设立事业者团体必须予以申告，禁止事业者团体实施限制竞争的行为。

（2）《独占规制及公正交易法》原则禁止，维持再贩卖价格的行为。

（3）《独占规制及公正交易法》限制签订，把相当于共同行为以及不公正交易行为的其他事项，作为具体内容的国际合同。

（4）《独占规制及公正交易法》规定，作为与该法律实施有关事项的审议、决议机关，在经济企划院设立公正交易委员会。该委员会由包括委员长在内的 3 名常任委员、2 名非常任委员，共 5 名委员组成。委员的任期为 3 年，可以连任一次。

（5）经济企划院长官可以在采取纠正措施前发出纠正劝告，如果该事业者接受纠正劝告，公正交易委员会可以不经审议、决议直接采取纠正措施。

（6）如果对根据该实施的处分有异议，可以向经济企划院长官提出异议申请，如果对经济企划院长官作出的裁决不服，可以向首尔高等法院提起诉讼。

（7）违反法律的事业者应承担无过失损害赔偿责任，但是，只有在确定相应的纠正措施后，才可以行使无过失损害赔偿请求权。

（8）根据《独占规制及公正交易法》，对违法者最高可以处1年拘役或7千万元（韩元）的罚金，并且对违法者可以并处以上两项处罚。但是，对违法者并处两项处罚，必须由经济企划院长官予以告发。

（三）1980年《独占规制与公正交易法》的评析

20世纪60年代以来，韩国为了制定《公正交易法》和《独占规制法》付出了很多积极努力，1980年制定《独占规制及公正交易法》也是长期以来制定《公正交易法》的努力所导致的必然结果。制定《独占规制及公正交易法》目的在于，确立正当的市场竞争秩序，促进市场经济的持续稳定发展，所以制定这一法律其立法事实本身就具有重要的现实意义。但是，就该法律的具体内容而言，在当时看来就存在必须予以关注的以下若干问题：

1. 立法主体与立法程序的缺陷

就《独占规制及公正交易法》立法时间和立法机关而言，它不仅在1980年这一韩国现代历史上的非常时期，以非常迅速的超常规速度完成了立法过程，而且其立法机关还是非正常的立法机关即“国家保卫立法会议”。不论是何种法律，它们之所以具有相应的法律效力，主要是因为法律的条款即内容是国民经过协商所取得的合意。但是，就《独占规制及公正交易法》具体状况而言，不仅不可以说它的条款即内容是国民经过协商所取得的合意，而且也很难说作为法律规范它的法律效力没有任何瑕疵。

2. 执法权的过分集中

根据《独占规制及公正交易法》，经济企划院长官是该法律重要的执法机构，但是，执法权却过分集中于“经济企划院长官”。就《独占规制及公正交易法》法律规定的逻辑结构而言，首先规定本法在原则上禁止独占型限制竞争的行为或者其他不正当交易行为，此后再通过抽象的语言表述承认上述原则具有例外情况，最后再以具体列举限制竞争行为类型的方式把上述抽象语言具体化。至于具体执法《独占规制及公正交易法》规定，事业者实施与本法所列举行为相当的竞争行为必须报告理由，履行相应的申告、登记手续，如果事业者没有履行申告、登记手续，可以确认该竞争行为无效。此外，《独占规制及公正交易法》还把决定是否接受申告、是否准予登记的权力赋予经济企划院长官，从而使《独占规制及公正交易法》的执法权过分集中于经济企划院长官。

由于《独占规制及公正交易法》的上述规定，法律的执行往往取决于经济企划院长官的个人意志，从而不仅使《独占规制及公正交易法》的执法在很多情况下无法取得预期效果，而且还有可能导致《独占规制及公正交易法》的执法向制约竞争的方向发展。关于《独占规制及公正交易法》执法的实际效果，其难点是由于限制竞争行为和不公正交易行为的隐秘性，所导致的侦查困难以及与侦查有关费用的增加。特别是在有关事业者共同行为的调查中，其最主要的难点是竞争事业者相互间是否有共同行为的调查以及判断。《独占规制及公正交易法》规定事业者实施共同行为必须予以登记，但是，很少有事业者实际登记处在组织策划和实施中的共同行为，即使是申请登记相关行为的事业者，他们中的大多数也都极力主张其自身行为的合理性。

根据《独占规制及公正交易法》，该法的执法机关是公正交易委员会，但是，由于公正交易委员会的规模、预算、人员以及专业知识的严重不足，所以在实践中，公正交易委员会的执法也很难取得预期的执法效果。

总之，虽然《独占规制及公正交易法》已经制定，但是，根据该法所采纳的规制方式，很难实现该法所确立的促进公正自由的市场竞争、助长具有创意的企业活动、实现消费者利益的保护和国民经济均衡发展的目标。

3. 国民难以参与执法过程

根据《独占规制及公正交易法》的相关规定，该法律的执法业务由经济企划院所独占，其结果导致一般国民很难参与该法律的执法过程。

四、独占规制与公正交易法修改与发展

（一）1986 年《独占规制及公正交易法》的修改

1. 1986 年修改《独占规制及公正交易法》的背景

如上所述，1980 年审议通过《独占规制及公正交易法》的立法机关，并非宪法规定的立法机构即国会，而是具有临时立法机构性质的“国家保卫立法会议”即立法会议，所以 1980 年《独占规制及公正交易

法》的制定，由于其立法主体和立法程序的缺陷，预示着该法律将有一次大的修改。

进入20世纪80年代，在韩国随着总统直接选举制度的确立，不仅实现了政治民主，而且还使经济发展迎来又一个快速增长期。因此，为了促使企业在其发展中抑制过度扩张，走挖潜改造不断提高企业内在素质的发展道路，抑制日趋明显的经济力量的过度集中现象，并且纠正在过去6年公正交易制度的运行实践中发现的各种问题，以抑制经济力量的过度集中为核心，于1986年9月正式启动了修改《独占规制及公正交易法》的进程。

在经济开发时期即资本形成的初期阶段，经济力量的集中对于规模经济的形成、企业国际竞争力的提高发挥了重要作用。但是，经济力量的过度集中不仅导致企业开始实施过分依赖于负债的企业规模扩张、向中小企业传统经营领域的渗透、对与主营产业没有关联的其他产业扩张等行为，而且还造成贫富差距的日益扩大，使得政府再也不能坐视经济力量的过度集中。

政府于1986年11月7日向国会提出修改《独占规制及公正交易法》的改正法律案，后来经国会审议于同年12月31日予以公布。

2. 1986年修改《独占规制及公正交易法》的内容

政府提出的修改《独占规制及公正交易法》的改正法律案可以分为抑制经济力量的集中和公正交易制度的确立两个基本方面。

（1）关于抑制经济力量的集中。

①在原则上禁止通过股份的所有者，以支配地处国内公司的经营为目的设立持股公司（控股公司）[1]；②禁止隶属同一大型企业集团的系列公司（子公司）相互出资；③把隶属大型企业集团的公司可以取得其他公司股份的数额，限制为该公司纯资产额的40%以内；④剥夺隶属大型企业集团的金融、保险公司，取得并所有的对国内系列公司（子公司）股份的决议权；⑤规定隶属大型企业集团的公司，必须向经济企划院长官申告保有国内其他公司股份的状况以及该公司的股东现状、财务状况。

（2）关于公正交易制度的确立。

第一，在市场支配地位的滥用禁止中，废止了区分价格滥用行为和一般滥用行为的做法，把共同提高价格作为价格滥用行为的一种进行了

---

[1] 通过所有其他公司的股份支配并管理其他公司事业活动的公司。

具体规制。

第二，限制通过特殊关系人实施企业结合，如果把成为申告对象的企业结合作为取得股份的手段，持有其他公司发行股份其具体数额限制为，该公司发行股份总数或出资总额的20%以上，如果引受新公司股份也应遵循相同比率。此外，修改后的《独占规制及公正交易法》还规定隶属大型企业集团的公司与系列公司（子公司）或特殊关系人一起，持有或引受其他公司或新设公司20%以上的股份必须予以申告，企业结合应当在实施具体行为后的30日内予以申告。但是，在实施申告后的30日内不得结束企业结合的相关事宜。

第三，修改后的《独占规制及公正交易法》，删除了共同行为必须实施登记的法律规定，增加了宣告禁止共同行为的法律原则。在不当共同行为的具体类型中，把为了共同履行或管理营业的主要部门设立公司和限制其他事业者事业内容或活动的行为，确定为新的不当共同行为具体类型。规定当事人约定不当共同行为的合同等法律行为无效。规定对于客观存在的事业者间的不当共同行为，即使没有约定共同行为的明示合同，也可以推定其实施了不当的共同行为。修改后的《独占规制及公正交易法》作为对不当共同行为的制裁，规定公正交易委员会可以给不当共同行为的实施者，课罚最高相当于在不当共同行为实施期间总卖出额乘以1%金额的课征金。

第四，关于不公正交易行为的禁止，增加了不得教唆、指示其系列公司（子公司）或其他事业者实施不公正交易行为的规定。为了防止事业者不当地诱引顾客、防止事业者实施虚伪夸张的广告宣传，允许事业者相互之间或事业者团体缔结“公正竞争规约”。此外，为了正确判断“公正竞争规约”是否相当于不公正交易行为，规定经济企划院长官具有审查邀请权。

第五，规定经济企划院长官可以制定并实施事业者团体必须遵循的指针。

第六，作为缔结受到限制国际合同的一个种类，增加了为了1年以上的连续使用引进著作权的合同。删除了事业者在签订合并投资合同以前，应当履行申告义务的条款。

第七，作为公正交易委员会的审议、决议事项，增加了对事业者不当共同行为的例外认可；有关虚伪表示、广告以及事业者团体的基准；对“公正竞争规约”的审查等内容，并且规定公正交易委员会可以把法官、检察官、律师任命为“公正竞争规约”的审查官。此外，还规定如果事业者接受由经济企划院长官提出的事前纠正劝告，应视为已经采取了相应的纠正措施。

第八，修改后的《独占规制及公正交易法》规定，如果制定、改正限制竞争的法令，相关行政机关的长官必须在事先与经济企划院长官进行协商。此外，修改后的《独占规制及公正交易法》还提高了罚则的上限，规定最高可以处2年惩役或1亿元（韩元）罚金。

3. 1986年修改《独占规制及公正交易法》的评析

（1）1986年对《独占规制及公正交易法》所实施的修改，不仅涉及到的法律条款多，而且其具体内容修改的幅度大，可以说是一次大幅度的法律修改。但是，本次法律修改总的方向是该法律的进一步完善。

第一，抛弃共同行为登记主义，在原则上禁止不当共同行为的法律修改，可以说是一种恰当的立法措施。正如在前面已经指出《独占规制及公正交易法》在修改前存在的主要问题是，给经济企划院长官赋予了过多权力。所以抛弃共同行为登记主义，在原则上禁止不当共同行为的法律修改，由于它既减轻了经济企划院长官在执行《独占规制及公正交易法》中的负担，也提高了执行的客观性和法律的安定性，所以是一次成功的法律修改。

第二，修改后的《独占规制及公正交易法》规定，公正交易委员会可以推定不当共同行为具有十分重要的现实意义。在共同行为的法律规制中最难以解决的棘手问题是，证明为了实施不当共同行为事业者所签合同的存在。特别是在独占市场由于其结构性问题，很容易形成事业者的共同行为，而这种共同行为即意识平行行为是否由竞争事业者间的共谋以及合同所导致，则是难以证明的关键问题。而修改后的《独占规制及公正交易法》作出的，公正交易委员会可以推定不当共同行为的规定，在很大程度上化解了难以证明不当行为存在的棘手问题。

第三，在修改后的《独占规制及公正交易法》中，有关可以把法官、检察官、律师任命为公正交易委员会审查官的规定；把价格滥用行为和一般滥用行为合并为滥用市场支配地位行为，并且解除对其行为主体所作种种限制的做法，由于考虑到在以往法律中的问题，所以都是十分合理的法律规定。

第四，修改后的《独占规制及公正交易法》，作为共同行为的制裁手段增加若干具体事项的做法，也是一种极其正确的法律修改。

第五，继1986年修改《独占规制及公正交易法》以后，随后实施了《独占规制及公正交易法实施令》的修改，但是，在此次修改中删除作为价格滥用行为判断基准的，“与该支配市场事业者所属行业或类似行业的通常标准相比自有资本的利润率高”这一规定，可以说是明显的立法失误。因为，删除该规定的结果明显降低了对价格滥用行为实行规制的整体效果。

第六，虽然仅局限于引诱顾客、商品表示以及广告，但是，允许事业者团体或事业者相互之间缔结公正竞争规约，未必能取得预期的促进竞争的效果。在实践中竞争事业者相互之间或者事业者团体，到底能否缔结可以促进竞争的规约，对此学术以及实业界普遍持否定观点。他们认为这有可能导致通过公正交易委员会的审议，实现限制竞争规约的合法化。

第七，把得到该事业者认可的纠正劝告，视为纠正措施的法律修改也有诸多问题。由于经济企划院长官不经公正交易委员会的审议及决议，可以自由地提出纠正劝告，所以如果把纠正劝告视为纠正措施并且认定它的效力，不仅可以虚化公正交易委员会，而且还可导致经济企划院与事业者的不当交易。

第八，作为对修改《独占规制及公正交易法》的评析，最后考察在本次的法律修改中付出心血最多的，与抑制经济力量过度集中有关的若干问题。

进入20世纪60年代，由于国家实行出口主导型的经济开发政策，并且着重致力于提高国家的国际竞争力，所以独占并非当时的经济发展所面临的首要问题。但是，进入20世纪80年代，随着经济的持续快速发展和社会民主化程度的不断提高，实现国民收入的均衡分配已成为国民的强烈愿望，国家的独占政策也实现了由助长和放任到实行法律规制的战略转变，所以于1986年实施的《独占规制及公正交易法》修改，也自然把抑制经济力量的集中作为其立法重点，规定了禁止设立控股公司、禁止集团内部的相互出资等内容。

关于抑制经济力量的过度集中，到底应采取独占禁止主义的规制方法，还是应采取弊害规制主义的规制方法，有必要进行充分的理论探讨。因为在采取弊害规制主义原则的前提下，从独占禁止主义立场出发考虑具体问题，必然导致抑制经济力量集中的具体执法过程的极度混乱。所以面对经济力量的日益集中在实行弊害规制主义原则的同时，必须采取有效的政策以及法律措施，既要确保提高企业的国际竞争力，又要通过抑制经济力量的过度集中维护公正并且有序的竞争秩序，促进市场经济的持续稳定发展。

1980年制定的《独占规制及公正交易法》认可独占，并且也不禁止可以导致产业集中度提高的企业行为。企业行为只有在对竞争构成实质性限制的情况下，才可以成为法律规制的具体对象。所以必须重新考虑那种只把企业规模的大小作为依据，指定大型企业集团并对其实行相应规制的制度。在实践中如果只谋求行政管理的方便，必然造成其相应法律制度的混乱。

（2）正如在前面已经指出，1986年虽然对《独占规制及公正交易法》进行了大幅度修改，使该法律具备了作为《独占规制法》应当具备的一些基本要件。但是，其中仍有许多必须予以关注的诸多问题。修改后的"独占规制及公正交易法"之所以仍存在尚未解决的诸多问题，其根本原因并非1986年的法律修改不够彻底，而是1980年所制定的法律存在太多问题。

（二）20世纪90年代《独占规制及公正交易法》的修改

1. 1990年《独占规制及公正交易法》的修改

（1）1990年修改《独占规制及公正交易法》的目的。为了保障公正交易委员会的中立性与专门性、确保《独占规制及公正交易法》的实效性，国会于1990年1月13日修改《独占规制及公正交易法》，加强了公正交易委员会的机构建设，强化了《独占规制及公正交易法》的处罚与纠正措施。

（2）1990年修改《独占规制及公正交易法》的主要内容。①把属于大规模企业集团的金融业、保险业公司也纳入到了禁止相互投资的对象；②不公正交易行为由原来的"法律列举的、经济企划院长官指定、告示的行为"修改为"法律所列举的行为"，并规定由公正交易委员会规定不公正交易行为的类型与基准；③新法规定对属于大规模企业集团的系列公司违反禁止相互出资规定与出资总额限定规定的行为、事业者集团的不正当共同行为可以处以罚款，以此加强了对违反法律行为的处罚；④为了保障公正交易委员会的中立性与专门性，把公正交易委员会规定为经济企划院长官所下属的合议制行政机关，并加强了该委员会的机构建设。

2. 1992年《独占规制及公正交易法》的修改

（1）1992年修改《独占规制及公正交易法》的目的。为了有效遏制经济力的集中、提高韩国产业的竞争力，韩国国会于1992年12月8日修改《独占规制及公正交易法》，引入了属于大规模企业集团的系列公司间的债务担保限制制度，扩大了出资总额制度认定范围的例外情形，完善了规制不正当共同行为的制度，加强了对违反法律行为的纠正措施。

（2）1992 年修改《独占规制及公正交易法》的主要内容。①为了提高产业的国际竞争力，必要时在公正交易委员会承认的范围内可以超出出资限度取得或持有其他国内公司的股份，但是其期限不得超过 5 年；②超过一定规模的属于大规模企业集团的公司对国内系列企业的债务担保不得超过该公司自有资本的 200%，但是为了阶段性地缩小债务担保，对超出限制的部分规定了 3 年的宽限期；③为了有效防止事业者通过契约、协定、决议等方法实际限制竞争的不正当磋商行为，改善了不正当共同行为的成立要件；④规定可以对作出不公正交易行为的事业者征收罚金；⑤为了提高纠正事业者团体违反禁止行为的实效性，规定必要时可以命令相关事业者予以纠正。

3. 1994 年《独占规制及公正交易法》的修改

（1）1994 年修改《独占规制及公正交易法》的目的。为了避免大规模企业集团的持股集中与系列公司的过分扩张等经济力集中的弊端，并有效地增强国家竞争力，国会于 1994 年 12 月 22 日修改《独占规制及公正交易法》，完善了现行的出资规制制度，把公正交易制度与国际标准进行了接轨。

（2）1994 年修改《独占规制及公正交易法》的主要内容。①为了促进大规模企业集团的健康成长，把出资总额限度由原来的纯资产的 40% 下降到 25%，并规定超过出资总额限度的部分由该法施行之日起 3 年内消除；②对增股或者股息方式的出资与为了加强产业国际竞争力而进行出资的总额限度的例外认定期限，由原来的 1 年与 5 年各延长至 2 年与 7 年；③为了促进对社会间接资本、设备的民间投资，对从事《关于社会间接资本、设备的民间资本吸引促进法》规定的第一种事业的事业者认定出资总额限制的例外情形，其期限规定为 20 年，必要时可以最多延长 10 年；④为了促进持股的分散与财务结构的健康发展，对具备一定要件的企业不适用出资总额限制规定；⑤原来的法律只能规制商品销售方与提供劳务等提供方的共同行为，而修改后的法律则把规制的范围扩大到与购买方的共同行为；⑥对不正当共同行为的罚金由原来的销售额的 1% 以内调整为 5% 以内，对不公正交易行为的罚金由原来的 3000 万元以下变更为销售额的 2% 以下；⑦转售价格维持行为也与不公正交易行为相同，处以销售额 2% 以内的罚金；⑧为了促进先进技术的引进，废止了缔结国际契约的申报制度，并规定了对不公正国际契约可以处以销售额2%以内的罚金；⑨违反本法的行为从终了之日起超过5年的，不对其处以罚金。

4. 1996年《独占规制及公正交易法》的修改

（1）1996年修改《独占规制及公正交易法》的目的。为了遏制经济力的集中，改善垄断性市场结构，建立促进竞争型经济结构，加强国家竞争力，国会于1996年12月30日修改《独占规制及公正交易法》，缩小了大规模企业集团的系列公司间允许的债务担保的限度，禁止了企业间的资金与资产等的不正当支援，规范了公正交易委员会的运作程序。

（2）1996年修改《独占规制及公正交易法》的主要内容。①为了改善垄断性市场结构，规定公正交易委员会应建立并施行促进市场竞争的措施；②原法律只限定一定规模（资本金50亿元或者资产总额200亿元）以上的公司不能进行实质上限制竞争的企业联合，但修改后的法律却规定不管企业规模的大小，所有事业者都不能进行实质上限制竞争的企业联合；③属于大规模企业集团的公司对系列公司能做出的债务担保的限度，由原来的自有资本的200%修改为自有资本的100%，对现有的债务担保要求截止到1998年3月31日为止要缩小到自有资本的100%；④公正交易委员会在查处企业联合、经济力集中等问题时，认为必要时可以向银行监督院等机关要求确认、调查属于大规模企业集团的国内系列公司股东的股份持有现状等相关资料；⑤修改后的法律规定，逃避禁止企业联合与遏制经济力集中规定的违法行为的类型与标准，由总统令具体制定；⑥参与通过磋商行为决定价格等不正当共同行为的事业者自觉向公正交易委员会举报该事实时，可以对举报者减轻、免除纠正措施或者罚金；⑦所有的事业者都不得以资金、不动产、人力等不正当地支援其他事业者，以阻碍公正的交易秩序；⑧为了有效运作公正交易委员会的会议，有必要变更以前对法律的解释意见或裁决申请的异议时，由全体委员组成的全员会议审议、议决，对日常发生的轻微事件由委员3人组成的小会议审议、议决；⑨接到纠正措施命令的人提出异议申请时，公正交易委员会如果认定执行该纠正措施会对被执行人造成难以恢复的损害，则可以暂停该命令的执行；⑩修改后的法律规定了处以罚金时应斟酌的事项、处罚与征收的程序等相关事项。

5. 1998年《独占规制及公正交易法》的修改

（1）1998年修改《独占规制及公正交易法》的目的。为了加强国家竞争力，引进了合并财务报表，推进了治理结构的先进化，允许了对外国公司的恶意性收购兼并。这些措施减小了企业进行多种经营的可能性，使出资总额限制制度丧失了存在的意义。而且IMF也要求纠正系列公司间的债担保制度。因此国会于1998年2月24日修改《独占规制及公正交易法》，废止了出资总额限制制度，禁止了新的债务担保。

（2）1998年修改《独占规制及公正交易法》的主要内容。①废止了适用于属于大规模企业集团公司的出资总额限制（该公司纯资产的25%以内）制度，禁止了属于大规模企业集团公司间的新的债务担保。②现有的债务担保应于2000年3月末为止全部解除，但1998年以后新指定的属于大规模企业集团公司的现有的债务担保，可以于2001年3月末为止全部解除，2001年以后新指定的可以从指定之日起1年内全部解除。

6. 1999年2月《独占规制及公正交易法》的修改

（1）1999年2月修改《独占规制及公正交易法》的目的。为了使《公正交易法》能够保证市场经济的畅通、有效监督不正当支援行为、有效规制支配市场的事业者、迅速审查处理关于企业联合的问题，国会于1999年2月5日修改《独占规制及公正交易法》，扩大了事业者的范围与行为类型，赋予公正交易委员会以金融交易信息要求权，引进了支配市场事业者推定制度，完善了审查企业联合的相关制度。

（2）1999年2月修改《独占规制及公正交易法》的主要内容。①对“事业者”的规定由原来的具体列举修改为“从事制造业、服务业与其他事业的人”，以此扩大本法适用的范围；②公正交易委员会调查不公正交易行为时，如果认为没有金融交易相关资料则无法确认资金等的支援与否时，可以向金融机关要求提供金融交易的相关信息，如交易者个人信息、使用目的等；③1个事业者的市场占有率超过50%或3个事业者的市场占有率的总和超过75%，可以将其推定为支配了市场；④修改细化了关于企业联合申报制度的相关规定。

7. 1999年12月《独占规制及公正交易法》的修改

（1）1999年12月修改《独占规制及公正交易法》的目的。为了遏制大规模企业集团的循环出资、事先预防不正当内部交易、加强对不正当支援行为的制裁，国会于1999年12月28日修改《独占规制及公正交易法》，引进了出资总额限制制度，要求了一定规模以上的内部交易应由董事会议决并将其公示，提高了对实施不正当支援行为的罚金额度。

（2）1999年12月修改《独占规制及公正交易法》的主要内容。

①修改后的法律规定，属于大规模企业集团的公司对国内公司出资的限度为该公司纯资产额的25%，从2001年4月1日开始施行；②为了促进企业结构的调整、吸引外资，总统令可以在一定范围内扩大出资限度；③属于大规模企业集团的公司拟与该公司的特殊关系人进行一定规模以上的资金往来或交易有价证券、不动产等资产时，应提前通过董事会的议决并将其公示；④对实施不正当支援行为的事业者的罚金，由原来的销售额的2%以内提高为销售额的5%以内。

（三）21世纪《独占规制及公正交易法》的修改

1. 2001年《独占规制及公正交易法》的修改

（1）2001年修改《独占规制及公正交易法》的目的。为了使控股公司能够通过结构调整有效运作企业、有效监督不正当共同行为、提高公正交易委员会调查的实效性，国会于2001年1月16日修改《独占规制及公正交易法》，缓和了控股公司的设立条件，扩大了对协助不正当共同行为调查者的免责内容，延长了金融交易信息要求权的时限。

（2）2001年修改《独占规制及公正交易法》的主要内容。①为了促进企业结构的调整，通过分割或分割合并转变为控股公司或设立控股公司的，可以延长一定时间的负债比率限制期限；②为了激活风险企业，风险控股企业可以持有自己子公司的发行股份总数的20%以上的股份；③为了对不当共同行为进行有效监督，对举报不正当共同行为的人与以提供证据等方式协助公正交易委员会调查的人，可以减轻、免除纠正措施或罚金；④对拒绝、妨害或者逃避公正交易委员会调查的事业者或事业者团体，可以处以2亿元以下的罚金；⑤为了断绝大规模企业集团的不正当内部行为，金融交易信息要求权的行使时限延长至2004年2月4日。

2. 2002年《独占规制及公正交易法》的修改

（1）2002年修改《独占规制及公正交易法》的目的。为达到在遏制为扩大支配力而进行的过分出资行为的同时，又保证为加强企业竞争力与集中核心力量而进行的出资行为这一目的，国会于2002年1月26日修改《独占规制及公正交易法》，改善了出资总额限制制度，调整了相互出资与禁止债务担保的对象。

（2）2002年修改《独占规制及公正交易法》的主要内容。①为了废止30大企业集团统一指定制度、建立不同类型的规范方式，修改了关于相互出资限制、出资总额限制与债务担保制度等对象的相关规定；②为了加强企业的竞争力、集中核心力量，对为民间投资事业而对社会间接资本、设备进行的出资与为收购公企业民营化对象公司而进行的出资等，不适用出资总额限制的规定；③增加规定了属于相互出资限制企业集团的经营金融业与保险业的公司，对持有的国内系列公司的股份行使议决权的例外情形，如任免任员、变更章程等；④属于或者编入出资总额限制企业集团的公司，在指定日或编入日 1 年以后仍然持有超过出资限度额的股份的，可以用限制议决权的方式代替对其超出部分的处分；⑤为了促进企业结构的调整，对出资总额限制进行例外认定的期限延长至 2003 年 3 月末。

3. 2004 年《独占规制及公正交易法》的修改

（1）2004 年修改《独占规制及公正交易法》的目的。为了改善企业集团的治理结构、加强企业的透明经营、建立对举报违反本法行为者的奖励制度、推进市场竞争、维持企业间的竞争秩序，国会于 2004 年 12 月 31 日修改《独占规制及公正交易法》，扩大了本法的适用范围，修改了公司间的出资限制制度，限制了金融保险公司的议决权的行使，完善了调查违反本法行为的相关制度。

（2）2004 年修改《独占规制及公正交易法》的主要内容。①为了有效保障国内市场的竞争秩序，修改后的法律规定国外行为对国内市场产生影响的，也适用本法。②为了顺利进行控股公司的设立与转换，对控股公司应满足的负债比率的要求从原来的 1 年宽限期延长至 2 年。为了促进控股公司健康的所有治理结构，禁止控股公司子公司之间的出资，子公司对有事务关联的控股孙公司的最少持有股份率规定为该控股孙公司发行股份总数的 50%。③为了改善企业集团所有治理结构、引导透明经营，把内部监督机制完善的企业、系列公司数少且治理结构简单的企业集团和所有与支配之间的偏差小的企业集团排除在了出资总额限制的对象之外。④为了防止通过系列金融保险公司的支配力的扩张，把金融保险公司行使议决权的限度由原来的 30% 缩小为 15%，从 2006 年 4 月 1 日开始每年递减 5%。⑤为了引导所有治理结构的改善与透明性的提高，要求属于相互出资限制企业集团的非上市公司公示关于所有治理结构、财务结构、经营活动等的重要事项。⑥为了顺利调查不正当内部交易，金融交易信息要求权的时限再次延长 3 年，同时加强了启动要件。⑦为了提高国民举报违反本法行为的积极性，修改后的法律规定，可以对举报违反本法行为或提供证据的人支付奖金。

4. 2005 年《独占规制及公正交易法》的修改

（1）2005 年修改《独占规制及公正交易法》的目的。为了活跃南北间的经济交流，为和平统一打好基础，国会于2005年3月31日修改了《独占规制及公正交易法》。

（2）2005年修改《独占规制及公正交易法》的主要内容。根据《关于南北交流合作的法律》的规定，被认定为合作事业者的公司在取得或持有销售额比重等达到总统令规定标准的公司股份的，对其不适用出资总额限制规定。

5. 2007年4月《独占规制及公正交易法》的修改

（1）2007年4月修改《独占规制及公正交易法》的目的。为了活跃经济，国会于2007年4月13日修改《独占规制及公正交易法》，缓和了对企业的规制，完善了对企业活动的事后规制与市场的自律监督功能。

（2）2007年4月修改《独占规制及公正交易法》的主要内容。

第一，缓和了控股公司对子公司的股份持有标准与子公司对控股孙公司的股份持有标准。

控股公司对子公司的股份持有标准与子公司对控股孙公司的股份持有标准，由原来的50%以上下降为40%以上。

控股公司的负债，由原来不能超过净资产额修改为不能超过净资产额的2倍，转换为控股公司以后因股价的急剧变动难以履行限制行为义务的，其宽限期由原来的2年修改为经公正交易委员会的同意可以再延长2年。

第二，缓和了限制出资总额的企业集团的出资总额限制。

限制出资总额的企业集团的范围，从原来的资产总额6兆元以上修改为10兆元以上，属于限制出资总额的企业集团的公司的出资限度额的标准从原来的该公司纯资产额的25%调整为40%，取消了外国人投资企业的出资限制。

原法律规定属于限制出资总额的企业集团的所有公司都适用出资总额限制规定，但修改后的法律规定前一事业年度的资产总额未超过总统令规定规模的公司，不适用关于限制出资总额的规定。

第三，完善了对企业活动的事后规制与市场自律监督功能。

与总统令规定的系列公司进行交易或为该系列公司提供或交易商品和劳务的行为，纳入到了董事会议决事项的范畴。

公正交易委员会为了防止经济力的过度集中、提高企业集团的透明性，可以公开属于限制相互出资的企业集团公司的一般情况、治理结构现状、属于限制相互出资的企业集团的公司间或公司与特殊关系人之间的出资、债务担保、交易关系等信息。

公正交易委员会对金融交易信息要求权的存续时间从2007年12月31日延长至2010年12月31日。

6. 2007年8月修改《独占规制及公正交易法》

（1）2007年8月修改《独占规制及公正交易法》的目的。为了促进控股公司的设立与转换、活跃控股公司对社会基础设备的民间投资、建立公正的竞争秩序、提高救济的实效性与法律执行的效率性，国会于2007年8月3日修改了《独占规制及公正交易法》，完善了控股公司的相关制度与规制各种不公正交易行为的方案，合理调整了企业联合申报制度，引进了纠纷调解制度。

（2）2007年8月修改《独占规制及公正交易法》的主要内容：

第一，完善了企业联合申报制度。两个以上公司设立新的公司时，把原来持有新公司股份20%以上的所有出资公司都应进行企业联合申报的规定，修改为只有最多出资者进行企业联合申报。

第二，规定了限制控股公司出资的例外情形。为了活跃对社会基础设备的民间投资，对任何控股公司都不得持有不属于系列公司的国内公司发行股份总数的5%的规定增加了例外情况，即根据《关于社会基础设备的民间投资法》经营民间投资事业的公司不受上述限制。

第三，废止子公司与控股孙公司之间的事业关联性要件。原法律规定子公司只有在有事业关联性的时候才可以拥有控股孙公司，但是修改后的法律删除了这一限制，即所有子公司都可以拥有控股孙公司。此外，原法律还规定控股孙公司不能持有国内系列公司的股份，但修改后的法律规定了例外情形，即控股孙公司持有国内系列公司的发行股份总数的，可以持有系列公司的股份。

第四，缓解了推定不正当共同行为的规定。根据原法律规定，两人以上事业者有实质上限制竞争的行为时，即使没有明确的合意也会推定为不正当共同行为。但是修改后的法律缓和了此规定，即使有外观上的共同行为，但是只有在充分考虑到该交易的特性、该行为的理由与事业者间的接触等实情的基础上才能对其推定合意。

第五，导入了公正交易中的纠纷调解制度。为了使纠纷当事人之间能够通过自律性合意迅速解决纠纷，在韩国公正交易调停院下设公正交易纠纷调停协议会，对认定当事人之间通过合意的方式解决纠纷比较合理的不公正交易行为，适用调解制度，对调解成功的，不作出纠正措施或纠正劝告。

第六，明确了行使无形财产权的行为不适用本法的范围。原法律规定根据《著作权法》行使权利的行为不适用本法，但这种说法容易使人误解为行使不公正的权利的行为也不适用本法，因此通过法律的修改明确了根据《著作权法》行使的正当的权利才不适用本法。

7. 2007 年 10 月修改《独占规制及公正交易法》

（1）2007 年 10 月修改《独占规制及公正交易法》的目的。为了活跃落后的地方经济，提高地方的雇佣能力，国会于2007 年10 月17 日修改了《独占规制及公正交易法》。

（2）2007 年 10 月修改《独占规制及公正交易法》的主要内容。在首都圈以外的地方新设立的企业与取得把工厂总部迁移到地方的法人的股份的公司，不适用出资总额限制规定。

8. 2009 年《独占规制及公正交易法》的修改

（1）2009 年修改《独占规制及公正交易法》的目的。为了提高企业的吸引投资因素、加强市场参与者的自律性监督功能，国会于 2009 年 3 月 25 日修改《独占规制及公正交易法》，废止了事先限制总量的出资总额限制制度，引进了限制相互出资的企业集团的公示制度。

（2）2009 年修改《独占规制及公正交易法》的主要内容。①删除了关于出资总额限制的相关规定；②属于限制相互出资的企业集团的公司中资产总额等达到总统令所规定的标准的公司，应公示该企业集团的一般现状、股份持有现状、与特殊关系人之间的交易现状等总统令规定的事项。

第二节　中国竞争法制的形成与发展

自 1949 年建国直到“文化大革命”结束，由于受传统社会主义在经济理论方面的影响，中国长期实行严格的社会主义计划经济，在国家的经济建设和经济生活中既不存在不同经济主体间的市场竞争，更不存在把竞争关系作为调整对象的竞争法。进入 20 世纪 80 年以来，由于改革开放的不断深入和社会主义市场经济体制逐步确立，规范经济主体市场竞争关系的竞争法制也从无到有不断发展，开始成为确保市场经济发展的重要因素。关于竞争法这一规范市场竞争关系的基本法律，其形成与发展的历史过程可以做如下具体说明。

一、竞争政策及其法律的历史沿革

在所有实行市场经济制度的国家，国家经济政策的第一个重要目标就是确保竞争，而确保竞争的根本手段就是实行法律规制。所以，考察很多市场经济国家竞争法制的具体内容，不仅国家的竞争政策〔1〕成为竞争法的立法依据，而且制定的竞争法也必然要体现国家竞争政策的要求。即一个国家的竞争政策主要表现为竞争法，可以说竞争法是国家竞争政策的具体表现形式，国家的竞争政策是竞争法的精神与灵魂。因此，在一个国家竞争法律以及法制的历史沿革中，自然包含这一国家竞争政策发展演变的历史过程。

自1949年建国直到"文化大革命"结束，中国长期实行严格的社会主义计划经济，所以在经济生活中既不存在经济主体间的市场竞争，更不存在把竞争关系作为调整对象的竞争法。自20世纪80年代起，中国竞争法制得以形成与发展的时代背景是，党的十一届三中全会的召开和国家工作重心的转移、改革开放的不断深入和社会主义市场经济体制的逐步确立、从否定竞争到承认竞争再到保护竞争的历史发展。

（一）市场孕育时期的竞争政策及其法律（1978～1992）

1. 竞争政策与法律形成的背景〔2〕

（1）提出"计划经济为主、市场调节为辅"的经济体制改革指导思想。1978年党的十一届三中全会召开至1992年党的十四大召开是社会主义市场经济的孕育期。在这一时期，中国首先从农村开始进行经济体制改革，推行以家庭承包经营为主的责任制。1979年3月，陈云同志在"计划与市场问题"的讲话中明确提出：整个社会主义时期的经济有计划经济和市场调节两个部分，并且认为计划经济部分是基本的、主要的，市场调节部分是次要的、从属的，但又是必要的。这个讲话突破了市场调节在社会主义计划经济中不起作用的传统观念，首次提出了计划经济与市场调节的结合问题。1982年9月，党的十二大又把这一思想概括为"计划经济为主、市场调节为辅"，并使其成为在新时期指导经济

---

〔1〕 竞争政策是一国政府制定并实施的促进和保护竞争的策略选择，旨在通过控制或消除一国国内限制竞争的商业行为，培育竞争环境，以确保市场机制的有效运作和资源配置的流畅顺达。

〔2〕 参见董洪日：《社会主义市场经济概论》，山东大学出版社2003年版，第46～49页。

体制改革实践的重要指导思想。

（2）提出有计划的社会主义商品经济理论。继党的十二大提出“计划经济为主、市场调节为辅”后，1984 年召开的十二届三中全会通过的《中共中央关于经济体制改革的决定》，又提出了社会主义有计划的商品经济理论。认为商品经济的充分发展是社会主义经济发展不可逾越的阶段，并且提出我国经济应当是公有制基础上的商品经济思想，从而突破了把商品经济同计划经济、同社会主义制度对立起来的传统观点，是对社会主义市场经济问题认识上的一次重大飞跃。在这些理论的指导下，我国开始实行有计划的商品经济，市场竞争机制开始被有限度地引进。

在社会主义有计划的商品经济理论的指导下，自 1985 年起我国的经济体制改革全面展开，在国家的经济生活中市场机制开始发挥日益重要作用。但是，由于社会主义有计划的商品经济理论在把商品经济和市场经济对立起来的同时，还把市场经济当做完全自发的市场调节，所以 1987 年召开的党的十三大在其报告中明确提出：社会主义有计划的商品经济体制，应该是计划和市场内在统一的体制，其中计划和市场的作用范围都是覆盖全社会的。我国社会主义经济运行的模式应当是“国家调节市场、市场引导企业”。

（3）提出建立社会主义市场经济体制的改革目标。回顾中国经济体制改革与对外开放的发展进程，1988 年在经济生活中出现了严重的失和混乱现象，使国家不得不对此进行治理整顿，1989 年国内又发生了一场严重的政治风波，所以为了实现经济和政治的稳定，强调计划经济和市场调节的有机结合，政府加强了对经济的行政控制。此后，随着 1992 年邓小平南巡讲话的发表，1992 年 10 月召开的党的十四大在其报告中明确指出：我国经济体制改革的目标是建立社会主义市场经济体制。

2. 竞争政策与法律的发展概况〔1〕

自 1978 年党的十一届三中全会召开至 1992 年党的十四大明确指出：我国经济体制改革的目标是建立社会主义市场经济体制，是我国社会主义市场经济的孕育期。在这一我国社会主义市场经济的孕育期，由于党中央和国务院的全力推动，经济体制改革全面展开，在社会主义经济的发展中竞争机制也开始发挥日益重要的促进作用。在国家的经济生

〔1〕 参见中国世界贸易组织研究会竞争政策与法律专业委会主编：《中国竞争法律与政策研究报告》，法律出版社 2010 年版，第 49～54 页。

活中引入了竞争机制，固然极大地推动了我国社会主义经济的发展，但是，在经济建设的实践中竞争机制也并不总是发挥积极作用，在很多情况下由于经济主体利益动机的驱使，导致产生了各种不正当竞争行为和反对、限制竞争的独占行为。

在实行改革开放开始孕育社会主义市场经济体制的初期，虽然各种违背商业诚信原则的不正当竞争行为大量涌现，但是，由于受我国政治、经济以及文化背景的影响，对于经济发展和竞争体制的建立产生更大消极影响的则是：滥用行政权力限定他人购买其指定的经营者的产品，限制其他经营者正当经营活动的行政独占行为；由于受地方保护主义思想的影响，政府及其所属部门滥用其依法享有的行政权，割裂地区间经济往来和商品流通，限制外地商品进入本地市场，或者本地商品流向外地市场的地区封锁行为。因此，为了促进竞争、维护竞争秩序，我国采取了如下若干具体政策措施：

（1）国务院颁布《关于开展和保护社会主义竞争的暂行规定》。为了维护市场经济主体的合法权益，确保市场竞争机制能够在一种有效、合理、良性的状态下运行，在这一时期开始着手制定规范竞争关系的竞争政策及其法律，1980 年国务院颁布《关于开展和保护社会主义竞争的暂行规定》，由此拉开了我国竞争法的立法序幕。国务院颁布的《关于开展和保护社会主义竞争的暂行规定》，首次提出了反独占，特别是反行政性独占的任务，对开展和保护社会主义竞争的必要性、打破地区封锁和行业独占、采取合法手段进行竞争等问题作出了原则规定。此外，为了充分挖掘现有企业潜力，促进企业组织结构、产业结构和地区布局的合理化，形成和发展商品市场、资金市场和技术市场，打破条块分割和地区封锁，国务院还于 1986 年 3 月发布了《关于进一步推动横向经济联合若干问题的规定》。

国务院《关于开展和保护社会主义竞争的暂行规定》指出："在经济活动中除国家指定有关部门和单位经营的产品以外，其余的不得进行垄断，搞独家经营"，"开展竞争必须打破地区封锁和部门分割，任何地区和部门都不准封锁市场，不得禁止外地商品在本地区、本部门销售"。由于受时代的局限，国务院作出的《关于开展和保护社会主义竞争的暂行规定》，仍强调计划和国家干预的主导性，表现出明显的局限性和不彻底性。但是，由于它是我国第一部规范竞争关系的政策，它在我国竞争政策与法律发展史上的地位不容忽视。

（2）各地区、各部门相关配套法规的制定。党的十一届三中全会以来，随着经济体制改革的不断深入和对外开放的持续扩大，在经济工作中竞争政策和法律的重要性日渐突出，根据国务院颁布的《关于开展和保护社会主义竞争的暂行规定》，各地区、各部门纷纷制定相关的配套法规，掀起了第一轮地方与部门竞争法规的立法高潮。在这一时期制定的地方性竞争法规主要有：1987 年 10 月上海市公布实施的《上海市制止不正当竞争暂行规定》、1989 年 2 月江西省公布实施的《江西省制止不正当竞争试行办法》等。此外，不仅国务院颁布了《关于在工业品购销中禁止封锁的通知》（1982 年 4 月）、《关于认真解决商品搭售问题的通知》（1986 年 5 月）等规制独占行为的具有法规性质的文件，而且国家经济体制改革委员会、国家经济委员会和国有资产管理局等国务院各部委也颁布了《关于组建和发展企业集团的几点意见》、《关于企业兼并的暂行办法》等文件。

（3）制定全国性统一竞争法的立法探索。1987 年我国开始筹划制定统一的全国性竞争法，全国性统一竞争法的起草由当时的国务院法制局牵头，国家经济体制改革委员会、国家工商行政管理总局等 7 部门成立联合小组，开始了统一竞争法的起草工作。1988 年起草小组提出了《禁止独占和不正当竞争条例》，在此后 1 年虽然该条例五易其稿，但是由于立法者意图发生重大变化，即拟分别制定《反不正当竞争法》和《反垄断法》，所以于 1989 年提出的第 5 稿取消了《反垄断法》的内容，名称也改为《制止不正当竞争条例》。后来我国统一竞争法的制定，由于 1989 年春夏之交发生的政治风波，以及在立法者之间围绕立法中的某些基本问题产生了重要分歧，致使该法规最终流产。但是，上述有关制定竞争政策以及法律的探讨，表明我国的经济发展以及经济体制改革已热切呼唤竞争法诞生。

3. 竞争政策与法律的总体评价

这一时期竞争政策与法律的制定虽然已经起步，但是由于受这一时期市场经济发展水平的制约，竞争政策与法律也有其明显的局限。

首先，这一时期从中央到地方虽然进行了一系列富有成效的立法探索，但是并没有能够建立起全国性的竞争法体系。为数不多的竞争政策与法律散存于各类不同政策和法规之中，缺乏整体性与系统性，政策和法规之间的相互关联和综合目标也不够明确，并且带有明显的过渡性与实验性目的，主要是就计划经济向市场经济过渡中产生的具体问题作出临时性反映。

其次，从竞争法的立法层次看，这一时期颁布的相关法律文件位阶较低，多以“暂行规定”或“通知”的形式作出。

再次，就这一时期竞争法的内在结构、体例和技术处理而言，地方性竞争立法在整体上明显领先于全国性竞争立法。

最后，看这一时期所颁布相关法律文件的具体内容，虽然反不正当竞争法律制度逐步发展，但是，反垄断法律制度却明显缺失。

（二）市场建设时期的竞争政策及其法律（1993～2003）

1. 竞争政策与法律形成的背景

（1）提出建立社会主义市场经济体制的改革目标。1993 年至 2003 年是我国社会主义市场经济的建设时期。在经历了 20 世纪 80 年代市场的孕育、萌芽期后，党中央和国务院提出建立社会主义市场经济体制的目标，开始推动经济体制改革向纵深发展。所以，为了给深入发展的经济体制改革和市场经济建设保驾护航，在这一时期我国开展社会主义市场经济法律体系建设，相应地也使竞争法得到了进一步的充实和完善。

继 1992 年召开的党的十四大提出建立社会主义市场经济体制的奋斗目标后，1993 年召开十四届三中全会又通过了《中共中央关于建立社会主义市场经济体制若干问题的决定》，指出“十四大明确提出的建立社会主义市场经济体制，这是建设有中国特色社会主义理论的重要组成部分……社会主义市场经济体制是同社会主义基本制度结合在一起的。建立社会主义市场经济体制，就是要使市场在国家宏观调控下对资源配置起基础性作用……建立全国统一开放的市场体系……”同时，该决定还就培育和发展市场体系问题强调，“发挥市场机制在资源配置中的基础性作用，必须培育和发展市场体系。当前要着重发展生产要素市场，规范市场行为，打破地区、部门的分割和封锁，反对不正当竞争，创造平等竞争的环境，形成统一、开放、竞争、有序的大市场……建立正常的市场进入、市场竞争和市场交易秩序，保证公平交易，平等竞争，保护经营者和消费者的合法权益……”。[1]应当说该决定作为一个纲领性文件，揭开了“市场建立期”的序幕，市场化改革在各个领域的全面推进，也使竞争机制在更加广泛的经济领域推行。

（2）市场体系的形成与市场功能的强化。自改革开放特别是 1993 年以来，由于明确了经济体制改革的目标是建立社会主义市场经济体制，并且提出必须培育和发展市场体系，发挥市场机制在资源配置中的

---

〔1〕 1993 年 11 月 14 日中国共产党第十四届中央委员会第三次全体会议通过的《中共中央关于建立社会主义市场经济体制若干问题的决定》。

基础性作用。所以这一时期我国的市场体系建设取得重要发展，资源配置方式也已实现了由国家计划配置向市场配置为主的转变，除了少数关系国计民生的重要产品还实行指导价格外，绝大多数商品的价格已经放开。进入21世纪市场体系建设已经进入到重点培育和完善要素市场加快推进现代市场体系建设的阶段。这一时期随着市场体系的逐步形成和市场功能的不断增强，构建与市场机制运行相适应的法律架构已提到重要议事日程，并且推动了《反不正当竞争法》等一系列后续竞争法律的出台。

（3）中美两国签订《中华人民共和国政府与美利坚合众国政府关于保护知识产权的谅解备忘录》。1992年1月17日，中美两国在华盛顿就知识产权保护问题进行正式磋商，并签署了《中华人民共和国政府与美利坚合众国政府关于保护知识产权的谅解备忘录》（简称《备忘录》）。该《备忘录》第4条对中国政府提出了，根据《保护工业产权巴黎公约》第10条之2的规定防止不正当竞争的要求。[1] 而《备忘录》的签订在客观上推动了我国竞争法的立法进程。

2. 竞争政策与法律的发展概况

（1）制定《反不正当竞争法》。在此背景下，1992年国家工商行政管理总局成立专门起草小组，负责《反不正当竞争法》的起草，同年10月形成《反不正当竞争法（征求意见稿）》，后于1993年1月更名为《公平竞争法（征求意见稿）》，同年3月上报国务院《公平竞争法（送审稿）》后恢复《反不正当竞争法》原名称。

在《反不正当竞争法》的立法过程中，针对立法模式、规制内容等问题，曾出现以下三种不同意见：一种意见认为，将部分典型的垄断行为视为不正当竞争行为，在《反不正当竞争法》中加以规范，将来制定《反垄断法》时再对其他垄断行为作出规定；另一种意见认为，在《反不正当竞争法》中，就对反垄断问题进行全面规定，将来也不再专门制定

---

〔1〕《中华人民共和国政府与美利坚合众国政府关于保护知识产权的谅解备忘录》第4条规定：

（1）为确保根据保护工业产权巴黎公约第10条之2的规定有效地防止不正当竞争，中国政府将制止他人未经商业秘密所有人同意以违反诚实商业惯例的方式披露、获取或使用其商业秘密，包括第三方在知道或理应知道其获得这种信息的过程中有此种行为的情况下获得、使用或披露商业秘密。

（2）只要符合保护条件，商业秘密的保护应持续下去。

（3）中国政府的主管部门将于1993年7月1日前向立法机关提交提供本条规定保护水平的议案，并将尽最大努力于1994年1月1日前使该议案通过并实施。

《反垄断法》；第三种意见则认为，《反不正当竞争法》应只对不正当竞争行为进行全面规范，而不应涉及其他垄断问题，至于垄断的法律规制应依赖于将来的《反垄断法》。最终第一种意见占据了主流，并为立法机构所采纳。

在制定《反不正当竞争法》的过程中，第一种意见成为主流意见，并且最终被立法机构所采纳，这也如实反映了当时中国市场经济的发展状况，即由于中国刚刚开始建立市场经济体制，典型的商业垄断行为表现得还不够充分，所以违背商业诚信的不正当竞争行为在当时成为亟待规制的主要问题。与此同时，公用企业或者其他依法具有独占地位的经营者，限定他人购买其指定经营者商品的强制交易行为、滥用行政权力限制竞争等行政垄断行为比较突出，需要由层次较高的法律予以规范。因此，1993 年 9 月 2 日第八届全国人大常委会第三次会议审议通过，以规制不正当竞争行为为主、垄断行为为辅的《反不正当竞争法》可以说正好反映了这一时代的需要。

在这一时期，为了配合《反不正当竞争法》的实施，不仅各地方集中出台了一大批配套法规，如，除湖南、甘肃、西藏、新疆、内蒙古 5 省、自治区外，其他省、市、自治区均先后颁布反不正当竞争地方法规。而且国务院各部（委）也发布了一系列的专门性实施细则，如国家工商行政管理总局发布的《关于禁止有奖销售活动中的不正当竞争行为的若干规定》（1993 年）、《关于侵犯商业秘密行为的若干规定》（1995 年）、《关于禁止串通招标投标行为的暂行规定》（1995 年）和《关于禁止商业贿赂行为的暂行规定》（1996 年）等。

（2）《反垄断法》的立法探索。在市场建设这一时期，随着经济体制改革的不断深入和对外开放的持续扩大，规制垄断行为的立法探讨也有了进一步发展，1994 年 5 月由国家经贸委和国家工商行政管理总局联合成立反垄断法起草小组，开始了《反垄断法》的起草工作，至 2001 年年底就已形成共有 7 章 49 条内容的《反垄断法（草案）》。在《反垄断法》的制定过程中，对于在现阶段我国是否必须制定《反垄断法》、我国的《反垄断法》应当规定哪些具体内容、如何确定《反垄断法》的适用范围等关键问题存在较大分歧，所以《反垄断法（草案）》审查走走停停，未能在短期内完成《反垄断法》的立法工作。

面对经济生活中一些垄断行为亟待规制的现实，由于没有统一的《反垄断法》，对于很多影响竞争的垄断现象的法律规制，主要是通过行政法规或规章等规范性文件予以实施。例如，1993 年国家工商行政管理总局颁布的《关于禁止公用企业限制竞争行为的若干规定》，针对当时供水、供电、供热、供气、邮政、电讯、交通运输等公用企业实施的限制竞争行为进行了列举，明确了予以禁止的几种行为，并规定了相应的法律责任。再如，2001 年国务院颁布《关于禁止在市场经济活动中实行地区封锁的规定》，不仅对地区封锁作出了概括性的禁止，而且还在其第 4 条规定，地方各级人民政府及其所属部门（包括被授权或者委托行使行政权的组织）不得违反法律、行政法规和国务院的规定，实行以下八类地区封锁行为等。[1]

3. 竞争政策与法律的总体评价

（1）反不正当竞争立法取得重要突破。从 1993 年至 2003 年我国竞争立法所取得的最主要成果是，于 1993 年制定了《反不正当竞争法》。1993 年制定的《反不正当竞争法》，在对经济生活中的不正当行为进行细致规定的同时，兼顾规范在当时就已十分突出的几种垄断行为，并且提高竞争法的立法层级，把竞争法提升到国家法律的层面。这一时期，我国反不正当竞争的配套立法也取得重要发展，不仅有 25 个省、直辖市、自治区先后制定了反不正当竞争的地方性法规，而且国家工商行政管理总局、国家发展和改革委员会等国务院各部（委）也颁布了一些专门细则。

（2）反垄断立法取得重要发展。这一时期随着《反不正当竞争法》的制定以及《反垄断法（草案）》起草工作的展开，基本确定了我国的《反不正当竞争法》和《反垄断法》分别立法的立法体例，使得我国反垄断法的立法有了明确的立法方向。

---

〔1〕①以任何方式限定、变相限定单位或者个人只能经营、购买、使用本地生产的产品或者只能接受本地企业、指定企业、其他经济组织或者个人提供的服务；②在道路、车站、港口、航空港或者本行政区域边界设置关卡，阻碍外地产品进入或者本地产品运出；③对外地产品或者服务设定歧视性收费项目、规定歧视性价格，或者实行歧视性收费标准；④对外地产品或者服务采取与本地同类产品或者服务不同的技术要求、检验标准，或者对外地产品或者服务采取重复检验、重复认证等歧视性技术措施，限制外地产品或者服务进入本地市场；⑤采取专门针对外地产品或者服务的专营、专卖、审批、许可等手段，实行歧视性待遇，限制外地产品或者服务进入本地市场；⑥通过设定歧视性资质要求、评审标准或者不依法发布信息等方式限制或者排斥外地企业、其他经济组织或者个人参加本地的招投标活动；⑦以采取同本地企业、其他经济组织或者个人不平等的待遇等方式，限制或者排斥外地企业、其他经济组织或者个人在本地投资或者设立分支机构，或者对外地企业、其他经济组织或者个人在本地的投资或者设立的分支机构实行歧视性待遇，侵害其合法权益；⑧实行地区封锁的其他行为。

1993年随着《反不正当竞争法》的制定，我国的《反垄断法》也以《反不正当竞争法》为中心形成了一个初步的体系，不仅其立法层级有了明显提高，而且法规的数量也有了大幅度增加，使得我国的《反垄断法》也初具规模。但是，当时的《反垄断法》仍具有体系松散并且不够完备的特点。《反不正当竞争法》对若干垄断行为的规制，也仅是反垄断立法中的权宜之计。

（3）反垄断立法相对滞后。从1993年至2003年我国的反垄断立法相对滞后，与这一时期我国政治经济发展水平以及整体上的竞争观念密切相关。20世纪90年代初，处于从计划经济到市场经济的转型期，整个国家的思维、理念和体制等都还处在计划经济的桎梏中，这种惯性直接影响到竞争政策在转型期经济改革中的处境。这一时期政治体制改革的相对滞后、价格调控的中心作用、国有企业改革的攻坚战等多种因素，决定了竞争政策特别是反垄断议题所处的弱势地位。

（三）市场完善时期的竞争政策及其法律（2003年至今）

1. 竞争政策与法律形成的背景

进入21世纪，由于社会主义市场经济发展的内在需要和我国加入世界贸易组织的外部环境，共同要求我国的竞争法体系有一个新的发展，即制定统一的《反垄断法》。所以，我国的竞争政策和法律迎来了一个崭新的发展阶段。

（1）完善社会主义市场经济体制的需要。2003年党的十六届三中全会议通过了《中共中央关于完善社会主义市场经济体制若干问题的决定》，该决定将“……更大程度地发挥市场在资源配置中的基础性作用，增强企业活力和竞争力，健全国家宏观调控，完善政府社会管理和公共服务职能……”作为完善社会主义市场经济体制的目标，而将“建设统一开放的市场体系”作为完善社会主义市场经济体制的任务之一。不仅如此，该决定特别强调“加快建设全国统一市场，强化市场的统一性，是建设现代市场体系的重要任务。大力推进市场对内外开放，加快要素价格市场化……促进商品和各种要素在全国范围自由流动和充分竞争。废止妨碍公平竞争、设置行政壁垒、排斥外地产品和服务的各种分割市场的规定，打破行业垄断和地区封锁……”。在《中共中央关于建设社会主义市场经济体制若干问题的决定》颁布10年之后，该决定作为又一个纲领性文件，开启了市场完善期的序幕，而该决定所提出的完善市场的要求，则直接指向了《反垄断法》的出台。

（2）加入世界贸易组织[1]加快了《反垄断法》的立法进程。作为世界性的国际贸易组织，为了进一步加快世界经济的发展进程，WTO不仅把世界经济一体化与国际贸易自由化作为自己的既定目标，而且为了确保这些既定目标的实现，还制定了所有成员必须遵循的一系列原则及法律。2001年我国历经近15年长期艰苦的谈判过程，正式加入了世界贸易组织成为WTO的重要一员，不仅意味我国开始享有与国际贸易有关的各种权利，而且也说明我国应承担相应的国际义务，遵守WTO确立的各项原则及法律。

作为WTO的成员是否具有完善的竞争法律制度，关系到外国企业能否在该成员国公平地参与竞争，所以WTO非常重视贸易与竞争这两者间的关系。1996年12月在新加坡举行WTO第一次部长会议之后，WTO就成立了贸易与竞争关系领导小组。该工作组的主要任务是研究、论证在WTO的框架内进行竞争法国际协调的必要性与可行性。自1997年起该工作组每年确定一个工作计划，围绕WTO框架内多边竞争政策协议的有关问题进行调查研究。

2001年我国加入世界贸易组织，而这时正逢该工作组激烈讨论相关竞争政策，所以在一定程度上影响了我国的竞争政策。此外，我国成为WTO的重要成员后，由于开始面临大量外资的涌入和冲击，所以如何通过相应的法律手段在增强中小企业的竞争力的同时，遏制跨国公司的垄断，在当时成为我国无法回避的重大问题。

（3）完善社会主义市场经济法律体系的需要。早在1996年第八届全国人大第四次会议就提出，到2010年要初步建立社会主义市场经济法制体系的立法远景目标[2]，所以《反垄断法》作为市场经济法制体系中的重要一环，自然被提上了具体的立法日程。此外，一些发达国家在世界贸易组织体制内对我国实施歧视性贸易政策的借口，即我国是否具有“完全市场经济地位”的问题，在客观上也起到了催生《反垄断法》的作用。

国际贸易中一些发达国家是否给予我国某些方面的贸易政策优惠，

---

[1] 世界贸易组织，以下简称WTO。

[2] 第八届全国人民代表大会第四次会议于1996年审议通过的《中华人民共和国国民经济和社会发展“九五”计划和2010年远景目标纲要》。

还要依据我国是否具有“完全市场经济地位”[1]来进行判断。“完全市场经济地位”问题是发达国家对我国在世界贸易组织体制内实施歧视性贸易政策的借口，其标准由各国独自设立，并不具有科学性和权威性。但是，我国在对外贸易谈判时，具有“完全市场经济地位”的主张能否得到承认，作为市场经济标志性法制建筑的《反垄断法》是否得以确立是一个至关重要的因素。

2. 竞争政策与法律的发展概况

自2003年起我国的社会主义市场经济建设开始进入市场完善期，这一时期，在国内外各种因素的共同作用下，我国不仅制定了一大批与维护并且促进竞争密切相关的法律和规范性文件，而且再次启动《反垄断法》的立法进程，并且在2007年制定出我国首部反垄断法——《中华人民共和国反垄断法》。

2003年国家发展和改革委员会制定了《制止价格垄断行为暂行规定》，2006年商务部等部（委）颁布了《外国投资者并购境内企业的规定》。1994年起步并且一直走走停停的《反垄断法》立法工作，也再次提上具体日程并纳入了快速发展的轨道。2003年《反垄断法》被列入第十届全国人大常委会立法规划；2004年国务院又将《反垄断法》列入立法计划；2005年《反垄断法》被全国人大常委会列入2005年立法计划。2006年6月《反垄断法（草案）》提交全国人大常委会首次审议，在经历了2007年6月第十届全国人大常委会对《反垄断法（草案）》的二审并进行修改后，2007年8月30日经第十届全国人大常委会第二十九次会议审议通过《中华人民共和国反垄断法》。

自1994年《反垄断法》被列入第八届全国人大常委会立法规划，并且由商务部负责起草和调研工作以来，历经13年之久的起草与争论，2007年我国《反垄断法》正式出台。《反垄断法》是我国为防止和制止垄断行为，确保市场主体的公平竞争，提高市场经济的运行效率，维护消费者利益和社会公共利益，促进社会主义市场经济健康发展而制定的一部重要法律。

3. 竞争政策与法律的总体评价

进入21世纪，随着社会主义市场经济体制的逐步确立，市场化改革

---

[1] “完全市场经济地位”是指一些发达国家在WTO的体制下，判断是否给予转型成员优惠贸易政策的标准。“完全市场经济地位”主要在反倾销和反补贴这两种贸易实践中所采用。

的全面推进，竞争机制在很多领域广泛推行，为了保护和促进有效竞争，维护消费者利益和社会公共利益，促进社会主义市场经济的健康发展，我国的竞争立法也进入了一个重要时期。在国家和市场双重力量的推动下，《反垄断法》最终得以出台，不仅体现了我国社会主义市场经济法制建设已经取得了巨大进步，而且也表明我国已构建起竞争法的基本框架。

由于中国的社会主义市场经济体制，它是在改革社会主义计划经济体制的过程中，逐步形成和发展起来的一种新型的市场经济体制，所以与西方国家反垄断法仅矫正被人为扭曲的市场机制，使市场机制恢复到自由竞争状态的任务不同，我国的反垄断法还肩负着培育和完善市场机制，并且使其发挥应有作用的重任。即中国的反垄断法应当在维护竞争的同时，还必须“创造”竞争。

历经13年之久的立法过程，我国的《反垄断法》最终得以出台，这无疑是一个重要的历史进步。但是，我国的《反垄断法》不仅留下了对垄断行为的惩罚力度有所欠缺、赔偿力度不够等遗憾，而且由于《反垄断法》条文本身的原则性、抽象性和不确定性，《反垄断法》的实施还需要一系列配套法规、规章、指南等，对与反垄断有关的重要事项作出具体规定。

二、竞争政策及其法律的最新发展

2007年《反垄断法》颁布，体现了我国竞争法律与政策的最新发展，该法的颁布开创了我国竞争法律建设的新纪元，改变了改革开放以来我国竞争法律松散、无序和失调的局面，形成了一套较为完整的体系，对于垄断协议、市场支配地位的滥用、经营者集中和行政垄断均以专章作出规定，同时在法律责任和执行手段的配设上也有了长足进步，形成了政府执行和私人诉讼并行的双层执行体系，并赋予反垄断执法机构较大的执法权限。

进入21世纪，随着我国市场经济的不断发展和市场竞争的日趋激烈，规制不正当竞争行为的《反不正当竞争法》及其配套实施细则等法律文件，已经无法适应规制新型不正当竞争行为的需要。特别是在2008年8月《反垄断法》实施后，《反不正当竞争法》与《反垄断法》之间需要进行调整对象的区分和衔接。因此，为了推动经济社会又好又快发展，制止不正当竞争行为，维护公平竞争秩序，建立统一开放、竞争有序的市场体系显得十分必要。

（一）反不正当竞争政策及其法律的最新发展

1993年即社会主义市场经济建设的初期，第八届全国人民代表大会常务委员会第三次会议审议通过了《反不正当竞争法》，该法律在迄今近20年的适用过程中，有效地规制了经济活动中的不正当竞争行为，对于规范市场秩序、保护竞争秩序起到了重要的积极作用。但是，由于制定该法律的20世纪90年代具有明显的时代局限，所以《反不正当竞争法》也自然具有了很多不可避免的缺陷，而《反不正当竞争法》所具有的这些缺陷，随着我国社会主义市场经济体制的不断完善以及市场竞争的日趋激烈开始逐步显现，这种法律规范的滞后性开始成为影响市场经济发展的制约因素。

针对《反不正当竞争法》所具有的缺陷，为了在其执法实践中予以弥补，国家工商行政管理总局曾发布一系列配套细则。但是，由于这些配套细则的法律效力不足等原因，无法彻底解决《反不正当竞争法》存在的缺陷。所以2006年12月30日最高人民法院首次就不正当竞争案件的审理通过司法解释，以解决在审理不正当竞争案件中遇到的新情况和新问题〔1〕。该司法解释对于我国保护有关知识产权，落实有关国际公约的义务具有重要意义。与此同时，1997年国家工商行政管理总局就已启动了《反不正当竞争法》的修改。

1993年制定的《反不正当竞争法》，由于受到时代局限性的制约，存在立法体例混乱、一般条款缺失、法律责任不够完善等诸多问题，所以早在1997年国家工商行政管理总局就《反不正当竞争法》存在的问题，向国务院作了专题汇报并提请对该法进行修改，随后开始了修改《反不正当竞争法》的前期准备工作。国家工商行政管理总局先后在1998年和2000年，开展了两次大规模修改《反不正当竞争法》的调研活动，广泛征求了企业、行业协会、地方工商行政管理机关以及其他有关部门的意见，掌握了大量第一手资料。

2003年第十届全国人大常委会将修改《反不正当竞争法》正式列入5年立法规划，国务院也将修改《反不正当竞争法》列入2003年立法规划，同年8月国家工商行政管理总局成立修改《反不正当竞争法》的组织机构。此后，国家工商行政管理总局开展各项活动，广泛征求社会各界对《反不正当竞争法》的修改意见，在此基础上形成《反不正当竞争法（修改稿）》，并于2008年12月12日面向社会发布征求意见稿。目前，《反不正当竞争法》的修改工作仍在进行。我们期待尽早诞

---

〔1〕 参见2006年12月30日最高人民法院通过的《关于审理不正当竞争民事案件应用法律若干问题的解释》，共19条，涉及反不正当竞争法规定的仿冒、虚假宣传、侵犯商业秘密和商业诋毁等不正当竞争行为的认定、民事法律责任的适用和相关诉讼程序问题。

生一部更加完善的《反不正当竞争法》。

（二）反垄断政策及其法律的最新发展

在我国最早制定并实施的有关反垄断的规范性文件是1980年由国务院发布的《关于推动经济联合的暂行规定》，后来国务院发布的《关于开展和保护社会主义竞争的暂行规定》、《关于深化企业改革增强企业活力的若干规定》和《中华人民共和国价格管理条例》等规范性文件和法规都有与反垄断有关的规定。但是在1993年之前，由于我国的社会主义经济体制还没有摆脱社会主义计划经济体制的基本框架，由于在我国的经济生活中典型的市场垄断还没有发育，所以制定《反垄断法》还未能提到具体议事日程。

1993年召开的第九届全国人民代表大会第二次会议，正式把社会主义市场经济写入宪法，明确提出国家实行社会主义市场经济，并且开始确立社会主义市场经济法律体系的基本框架。作为社会主义市场经济法律体系的重要组成部分，不仅在1993年就已制定了《反不正当竞争法》，而且还在1994年把《反垄断法》列入第八届全国人大常委会的立法规划。后来历经13年之久的起草与探讨，2007年我国的《反垄断法》正式出台，为防止和制止垄断行为，促进社会主义市场经济健康发展提供了重要的法律保障。

2007年制定的《反垄断法》共有8章57条，内容涉及垄断协议的禁止、滥用市场支配地位的禁止、经营者集中的控制和行政性垄断的禁止等内容。但是，由于其法律条文具有明显的原则性、抽象性和不确定性特点，其实施还需要制定一系列相应的配套法规和规章。因此，为了明确经营者集中的申报标准，2008年8月3日国务院公布了《关于经营者集中申报标准的规定》，确定我国经营者集中申报的标准，既要符合国家鼓励企业增强市场竞争力的产业政策，有利于经济结构调整，又要防止因经济力量的过于集中而影响市场竞争。

根据《反不正当竞争法》、《反垄断法》，第十一届全国人大第一次会议批准的国务院机构改革方案以及《国务院关于机构设置的通知》，国务院规定国家发展和改革委员会负责“依法查处价格违法行为和价格垄断行为”；商务部负责“经营者集中的反垄断审查等工作，并承担国务院反垄断委员会的具体工作”；国家工商行政管理总局负责“垄断协议、滥用市场支配地位、滥用行政权力排除限制竞争方面的反垄断执法工作（价格垄断行为除外）”。

第三章
中韩两国的反不正当竞争法及其比较

第一节　韩国公正交易法的主要内容

自1964年8月韩国经济企划院提出《公正交易法草案》，经过1966年、1967年和1971年的立法探讨，到1975年制定《物价安定及公正交易法》、1980年制定《独占规制及公正交易法》。期间虽然就竞争法的立法方向、规制目标和立法模式选择等有过多次反复，但是，与中国所采取的反不正当竞争法和反垄断法分别立法的立法模式不同，最终还是选择了反不正当竞争法和反垄断法[1]统一立法的立法模式。所以，书中有关中韩两国反不正当竞争法和反垄断法的比较，实际上就是中国的《反不正当竞争法》、《反垄断法》与韩国《独占规制及公正交易法》的比较。

一、公正交易法概述

（一）公正交易法的立法目的

韩国的《独占规制及公正交易法》即《公正交易法》第1条明确规定："本法的立法目的是规制……不公正交易行为，促进公正、自由的竞争，促进具有创意的企业活动，保护消费者，促进国民经济的均衡发展。"但是，在此应当明确，由于在韩国公正交易是一个远比公平竞争具有更加丰富内涵的重要概念，它不仅指竞争手段以及方法的公正，而且也指限制竞争以及交易条件的公正。所以规制不公正交易行为就是

〔1〕 韩国的竞争立法选择了《反不正当竞争法》与《反垄断》统一立法的立法模式，并且把其最终立法称为《独占规制及公正交易法》，所以在韩国所称的《公正交易法》相当于中国的《反不正当竞争法》，而在韩国所称《独占规制法》则相当于中国的《反垄断法》。

要在确保竞争本身公正的同时，还要实现对竞争者以及消费者利益的保护，并且实现国民经济的均衡发展。

考察韩国目前的市场结构，在相当一部分主要产业已经形成了垄断，特别是商品的流通结构不仅远比其他国家复杂，而且还有很多明显的不合理因素。目前韩国的商品流通结构之所以存在诸多不合理因素，其原因在于商品的流通体制经过多个阶段的演变已形成了系列化。所谓系列化就是指商品的流通环节已形成“生产者→代理商→销售商→消费者”这样一种固定模式，并且各个环节的经营已被具有市场支配力的特定事业者所掌控的流通体制。在这种模式化的商品流通体制中，虽然可以在不同的商标之间展开竞争，但是，在很多情况下却无法开展同一商标内部的竞争。这是因为，在同一个商标内支配商品流通环节的事业者，不仅可以控制商品的销售价格、销售区域或交易的对象，而且还有可能实施强制交易。所以相对于其他国家商品流通的大部分环节已经系列化的韩国，在商品的流通环节具有优势地位的事业者，有可能利用其自身的优势地位，实施不公正的交易行为。

根据上述的考察与分析，不公正交易行为的形成不仅与垄断型的市场结构密切相关，而且与不合理的商品流通结构也紧密相连。所以在韩国要规制并且杜绝影响市场经济发展的不公正交易行为，应当在努力改善市场结构的同时，还必须为实现商品流通结构的合理化付出更多努力。

（二）不公正交易行为的概念与特征

韩国的《独占规制及公正交易法》第23条规定：“事业者不得实施符合以下各项之一可能妨碍公正交易的行为，也不得使系列公司或其他事业者实施该行为。”根据《独占规制及公正交易法》的上述规定，所谓不公正交易行为应当是指由本法第23条所列举的，具有阻碍公正交易可能的交易行为。如上所述，由于公正交易是一个远比公平竞争具有更加丰富内涵的重要概念，所以在此所称的不公正交易行为中，既包括在事业者间的相互竞争中，以不正当的竞争手段以及竞争方法实施竞争的行为，也包括在与实施交易有关的交涉过程中或者在给对方提供交易信息时，提供有可能妨碍对方合理选择的信息的行为。

目前韩国的《独占规制及公正交易法》把不公正交易行为的禁止，与市场支配地位的滥用禁止、企业结合的限制、不当共同行为的禁止一道列为本法律所要实现的四大支柱目标。根据《独占规制及公正交易法》的相关规定，不公正交易行为具有以下两个基本特征：

1. 公正交易的阻碍性

作为公正交易法的禁止对象，不公正交易行为最重要特征是公正交易的阻碍性。在阻碍公正交易这一不公正交易行为的特征中，其中的“阻碍”即某一交易行为是否阻碍公正交易的判断，由于具有明显的抽象性很难予以确定，所以在具体事件中只有综合考虑竞争手段的公正性、交易内容以及交易条件的公正性、自主性是否受到侵害等因素，才能作出最终的客观判断。

2. 导致阻碍的可能性

作为《公正交易法》的禁止对象，不公正交易行为另一重要特征是阻碍公正交易的可能性。《独占规制及公正交易法》第23条规定：不公正交易行为是一种“……具有阻碍公正交易可能的交易行为”。所以交易行为只要有阻碍公正交易的现实可能，即使没有带来阻碍公正交易的现实后果，也可以被认定为是一种不公正的交易行为。此外，对于有可能阻碍公正交易忧虑程度的感受，也只需要某种抽象的感性认识，而并不需要感受某种具体威胁。

(三) 公正交易法的规制体系

对于不公正交易行为的法律规制通常有以下两种规制方法，一种是通过类似于民法中的损害赔偿制度，由当事人自己以司法的方式予以解决；而另一种则是政府通过行政权的实际发动，以强制性的手段予以规制。目前在像美国或者德国那样，已经把市场经济和经济主体自治确立为基本经济制度和法律原则的国家，主要采用前一种规制方法，而在日本或韩国等还热衷于国家经济干预的国家，则更习惯于采用第二种规制方法。

与以上两种不正当竞争行为的规制方法相对应，禁止不公正交易行为的立法形式也可以分为以下两个具体种类：一种是像美国或者德国那样，一般地禁止不公正交易行为的规制方法；而另一种则是像日本或韩国那样，先把有可能阻碍公正交易的行为，以列举方式确定为“不公正交易行为”，然后只禁止包含于该规定的行为。虽然前一种方法具有可以禁止多种不同形态的不公正交易行为的优点，而根据后一种方法则具有难以判断某一情况下的特定行为是否属于不公正交易行为的缺陷。此外，由于后一种方法明确揭示了不公正交易行为的类型，很容易判断某一情况下的特定行为是否属于不公正交易行为，但是，根据后一种方法却难以规制新型的不公正交易行为。

韩国的《独占规制及公正交易法》即公正交易法，在其23条以列举方式列举了7个有可能成为不公正交易行为的行为。并且为了实现对于这些行为的有效规制，规定如果事业者自己直接实施，或者要求子公司或其他企业实施这些有可能阻碍公正交易的行为，由公正交易委员会实施直接规制。

二、不公正交易行为的种类

（一）一般类型的不公正交易行为

关于不正当交易行为的种类，韩国的《独占规制及公正交易法》即公正交易法不仅在第23条第1项把它规定为7个类别，而且还在该法施行令第36条别表1，再把它细分为9个类别的28种行为。在此仅根据该法施行令第36条别表1所规定的基准，具体说明不公正交易行为的种类与基准。

1. 拒绝交易

所谓拒绝交易是指不当拒绝交易的行为，即拒绝开始交易或者中断已经开始的持续性交易，明显限制交易商品或劳务的数量与内容的行为。在韩国等已经把经济主体自治确立为基本法律原则的国家，在原则上所有交易主体都可以自主地选择和决定交易的对象、内容和方式，所以如果事业者认为商品以及劳务的价格或者交易条件不够满意可以拒绝交易，而这种情况下的拒绝交易在原则上不构成违法。但是，这种拒绝交易如果具有阻碍公正交易的可能，则应把它认定为不公正交易行为并且予以禁止。

《独占规制及公正交易法施行令》第36条别表1，根据行为实施者数量的不同，把拒绝交易分为共同拒绝交易和其他拒绝交易两个具体种类：

（1）共同拒绝交易。所谓共同拒绝交易是指在没有合理理由的情况下，与自己处于竞争状态的其他事业者一道，共同拒绝开始与特定事业者的交易或者中断已经开始的持续性交易，明显限制交易商品或劳务的数量与内容的行为。在事业者共同实施拒绝交易行为的情况下，由于其行为的共同性特征，既可能使导致特定事业者被排挤出市场，也有可能致使参与拒绝交易的事业者失去选择交易对象的自由，因而共同拒绝交易这一不公正竞争行为具有明显的竞争限制性，所以如果没有其他正当理由应当把该行为认定为违法行为。

（2）其他拒绝交易。所谓其他拒绝交易是指事业者以不当方式，拒绝开始与其他特定事业者的交易，中断与其他特定事业者已经开始的持续性交易，或者明显限制交易商品或劳务的数量或内容的行为。在自由市场经济体制的环境中，由于事业者可以自由地选择交易对象，所以在原则上把单方的拒绝交易视为一种合法行为，但是，如果它具有阻碍公正交易的可能，通常作为其例外情况予以禁止。

2. 区别对待

所谓区别对待是指事业者以不当方式，区别对待交易相对方事业者的行为。在市场经济条件下事业者通过市场机制，自己决定由自己供应或购买商品或劳务的价格以及交易条件是一种正常现象。所以在市场经济条件下，即使商品的价格和交易条件具有一定区别，如果它反映的是正常的交易费用、该商品或劳务的供求关系等市场因素，在原则上不应把它视为阻碍正常交易的不公正交易行为。但是，如果具有某种优势地位的事业者，通过价格以外其他交易条件的差异，影响到了竞争者或者其他受到区别待遇事业者的竞争力，为了维护正常的竞争秩序，政府必须采取相应的规制措施。

《独占规制及公正交易法施行令》第 36 条别表 1，根据区别对待行为的不同内容，先是把区别对待分为价格区别和价格以外其他交易条件的区别；而后为了规制给子公司提供有利条件的区别对待，把子公司的特别待遇规定为单独的行为种类。此外，为了规制多个事业者或者事业者团体，共同给特定事业者所给予的区别对待，还规定了集团区别这一特殊的行为种类。

（1）价格差别。所谓价格差别即给交易对象设定具有差别的价格是指，不当地根据交易的不同地区或者不同对象，设定明显不利或者有利的价格，并且要求或迫使相对方以该价格进行交易的行为。在此所称的“交易地区”是指，事业者开展事业活动或将要开展事业活动的地区，所以它并不特指某一特定行政区域。在此所称的“交易对象”作为区别对待的具体对象，既可以是事业者，也可以是普通的消费者。此外，在此所说的“不利或者有利”是指，在可以设定差别的事业者之间，给一方设定明显不利或者有利于另一方的交易条件。

（2）交易条件的差别。交易条件的差别即设定具有差别的交易条件是指，不当地给特定事业者就交易商品的数量、质量等具体的交易条件或者交易内容，设定并给予明显有利或者不利待遇的行为。所谓“交易条件”通常是指，除了价格以外其他所有与交易有关的条件。设定具有差别的交易条件的行为，只有在不当地、具有差别地予以设定时，才可以被认定为不公正交易行为并且予以禁止。

（3）子公司的特别待遇。所谓子公司的特别待遇即为子公司设定特别待遇是指，在没有其他正当理由的情况下，为了给自己的子公司创造价格、数量、品质等交易条件或者交易内容上明显有利或者不利的条件，给其设定某种特别待遇的行为。在正常的商业交往中，如果允许大型企业集团给自己的子公司设定某种特别待遇，必将导致降低这些子公司的竞争力，并且加重经济力量的日趋集中，所以相对于其他不公正交易行为，具有更加明显的社会危害。

（4）集团差别。所谓集团差别是指事业者，通过事业者集团不当并且有区别地对待特定事业者，从而给该特定事业者的经营活动带来明显有利或不利后果的行为。在集团差别给特定事业者带来某种不利后果的情况下，如果考察具体行为的动机与效果，虽然类似于共同的拒绝交易，但是其行为并未严重到拒绝交易的程度，而只停留于区别对待不同事业者的阶段。在实践中集团差别之所以带来阻碍公正竞争的实际效果，其原因并不在于该行为本身所具有的差别性，而是在于该行为在客观上是否能够导致阻碍竞争的实际效果。

3. 排挤竞争事业者

所谓排挤竞争事业者是指，事业者在竞争中以不当方式排除其他竞争事业者竞争的行为。在市场经济条件下，由于事业者即市场主体受利益动机驱使，必然追求自身利益的最大化，并在事业者相互之间展开激烈的市场竞争。而在激烈的市场竞争中，事业者为了使自己立于不败之地，必然在努力提高商品或服务质量的同时，千方百计地降低商品或服务的成本。但是，在市场竞争中如果事业者不是通过正常的竞争手段，而是以不当方式排挤竞争对手，根据《独占规制及公正交易法》应受到相应的法律规制。

目前以不当方式排挤竞争对手主要有不当廉卖和高价收购两种方式：

（1）不当廉卖。所谓不当廉卖是指，事业者在给其他事业者提供商品或服务时，虽然没有其他合理的正当理由，以明显低于该供给所需代价的价格提供商品或服务，并且以此排挤自己或者其子公司竞争对手的行为。

（2）高价收购。所谓高价收购是指，事业者在购买或者接受由其他事业者提供的商品或服务时，虽然没有其他合理的正当理由，以明显高于通常交易价格的价格购买商品或者接受服务，并且以此排挤自己或者其子公司竞争对手的行为。

4. 不当引诱顾客

所谓不当引诱顾客是指，事业者为了使竞争者的顾客能够与自己交易，而以不当方式诱引竞争者顾客的行为。在市场经济条件下，作为市场主体的事业者要实现自己的生存与发展，就必须在积极开发新产品、努力改善和促进商品流通、不断提高服务水平的同时，还必须通过广告和宣传吸引更多顾客。但是，事业者如果不是通过这些合法手段，而是通过伪计（虚假宣传）[1]、给交易的相对方提供不当利益[2]等方式诱因顾客，则是一种不公正交易行为。

作为一种不公正的交易行为，不当引诱顾客有以下三个具体种类：

（1）以不当利益引诱顾客。在此所称以不当利益引诱顾客是指，通过不当地给竞争对手的交易对象提供相对于通常交易习惯更多利益，或者提议给竞争对手的交易对象提供更多利益的方式，引诱竞争对手的交易对象与自己进行交易的行为。

（2）伪计（虚假宣传）所致的顾客引诱。在此所称由伪计（虚假宣传）所致的顾客引诱是指，以除了不当表示和不当广告以外的其他方法，通过把自己将要供应的商品或将要提供服务的内容、交易条件以及其他与交易有关的事项，说成比自己实际供应的商品或提供服务的内容，或者比竞争事业者供应的商品或提供服务的内容明显优良或者有利，从而引诱竞争事业者的顾客与自己交易的行为。

（3）其他不当方式的顾客引诱。在此所称的其他不当方式的顾客引诱是指，通过阻止合同的成立、引诱当事人不履行合同等方法，妨碍竞争事业者与其顾客之间的正常交易，从而引诱竞争事业者的顾客与自己交易的行为。

5. 强制交易

所谓强制交易是指，事业者以不当方式强制竞争事业者的顾客与自己交易的行为。由于强制交易的对象是无法拒绝事业者要求，或者由于处于贫困状态选择交易对象的自由受到限制的事业者，它所侵害的是事业者可以选择交易对象和内容的自由意志，制约的是围绕价格、质量和服务而展开的效率竞争。所以强制交易的核心问题是其竞争手段的不公

---

〔1〕 通过虚假宣传（伪计）引诱顾客的典型手段是不当表示和不当广告。但是，对于不当表示和不当广告目前主要由《表示、广告公正化法》这一专门立法予以规范。

〔2〕 通过提供不当利益引诱顾客的典型手段是提供奖品即有奖销售。但是，对于有奖销售，公正交易委员会已把它指定特殊不公正交易行为的一个种类并且进行了告示。

正性。

根据《独占规制及公正交易法施行令》，强制交易有以下三个具体种类：

（1）搭售商品。搭售商品作为一种典型的强制交易行为是指，事业者在给交易的相对方提供自己的商品或服务时，以相对于正常的交易习惯明显不当的方式，要求交易对象购买自己或自己指定事业者其他商品的行为。

（2）社员贩卖（内部促销）。所谓社员贩卖是指，事业者以不当方式要求自己或其子公司的员工，购买或接受由自己或其子公司所提供商品或服务的行为。在公司的经营中，公司的所有者或经营者常常依靠其自身具有的优势地位，强求员工违背其自由意志购买或销售自己或其子公司提供的商品，如果员工不予履行则给予相应的人事或经济处罚。由于这种行为违背员工的自由意志，韩国的《公正交易法》把它确定为不公正交易行为中的一个重要种类予以禁止。

（3）其他方式的强制交易。在此所称其他方式的强制交易是指，通过给交易的相对方揭示相对于正常交易习惯、明显不利的交易条件或将要受到的某种不利待遇等，迫使交易对象与自己或自己指定的事业者交易的行为。

6. 优势交易地位的滥用

所谓优势交易地位的滥用是指，事业者不当地利用自己在交易上所具有的优势地位，迫使交易对象与自己实施交易的行为。在此所称“优势交易地位”是指，类似于事业者占有的市场支配地位等某种优势地位，这种“交易上的优势地位”至少可以影响相对方的交易活动。

优势交易地位的滥用有以下若干具体种类：

（1）强制购买。在此所称强制购买是指，事业者在其商业交往中虽然明知交易的相对方没有购买特定商品或接受特定服务的意愿，但是，事业者仍以不当方式迫使交易的相对方购买特定商品或接受特定服务的行为。

（2）强求交易对象提供利益。所谓强求交易对象提供利益是指，事业者要求交易的相对方给自己提供金钱、物品、服务以及其他经济利益的行为。

（3）提出强制性购买指标。在此所称提出强制性购买指标是指，事业者针对自己经营的商品或者提供的服务，给交易的相对方设定其应当购买或者接受的具体指标，并且以不当方式强制交易的相对方予以完成的行为。

（4）提供不利。所谓提供不利是指，事业者为了给交易的相对方带来某种不利后果，采用相当于上述（1）（2）（3）以外的其他方法，设定或者变更交易条件，并且在其履行过程中给交易的相对方提供不利的行为。

（5）经营干预。所谓经营干预是指，事业者在交易相对方员工的选任或解任中，要求交易相对方得到自己的指示、承认，或者通过限制交易相对方的生产品目、设施规模、产量或交易内容，干预交易相对方经营活动的行为。

7. 附拘束条件的交易

根据《独占规制及公正交易法》，所谓附拘束条件的交易是指，事业者在自己商品或劳务的经营活动中，以不当方式拘束交易相对方的经营活动，并且以此为条件与交易的相对方实施交易的行为。

作为一种不公正交易行为，附拘束条件的交易有以下两个具体种类：

（1）附排他条件的交易。所谓附排他条件的交易是指，事业者以不当方式要求交易对象不得与自己或子公司的竞争对手实施交易，并且以此为条件与交易对象实施交易的行为。附排他条件的交易的具体类型有：排他性领受交易、排他性供给交易和把前两者结合在一起的相互附排他条件的交易。

（2）限制交易区域或交易对象的交易。所谓限制交易区域或交易对象的交易是指，事业者在与自己的交易对象实施有关商品或劳务的交易过程中，以不当方式限制交易相对方的交易区域或者交易对象，并且以此为条件与交易相对方实施交易的行为。

8. 事业活动的妨碍

所谓事业活动的妨碍是指，事业者在事业活动中以不当方式妨碍其他事业者事业活动的行为。《独占规制及公正交易法施行令》别表1，把事业活动妨碍的类型，规定为以下四个具体种类：

（1）技术的不当利用。在此所称技术的不当利用是指，由于事业者不当地利用了其他事业者的技术，从而使其他事业者的经营活动受到严重影响的行为。

（2）人力的不当诱引及录用。在此所称人力的不当诱引及录用是指，由于事业者以不当方式诱引录用了其他事业者的员工，而使其他事业者的经营活动受到严重影响的行为。

（3）妨碍选择交易对象。在此所称妨碍选择交易对象是指，事业者以不当方式妨碍其他事业者另选交易对象，从而使其他事业者的经营活动受到严重影响的行为。

（4）其他事业活动妨碍。在此所称其他事业活动的妨碍是指，事业者采用除了上述各种方式以外的其他方式，致使其他事业者的经营活动受到严重影响的行为。

9. 不当的资金、资产以及人力支援

所谓不当的资金、资产以及人力支援是指，事业者在事业活动中以明显有利的其他交易对象的交易条件进行交易等不当方式，给特殊关系人或者其他事业者提供预付款、贷款、有价证券、人力和不动产等的支援行为。不当的资金、资产以及人力支援行为，也称不当的内部交易行为。

在不当的资金、资产以及人力支援中，实施支援的主体是资金充裕、技术先进、管理科学的优秀企业，这些企业实施不当的资金、资产以及人力支援，意味这些优秀企业的资金、资产和人力流向不良企业，不仅将导致优秀企业核心竞争力的逐步退化，而且还会阻碍企业开展自由公正的市场竞争，助长经济力量的集中，所以自1966年起不当的资金、资产以及人力支援，在韩国一直是《独占规制即及公正交易法》重要的规制对象。

不当的资金、资产以及人力支援有以下若干具体种类：

（1）不当的资金支援。所谓不当的资金支援是指，事业者给自己的特殊关系人或者其他事业者，以明显有利于他们的不当方式，给其提供预付款和贷款等的支援行为。不当的资金支援其主要方式有：以明显高于市场价格的价格购买商品并且支付预付款项；以明显低于规定利息的代价提供借贷。

（2）不当的资产、商品等支援。所谓不当的资产、商品等支援是指，事业者为了给自己的特殊关系人或者其他事业者提供支援，以明显有利于交易相对方的不当方式给其提供，或者与其交易不动产、有价证券、商品以及劳务等的支援行为。

（3）不当的人力支援。所谓不当的人力支援是指，事业者为了给自己的特殊关系人或者其他事业者提供支援，以明显有利于交易相对方的显著低价，提供各种人力支援的行为。

（二）特殊类型的不公正交易行为

为了规制在特殊事业领域或在特定行为中发生的不公正交易行为，

如果公正交易委员会认为确有必要，为了把与一般不公正交易行为类型或基准有关的规定，适用于特定领域或特定行为中的不公正交易行为，公正交易委员会可以制定相关细则并且予以告示。目前由公正交易委员会指定并且告示的不公正交易行为，有以下四个具体种类：

1. 与赠品有关的不公正交易行为

在商业交往中，赠品是事业者引诱顾客最有效的典型手段。目前在韩国赠品有附赠品和悬赏销售[1]这两个具体种类。在商业活动中事业者给消费者提供的赠品和赏品由于都是无偿的，所以附赠品和悬赏销售对消费者似乎不会造成任何损害，但是，由于附赠品和悬赏销售不仅有可能侵害消费者的自由选择权，而且由于赠品或赏品的提供还有可能歪曲市场竞争，所以对附赠品和悬赏销售中的不公正交易行为，必须实行相应的法律规制。

（1）附赠品和悬赏销售的概念。所谓附赠品是指，事业者在自己或者与自己具有交易关系的其他事业者，相互间商品或劳务的交易中，相对于其他交易对象为了某种竞争优势，附随这些交易的商品或劳务给消费者提供某种经济利益的交易行为。

所谓悬赏销售则是指，事业者在交易活动中利用抽奖等具有明显偶然性的方法，或者根据消费者回答问题等特定行为的优劣或正确与否，确定得到赏品的交易对象，或者确定赏品具体数额的交易行为。

（2）与赠品有关不当交易行为的类型及其判断基准。

第一，悬赏额超过规定数额的悬赏销售行为。在商品销售中，事业者提供赏品的合计数额不得超过通过悬赏销售所要销售商品或提供劳务总数的1%，或者通过悬赏销售提供给单个消费者的赏品不得超过500万元。但是，如果事业者作为赏品提供的商品数额合计不足1000万元，即使超过通过悬赏销售所要销售商品或提供劳务总数的1%，也不把它视为不当的悬赏销售行为即不公正的交易行为。

第二，面向特定消费者悬赏销售行为的禁止。只有购买商品或使用劳务的次数达到2次以上，才可以揭示文字、绘画、符号以及卡片等特定组合内容，从而才可以获得能够得到赏品机会的悬赏交易行为。根据公正交易委员会告示（第2001－15号）不得实施悬赏交易行为。

第三，由代理店等提供赠品的交易行为。由销售其他事业者所提供商品或劳务的代理店实施的，给消费者提供赠品的交易行为中，如果为

[1] 韩国所称的悬赏销售，就是中国所说的有奖销售。

该代理店提供商品或劳务的事业者，除了提供商品或劳务以外，还通过指示、指导和经济上的支援等方式，直接或间接地干预了提供赠品的交易行为，应当把该交易行为视为由该事业者实施的交易行为。

（3）适用除外。公正交易委员会有关《提供赠品的不公正交易行为类型及基准》的告示，所确定的不公正交易行为类型及基准，不适用于年营业额不足200亿元的制造业者，或者年营业额不足20亿元的其他事业者提供的赠品。但是，有关面向特定消费者悬赏销售行为的规定，则不受此适用除外规定的制约。

2. 大型零售业中的不公正交易行为

百货商店等大型零售业者，相对于商品的供应者、店面及柜台等的承租人常处于优势地位，其结果很容易导致大型零售业者利用其自身的优势地位，侵害商品供应者、店面以及柜台承租人的合法权益。所以为了确保大型零售业者与商品供应者、店面以及柜台承租人之间的公正交易，公正交易委员会修改原有的《百货业中的不公正交易行为类型及基准》，把大型连锁店、购物中心等也都纳入它的适用范围，并且于2009年8月20日再次修改《大型零售业中的不公正交易行为类型及基准》并且予以公示。

（1）适用对象及其范围。该告示适用于大型零售业者和无店铺销售业者。首先，在此所称大型零售业是指，从商品的生产者、经销者等事业者，购买消费者在日常生活中所需要的各种商品，然后通过零售提供给消费者的事业者中，相当于下列各号之一者：①前一事业年度的营业额超过1000亿元的事业者；②卖场面积总和超过3000m^2的事业者。其次，在此所称无店铺销售业者是指，在大型零售业者中相当于下列各号之一者：①电视直销业者；②网络直销业者。

（2）不公正交易行为的内容。根据公正交易委员会制定并公示的《大型零售业中的不公正交易行为类型及基准》，大型零售业中的不公正交易行为有以下若干具体种类：①没有正当理由的全部或者部分退货；②不当降低已购买商品的价格；③没有正当理由延迟支付受托经销商品（代卖）的货款，没有正当理由延迟支付由自己管理的销售柜台承租人商品的货款；④要求供应商和柜台承租人开展降价销售、附赠品等促销活动，要求供货商和柜台承租人购买自己的商品券；⑤没有正当理由而拒绝领受供应商，根据合同提供的全部或者部分商品；⑥没有正当理由要求供应商和柜台承租人等，承担由于实施广告宣传、组织促销等活动所发生的各种费用；⑦不当领受由供应商等提供的本不该由供应商等承担的，对于增进供应商等的经济利益没有实际意义的费用以及劳务；⑧不当地要求供应商与自己签订具有排他性的合同，以此限制供应商等的自律性判断和事业活动，妨碍供应商等的事业活动的行为；⑨不与供应商等签订包含纠纷解决条款等内容的书面合同；⑩在合同的履行期间虽然没有正当理由，随意变更合同内容并且实施给供应商等事业者带来某种不利后果的行为。

3. 并行进口中的不公正交易行为

所谓并行进口是指，在由独占进口权人垄断从国外进口该商品业务的情况下，第三者不经该独占进口权人的许可，通过其他流通渠道向国内进口该真正商品[1]的行为。并行进口由于1995年11月实施的《与知识产权保护有关的进出口事务处理规定》修改而得到认可，当时之所以许可并行进口原因在于，在禁止并行进口的情况下，即使开放市场在国内也无法形成价格竞争，从而既无法确保国内工业品价格的稳定，也不利于维护消费者的利益。但是，在并行进口得到了认可后，由于独占进口权人的各种不公正交易行为，在并行进口商品的进口以及流通阶段，出现了许多阻碍价格和服务竞争的制约因素。

鉴于在许可并行进口后所出现的诸多问题，为了规制独占进口权人的不公正交易行为，治理并行进口商品的进口和流通秩序、促进竞争，公正交易委员会于1997年7月制定和告示了《并行进口中不公正交易行为的类型》，此后，该具有法规性质的告示还在1998年12月经历了一次修改。

（1）适用对象。公正交易委员会制定并告示的《并行进口中不公正交易行为的类型》，根据关税厅《与知识产权保护有关的进出口通关事务处理规定》的告示，由于相当于未侵犯商标权的情形，适用于不当限制向国内进口并销售允许进口商品的并行进口业者行为的，独占进口权人及销售业者的不公正交易行为。

（2）基本原则。由于并行进口是独占进口权人以外的第三者，通过其他流通渠道进口真正商品，并且由此引发激烈的市场竞争，所以以不当方式阻碍并行进口必将导致其行为的违法。但是，如果通过并行进口所进口的商品不是真正商品而是假冒商品，那么独占进口权人可以以商标权遭受侵害为理由，要求该商品的进口商中止其销售行为。此外，虽

[1] 所谓真正商品是指，由可以在国外合法使用商标的权利人，贴上商标并予配发的商品。

然该商品不是独占进口权人进口以及销售的商品，如果由于其出处等的虚假标识，足以使一般消费者误认为是独占进口权人商品的，为了确保其商标信用，在原则上可以采取一切必要措施。

（3）不公正交易行为的内容。①妨碍通过海外流通渠道购入真正商品；②限制经销商贩卖并行进口商品；③区别对待经销并行进口商品的经销商；④拒绝、中断给经销并行进口商品的经销商提供商品；⑤对经销并行进口商品经销商，经销独占进口商品的限制。

4. 新闻业中的不公正交易行为以及市场支配地位的滥用

公正交易委员会曾经在1997～1998年，制定并实施了《新闻不公正交易行为基准》的告示。但是，随着从1999年起废止该告示，把在新闻业禁止不公正交易行为的责任交给了报社。在废止《新闻不公正交易行为基准》这一告示后，由于各大报社通过提供赠品、强制求读等不当方式扩大报纸的发行量，在社会又逐步形成了，要促进新闻业的健康发展就必须规制在新闻业存在的各种不公正交易行为的广泛共识。所以为了规制在报纸发行和广告中普遍存在的不公正交易行为，2001年6月公正交易委员会再次制定了相关告示。

（1）新闻（报刊）、无价纸及赠品的定义。所谓新闻即报纸，作为由《定期发行刊物登记法》规定的“一般日刊新闻”、“特殊日刊新闻”以及“特殊周刊新闻”，它是以盈利为目的而发行的新闻（报刊）。此外，通常所称的“有料新闻（报刊）”是指，新闻发行业者或新闻贩卖业者在收到新闻（报刊）代价后发送的，户别发送新闻（报刊）、邮寄发送新闻（报刊）和其他贩卖新闻（报刊）。所谓无价纸是指新闻（报刊）发行业者或新闻（报刊）贩卖业者，在向新闻（报刊）贩卖业者或新闻（报刊）的求读者供应新闻（报刊）时提供的，除了有料新闻（报刊）以外的其他新闻（报刊）。但是，出于公益目的无偿提供给军队等的新闻（报刊）、以“号外”形式提供给读者的新闻（报刊）除外。所谓赠品是指新闻（报刊）发行业者或新闻（报刊）贩卖业者，为了使自己在竞争中处于有利地位，以直接或者间接方式给自己发行或销售新闻（报刊）的读者，所提供的现金、有价证券、物品或劳务等经济利益。

（2）不公正交易行为的内容。①新闻（报刊）发行业者不得给新闻（报刊）贩卖业者提供，每月新闻（报刊）价格20%以上的无价纸以及赠品；新闻（报刊）发行业者不得给求读者提供，每年新闻（报刊）价格20%以上的无价纸以及赠品；②新闻（报刊）发行业者不得以报道有利于读者的信息、减低售价和给求读者提供除赠品以外的其他经济利益等方式引诱顾客；③新闻（报刊）发行业者在给新闻（报刊）贩卖业者提供新闻（报刊）时，不得滥用自己的优势地位，以违背新闻（报刊）贩卖业者意志的方式，要求扩大其承担的发行量、提高发行费用或者变更发行区域；④新闻（报刊）发行业者在给新闻（报刊）贩卖业者提供新闻（报刊）时，以不当方式区别对待不同的新闻（报刊）贩卖业者；⑤新闻（报刊）发行业者不得以不当方式要求自己的员工，购买或者订阅特殊关系人或其子公司发行的报刊以及其他发行物；⑥新闻（报刊）发行业者如果不是基于已有的合同或协议，不得禁止新闻（报刊）贩卖业者经销其他新闻（报刊）发行业者发行的新闻（报刊）；⑦在合同的履行期间，新闻（报刊）发行业者如果没有正当理由，不得中断或者限制与新闻（报刊）贩卖业者的交易。

（3）滥用市场支配地位行为的禁止。①作为具有市场支配地位的事业者，新闻（报刊）发行业者在确定新闻（报刊）的贩卖价格和广告的价格时，不得滥用市场支配地位以明显高于提价因素的水平，决定、维持或者变更新闻（报刊）的贩卖价格以及广告价格；②作为具有市场支配地位的事业者，新闻（报刊）发行业者不得为了排挤竞争对手，以过低的价格给本新闻（报刊）的贩卖业者提供新闻（报刊），也不得限制广告主等交易对象与其他新闻（报刊）发行业者实施交易；③作为具有市场支配地位的事业者，新闻（报刊）发行业者不得通过发表虚伪的、没有事实根据的诽谤性稿件，诋毁广告主等其他交易对象的声誉，并且由此妨碍广告主等其他交易对象的事业活动。

三、不公正交易行为的监督检查

（一）不公正交易行为的监督检查机关

1. 公正交易委员会的设置

韩国的《独占规制及公正交易法》第35条规定，为了独立履行由本所规定的各项事务，在国务总理属下设立公正交易委员会，公正交易委员会作为由《政府组织法》第2条（中央行政机关的设置和组织）规定的中央行政机关，在自己所管事务的范围内，依法履行以下各项职责：

（1）与规制滥用市场支配地位行为有关的事务。

（2）与限制企业结合及抑制经济力集中有关的事务。

（3）与规制不当共同行为及事业者团体限制竞争行为有关的事务。

（4）与规制不公正交易行为及转售价格维持行为有关的事务。

（5）与规制缔结不当国际条约有关的事务。

（6）与限制竞争的法令以及行政处分的协议、调整等促进竞争的政策有关的事项。

（7）根据其他法令被确定为公正交易委员会管辖的事项。

上述（7）中所称的其他法令指，《消费者基本法》、《分期付款交易法》、《转包交易公正化法》、《格式条款规制法》、《表示、广告公正化法》、《加盟事业公正化法》、《访问贩卖法》、《消费者生活协同组合法》、《制造物责任法》等法律。

根据《独占规制及公正交易法》，公正交易委员会可以就本法的实施制定必要基准，接受有关违反该法违法行为的申告，在认定属于本法禁止行为的例外情况，并且对违反本法行为开展必要调查的同时，对此还可以采取相应的纠正措施、赋加课征金，并且根据案件的具体情况行使起诉权，所以韩国的公正交易委员会是一个具有立法权、司法权以及行政权的独立规制机关。此外，为了实施《独占规制及公正交易法》，韩国的公正交易委员会还可以与外国政府签订有关协议，并且支持外国政府相关法律的实施。

2. 公正交易委员会的构成

根据《独占规制及公正交易法》以及《独占规制及公正交易法施行令》，韩国的公正交易委员会由包括委员长 1 人、副委员长 1 人在内的 9 人组成，其中的 4 人为非常任委员。公正交易委员会的常任委员和非常任委员，应当在独占规制、公正交易或消费者等领域，具有经验和专门知识的下列人员之一中予以任命。公正交易委员会的委员长和副委员长根据国务总理提名由总统任命，公正交易委员会的其他委员根据委员长的提名由总统任命。

（1）具有任 2 级以上公务员任职经历的人员。

（2）具有任 15 年以上法官、检察官或律师任职经历的人员。

（3）作为专攻法律、经济、经营或与消费者保护有关专业的人员，既要有 15 年以上在大学或公认研究机关的工作经历，又要有副教授以上或相当于副教授以上职务的任职经历。

（4）具有 15 年以上从事企业经营或消费者保护活动工作经历的人员。

公正交易委员会委员长和副委员长的职位为政务职位，其余 3 位常任委员则视为属于高位公务员团别定职位的国家公务员。公正交易委员会的委员长、副委员长以及事务处的长可以成为政务委员。公正交易委员会委员长、副委员长以及其他委员的任期为3年，可以连任1次。

3. 公正交易委员会会议与委员长的职务

（1）公正交易委员会会议。公正交易委员会会议分为，由全体委员组成全员会议和包括1名常任委员共有3名委员组成的小会议。公正交易委员会可以设立5个以内的小会议。

首先，全员会议。全员会议的会议审议、议决下列各号之一的事项。全员会议的会议由委员长负责召集，全员会议议决以获得在籍半数以上委员赞成即为通过。①与公正交易委员会所管法令、规则、告示的解释及适用有关的事项；②异议申请；③小会议的会议没有通过议决或者小会议决定提交全员会议处理的事项；④规则或者告示的制定或者变更；⑤具有重大经济影响力的事项以及其他全员会议认为有必要自己处理的事项。

其次，小会议。公正交易委员会的委员长可以指定或者变更组成各小会议的具体成员。小会议的会议由常任委员负责召集，小会议议决只有小会议成员全员出席并且获得全体成员的赞成方可通过。小会议的会议审议除了应当由全员会议的会议审议并议决以外的其他所有事项。

最后，会议的运营。公正交易委员会的审理与议决以公开进行为原则，但是，出于保护事业者或事业者团体经营秘密的需要，相关的审理与裁决可以不予公开。公正交易委员会的审理以口头审理为原则，但是，如果认为确有必要也可以实施书面审理。公正交易会员会对有关事件议决的协议不得采取公开方式。公正交易委员会对违反本法规定事项的议决必须明示其理由，而参与议决的委员也必须在议决书签名盖章。但是，公正交易委员会的议决书等如有误记、计算有误以及其他类似的明确错误，可以根据其申请或者依职权予以更正。

委员如果被排除于下列各号之一事件的审议和议决、当事人如果有难以期待委员公正审议和议决的客观事由，可以向委员长明示其理由并提出相关委员的回避申请。委员长在收到相关委员的回避申请后，应当不经委员会议决直接作出决定。此外，如果委员本人认为自己有应当回避的具体事由，也可以自行回避该事件的审议和议决。①自己、配偶或者曾经是自己配偶的人，是当事人、共同权利人或共同义务人的事件；②自己与当事人具有亲族关系，自己或者自己所属的法人，正在担任当事人的法律、经营等业务顾问等职务的事件；③自己或者自己所属的法人，提供了证言或者做出鉴定的事件；④自己或者自己所属的法人，作为当事人的代理人参与或曾经参与的事件；⑤自己或者自己所属的法人，成为事件代理人的有关处分或不作为的事件；⑥作为公正交易委员会的所属公务员，自己曾参与调查或审议的事件。

（2）委员长的职务与委员身份的保障。

第一，委员长的职务。公正交易委员会的委员长对外代表公正交易委员会，公正交易委员会的委员长可以出席国务会议并发表意见。公正交易委员会的委员长如果由于事故无法履行职务，应当由副委员长代行其职务；如果公正交易委员会的委员长、副委员长均由于事故无法履行其职务，则根据任公正交易委员会委员职务的先后顺序，由先任公正交易委员会委员职务的委员履行其职务。

第二，委员身份的保障。除非有下列两种情况之一，不得剥夺公正交易委员会委员的职务：一是受到禁锢以上的刑事处罚；二是由于长时间的身心衰弱无法履行职务。公正交易委员会的委员不得加入政党并且从事政治活动，不是公务员的公正交易委员会委员，在适用刑法以及其他法律时也将其视为公务员。

（3）事务处的设置。为了处理公正交易委员会的日常事务，公正交易委员会不仅设立了处理日常事务的事务处，而且还在事务处设立了运营支援科、综合咨询科、竞争政策局、消费者政策局、市场监督局、托拉斯调查局和企业协作局。此外，公正交易委员会还在委员长属下设有发言人、在副委员长属下设有监事担当官以及审判管理官、在事务处长属下设有企划调整官。为了处理地方的公正交易事务，公正交易委员会还在首尔、釜山、大田和大丘等地设立了地方公正交易事务所。

4. 韩国公正交易调停院

（1）公正交易调停院的成立。2007 年 8 月《独占规制及公正交易法》的修改，为了简化具有私法纠纷性质不公正交易行为事件的处理程序，提高处理不公正交易行为事件的效率，加快对于受到损害者实施补偿速度，决定设立韩国公正交易调停院。并且规定韩国公正交易调停院履行以下各项职责：对于与具有违反《独占规制及公正交易法》第 23 条第 1 项规定嫌疑的行为有关纠纷的调停；根据《加盟事业公正交易法》，对加盟事业者相互间纠纷的调停；市场、产业分析以及有关事业者交易惯例与形态的调查、分析；处理其他由公正交易委员会委托的事务。

（2）公正交易调停院的构成。作为民法意义上的财团法人，其成立必须得到它的主管行政机关即公正交易委员会的许可。公正交易调停院的院长必须有公正交易委员会委员的资格，并且由公正交易委员会的委员长任命。政府应当在预算的范围内给公正交易调停院提供其成立以及运行所需要的必要经费。

（3）公正交易调停协议会。

首先，其设置、构成和会议。为了调停与具有违反《独占规制及公正交易法》第 23 条第 1 项规定嫌疑的行为有关联的纠纷，在公正交易调停院设立公正交易调停协议会。公正交易调停协议会包括兼任委员长的 1 名委员，共有 7 人以内的委员构成。公正交易调停协议会的委员，作为具有从事独占规制及公正交易或消费者保护经验或专门知识的人，在相当于下列各号之一的人员中，经公正交易调停协议会委员长提名，由公正交易委员会委员长任命或委任。在这种情况下，委员中必须有 1 人以上的委员为属于下列个号之一的人员：①具有任 4 级以上公务员任职经历的人员；②具有任 7 年以上法官、检察官或律师任职经历的人员；③作为专攻法律、经济、经营或与消费者保护有关专业的人员，既要有 7 年以上在大学或公认研究机关的工作经历，又要有任副教授以上或相当于副教授以上职务的任职经历；④具有 7 年以上从事企业经营或消费者保护活动工作经历的人员。

公正交易调停协议会委员的任期为 3 年，可以连任，公正交易调停协议会委员出现空缺应当委任补缺委员。补缺委员的任期为前任委员的剩余任期。

公正交易调停协议会委员长负责召集公正交易调停协议会会议，公正交易调停协议会会议必须有半数以上的在籍委员参加，会议议决只有获得半数以上出席委员的赞成方可通过。公正交易调停协议会委员长因故无法履行职务，由公正交易委员会委员长指定的委员负责代行其职务。委员长召集公正交易调停协议会会议除有紧急情况者外，应当在 7 日前以书面形式通知公正交易调停协议会委员，并且要明确告知会议的时间、地点和会议议题等内容。成为调停对象纠纷的当事人可以参加公正交易调停协议会会议并且陈述自己的意见。公正交易调停协议会会议虽然以不公开为原则，但是，如果委员长认为确有必要，可以要求纠纷的当事人以及其他利害关系人旁听。

公正交易调停协议会的委员如有下列情况之一，应当被排除于该纠纷的调停事务，即不得参与该纠纷的调停事务：①公正交易调停协议会委员、配偶或者曾经是配偶的人，是该调停纠纷事项的当事人、共同权利人或共同义务人；②与该调停纠纷事项的当事人具有亲族关系的公正交易调停协议会委员；③公正交易调停协议会委员或其所属的法人，正在担任调停纠纷事项当事人的法律、经营等业务顾问事务；④公正交易调停协议会委员或其所属的法人，在该调停纠纷事项中作为纠纷当事人的代理人正在参与或曾经参与该纠纷事项的调停，或者为该调停纠纷事项的当事人已经提供了证言或鉴定。

除此以外，调停纠纷事项的当事人如果有难以期待公正交易调停协议会委员作出公正调停的客观事由，可以向公正交易调停协议会提出该委员的回避申请。公正交易调停协议会委员有应当回避的具体事由，也可以自行回避。

其次，纠纷的调停程序。由于具有违反《独占规制及公正交易法》第 23 条第 1 项规定嫌疑的行为。而受到了损害的事业者，可以向公正交易委员会或者公正交易调停院提出纠纷的调停申请。但是，考虑具有违反嫌疑行为的内容、性质以及程度，对于那些根据《独占规制及公正交易法》第 24 条（纠正措施）、第 51 条（违反行为的纠正劝告）[1]处理更为合理的不当支援行为、共同拒绝交易等行为或者在提出纠纷的调停申请前，根据《独占规制及公正交易法》的有关规定，公正交易委员会已经开始调查的事件当事人不得提出调停纠纷的申请。

公正交易委员会收到事件当事人提出的纠纷调停申请，应当把它添加于纠纷调停申请书，并且在 10 日内把它通报给公正交易调停协议会。公正交易调停协议会如果收到纠纷调停申请书，应当即可把纠纷调停申请书和其他补充材料的副本送交公正交易委员会。与此同时，还要给纠纷调停申请人交付接受纠纷调停申请的证明，提出完善纠纷调停申请书和其他补充材料的要求；给被申请人交付已接受纠纷调停申请的证明、申请人所提出纠纷调停申请书的副本，并且还要给被申请人告知申请人的住址和姓名等一般情况。

如果有多数事业者共同提出纠纷的调停申请，可以在申请人中选定 3 名以内的代表，申请人选定或者变更代表应当及时通知公正交易调停协议会委员长。公正交易调停协议会如果要求纠纷当事人出席调停，除非有特殊的紧急情况或者收到通知的当事人同意，应当把实施调停的时间和地点等情况在实施调停前 7 日止通知给纠纷当事人。收到通知的纠纷当事人如果有无法出席调停协议会会议的特殊情况，应当提前以书面方式提出意见。

---

〔1〕 参见附件 1。

公正交易调停协议会可以劝告纠纷当事人，自行就具体纠纷的解决达成协议，或者为了解决具体纠纷提出调停方案。此外，为了确认与需要调停的纠纷有关的事实，如果公正交易调停协议会认为必要，不仅可以实施调查，而且还可以要求纠纷当事人提出相关资料或者出席相关调查。

如果出现了纠纷当事人接受公正交易调停协议会提出的劝告或调停方案，并且自行达成了解决纠纷的具体协议；自收到由公正交易委员会发出的纠纷调停申请书，虽然已经超过了60天公正交易调停协议会仍未结束调停；纠纷当事人一方拒绝调停或者就已经开始调停的事项又向法院提起诉讼等情况，由于继续延续解决纠纷的调停程序已无实际意义，所以应当依法结束解决纠纷的调停程序。纠纷当事人在提出了解决纠纷的调停申请后，如果就同一事项又向法院提起诉讼，应当及时将其通知公正交易调停协议会。

公正交易调停协议会如果驳回纠纷当事人提出的调停申请，或者已经结束开始调停纠纷调停程序的，应当把调停经过、调停中的焦点、导致驳回调停申请或结束调停程序的事由等事项，与相关资料一并及时报告公正交易委员会。与此同时，还要把相关事实及时通报纠纷当事人。公正交易委员会直到最终结束纠纷调停的调停程序，既不得要求纠纷当事人采取相应的纠正措施，也不得给纠纷当事人下达相应的纠正劝告。

公正交易调停协议会如果成功调停当事人之间的纠纷，应当及时制作由参加调停的委员和纠纷当事人签字盖章的调停诏书。纠纷当事人间的调停诏书应把它视为达成了具有相同内容的调停协议。在公正交易调停协议会启动调停程序之前，纠纷当事人如果已就纠纷事项自行调停，并且要求制作调停诏书的，可以制作调停诏书。公正交易调停协议会应当把调停诏书的副本与纠纷当事人的一般状况、纠纷的经过、调停中的焦点和调停结果一同报告公正交易委员会。纠纷当事人必须履行在调停中达成的各种协议，并且把其具体履行状况汇报公正交易委员会。如果纠纷当事人达成了调停协议，履行了在调停协议中约定的事项，公正交易委员会不应采取纠正措施、发出纠正劝告。

（二）不公正交易行为的处理程序

为了确保《独占规制及公正交易法》发挥在保护和促进竞争中的作用，公正交易委员会如果发现违反该法规定的行为，就要给违反该法规定的事业者或事业者团体规定具体纠正方案，并且可以要求其实施规定的纠正方案。目前《独占规制及公正交易法》、《独占规制及公正交易法施行令》、《公正交易委员会会议运营及事件处理程序规则》[1]、《加盟事业法》等法规，都有很多确保《独占规制及公正交易法》发挥其应有实效的程序性规定。

公正交易委员会对违反《独占规制及公正交易法》行为的处理，主要分为调查与审查、审议、议决三个阶段。所谓调查与审查是指，已经接触到具体事件证据的公正交易委员会，经过将要后述的审议和议决两个阶段，直到判断是否有议决必要所经历的一系列调查过程，该程序由审查官（审查公务员）负责实施。所谓审议是指，公正交易委员会在收到审查报告后，对于当事人违反法律的事实进行审理的行为过程，这一过程包括听取当事人等的意见陈述、实行证据调查和进行鉴定等若干具体程序。所谓议决是指，公正交易委员会认定当事人违反法律的事实，并对此给予相应法律制裁的行为过程。

1. 调查与审查程序

（1）审查程序的开始。

第一，公正交易委员会的认知。如果公正交易委员会认定事业者，具有违反《独占规制及公正交易法》的事实，可以依据其职权开展必要的调查等活动。

第二，申告人的地位。根据《独占规制及公正交易法》，不论是谁只要认定事业者确有违反本法规定的具体事实，都可以向公正交易委员会申告该事实。在违反本法规定事实的申告中，如果申告人是由于反竞争性行为而受到损害的竞争事业者，或者是直接受到损害并且损害程度严重的事业者，在公正交易委员会实施的违反行为调查以及听取意见的程序中，申告人可以以利害关系人或者参考人身份，参与公正交易委员会的调查，并且提出自己的意见。

在韩国的现行法律制度中，关于申告人的地位没有明确的法律规定。但是，1989年5月9日大法院有关《转包交易公正化法》的判决，在一定程度上揭示了申告人的地位。大法院的判决指出：所谓申告是在已经发现具有违反法律规定事实的情况下，为了催促相关职权的发动即有权机关的调查和处理，而给具有相应职权的机关提供证据的行为，所以申告并不直接导致申告人具有可以请求有关机关采取措施调查和处理

---

[1] 根据《独占规制及公正交易法》第48条，为了规范公正交易委员会的会议运营，为了规范违反《独占规制及公正交易法》等法律行为的处理，1997年公正交易委员会制定了《公正交易委员会会议运营及事件处理程序规则》（以下简称《程序规则》）。

违反法律行为的请求权。

此外，现行的《程序规则》为了确保申告人具有程序上的权利，就不启动审查程序时的通知、审查官在着手事件审查后给予申告人的通知、会议的开会通知、利害关系人参加审查、在采取调查等终极措施时给予申告人的通知、给申告人和利害关系人等通知议决书要点等问题，作出了很多具体规定。

（2）审查程序的进行。

第一，审查官的指定。公正交易委员会认定事业者具有违反法律的事实，或者收到事业者违反法律的申告，事务处长就应指定审查官负责该违反法律事件的审查，被指定的审查官在审查程序开始之前，可以提前进行有关事实的调查和事先审查。被事务处长指定的审查官应当是，负责掌管与该事件有关业务的局长、审判管理官、市场分析政策官或地方事务所长。如果该事件的所属业务领域不够明确，或者该审查官不适合担任该事件的审查，事务处长可以在公正交易委员会4级以上公务员中，或者属于高位公务员团的公务员中指定审查官。

第二，事件审查的启动报告。在进行了有关事实的调查和事先审查后，审查官应当以书面方式或者通过网络，把记载了事件的名称、事件的证据、事件的概要和相关法条等内容的事件审查启动报告提交给委员长，由此启动进行实质性审查的审查程序。

在此需要特别指出，如果对于事件的审查还没有提出事件审查启动报告，由于被调查对象不属于《独占规制与公正交易法》第2条第1项规定的事业者范围，或者被调查的事件属于《独占规制与公正交易法》第十二章规定的适用除外范围等原因，在调查和事先审查阶段就已结束审查的，考虑到确保程序完整与公正的需要，还应当有类似于启动报告的事后控制程序。

在实践中如果遇到再申告事件，而这一事件又是委员会已经处理过的同一违法事件，则应当由当初调查处理该事件公务员以外的其他调查公务员，担任该事件的调查和事先审查。但是，在申告中如果有相当于《独占规制与公正交易法》第45条〔1〕各号之一内容的事由，应当向委员长提交事件审查启动报告。在这种情况下应当在事件的证据栏写入“再申告”字样。

第三，调查权限与义务。

〔1〕 参见附件1。

首先，关于调查权限。为了在确保审查程序公正的同时，切实保障被调查人具有的程序上的权利。法律规定审查官或调查事件的公务员，在事件的调查与审查中不仅依法具有相应的权限，而且也应承担起相应的法定义务。

目前《独占规制与公正交易法》第50条规定了公正交易委员会在违反行为的调查以及听取意见中所具有的权利，特别是第50条的第2～4项具体规定了所属公务员的权限。此外，为了给不当支援行为的调查提供支持，第50条的第5～9项还规定了可以要求提供金融交易信息的请求权。在公正交易委员会的事件处理程序中所形成文书的送达，适用《行政程序法》第14～16条规定。但是，对于住所在国外的事业者或者事业者团体，应当要求其在国内指定代理人，并且把相关文书送达至国内代理人，如果该事业者或者事业者团体没有在国内指定代理人，应当在官报、公报、揭示板、报纸中选择一种以上的方式予以公告，同时还要通过互联网予以公告。

在调查中如果需要当事人出席，并且听取当事人的意见，应当发布载有事件名、相对方姓名、出席日期以及场所等内容的出席要求书。

审查官或者调查公务员要听取当事人等的意见，或者在事务所以及事业场以外的场所听取陈述，应当发布载有所定事件的出席要求书，并且还要制作相应的陈述诏书。命令事业者或者事业者团体提出报告或提案，应当发布记载所定事项要求其提出报告或提案的命令书。为了命令事业者或者事业者团体等提出报告以及其他必要资料和物品，给其交付的书面资料应当明示所定事项。承担调查任务的公务员需要出入事业者或事业者团体的事务所或事业场，或者需要在出席要求书指定的场所听取陈述的，应当出示公务员证和载有所定事项的公文等证明。目前，《程序规则》第19条虽然把上述种种义务的主体限定为实施调查的公务员，但是，应理解为审查官也当然包含在其中。

其次，关于审查官的义务与当事人的权利。为了实施法律调查，公务员必须在法律许可的最小范围内实施调查，而不得出于实现其他目的的需要而滥用调查权。在此还必须指出，对于违法行为的调查，其重点不应是处罚违反法令等的违法行为，而应当是诱导人们更好地遵守法令。不依其他法律的明确规定，审查官不得随意公开调查对象、调查内容或者其他由于职务关系所掌握的其他秘密。此外，行政机关不得把通过行政调查掌握的信息，除根据其他法律在其内部利用或者提供给其他机关外，不得用于实现原来调查目的以外的其他目的或者提供给其他人。以上种种法律规定，由于规定了在事件处理的全部程序和整个过程中涉及到的与调查有关的权限，所以也适用于在全部审查过程中发挥重要作用的审查官权限。

应当接受公正交易委员会处分或者调查的事业者或事业者团体，如果遇到不可抗力事件或者处在合并、收购、和解、法庭管理以及破产等阶段；如果遇到事业者或事业者团体的账簿、书面证据已被有权机关扣押；如果由于火灾等原因事业者或事业者团体的经营遇到重大障碍等情况，致使事业者或事业者团体无法履行处分或难以接受调查的，可以向公正交易委员会提出延期处分或调查的申请，公正交易委员会在收到延期处分或调查的申请后，如果认为其理由适当合理，可以延期实施处分或者调查。

2. 审议程序

（1）审议程序的结构。在提交小会议复议的事件中，对于被审人认可由审查官审查报告所认定的行为事实，并且已经承诺接受审查官所要采取各项措施的议案，应根据《程序规则》第59条以下各条所规定的简易程序进行审议。在此所称简易程序的基本特征是，审查官的审查报告和会议的议决书可以用简易方式。但是，遇到小会议有必要作出与审查官所要采取措施具有不同内容的议决等，如果采用简易程序明显不当的情况应采用正式程序。

第一，对审要素。公正交易委员会的审议程序在原则上采取对审结构，在审议中采用对审结构有利于保障被审人即具有违反嫌疑事业者程序上的权利。《程序规则》要求审查官提前给被审人送达审查报告书，要求在给各会议提出审查报告的同时也给被审人送达相应的审查报告，要求审查官通知被审人参加会议并且把被审人参加会议确定为会议的开会条件，此外《程序规则》还规定被审人具有质问权、申请调查证据权、最后陈述权等权利。

第二，职权主义要素。公正交易委员会作为具有准司法性质的机关，具有十分明显的行政机关性质。所以为了实现确立公正竞争秩序这一重要公益目标，公正交易委员会不受当事人利害关系的制约，给议长赋予了可以依其职权延期或撤回审议复议、在开头程序可以给被审人提供陈述意见的机会、在审议过程中可以限制审查官或被审人陈述意见等包含职权主义要素的权利。

（2）审议程序的进行。

审议的事先程序：

第一，审查报告书的提出。审查官应当制作记载下列事项的审查报告书，并且把它提交公正交易委员会的各种会议。审查报告书应记载以下各项具体内容：①事件的概要；②市场结构及实际状态；③制度改善事项的有无；④事实的认定；⑤违法性的判断及法令的适用；⑥自律水平的保障机制或消费者意见的自律性管理；⑦审查官的建议措施；⑧被审人是否接受审查报告。审查官提交公正交易委员会的审查事项，如果属于小会议的受理范围，应当在实施审查之前给被审人送达审查报告，征求被审人对于审查报告认定的行为事实以及审查官拟采取措施的意见，如果被审人有异议，应当以书面方式提出意见。但是，如果审查官拟采取的措施是起诉或令其支付课征金、如果审查官确信被审人不可能接受对其行为事实的认定以及审查官拟采取的措施、如果对被审人行为事实的认定以及审查官拟采取的措施已经取得了议长的认可，不必征求被审人对审查报告所认定行为事实以及审查官拟采取措施的意见。除以上各种情况外，审查官应当在给各会议提交审查报告的同时，也给被审人送达记载相同内容的审查报告，同时要求其在 2 周内以书面方式提出意见并且送交审判管理官。

第二，主审委员的指定及审议。全员会议议长如果收到审查报告书，应当指定 1 名常任委员为该事件的主审议员。各会议的议长应当在收到被审人提出意见书之日、结束审议准备程序之日、如果被审人未提出意见书应当在经过提出审查报告书期限后的 30 日内审议该事件。但是，如果各会议议长认为确有必要，还可以延长其期限。

第三，审议准备程序。所谓审议准备程序是指在审议日期到来之前，在审查官和被审人之间通过书面形式的直接交锋，整理事件本身的事实关系和争议的焦点，各自了解相对方提出的主张以及所持证据的过程。公正交易委员会各会议的议长在收到被审人针对审查报告书内容所提出的意见书后，为了提高事件的审议效率、加快事件的审议速度，如果认为确有必要可以启动审议准备程序。

第四，会议的开会通知。会议议长应当在开会前 5 日止，原则上要以书面形式通知本会议委员及被审人，明确告知审议会的开会时间、场所以及审议事件的名称。由于委员会存在非常任委员的委员结构，给委员会委员的开会通知应当明示会议议题。除此之外，根据现行《程序规则》，会议通知还应通知申告人，并且如果会议议长认为确有必要，还应给申告人送达审查报告书。

第五，审查官及被审人的会议出席。目前《程序规则》第 34 条第

1项规定，在公正交易委员会的各会议应当有该事件的审查官及被审人参加。但是，《程序规则》第34条第1项规定，如果被审人没有正当理由而不出席会议可以开议。所以审查官以及被审人的参加是否成为开议条件并不明确，但是被审人的出席则是开议的重要条件。

审议程序：

第一，参加主体。《程序规则》第37条作为事件审议的参加主体，不仅规定审查官和被审人是审议会最主要的参加主体，而且还规定与审议结果具有利害关系的人、参考人、咨询委员、有关行政机关、公共机关、团体、具有专门知识或经验的个人、团体也是重要的参加主体。为了便于听取委员会其他职员对有关议案的说明或意见，规定委员会可以依其职权责令除议案提出者以外的委员会事务处其他职员参加审议。此外，《程序规则》第7条第5项还规定，审判管理官可以参加会议并且陈述与议案有关的法理等其他意见。与根据是否受判决法律效力影响而决定赋予参加资格的民事诉讼不同，可以参加审议会主体的范围较之可以参加民事诉讼主体的范围更加广泛，其原因在于由于事件的审议程序是行政机关的内部程序，所以具有明显的职权主义特征。

第二，代理人。关于代理人应具备的条件，《程序规则》第36条规定，律师、被审人（法人）的职员、其他得到各会议许可的人等，可以成为被审人的代理人。代理人应当把自己可以代理的范围，可以证明自己受到委托已经成为代理人的委任状，在各会议开始审议具体事件之前提交审议会。

第三，审议程序的顺序。根据《程序规则》第35、38、41条和第43条，审议的实施有以下若干具体程序，而各程序的基本顺序是：认定审问→开头程序→证据调查→审议→最后的意见陈述。

在审议过程中，审查官和被审人均可以陈述自己的意见，作为对于这种陈述的干预目前可以得到认可的是，根据《程序规则》第39条规定的悉明权和质问权，第40条规定的限制陈述，第44条规定的审议分离、合并以及重新审议等相关规定所实施的议长干预。在审议中经议长许可，委员可以就与事实认定或法律适用有关的事项，向审查官或被审人提出质问。审查官或被审人如果认为对方陈述的宗旨不够明确，在征得委员长同意的前提下，可以直接向相对方提出质问。被审人或审查官可以向各会议提出实施证据调查的申请，如果各会议认为有必要，也可以依其职权实施证据调查。对于参考人的提问先由提出该申请的审查官或被审人实施，然后再由其他当事人实施。

第四，再审查命令。公正交易委员会的各会议，在遇有下列各种情况之一时，可以给审查官下达再审查命令：①错误地认定了事实；②法令的解释或适用具有明显错误；③在审查官终结审查后又发现与审查终结有关联的新的事实或证据；④发现其他相当于此的事由。

3. 委员会的议决

（1）议决的成立。由于协议会的自身性质，其成立必须采取一定的决定方式。目前《独占规制及公正交易法》，把公正交易委员会的会议分为全员会议和小会议这两个基本类型，如果是全员会议其议决的形成需要半数以上的在籍委员投赞成票，而小会议议决的形成则需要全部在籍委员投赞成票。此外，各种会议在作出议决或决定时，作为其形式要件应当制作议决书或决定书。议决书或决定书应记载锁定内容，并且由参加审议的全部委员签名盖章。

（2）议决的内容。

第一，审议程序的终结。各会议由于遇到：①根据《程序规则》第12条可以不启动审查程序；②实施违反行为的被审人在事件的调查以及审查过程中，由于已经自行纠正违反行为，令其采取相应的纠正措施已无任何实际意义；③作为再申告事件如果应当采取的措施与对原事件采取措施相同的；④由于难以确认事件的事实关系，无法作出其是否违法的判断等情况。如果结束审议程序更为合理恰当的，可以作出终结审议程序的议决。

第二，无嫌疑议决和提醒注意。公正交易委员会的各会议如果认为，被审人的行为不违反《独占规制及公正交易法》或者没有可以证明其违法的证据，可以作出被审人没有违法嫌疑的议决。此外，虽然被审人没有违反《独占规制及公正交易法》的嫌疑，但是，为了确保被审人今后的守法经营，可以提醒被审人注意违法。

第三，终结处理。如果公正交易委员会的各会议认为，由于被审人死亡、解散、破产、停业或者遇到相当于此的事由，而使被审人无法履行审议会要求其采取纠正措施议决的。根据《债务人回生及破产法》的有关规定，被审人已经进入破产程序或者处于相当于此的状态时，该事件的审议会可以作出终结处理的议决。

第四，调查等的中止。如果被审人、申告人或利害关系人等遇到：①由于破产等原因所导致的停业；②临时停业；③法人的实体已不存在；④由于出逃等原因导致去向不明；⑤由于被审告人是居住在国外的外国人事业者，所以导致调查等具有明显难度的；⑥由于遇到相当于以上所列各种情况的问题难以调查的。直到以上各种具体事由消灭，各会议可以作出议决，中止该事件的审查。

第五，警告。各会议如果遇到被审人违反《独占规制及公正交易法》的程度轻微，或者实施违法行为的被审人在事件的调查或审查过程中，由于已经采取了相应的纠正措施，再要求其采取纠正措施已无实际意义的，可以作出警告议决。

第六，纠正劝告。所谓纠正劝告是指经过公正交易委员会各会议的审议，如果认为被审人具有充分的可以纠正违反《独占规制及公正交易法》行为的时间，在给被审人制定相应纠正方案的前提下，所作出的劝告其遵照执行的议决。

第七，纠正命令。各会议经过审议可以作出要求被审人采取纠正措施的纠正命令。即使被审人违反法律的状态已经消灭，也可以从防止再次发生违反法律情况发生的角度作出议决，令被审人实施纠正其违法行为所必要的具体措施。该行为的中止、由于违法行为曾接受公正交易委员会发出纠正命令事实的公开等，由《独占规制及公正交易法》规定的纠正措施内容，就是纠正命令的具体内容。

第八，课征金的纳付命令。所谓课征金是指把那些违反行政法规、未履行行政法法定义务的行政相对人作为具体制裁对象，并且由行政机关实施的具有货币即金钱性质的制裁。在韩国最先引入课征金制度的是《独占规制及公正交易法》，当时该法引入课征金的目的在于，剥夺违法经营主体由于其违法经营而取得的收入，所以它具有明显的行政制裁金性质。在实践中公正交易委员会的各会议，根据被审人违法经营的实际状况，可以通过议决令其支付相应金额的课征金。

第九，过怠料[1]的纳付命令。目前《独占规制及公正交易法》具体规定了公正交易委员会各会议可以令被审人支付过怠料的情况。公正交易委员会各会议可以令被审人支付过怠料的情况主要是，被审人不配合或者妨碍公正交易委员会的调查活动。公正交易委员会要令被审人支付过怠料，应当在调查并且确认该违法行为的基础上，必须以书面方式作出包含违反事实、异议方法、异议期限以及应支付过怠料的具体数额等内容的议决，并且把它通知给应当缴纳过怠料的具体对象。

（3）议决的效力与执行。

---

〔1〕 过怠料，即渎职罚款，是指在公法中对义务履行懈怠的人所处的罚款，但它与罚金不同，不具有刑罚的性质。

第一，议决的效力。公正交易委员会各会议的议决，不论其具体内容如何，它们共同的法律效力是，最终结束审议程序的效力和议决本身所具有的准司法性质。公正交易委员会各会议的议决，由于其会议类型和各自审议内容的不同，理所当然地具有各自不同的法律效力。对于被审人的法律关系带来终极影响的是纠正命令，纠正劝告也可以由于此后程序的进行带来终极的法律效果。

第二，议决的执行。

审查官的措施。各会议的议决以及由议决所确定的纠正措施，在原则上应当由担任该事件审理的审查官负责实施。此外，审议会如果作出包含纠正命令或者告发（起诉）等内容的议决，除非有其他不得已的客观事由，应当自作出议决之日起的30日以内，给被审人或有权机关的长送达该议决书等的正本，给申告人等通知议决书要点，此外，如有必要给利害关系人也应告知议决书要点。

课征金的征收：①课征金的纳付。受到课征金纳付通知的事业者，应当在收到书面纳付通知之日起的60日以内，到公正交易委员会指定的课征金征纳机关纳付课征金。但是，由于遇到不可抗力事件等不得已的客观事由，致使纳付人确实无法在此期间内完成纳付的，应当在自该客观事由消除之日起的30内完成纳付。②课征金纳付期限的延长及分期纳付。如果事业者应纳课征金数额超过其总营业额的1%或者10亿元，并且由于遇到或面临灾害、盗难、经营环境的恶化和资金不足等不得已的客观事由，而难以按期足额纳付课征金的，事业者可以向公正交易委员会提出延期纳付或分期纳付申请。事业者提出课征金的延期纳付或分期纳付申请，应当在收到课征金纳付通知之日起的30日内提出。③加算金及滞纳处分。如果课征金的纳付义务人在规定的纳付期限内不履行纳付义务，公正交易委员会应当从纳付期限届满后的第一天起直到纳付日止，在由总统令规定的范围内征收加算金。此外，课征金的纳付义务人如果在规定的纳付期限内不履行纳付义务，公正交易委员会应当给其规定相应的履行期限并且责令限期履行，如果在规定的期限内仍不履行纳付课征金和加算金的义务，应当比照国税滞纳处分的相关规定，委托国税征收机关实施强制征收。

4. 异议程序

（1）异议申请。

第一，异议申请的法律性质。事业者如果不服公正交易委员会作出的处分，可自收到处分通知之日起的30日内，在具有明确具体理由的前提下，可以向公正交易委员会提出异议申请。由于受理异议申请的再审庭所要审理的事件，与原审庭所审理的事件是同一事件，所以它明显具有对已有处分进行在审的法律性质。

第二，异议申请的对象。异议申请的对象是公正交易委员会的处分，作为异议申请对象的公正交易委员会处分，应当对当事人的法律关系能够带来实质性影响。在公正交易委员会的议决中，给被审人下达的纠正命令、课征金的纳付命令和过怠料的纳付命令等，就是能够给当事人的法律关系能够带来实质性影响的处分。就公正交易委员会的纠正命令而言，其本身并不具有能够约束被审人的法律效力，即纠正命令只有被审人接受才能在一定程度上发挥其应有的法律效力。所以，不考虑被审人接受与否，只探讨纠正命令有无效力没有任何法律意义。

第三，异议申请的程序。

程序的进行：

首先，书面形式的异议申请。要提出异议申请者，应当在自收到处分通知之日起的 30 内，提出记载了异议申请的对象、事由等内容的异议申请书。异议申请人提出异议申请应当附可以证明异议申请事由和内容的书面资料。

其次，审查官的指定及审查报告书的提出。在异议申请事件的处理中审查官是审判管理官。但是，如果委员长认为有必要可以另外指定异议申请的审查官，审判管理官可以驳回在超过规定期限后提出的异议申请。在收到异议申请者提出的异议申请后，审查官应当制作记载了异议申请的经过、异议申请的宗旨及理由、审查官的意见等内容的审查报告。

再次，审议及裁决。公正交易委员会全员会议负责异议申请的审议和裁决，对于异议申请的裁决原则上以口头方式进行。但是，在对异议申请的裁决中，裁决期间的延长决定、停止执行决定、驳回决定应采用书面形式。

最后，裁决导致的措施。在对异议申请作出裁决后，对于该裁决实施过程的检查等纠正措施的履行或者与不履行该裁决有关程序的进行，应当由当初审查该事件的审查官负责实施。所以如果对异议申请作出裁决，审判管理官等不仅应把裁决结果及时通知原处分的审查官，而且还要把裁决书正本及时送达异议申请人。

纠正措施命令的停止执行。根据现代行政法原理，对于行政机关的行政处分，即使行政相对人已经提出了行政复议申请即已经提起了行政争讼，在原则上也不影响该行政处分的执行。虽然公正交易委员会是准司法性质的行政机关，但是行政法中的这一基本原理，它不应当然适用于《独占规制及公正交易法》的实施过程。目前《独占规制及公正交易法》虽然没有与此有关的明文规定，由于规定只有公正交易委员会的裁决才可以停止纠正措施命令的执行，所以可以认为被审人提出的异议申请并不自然导致公正交易委员会所下达纠正措施命令的停止执行。

（2）行政诉讼。事业者由于不服公正交易委员会的处分，而要对公正交易委员会的处分提起相应的行政诉讼，应当在收到处分通知或者异议申请裁决书正本之日起的30日内提出。该期间为不变期间〔1〕。《独占规制及公正交易法》虽然在过去实行的是异议申请的前置主义，但是，由于1999年实行的法律修改，目前已经抛弃了异议申请前置主义，规定不经过异议申请，事业者（被审人）也可以直接提起相应的行政诉讼。

5. 当事人的程序参与

（1）陈述意见机会的赋予。公正交易委员会对于违反《独占规制及公正交易法》规定的事项，在下达要求其采取纠正措施或者纳付课征金的命令之前，应当给当事人或利害关系人提供陈述意见的机会。当事人或利害关系人可以出席公正交易委员会会议，陈述自己的意见并且提供必要的资料。

（2）资料的阅览请求。当事人或利害关系人可以向公正交易委员会要求阅览或者复制，根据《独占规制及公正交易法》所作处分有关的资料。当事人或利害关系人向公正交易委员会提出资料的阅览请求，如果有资料提出者的同意或者认为有公益上的必要性，公正交易委员会应当满足其资料的阅览请求。1999年实施的《独占规制及公正交易法》修改确立了资料的阅览请求制度，当时确立该制度的目的在于：一是帮助被害人实现权利救济；二是提高事先处理的透明度。

四、不公正交易行为的法律制裁

韩国的《独占规制及公正交易法》，为了发挥反不正当竞争法在遏制事业者不正当竞争行为中的作用，不仅赋予了公正交易委员会可以采取多种行政制裁的权利，而且也规定可以发挥刑法中的罚则以及私法中

---

〔1〕所谓不变期间是法定期间的一个种类，是以法律形式确定下来不能自由伸缩的时间。

的救济，在制止不正当竞争行为、维护竞争秩序中发挥了积极作用。

（一）不公正交易行为的刑事制裁

1.《独占规制及公正交易法》中的刑罚

韩国的《独占规制及公正交易法》第66～69条，作为对违反本法行为的法律制裁规定了相应的刑事处罚。规定这些刑事处罚的法律条文与规定违法行为内容的其他法律条文，作为刑事处罚的实施根据相当于有关犯罪的构成要件。对于违法者实施刑事处罚目的在于，在宪法的框架内，给全体国民创造能够维持圆满共同生活所需要的最低条件，所以考虑到刑罚具有的能够强制剥夺法定利益的性质，《独占规制及公正交易法》规定的刑罚，它在维护竞争秩序的各种制度中，是最后的具有补充性质的保障手段。

竞争秩序是一种得到宪法认可的基本经济秩序，所以对于侵害竞争秩序的行为必须实施相应的刑事处罚。但是，如果把《独占规制及公正交易法》规制的所有违法行为都作为刑罚的处罚对象，不论是从刑事政策层面的考虑，还是从竞争政策视角的观察，都有明显的不妥之处。所以对违反《独占规制及公正交易法》行为的刑事处罚，应当在考虑它给竞争秩序所带来影响程度的基础上，决定是否对违法行为人给予相应的刑事处罚。在确立并且维护竞争秩序的执法实践中，如果仅通过公正交易委员会的处分或私法层面的救济就能实现规制目标，当然不应动用刑事处罚这一极端措施。

2. 告发（举报）

（1）专属告发权。《独占规制及公正交易法》所称的告发是指，第三者给侦查机关申告违法者的犯罪事实，并且希望给予其相应处分的意思表示。告发是侦查机关掌握犯罪事实的一个重要来源，但是，如果法律把告发规定为提起公诉的要件，告发的作用并不局限于提供调查线索，而直接成为诉讼的条件。目前《独占规制及公正交易法》规定，只有公正交易委员会的告发才能提起公诉，并且由于公正交易委员会的告发已经提起了公诉，告发人则不得取消告发。

（2）专属告发权的控制。公正交易委员会的告发作为诉讼的重要条件，虽然具有可以控制检察官公诉权的作用，公正交易委员也有滥用其告发权的可能。所以《独占规制及公正交易法》规定，公正交易委员会如果发现违法事实明确、违法程度严重，并且严重破坏竞争秩序的，相当于本法第66、67条规定罪名的行为，有义务向检察总长予以告发。与此同时，检察总长也可以把具备了告发条件的违法事实通报给公正交易委员会，并要求其予以告发。

（3）专属告发权的异议。目前在韩国虽然有不少人主张，由于专属告发权可以制约检察官具有的公诉权，《独占规制及公正交易法》有关专属告发权的规定，实际已成为对违法行为实施刑事处罚的障碍。但是，宪法裁判所的相关判例和通说均认为，要作出事业者行为是否违反《独占规制及公正交易法》的客观判断，由于需要进行市场分析等专业性审查、要考虑侦查机关刑事司法权的滥用可能导致企业的活动萎缩，所以虽然应当保留专属告发权制度，但是应当把它这种保留局限于需要对其进行市场分析等专业性审查的情况。

（二）不公正交易行为的民事救济

1. 损害赔偿责任的意义

（1）《独占规制及公正交易法》中损害赔偿的意义。《独占规制及公正交易法》中损害赔偿的意义，不仅在于受到违反本法行为侵害的即受到直接损害的事业者，试图取得违法事业者的补偿，而且还在于它能够间接地抑制违反本法行为的发生，从而确保竞争政策发挥保护和促进竞争的作用。《独占规制及公正交易法》中的损害赔偿制度，它在保护和促进竞争的作用虽然是间接的，但却是无法忽视的重要制度。

（2）《独占规制及公正交易法》中损害赔偿的性质。如果把《独占规制及公正交易法》中的损害赔偿责任视为不法行为的责任，那么应如何理解它与民法中不法行为责任的关系。过去《独占规制及公正交易法》规定，本法规定的损害赔偿请求不影响受害人，根据民法规定提出相应的损害赔偿请求，由此确认了受害人具有选择请求权。但是，2004年随着在《独占规制及公正交易法》中删除与无过失责任有关的条款，不仅使事业者即受到损害的经营者具有了应当证明不公正交易行为的实施者具有故意、过失的举证责任，也使其具有了一般不法行为责任的性质。

2. 损害赔偿责任的成立

（1）损害赔偿责任的成立要件。民法中的不法行为责任，作为其成立的主观要件应当有行为人的故意、过失和责任能力，而作为其客观要件则应当有加害行为的违法性、加害行为和损害结果之间的因果关系。在此所称“加害行为的违法性”是指，对加害行为所具有的违反法律秩序的属性，给予否定的价值判断。由于《独占规制及公正交易法》确立的竞争秩序，是国家的全部即整体法律秩序的重要组成部分，所以对违反《独占规制及公正交易法》行为违法性的评价，也应结合本法所要构建并且维护的秩序即竞争秩序予以具体说明。

《独占规制及公正交易法》中的损害赔偿责任，由于它基本的法律性质是不法行为责任，它的成立要件与民法中损害赔偿责任的成立要件基本相同。所以由于违反《独占规制及公正交易法》而提出的损害赔偿请求，应适用民法有关时效制度的规定。即被害人或其法定代理人如果在知道自己所受的损害以及加害者之日起的 3 年内不行使损害赔偿请求权，或者加害者实施不法行为已经超过 10 年仍不行使损害赔偿请求权，其损害赔偿请求权的时效归于消灭。

此外，《独占规制及公正交易法》为了实现对于受到违反本法行为侵害的受害者的救济，确立了以下若干特别规则。

（2）主观要件。在由于受到违反《独占规制及公正交易法》行为的侵害，而提出的损害赔偿请求中，证明违法行为人具有故意或过失等主观心理状态的举证责任，已从违法行为的受害人转移到实施违法行为的事业者，所以对违法行为的主观要件，如果事业者无法证明不存在故意或过失的心理状态，则无法避免自己所应承担的损害赔偿责任。至于行为人的责任能力则不影响其承担相应责任。

（3）客观要件：

第一，损害的发生。所谓损害是指，由于违法者的加害行为，而给被害者法定利益带来的侵害。目前《独占规制及公正交易法》并没有制约以上解释的相关规定。但是，由于违反《独占规制及公正交易法》行为所引起的损害，并不局限于某一独立市场或一次性交易，而是随着经济循环逐步展开必将波及范围广泛的经济领域。所以在确定由于违反《独占规制及公正交易法》所受到的损害时，应当把它限定于在竞争规范保护目的的范围内所发生的损害。

第二，损害数额的认定。即使可以认定违反《独占规制及公正交易法》的行为导致了损害，由于被害人很难证明自己所受损害的具体数额，使其成为影响被害人提起相应诉讼的重要原因。所以如果可以认定发生了导致被害人受到损害的违法事实，应当确定可以证明被害人受到损害的具体数额，但是，要确定可以证明被害人受到损害具体数额的必要事实，考虑该事件的特定性质确有困难的，法院可以根据法庭辩论的宗旨和证据调查的结果，认定所受损害的具体数额。

第三，因果关系。违法者的加害行为和损害事实的发生，两者之间应当有相应的因果关系。被害人即原告具有证明存在因果关系的责任。

3. 审决和裁判的关系

1999 年《独占规制及公正交易法》的修改，删除了纠正措施的前置主义，即删除了受害人如果要向法院提出相应损害赔偿请求，应当把公正交易委员会的纠正措施作为其基本前提的规定。规定由于受到违反本法行为侵害而受到损害的事业者，即使公正交易委员会没有确定相应的纠正措施，也可以直接向法院提出相应的损害赔偿请求。

在公正交易委员会确定相应的纠正措施后，被害人又向法院提起损害赔偿请求的，法院的裁判是否应当受公正交易委员会在审决中已认定事实的影响，成为无法回避的重要问题。对于在具有准司法性质的公正交易委员会，所作出的行政处分中认定的事实，通说认为它不应制约法院的裁判。

4. 记录的送达等

如果已经提起请求损害赔偿的诉讼，只要有必要，法院可以要求公正交易委员会送交事件记录。在此所称“事件记录”包括对于事件关系人、参考人或鉴定人的审问记录、速记录以及其他可以成为裁判证据的所有记录。

第二节 中国反不正当竞争法的主要内容

进入20世纪80年代随着“文化大革命”的结束，以1978年12月召开的十一届三中全会为契机，中国开始了全面而又系统的经济体制改革，并在1993年正式把社会主义市场经济写入宪法，开始了确立社会主义市场经济体制的历史进程。但是，由于社会主义市场经济体制离不开法制特别是竞争法制，所以早在1993年9月第八届全国人大常委会第三次会议，就已制定《中华人民共和国反不正当竞争法》（以下简称《反不正当竞争法》）。建立社会主义市场经济体制、促进社会主义市场经济的发展需要保证竞争机制的正常运转，而要做到这一点必须首先确立大家都能共同遵守的竞争规则。

一、反不正当竞争法概述

（一）反不正当竞争法的立法目的

关于《反不正当竞争法》的立法目的，《反不正当竞争法》在第1条作出如下具体规定：“为保障社会主义市场经济健康发展，鼓励和保护公平竞争，制止不正当竞争行为，保护经营者和消费者的合法权益，制定本法。”由此对于我国《反不正当竞争法》的立法目的，可以作出如下具体概括：

1. 保障社会主义市场经济健康发展

进入20世纪80年，中国开始经济体制改革，其改革目标之一就是实现由社会主义计划经济到社会主义市场经济的全面过渡。通过经济体制改革中国所要建立的社会主义市场经济，就是要使市场在社会主义国家的宏观调控下，对资源配置起基础性作用，使经济活动遵循价值规律的要求，适应市场供求关系的变化，通过价格杠杆和竞争机制的调控功能，尽可能把资源配置到效益较好的环节中去，运用市场对各种经济信号反应比较灵活的特点，促进生产和需求的及时协调，以利于进一步解放和发展生产力。

我国实行社会主义市场经济，就是要使经济主体的市场经济活动，尽可能遵循价值规律，从而实现社会资源的有效合理配置。根据市场经济理论价值规律的实现离不开竞争机制，价值规律在社会资源配置过程中的调节作用，也主要通过市场主体的竞争来实现，所以竞争是市场经济最活跃、最核心的因素，竞争机制是市场经济最基本的运行机制。如果在社会的经济生活中，竞争遭到排斥或者削弱，市场机制就会出现结构性、全局性的障碍，社会主义市场经济就不可能顺利发展。因此，必须通过《反不正当竞争法》维护和促进竞争。

2. 鼓励和保护公平竞争，制止不正当竞争

竞争同世界上的任何事物一样具有两重性，在以价值规律为核心的竞争机制的作用下，既可以促进经济主体不断提高自己的生产技术水平，努力改善自身的经营管理，产生积极的企业行为社会效果，推动市场经济的健康发展；也可以使经济主体即企业受利益动机影响，实施各种形式的不正当竞争等消极企业行为，并且由此阻碍市场经济的发展进程。

1993年我国已经把社会主义市场经济写入宪法[1]，所以制定并且实施《反不正当竞争法》，对于经济主体的竞争行为进行法律规范，对一切公平竞争进行鼓励和保护，对各种形式的不正当竞争行为进行制止和惩罚，切实保障经济主体在市场活动中开展公平的市场竞争，使竞争始终成为推动企业等经济主体以及市场经济发展的动力，具有十分重要

---

〔1〕 1993年3月召开的第八届全国人民代表大会第一次会议，正式把社会主义市场经济写入宪法。《中华人民共和国宪法》第15条第1款规定“国家实行社会主义市场经济”。

的现实意义。

3. 保护经营者和消费者的合法权益

改革开放以来，随着我国对外开放的不断扩大、经济体制改革的不断深入和社会主义市场经济体制的逐步确立，在我国现实的经济生活中产生的大量不正当竞争行为，不但扰乱并破坏了社会经济秩序，而且也使其他经营者和广大消费者的利益受到了严重的损害，有些不正当竞争行为还败坏了社会风气，助长了社会的腐败现象，致使一些人演变为经济犯罪分子。总之，不正当竞争行为既损害其他经营者合法权益，同时也直接或间接地损害了消费者的合法权益。所以制定和实施《反不正当竞争法》，可以在有效保护经济主体及经营者合法权益的同时，也必将起到维护消费者合法权益的重要作用。

（二）不正当竞争行为的概念与特征

不正当竞争行为是指，经营者违反《反不正当竞争法》之规定，损害其他经营者和消费者的合法权益，损害社会公共利益，扰乱社会经济秩序的行为。不正当竞争行为包含如下若干基本含义：首先，行为人实施不正当竞争行为是出于竞争的需要，所以不正当竞争行为是一种竞争行为；其次，就不正当竞争行为的具体内容而言，是一种违反诚实信用原则的竞争行为；最后，不正当竞争行为是发生在工商业经营活动中的行为。

此外，根据不正当竞争行为的概念，可以概括出它有以下三个基本特征：

1. 不正当竞争行为主体的特定性

《反不正当竞争法》第 2 条第 3 款规定："本法所称经营者，是指从事商品经营或者营利性服务（以下所称商品包括服务）的法人、其他经济组织和个人。"所以，非经营者由于不是竞争行为的主体，不可能成为不正当竞争行为的主体。但是，由于非经营者的行政性垄断和地区封锁等行为，有时也会妨碍经营者正当的经营活动、侵害经营者的合法权益，所以我国的《反不正当竞争法》也对这类行为予以规范。此外，这里的"经营"包括生产和流通两个领域的经济活动。

2. 不正当竞争行为的违法性

不正当竞争行为的违法性，主要表现在该行为既违反《反不正当竞争法》第二章关于禁止不正当竞争行为的各项具体规定，也违反本法有关不正当竞争行为的原则规定。经营者的某些行为虽然难以被认定为该法明确规定的不正当竞争行为，但只要违反了自愿、平等、公平、诚实信用的原则，或者违背了公认的商业道德，损害了其他经营者的合法权益，扰乱了社会经济秩序，也应认定为不正当竞争行为。

3. 不正当竞争行为的危害性

不正当竞争行为侵害的客体是，其他经营者的合法权益和正常的社会经济秩序。不正当竞争行为至少有以下几个方面的危害性：一是破坏公平竞争的市场时序；二是阻碍技术进步和社会生产力的发展；三是损害其他经营者的正常经营和合法权益，使守法经营者蒙受物质上和精神上的双重损害；四是侵害广大消费者的合法权益；五是给对外开放带来消极影响并且损害国家利益。

（三）不正当竞争行为的规制体系

从广义上说，不正当竞争行为大体上可以分为以下两类：一是垄断或限制竞争的行为；二是破坏正常竞争秩序的不正当竞争行为，而这两种行为既有联系又有区别。就世界各国竞争法的立法体制而言，既有像韩国那样把两种不同行为规定在同一部法律，用同一部法律加以规范的合并式立法模式；也有像中国这样把两种不同行为分别规定在不同的法典，并且用不同的法律予以规范的分立式立法模式；还有像美国那样在立法模式上不作明确区分，也不以“垄断”或“交易”等名称直接命名法律名称，但是，法律的实质性内容则是调整竞争监管关系、维护竞争秩序的综合式立法模式。美国式的综合立法模式具有明显的轻法典、重适用的特点。目前世界各国根据不同情况以及特殊需要，在立法上或者合并、或者分立、或者交叉并没有形成统一做法。

就目前我国竞争法的立法模式而言，选择了把不正当竞争行为和垄断行为规定在不同的法典予以规范分立式的立法模式。即在 1993 年开始着手建立社会主义市场经济体制的初期，由于各种类型的不正当竞争行为表现突出，而典型的商业垄断尚未发育的实际状况，首先制定了《反不正当竞争法》，并且在该法中规定了“政府及其所属部门不得滥用行政权力，限制他人购买其指定的经营者的商品，限制其他经营者正当的经营活动。政府及其所属部门不得滥用行政权力，限制外地商品进入本地市场，或者本地商品流向外地市场”[1]等部分行政垄断行为。而后在 2007 年鉴于社会主义市场经济体制已经确立，并且在 2001 年加入世界贸易组织的现实状况，又制定了《反垄断法》，由此形成了《反不正当竞争法》和《反垄断法》分别立法的立法格局。

---

〔1〕《中华人民共和国反不正当竞争法》第 7 条。

就目前我国《反不正当竞争法》对不正当竞争行为的界定方式而言，在总则第2条对不正当竞争行为作出概括性界定的基础上，主要以列举方式对不正当竞争行为进行了具体的列举，并且列举出11个类别的不正当竞争行为。所以对于不正当竞争行为的界定，可以说采取了以列举性方式为主，并且以概括性方式作为其补充的界定方法。至于不正当竞争行为的法律规制，由于不正当竞争行为具有侵害诚实竞争者利益和危害社会经济秩序的双重性质，《反不正当竞争法》在给不正当竞争行为的受害人赋予请求司法救济权的同时，更侧重于通过行政手段，对不正当竞争行为进行主动干预，以维护社会的公共利益和正常的竞争秩序。所以对于不正当竞争行为的规制，既有工商行政管理机关的行政规制，也有通过被害人提起的行政或者民事诉讼实施的司法规制。

二、不正当竞争行为的种类

关于不正当竞争行为的具体种类，我国的《反不正当竞争法》在第二章作了具体规定。所以《反不正当竞争法》的第二章，是判明经营者在市场交易中的行为是否属于不正当竞争行为的法律依据。但是，由于现实经济生活中的不正当竞争行为表现形式复杂，并且由于经济技术的不断发展，各种新的经济现象和不正当竞争行为将不断涌现，《反不正当竞争法》不可能把所有的不正当竞争行为罗列其中，所以《反不正当竞争法》在列举11种不正当竞争行为的同时，还作出了兜底性的规定。规定本法所称的不正当竞争，是指经营者违反本法规定，损害其他经营者的合法权益，扰乱社会经济秩序的行为。

目前我国《反不正当竞争法》所列举的不正当竞争行为有：

（一）采用欺骗性标志从事交易的行为

采用欺骗性标志从事交易的行为是指，经营者采用假冒、仿冒标志或其他虚假标识从市交易，引起公众的误解，从而诱使消费者误购，谋取非法利益的行为。根据《反不正当竞争法》第5条，经营者不得采用欺骗性标志从事交易，损害竞争对手和消费者利益的行为有：

1. 假冒他人注册商标的行为

假冒他人注册商标的行为是指，伪造或仿造他人已经注册的商标，将伪造或仿造的商标用于自己生产或销售的商品，目的在于混淆真伪，引起消费者误认或误购的行为。假冒他人的注册商标是一种典型的违背诚实信用原则，扰乱市场竞争，危害社会经济秩序的不正当竞争行为。

2. 仿冒知名商品其他标志的行为

仿冒知名商品其他标志的行为是指，擅自使用知名商品特有的名称、包装、装潢，或者使用与知名商品近似的名称、包装、装潢，造成和他人的知名商品相混淆，使购买者误认为是该知名商品的行为。商品的名称、包装和装潢是经营者用于创造商品形象、促进商品销售、开拓市场的重要竞争手段，是经营者的重要财富。经营者仿冒反映其他经营者商业信誉和商品声誉的标志，是一种破坏竞争秩序的不正当竞争行为。

3. 假冒、仿冒他人的企业名称或者姓名的行为

在市场经济活动中，企业名称或者姓名是显示经营者或者服务提供者特征的重要信息，它体现了经营者或者服务提供者活动的商业信誉和商品声誉。未经姓名或名称专有权人许可，擅自使用经营者或者服务提供者姓名或名称，从而引起消费者误认或误购的，构成不正当竞争行为。

4. 使用虚假质量标志的行为

使用虚假质量标志的行为是指，经营者在其商品上伪造或者冒用商品质量的认证标志、名优标志等质量标志，伪造商品的产地，对商品质量作引人误解的虚假表示的行为。在商品上使用虚假质量标志的行为，实际上是对消费者实施欺骗的行为，所以《反不正当竞争法》禁止使用虚假质量标志的行为。

（二）强制交易行为

根据《反不正当竞争法》第6条，所谓强制交易行为是指，公用企业或者其他依法具有独占地位的经营者，限定他人购买其指定经营者的商品，以排挤其他经营者的行为。对于供电、供水、煤气等公用企业实行国家控制，形成一定的垄断或独占地位是必要的，但是，如果企业滥用这种垄断或独占地位，则势必构成强制交易这样一种不正当竞争行为。

强制交易作为不正当竞争行为有以下若干基本特征：

1. 主体的特定性

公用企业是实施该行为的特定主体，即该行为的主体不是一般的经营者，一般的经营者不具备独占特征。公用企业不是政府机关，所以公用企业的强制交易行为，区别于政府机关滥用行政权力强制交易的行为。

2. 行为的强制性

公用企业的强制交易行为带有明显的强制性，使得被强制的经营者难以抗拒，即不得不服从安排与他人实施交易。显然被强制者是迫于某种压力被迫就范，按被强制者的本意不一定实施强制者所期待的交易。

3. 行为的利己性

公用企业实施强制交易目的在于，从被指定的经营者处获得非法利益。

（三）滥用行政权力限制竞争的行为

滥用行政权力限制竞争的行为是指，政府及其所属部门滥用行政权力，限定他人购买其指定经营者的商品，限制其他经营者正当的经营活动，或者限制经营者跨地区、跨部门实施交易，干扰和阻碍正常的交易活动。

滥用行政权力限制竞争的行为有以下若干法律特征：

（1）政府及其所属部门从狭隘的地方或部门利益出发，利用行政手段限制竞争，干扰和阻碍正常的市场交易。

（2）滥用行政权力限制竞争行为所侵害的客体是，在平等的竞争条件下经营者可以根据自己意志实施交易的自由交易权。

（3）滥用行政权力限制竞争的行为实际上就是，行政机关经济职权的滥用，即政府及其所属部门不依法律规定和法定程序滥用行政职权干预经济活动。

（4）政府及其所属部门滥用行政权力限制竞争，既可能是指示、命令，也可能是利用职权限制他人自由选择经营者的商品。但是，不论如何都是实行部门或地区间的经济封锁，影响统一市场的建立与发展。

（四）商业贿赂行为

所谓商业贿赂行为是指，经营者为了获得交易机会，特别是获得相对于竞争对手的竞争优势，通过不正当手段收买客户的雇员、代理人以及政府部门工作人员的行为。《反不正当竞争法》规定："经营者不得采用财物或者其他手段进行贿赂以销售或者购买商品。在账外暗中给予对方单位或者个人回扣的，以行贿论处；对方单位或者个人在账外暗中收受回扣的，以受贿论处。"[1]所以商业贿赂的主要表现形式是回扣。所谓回扣是指在商品购销中，卖方在根据商品或服务的明确标价所应支

〔1〕《中华人民共和国反不正当竞争法》第8条第1款。

付的价款外，账外暗中给买方雇员退还钱财以及其他报酬以争取交易机会和好的交易条件的行为。

作为商业贿赂回扣具有以下若干法律特征：

（1）回扣行为发生在交易的双方之间，所以回扣行为的主体是交易的双方当事人。至于接收回扣的主体，既可以是单位，也可以是单位的负责人等个人。

（2）回扣的形式是支付货币、有价证券或其他财物。

（3）实施回扣的目的在于争取交易机会与好的交易条件。

（五）虚假宣传行为

所谓虚假宣传行为是指，经营者利用广告或其他方式，对商品的质量、性能、用途、特点、价格和使用方法等进行夸大、失实或作引人误解的虚假表示，从而诱发消费者产生误购的宣传行为。引人误解的虚假宣传在本质上也属于欺骗性交易行为。虚假宣传行为有虚假宣传和引人误解宣传两个基本种类。

虚假宣传行为有以下两个基本特征：

（1）通过大众传播媒介制造舆论。

（2）对商品作引人误解的虚假表示，即宣传的内容与客观事实不符或者完全捏造虚伪事实，从而导致消费者误认商品的真实情况。

（六）侵犯商业秘密的行为

所谓商业秘密是指，不为公众所知悉、能够为权利人带来经济利益、具有实用性并经权利人采取保密措施的技术信息和经营信息。

《反不正当竞争法》中的商业秘密有以下两个基本特征：

（1）商业性。商业秘密的商业性特征是指，它具有一定使用价值并且能够为权利人带来经济利益。

（2）秘密性。商业秘密的秘密性特征是指，它的具体内容不为社会公众所知悉，并且权利人为了维持其秘密状态还采取了相应的保密措施。

侵犯商业秘密的行为不仅侵犯了权利人的权利，从而给权利人带来了经济上的损失，而且也扰乱了正常的社会经济秩序。

经营者侵犯商业秘密行为的表现形式有：一是以盗窃等不正当手段获取他人的商业秘密；二是披露或使用以不正当手段获取到的他人的商业秘密；三是违反与他人签订的有关保守商业秘密的约定。

（七）压价排挤竞争对手的行为

压价排挤竞争对手的行为是指，经营者在一定的市场上和一定的时期内，为了实现把竞争对手排挤出市场竞争的目的，通过实施以低于成本的价格销售商品，挤压竞争对手市场空间的不正当竞争行为。合理的价格是经营者开展市场竞争，并且获取正常商业利益的重要手段，但是，如果经营者为了实现其排挤竞争对手的目的，而不当压低价格则是一种不正当竞争行为。

压价排挤竞争对手的行为有以下若干法律特征：

（1）以低于成本的价格销售商品。经营者在没有其他合理理由的情况下降低商品价格，并且其商品价格的降低明显违背价值规律。

（2）行为的故意性。经营者以低于成本的价格销售商品必然导致其亏损，所以在没有其他合理理由的情况下，经营者如果实施以低于成本的价格销售商品的行为，只能把其目的解释为压价排挤竞争对手。

（3）侵犯同业竞争者利益。经营者压价排挤竞争对手的行为，不仅扰乱正常的市场经济秩序，而且也侵害同业竞争者利益的。

（八）搭售商品或者附加其他不合理交易条件的行为

所谓搭售商品或者附加其他不合理交易条件是指，经营者在销售商品时利用自己的经济优势，违背交易相对人即购买者的意愿，在交易中搭配销售其他商品，或者附加限制销售地区等其他不合理交易条件的行为。

搭售商品或者附加其他不合理交易条件行为的法律特征有：

（1）违背自愿原则。经营者搭售商品或者附加的其他不合理交易条件，由于凭借自己的经济优势迫使交易的相对人购买该商品或者接受其他不合理的交易条件，所以此种行为明显违背交易相对人的主观意愿。

（2）违背公平原则。搭售商品或者附加其他不合理交易条件的行为，由于它所搭售的是交易相对方不需要的商品，并且它所附加的是不合理交易条件，所以是违背公平原则的不合理的、显失公平的交易行为。

（3）该行为具有明显的限制竞争性质。实施该行为的经营者往往占据了某些经济或技术优势，已经形成了一定的可以支配市场竞争的力量，所以它们实施这种行为具有明显的胁迫对方、限制竞争的性质。

（九）违反规定的有奖销售行为

有奖销售行为是指，在市场经济活动中，经营者通过给商品的购买者和服务的接受者提供一定数量的物品、金钱或其他条件，刺激购买者购买商品或接受服务的消费欲望，从而推销自己的商品以及自己所提供服务的行为。有奖销售是经营者的一种促销手段，所以我国的《反不正当竞争法》并未一概禁止有奖销售，只是禁止了有可能形成不正当竞争的有奖销售行为。

目前我国的《反不正当竞争法》，禁止以下三种形式的有奖销售行为：

（1）欺骗性的有奖销售行为。即经营者实施的谎称有奖实则无奖，或者虽然有奖但是故意让内定人员中奖等行为。

（2）利用有奖销售推销质次价高商品的有奖销售行为。这种行为的特点是商品或服务的质价不符，实为变相涨价、欺骗消费者。

（3）总奖金额超过5000元的有奖销售行为。

（十）商业诽谤行为

商业信誉是社会对经营者商业道德、商品品质、价格、服务等方面的积极评价。商品声誉是社会对特定商品品质和性能的赞誉。而商业诽谤则是指，经营者为了取得相对于竞争对手的优势地位，通过捏造、散布虚伪事实，损坏竞争对手商业信誉和商品声誉，削弱竞争对手竞争能力的不正当竞争行为。

商业诽谤行为的构成要件有：

（1）行为的主体是从事商品经营或者营利性服务的经营者。

（2）行为的主观方面是明知故意，而不是过失。经营者的宣传、散布言行具有诋毁的故意，目的是削弱竞争对手的竞争能力。

（3）经营者商业诽谤行为侵害的是，同业竞争者的商业信誉和商品声誉。

（4）行为的客观方面表现为经营者捏造并散布虚伪事实。

（十一）串通勾结投标行为

招标投标是指招标人发出招标表示，投标人分别提出其条件实行公平竞争，招标者选择其中最优者中标，并与之签订合同的法律形式。招标的目的是要引起投标者之间的竞争。实行招标投标有利于招标项目降低成本，保证履行质量，提高经济效益，所以必须确保在投标人之间展开市场竞争，并且坚决制止在招标投标过程中有可能出现的不正当竞争行为。

为了有效制止招标投标活动中不正当竞争行为，确保招投标活动的公正与公平，《反不正当竞争法》从保护公平竞争，制止不正当竞争行为的角度，规定了以下两种招投标活动中的不正当竞争行为：

（1）投标者之间串通投标，抬高标价或压低标价的行为。

（2）招标者与投标者相互勾结，以排挤竞争对手的不公平竞争行为。

三、不正当竞争行为的监督检查

关于不正当竞争行为的监督检查，我国的《反不正当竞争法》不仅在其总则部分作出原则规定，而且还在第三章对不正当竞争行为的监督检查作了较为具体的规定。这些规定是实现鼓励和保护竞争、禁止不正当竞争、保护经营者和消费者合法权益的必要条件和措施。对不正当竞争行为的监督检查，既包括专门机构的监督检查，也包括其他组织和公民个人的社会监督。

（一）监督检查不正当竞争行为的意义

所谓不正当竞争行为的监督检查，就是指法定的不正当竞争行为的监督检查机关，通过对竞争主体即经营者竞争过程的观察，及时地查找和总结在竞争过程中出现的有益的经验与教训，并且纠正在竞争过程中出现的偏差，实现对竞争主体即经营者竞争过程的监察和督导。在市场经济条件下，对不正当竞争行为实施必要的监督检查，具有以下两个方面的重要意义：

（1）有利于及时制止经营者的不正当竞争行为，保障良好的市场经济秩序特别是竞争秩序，从而确保市场经济的健康发展。

（2）通过发挥监督检查的预防性、补救性及教育性职能，保证竞争主体即经济主体经济目标的实现，并改善社会经济活动的良性循环。

（二）不正当竞争行为的监督检查机关

我国的《反不正当竞争法》不仅在第 3 条规定："县级以上人民政府工商行政管理部门，对不正当竞争行为进行监督检查；法律、行政法规规定由其他部门监督检查的，依照其规定。"而且还在第 16 条规定："县级以上监督检查部门对不正当竞争行为，可以进行监督检查。"由此我们可以得出这样的结论：县级以上人民政府的工商行政管理机关和法律、行政法规规定的其他机关，是不正当竞争行为的监督检查机关。监督检查不正当竞争行为，是国家赋予县级以上监督检查部门的职权。监督检查部门不论通过什么途径或渠道发现不正当竞争行为或其线索，都可以行使监督检查的职权。

不正当竞争行为的监督检查机关，获取不正当竞争行为信息的途径有：①日常的监督管理；②群众的举报；③受害人的申请；④上级机关的交办或有关部门的移送。

（三）不正当竞争行为监督检查机关的职权

以事实为根据、以法律为准绳是我国社会主义法制的基本原则，所以为了保证执法机关全面、客观地掌握案件的有关情况，准确地适用法律，既维护社会主义市场经济秩序，保护公平竞争，制止不正当竞争，又保护公民、法人及其他组织人身、财产等基本权利不受非法侵害，正确实现立法意图，既赋予执法机关力度较强的职权，又对其权利范围作出明确的限定。《反不正当竞争法》给不正当竞争行为的监督检查机关赋予了以下几项职权：

（1）询问权。即监督检查机关的询问权是指，监督检查机关有权通过询问作为被检查对象的经营者、利害关系人提取言辞方面的证据，即被检查经营者的陈述、利害关系人以及证明人的证言。

（2）查询、复制权。查询、复制权是指，监督检查机关在不正当竞争行为的监督检查中，有权查询、复制与不正当竞争行为有关的协议、账册、单据、文件和业务电函等，以提取书证或有关视听资料。

（3）检查财物权。所谓检查财物权是指，工商行政管理机关在不正当竞争行为的监督检查中，所具有的可以检查与不正当竞争行为有关财物，以提取物证及制作现场笔录的权利。

（4）强制措施权。在监督检查不正当竞争行为的过程中，为了防止违法行为的继续进行、违法后果的继续扩散、保全证据、固定违法行为或物品，监督检查机关有权采取强制性手段，对违法行为及违法物品加以限制。

（5）处罚权。在不正当竞争行为的监督检查中，监督检查机关对查证属实，定性为不正当竞争行为的行为人，有权根据具体情况作出罚款、没收违法所得、责令停止违法行为、责令消除影响的处罚。

四、不正当竞争行为的法律责任

法律责任是指由于行为人的违法行为所应承担的法律后果。不正当竞争行为是经营者违反《反不正当竞争法》，损害其他经营者的合法权益，扰乱社会经济秩序的行为，所以经营者只要实施了不正当竞争行为，就要承担相应的法律责任。根据我国《反不正当竞争法》第四章的有关规定，对于不正当竞争行为实施者所应承担的法律责任，可以作如下具体说明：

（一）不正当竞争行为的法律责任形式

根据《反不正当竞争法》第四章的有关规定，经营者在实施了不正当竞争行为后所应承担的法律责任，就其具体的法律责任形式而言主要有：民事责任、行政责任和刑事责任这三种具体的法律责任。

1. 民事责任

对于经营者在实施了不正当竞争行为后所应承担的民事法律责任，为了保护合法经营者的合法权益不受侵害，为了保证合法经营者的权益在受到不法行为的侵害后，其实际损失能够得到及时补偿，本法突出强调了损害赔偿，至于其他具体的民事责任形式，规定应当依《中华人民共和国民法通则》及有关法律法规承担。

2. 行政责任

目前《反不正当竞争法》为了使被不正当竞争行为破坏的市场竞争秩序得以恢复，规定不正当竞争行为的监督检查机关应追究不正当竞争行为实施者相应的行政责任，而追究不正当竞争行为实施者得行政责任，目前主要通过不正当竞争行为的监督检查机关即工商行政机关的查处来实现。根据《反不正当竞争法》，不正当竞争行为的实施者应承担行政责任的具体形式有：责令停止违法行为、责令改正、消除影响以及吊销营业执照等。此外，《反不正当竞争法》还规定了，与不正当竞争行为有关的国家机关工作人员违法的行政处分。

3. 刑事责任

刑事责任是对违法行为进行的最严厉的法律制裁，适用于那些对其他经营者、消费者和社会经济秩序损害严重、情节恶劣的不正当竞争行为。对于不正当竞争行为的刑事责任，《反不正当竞争法》只作了原则规定，确定具体形式责任要适用《中华人民共和国刑法》的相应规定。

（二）各种不正当竞争行为的具体法律责任

《反不正当竞争法》第四章规定了，经营者在实施各种不正当竞争行为后所应承担的具体法律责任。根据《反不正当竞争法》，经营者在实施违反该法规定的行为以后，应根据以下各项规定承担的相应的具体法律责任。

（1）给被侵害的经营者造成损害的，应承担损害赔偿责任，难以计算被侵害经营者所受损失的，赔偿额为侵权人在侵权期间因侵权所获得的利润，并应承担被侵害的经营者因调查该经营者所受侵害所支付的合理费用。

（2）竞争者假冒他人的注册商标，擅自使用他人的企业名称或者姓名，伪造或者冒用认证标志、名优标志等质量标志，伪造产地，对产品质量作引人误解的虚假表示的，依照《商标法》、《产品质量法》的规定予以处罚。

经营者擅自使用知名商品特有的名称、包装、装潢，或者使用与知名商品近似的名称、包装、装潢，造成和他人的知名商品相混淆，使购买者误认为是该指名商品的，监督检查部门应当责令停止违法行为，没收违法所得，可以根据情节以违法所得 1 倍以上 3 倍以下的罚款；情节严重的可以吊销营业执照；销售伪劣商品构成犯罪的，依法追究刑事责任。

（3）经营者采用财物或者其他手段进行贿赂。以销售或者购买商品构成犯罪的依法追究刑事责任；不构成犯罪的监督检查部门可以根据情节，处以 1 万元以上 20 万元以下的罚款，有违法所得的予以没收。

（4）公用企业或者其他依法具有独占地位的经营者，限定他人购买其制定经营者的商品以排挤其他经营者的，监督检查部门应当责令停止违法行为，可以根据情节处以 5 万元以上 20 万元以下的罚款。被指定的经营者借此销售质次价高商品或者滥收费用的，监督检查部门应当没收违法所得，可以根据情节处以违法所得 1 倍以上 3 倍以下的罚款。

（5）经营者利用广告或者其他方法对商品作虚伪宣传，监督检查部门应当责令停止违法行为、消除影响，可以根据情节处以 1 万元以上 20 万元以下的罚款。

广告的经营者在明知或应知的情况下，代理、设计、制作、发布虚假广告的，监督检查部门应当责令停止违法行为，并依法处以罚款。

（6）侵犯商业秘密的，监督检查部门应当责令停止违法行为，可以根据情节处以 1 万元以上 20 万元以下的罚款。

（7）经营者进行违法的有奖销售，监督检查部门应当责令停止违法行为，可以根据情节处以 1 万元以上 10 万元以下的罚款。

（8）投标者串通投标，抬高标价或者压低标价；投标者和招标者相互勾结，以排挤竞争对手公平竞争的，其中标无效。监督检查部门可以根据情节，处以 1 万元以上 20 万元以下的罚款。

（9）经营者在被责令暂停销售的情况下，如果销售、转移、隐匿、销毁与不正当竞争行为有关财物，监督检查部门可以根据情节，处以被销售、转移、隐匿、销毁财物价款 1 倍以上 3 倍以下的罚款。

第三节　中韩两国反不正当竞争法的比较及启示

竞争是推动市场经济发展的基本动力，但是，由利益动机驱动市场竞争机制，并不总是发挥促进市场经济发展的积极作用，在某些情况下，竞争机制也有可能带来消极的企业行为和社会效果，其重要表现就是经营者的各种不正当竞争行为。所以为了打击和限制不正当竞争行为，维护公平有序的良好竞争秩序，历来都是市场经济国家所面临的共同课题。

考察中韩两国反不正当竞争法的发展历程，韩国早在1975年就已制定《物价安定及公正交易法》，建立了反不正当竞争的有效法律制度。但是，1993年随着我国把社会主义市场经济写入宪法，并且为使社会主义市场经济向着有序和健康的方向发展，才制定了《反不正当竞争法》。所以有关中韩两国反不正当竞争法的比较，必将为完善中国的竞争法制提供有意义的启示。

一、反不正当竞争法的立法目的

法律的立法的目的，从大的方面说是为了依法治国，通过立法用法律规范人们的行为，使人们清楚自己的行为规则，使人们的行为符合立法者的希望。至于反不正当竞争法的立法目的，总的来讲就是打击和限制经营者的不正当竞争行为，维护公正的竞争秩序，确保市场经济的健康发展。

（一）立法目的的共同点

如前所述，关于反不正当竞争法的立法目的，韩国的《独占规制及公正交易法》规定："本法的立法目的是规制……不公正交易行为，促进公平、自由竞争，促进具有创意的企业活动，保护消费者，促进国民经济的均衡发展。"〔1〕而中国的《反不正当竞争法》则规定："为保障社会主义市场经济健康发展，鼓励和保护公平竞争，制止不正当竞争行为，保护经营者和消费者的合法权益，制定本法。"〔2〕由此我们可以看到，中韩两国反不正当竞争法有关立法目的的规定具有诸多类似之处，主要有以下如下若干共同点：

（1）规制或制止不正当交易行为。考察中韩两国反不正当竞争法，有关反不正当竞争法立法目的的表述，虽然由于中韩两国不正当竞争行为的表现方式各异，在其法律条文中的表述上也有一定区别，即韩国表述为"规制不公正交易行为"；中国表述为"制止不正当竞争行为"。

---

〔1〕韩国《独占规制及公正交易法》第1条。

〔2〕《中华人民共和国反不正当竞争法》第1条。

但是，由于各种不正当竞争行为成为影响市场经济发展的重要制约因素，中韩两国都把打击和限制不正当竞争行为，设定为反不正当竞争法所要实现的重要立法目标。并且为了实现打击和限制各种不正当竞争行为的目标，既明确界定了各种不正当竞争行为的具体类型，也规定了制裁各种不正当竞争行为的一系列的具体罚则。

（2）促进自由竞争、鼓励和保护公平竞争。纵观世界经济发展历程，市场经济是一种最合理的资源配置方式，而具体考察市场经济的资源配置过程，我们可以看到价值规律以及由价值规律引发的市场竞争发挥了极其重要的作用。所以中韩两国反不正当竞争法，在具体界定各种类型的不正当竞争行为，打击和限制不正当竞争行为同时，着力鼓励、保护和促进公平的自由竞争，并且在不正当竞争行为的监督和检查、对于不正当竞争行为的法律制裁等制度中作出了具体安排。所以促进自由竞争、鼓励和保护公平竞争，成为中韩两国反不正当竞争法立法目的又一重要共同点。

（3）保护消费者的利益。竞争机制是市场经济的基本运行机制，然而由于利益动机的趋势竞争机制并不总是正常地发挥作用，必将导致部分经营者出于竞争目的实施不正当竞争行为，而在实践中经营者实施的各种类型的不正当竞争行为，虽然其行为的直接目标是损害其他经营者的利益，但它往往也间接损害社会公众即广大消费者利益。所以为了维护消费者利益，中韩两国的反不正当竞争法，把保护消费者利益设定为立法的重要目标。使得消费者利益的维护成为中韩两国反不正当竞争法立法目的的重要共同点。

（4）保障并实现市场经济的健康发展。韩国的《独占规制及公正交易法》第1条明确规定："本法的立法目的是规制……不公正交易行为，促进公平、自由竞争，促进具有创意的企业活动，保护消费者，促进国民经济的均衡发展。"而中国的《反不正当竞争法》第1条也规定："为保障社会主义市场经济健康发展，……制定本法。"由此，我们可以看到中韩两国反不正当竞争法，虽然有各自所要实现的具体规制目标，但是，其最终目标尽管在表述上具有一定区别[1]，都是要保障并实现市场经济的健康发展。

---

〔1〕 韩国表述为"实现国民经济的均衡发展"，中国表述为"保障社会主义市场经济健康发展"。

（二）立法目的的区别点

如上所述，根据中韩两国反不正当竞争法有关立法目的的表述，可以看到中韩两国反不正当竞争法的立法目的具有诸多共同点，但是，仔细比较中韩两国反不正当竞争法有关其立法目的的具体表述，我们还可以发现中韩两国反不正当竞争法的立法目的还有如下两点重要区别：

（1）韩国的《独占规制及公正交易法》所要规制的“不公正交易行为”，是一个比中国的《反不正当竞争法》所要打击和限制的“不正当竞争行”具有更加丰富内涵的重要概念。即韩国《独占规制及公正交易法》所称的“不公正交易行为”，它不仅指经营者竞争手段以及方法的不公正，而且也指限制竞争以及具体交易条件的不公正。所以韩国的《独占规制及公正交易法》，在把确保竞争本身的公正、实现对竞争者以及消费者利益的保护作为其立法目的的同时，还把实现国民经济均衡发展作为其重要立法目标。

中国的《反不正当竞争法》所称的“不正当竞争行为”，由于1993年我国制定该法是刚把社会主义市场经济写入宪法，社会主义市场经济体制尚未完全建立，典型的不正当竞争行为尚未发育等历史条件的制约，在其立法目的中只是笼统提出要保障社会主义市场经济健康发展，而未能像韩国的“独占规制及公正交易法”，由于使用了“不正当交易行为”这样一个内涵广泛的特定概念，使我国的《反不正当竞争法》所要规制的具体对象，与韩国《独占规制及公正交易法》的规制对象比较，其范围显得过于狭窄。这是在中韩两国的反不正当竞争法立法目的中，所体现出来的一个重要区别。

（2）就韩国目前的市场结构，由于长期实行政府—财阀主导型的经济发展战略，相当一部分主要产业已经形成了垄断，特别是在商品的流通结构中也出现了很多不合理因素，即商品流通的大部分环节已经形成了系列化，在商品的流通环节具有优势地位的事业者，有可能利用其自身的优势地位，实施不公正的交易行为。所以在韩国不公正交易行为的形成，不仅与垄断型的市场结构密切相关，而且与不合理的商品流通结构也紧密相连。

目前中国的社会主义市场经济体制已经形成，但是，由于中国的社会主义市场经济体制前身是社会主义计划经济，我国经济生活中的很多不正当竞争行为，如强制交易行为、滥用行政权力限制竞争的行为等都与过去的社会主义计划经济体制密切相关，所以要实现对于不正当竞争行为的法律规制，应当把它和中国的政治体制与经济体制改革结合起来。

由于中韩两国各自国情以及所面临改革任务的不同，反不正当竞争法虽然确立了如上所述基本相同的立法目的，但是，其规制目标的实现却需要各自不同的条件。即韩国要规制影响市场经济发展的不公正交易行为，既要调整和完善整体的市场结构，又要改善商品的流通结构；而中国要在经济生活中打击和制止不正当竞争行为，则必须不断推进政治体制与经济体制改革。这是中韩两国反不正当竞争法立法目的的又一重要区别。

（三）获得的启示

通过对中韩两国的反不正当竞争法立法目的比较，我们既看到中韩两国反不正当竞争法的立法目的具有如上所述四个方面的共同点，也发现中韩两国反不正当竞争法的立法目的在规制的具体范围和规制所面临的任务等方面也有一定区别。此外，通过对中韩两国反不正当竞争法立法目的比较，我们还获得了有助于完善我国《反不正当竞争法》的两点重要启示。

（1）自 1993 年制定的《反不正当竞争法》，我国就把由经营者实施的可以对正常竞争秩序构成威胁的行为统称为“不正当竞争行为”，而韩国虽然具有一定语言习惯的因素，却把此类行为称其为“不公正交易行为”。从语义上看，由于韩国所称“不公正交易行为”或“交易行为”的基本内涵明显大于中国所称的“不正当竞争行为”或“竞争行为”，直接导致韩国《独占规制及公正交易法》的规制范围远大于中国的《反不正当竞争法》，所以中国有必要借鉴韩国做法，把《反不正当竞争法》改称为《公正交易法》。

（2）打击限制不正当竞争行为，维护公正的竞争秩序不能就事论事，应当适当扩大我国《反不正当竞争法》的调整范围，把商品流通体制的改善和经济管理体制的改革，作为反不正当竞争法的重要立法目标纳入竞争法的规制范围。即不仅要规制各种类型的不正当竞争行为，维护公正的市场交易秩序，促进竞争，而且还要改革并铲除滋生各种不正当竞争行为的体制。

二、不正当竞争行为的种类

反不正当竞争法有关不正当竞争行为种类的规定，是不正当竞争行为的监督检查机关判断各种不正当竞争行为的直接依据。关于不正当竞争行为的具体种类，虽然韩国的《独占规制及公正交易法》采取了先在

第 23 条第 1 项把它规定为 7 个类别，再通过该法施行令第 36 条别表 1 把它细化为 9 个类别共 28 种行为的做法。但是，中国的《反不正当竞争法》则是在第二章列举 11 个类别同时，还在总则中规定本法所称的不正当竞争，是指经营者违反本法规定，损害其他经营者的合法权益，扰乱社会经济秩序的行为。由此为弥补由于采用列举式方法所带来的缺陷打下了重要基础。

（一）种类划分的共同点

比较中韩两国反不正当竞争法中的不正当竞争行为，特别是对不正当竞争行为的种类划分，我们可以看到主要有以下若干共同点：

（1）中韩两国反不正当竞争法均采用了列举式方法。关于不正当交易行为的种类划分，韩国的《独占规制及公正交易法》不仅在第 23 条第 1 项把它规定为 7 个类别，而且还在该法施行令第 36 条别表 1 再把它进一步细分为 9 个类别共 28 个种类的不公正交易行为，而中国的《反不正当竞争法》虽然在第二章仅列举出 11 个类别的不正当竞争行为，在界定不正当竞争行为时所采用的基本方法还是具体列举。所以中韩两国的反不正当竞争法，虽然由于各自国情和法律体系的不同，对不正当竞争行为所作的种类划分有所不同，但是，都把列举式方法作为界定不正当竞争行为的主要方法，这是在中韩两国不正当竞争行为的种类划分中所存在第一个重要共同点。

（2）中韩两国反不正当竞争法在种类划分时，均从本国实际出发反映了各自不同的实际需要。在对不正当竞争行为的种类划分中，韩国的《独占规制及公正交易法》，根据大企业以及企业集团不正当交易行为表现突出的实际，规定了强制交易（社员贩卖）、拒绝交易、区别对待（子公司的特殊待遇）和不当的资金、资产以及人力支援等不正当交易行为；而中国的《反不正当竞争法》则根据受社会主义计划经济体制的影响，在竞争领域行政垄断表现突出的实际状况，把强制交易、滥用行政权力限制竞争等行为确定为不正当竞争行为。所以从本国的实际需要出发确定不正当竞争行为的具体种类，成为在中韩两国不正当竞争行为的种类划分所存在的又一重要共同点。

（3）中韩两国反不正当竞争法确定的不正当竞争行为种类，由于不正当竞争行为本身所具有的共性特征形成了大面积的重叠。由于经济生活本身的复杂性和可变性，任何一个国家的反不正当竞争法，都不可能将不正当竞争行为列举无遗。目前我国的《反不正当竞争法》所列举的不正当竞争行为，一部分是世界各国反不正当竞争法普遍予以禁止的、典型的不正当竞争行为，另一部分是在我国的经济生活中表现突出、危害严重、必须予以禁止的不正当竞争行为。所以我国《反不正当竞争法》确定的11种不正当竞争行为，绝大部分都可以在韩国的《独占规制及公正交易法》中找到相对应的行为，使不正当竞争行为形成了大面积的重叠。所以不正当竞争行为种类的趋同，成为在中韩两国不正当竞争行为的种类划分中所存在的又一重要共同点。

（二）种类划分的区别点

比较中韩两国的不正当竞争行为，特别是不正当竞争行为种类的划分，由于中韩两国同属大陆法系国家，并且在各自的市场经济制度中也都强调国家经济干预，所以在不正当竞争行为种类划分中也形成了如上若干共同点。但是，由于中韩两国政治体制、法律传统以及市场经济发展状况各异，其不正当竞争行为的种类划分也体现出如下若干重要区别：

（1）韩国的《独占规制及公正交易法》在界定不正当竞争行为、划分不正当竞争行为的种类时，相对于中国的《反不正当竞争法》更多地使用了抽象性语言，从而有效扩大了该法律规范的适用范围，提高了该法律规范可以适应社会发展的能力。当然中国的《反不正当竞争法》在界定不正当竞争行为时，为了使其能够适应新型不正当竞争行为不断涌现的经济现实，在立法中也采取了相应的技术处理措施，即在第二章规定11个类别不正当竞争行为的同时，在总则中也对不正当竞争行为进行了原则界定。但是，相对于韩国的界定方式而言，不仅不正当竞争行为构成要件的表述不够完整，而且其原则界定也因过于笼统而无法在实践中予以落实。这是中韩两国在界定不正当竞争行为、划分不正当竞争行为的具体种类时所表现出来的重要区别。

（2）如上所述，韩国的《独占规制及公正交易法》不仅在第23条第1项把不正当交易行为规定为7个大的类别，而且还在该法施行令第36条别表1把它细分为9个类别共28个种类的不当交易行为。而中国的《反不正当竞争法》则是在该法第二章，把不正当竞争行为仅规定11类别，并且也没有采取相应立法措施[1]再把它细化为若干种类。所

---

〔1〕 1993年由于我国刚把社会主义市场经济写入宪法，开始了建立社会主义市场经济体制的历史进程，缺乏规制不正当竞争行为维护竞争秩序的经验，所以早在1993年制定的《反不正当竞争法》仅规定了11个类别的不正当竞争行为，并且在后来也没有像韩国那样制定与此配套的实施条例或细则。

以比较中韩两国反不正当竞争法中不正当竞争行为的界定，以及对不正当竞争行为类别所作的具体划分，可以看到韩国《独占规制及公正交易法》的界定以及划分较为细致，而中国《反不正当竞争法》的界定以及划分则较为粗略。这是在中韩两国反不正当竞争法在不正当竞争行为的界定和种类划分中的一个重要区别。

（3）考察中韩两国反不正当竞争法确定的不正当竞争行为的具体类别，虽然中韩两国规制的都是破坏正常竞争秩序的不正当竞争行为，但是，韩国的《独占规制及公正交易法》，根据国内的经济力量集中于少数大企业的现实状况，把对大型企业不正当竞争行为的法律规制作为其规制重点；而中国的《反不正当竞争法》则根据在市场经济制度中，计划经济体制特别是行政性垄断的影响根深蒂固的实际，把对行政性垄断的法律规制作为其规制的重点领域。所以法律规制的重点各有侧重，各自确定了不同种类的不正当竞争行为，并使其成为在不正当竞争行为的种类划分中表现出又一重要区别。

（三）获得的启示

比较中韩两国不正当竞争行为的种类划分，可以看到中韩两国反不正当竞争法规定的不正当竞争行为，在行为类别的界定和行为种类的划分中，具有诸多共同点的同时，由于中韩两国政治制度、经济体制以及法律体系的各异，形成了如上所述的若干重要区别。而通过对上述若干种类划分区别点的考察，我们获得了有助于完善我国《反不正当竞争法》的以下几点重要启示：

（1）在市场经济条件下，由于社会经济现象本身的丰富多彩，不正当竞争行为的表现形式也复杂多样，所以把打击和限制各种类型不正当竞争行为，维护正常的竞争秩序，作为其根本任务的反不正当竞争法，要有效规制各种类型的不正当竞争行为，就应当顺应不正当竞争行为表现形式多样的社会现实，尽可能细化不正当竞争行为的具体类别。即我国的《反不正当竞争法》应当借鉴韩国的《独占规制及公正交易法》，进一步充实《反不正当竞争法》有关不正当竞争行为的规定，完善并且细化不正当竞争行为的种类。

（2）目前科学技术日益进步，经济和社会发展日新月异，伴随经济和社会的持续快速发展，不仅新的经济领域和新的经济现象不断涌现，而且它还直接导致形成了各种新型的不正当竞争行为。所以为了确保《反不正当竞争法》能够及时应对不断变化的形势，在界定并且表述各种类型的不正当竞争行为、划分不正当竞争行为的具体种类时，不仅应借鉴韩国的《独占规制及公正交易法》尽可能细分不正当竞争行为的种类，而且还应当尽可能使用概括性的语言，作出尽可能抽象的法律规定，以增强法律规范适应形势发展的能力。

（3）在我国《反不正当竞争法》规定的11个类别的不正当竞争行为中，强制交易行为和滥用行政权力限制竞争的行为本属于垄断行为，但是，由于当时我国还没有制定《反垄断法》，并且上述两种行为成为破坏竞争秩序、影响市场经济发展的关键制约因素，1993年制定的《反不正当竞争法》把它们规定为不正当竞争行为。但是，我国已于2007年制定了《反垄断法》，并且在《反垄断法》中对此也作出了相应的制度安排，所以应当把上述两种行为尽早从《反不正当竞争法》中剥离出来，使其成为名副其实的《反不正当竞争法》。

三、不正当竞争行为的监督检查

对于不正当竞争行为的监督检查，就是指法定的不正当竞争行为监督检查机关，对竞争主体竞争过程实行的监督和检查。目前我国的《反不正当竞争法》就不正当竞争行为的监督和检查，在其总则部分和第三章作出了较为具体的规定。但是，由于这些规定无法满足维护竞争秩序的需要，所以系统比较中韩两国不正当竞争行为的监督检查制度，为完善我国不正当竞争行为的监督检查制度提出有意义的启示具有十分重要的现实意义。

（一）监督检查的共同点

为了有效实施对不正当竞争行为的监督检查，切实打击并限制各种类型的不正当竞争行为，中韩两国确立了各自的不正当竞争行为监督检查制度。比较中韩两国不正当竞争行为的监督检查制度，我们可以看到中韩两国不正当竞争行为的监督检查制度，主要有以下两个方面的共同点：

（1）为了监督检查竞争主体开展竞争的行为过程，打击和限制各种类型的不正当竞争行为，考虑不正当竞争行为本身所具有的专业性特征，中韩两国的反不正当竞争法设立或确定了专门的不正当竞争行为监督检查机关。韩国的《独占规制及公正交易法》第35条规定，“为了独立履行由本法规定的各项事务，在国务总理属下设立公正交易委员会……”。中国的《反不正当竞争法》第3条规定，“……县级以上人民政府工商行政管理部门对不正当竞争行为进行监督检查；法律、行政法规规定由其他部门监督检查的，依照其规定”。据此我们可以认为，为了打击和限制不正当竞争行为，维护公正的市场竞争秩序，设立或确定专门的不正当竞争行为监督检查机关，是在中韩两国不正当竞争行为的监督检查中，目前所存在的一个重要共同点。

（2）为了强化对于不正当竞争行为的监督检查，确保不正当竞争行为的监督检查机关有效行使职权，中韩两国都给不正当竞争行为的监督检查机关赋予了履行其职务所必需的相应职权，并使其成为在中韩两国不正当竞争行为监督检查中所存在的有一个重要共同点。目前韩国的《独占规制及公正交易法》第 50 条在第 2～4 项给实施调查的公务员赋予了可以出入事业者、事业者团体的营业场所调查其业务、了解其经营状况；可以调取并且查阅相关账簿、电子文档等资料；可以令被调查者提供调查所需要的资料或物品；可以收管（扣押）有关账簿、资料或物品等权利。中国的《反不正当竞争法》虽然其条款数目不多，也在该法第 17 条给不正当竞争行为的监督检查机关赋予了询问权、查询复制权、检查财物权、强制措施权和处罚权等权利。

（二）监督检查的区别点

比较中韩两国不正当竞争行为的监督检查，虽然具有如上所述两各方面的共同点，由于中韩两国政治体制、行政架构、竞争法立法模式和市场经济发展状况各异，不正当竞争行为的监督检查形成了如下两点重要区别：

1. 不正当竞争行为监督检查机关的不同法律性质

韩国的《独占规制及公正交易法》规定；“为了独立履行由本法规定的各项事务，在国务总理属下设立公正交易委员会，公正交易委员会作为由《政府组织法》第 2 条规定的中央行政机关……依法履行以下职责”[1]。此外，根据《独占规制及公正交易法》，公正交易委员会可以就本法的实施制定必要基准，接受有关违反该法违法行为的申告，在认定属于本法禁止行为的例外情况，并且对违反本法行为开展必要调查的同时，对此还可以采取相应的纠正措施、赋加课征金，并且根据案件的具体情况行使起诉权，所以韩国的公正交易委员会是一个具有立法权、司法权以及行政权的独立规制机关。

关于不正当竞争行为的监督检查机关，我国《反不正当竞争法》不仅在第 3 条规定：“县级以上人民政府工商行政管理部门对不正当竞争行为进行监督检查；法律、行政法规规定由其他部门监督检查的，依照

〔1〕参见韩国《独占规制及公正交易法》第 35 条。

其规定。”而且还在第 16 条规定：“县级以上监督检查部门对不正当竞争行为，可以进行监督检查。”由此，可以看出县级以上人民政府的工商行政管理机关和法律、行政法规规定的其他机关，是不正当竞争行为的监督检查机关。

根据中韩两国反不正当竞争法，有关不正当竞争行为监督检查机关的上述规定，可以看到韩国的公正交易委员虽然是行政机关，它却是一个独立性特征明显，还具有立法权和司法权的准司法性质的行政机关；而中国的不正当竞争行为监督检查机关即工商行政机关，则是一个单纯的行政机关。这是在中韩两国不正当竞争行为的监督检查中所存在的重要区别。

2. 不正当竞争行为监督检查的程序保障

为了确保不正当竞争行为的监督检查机关能够有效打击和制止不正当竞争行为，并且最大限度地保护合法竞争者的利益，就必须明确规定监督检查不正当竞争行为的程序。为此，韩国不仅在《独占规制及公正交易法》及其配套法规中，给公正交易委员会的监督检查（分为调查与审查、审议和议决三个阶段）设定了很多具体程序，而且还制定了《公正交易委员会会议运营及事件处理程序规则》这一专门的程序规则。而中国的《反不正当竞争法》虽然把工商行政管理机关确定为不正当竞争行为的监督检查机关，但是，却没有给工商行政管理机关设定在实施监督检查时应遵循的程序。所以有无具体的程序保障，成为中韩两国不正当竞争行为监督检查的又一重要区别。

（三）获得的启示

比较中韩两国不正当竞争行为行为的监督检查，我们不仅看到了设立或确定专门的不正当竞争行为监督检查机关、给不正当竞争行为的监督检查机关赋予履行其职务所必需的相应职权等共同点，而且更重要的是发现中韩两国不正当竞行为的监督检查，在监督检查机关的法律性质、监督检查的程序保障等方面存在重要区别。而通过上述中韩两国不正当竞争行为监督检查的比较，我们还获得了有助于完善我国相关法制的两点重要启示。

1. 应确保不正当竞争行为监督检查机关的独立地位

在市场经济条件下，对于不正当竞争行为实行必要的监督检查，既能有效打击制止不正当竞争行为，又有利于维护公正的竞争秩序，所以中韩两国反不正当竞争法都把不正当竞争性行为的监督检查作为重点在立法上作出了具体安排。但是，由于我国把不正当竞争行为的监督检查任务，直接交给了并非独立的县级以上工商行政管理机关，从而既未能确立不正当竞争行为监督检查机构的独立地位，也未能使其具有准司法的性质，从而导致监督检查不正当竞争行为的力度明显不足，所以我们认为在考虑到我国地域辽阔、行政层级多这一现实状况的基础上，借鉴韩国做法，在中央和省级设立专门的不正当竞争行为监督检查机关（可以兼顾反垄断业务），而在省级以下县级以上的工商行政管理机关设立不正当竞争行为的监督检查部门。

2. 不正当竞争行为监督检查的程序控制

监督检查不正当竞争行为是一项专业性很强的执法工作，所以要确保监督检查不正当竞争行为的质量，有效地打击和限制不正当竞争行为，既要着力提高实施监督检查公务人员的政治素质和业务水平，还要通过完善相关立法有效地规范监督检查的具体程序。但是，就目前我国《反不正当竞争法》的现实状况而言，可以说至今没有形成规范监督检查行为的程序规范。所以借鉴韩国的《独占规制及公正交易法》、《公正交易委员会会议运营及事件处理程序规则》，或者修改并完善《反不正当竞争法》的有关规定，或者制定其他可以规范不正当竞争行为监督检查的法规，具有十分重要的现实意义。

四、不正当竞争行为的法律责任

法律责任是指行为人在实施违法行为后，依法所应承担的相应法律后果。韩国的《独占规制及公正交易法》第十章（调查等程序）、第十一章（损害赔偿）、第十四章（罚则），中国的《反不正当竞争法》第四章，就不正当竞争行为的法律责任作出了具体规定。比较中韩两国反不正当竞争法有关不正当竞争行为法律责任的规定，我们可以看到中韩两国相关法律所规定的不正当竞争行为的法律责任，主要有如下若干重要共同点与区别点：

（一）法律责任的共同点

1. 不正当竞争行为法律责任承担方式的共同点

根据中韩两国反不正当竞争法的相关规定，不正当竞争行为的实施者都应承担相应的法律责任，而作为其违法者所应承担法律责任的具体方式，虽然在其表现形式上具有一定的差异，最终都可以把它归类为民事赔偿责任、行政责任和刑事责任。这是在中韩两国不正当竞争行为的法律责任中所存在的最为首要的共同点。目前韩国的《独占规制及公正交易法》由第十一章规定了不正当竞争行为实施者所应承担的民事赔偿责任；由第十章作为调查程序的重要组成部分，规定了纠正劝告、纠正命令、课征金的纳付命令、过怠料的纳付命令等行政责任；由第十四章规定了作为违法者所应承担的刑事责任。而我国的《反不正当竞争法》则是在第四章集中规定了不正当竞争行为的实施者所应承担的民事赔偿责任、行政责任和刑事责任。

2. 不正当竞争行为民事赔偿责任的共同点

对于受到不正当竞争行为侵害的事业者（经营者）实施相应的损害赔偿，目的在于既补偿竞争事业者所受到的损害，又间接地抑制事业者实施不正当竞争行为。根据韩国的《独占规制及公正交易法》，由于不正当竞争行为的损害赔偿责任是不法行为责任，它的成立要件与民法中损害赔偿责任的成立要件基本相同。所以应当根据《民事诉讼法》的有关规定提出损害赔偿请求。而中国的《反不正当竞争法》也规定："经营者违反本法规定，给被侵害的经营者造成损害的，应当承担损害赔偿责任。……被侵害的经营者的合法权益受到不正当竞争行为侵害的，可以向人民法院提起诉讼。"[1] 由此，可以认为根据民事诉讼法的有关规定提出损害赔偿请求，是在中韩两国不正当竞争行为的法律责任即民事责任赔偿制度中所存在的又一个重要的共同点。

3. 不正当竞争行为刑事责任的共同点

追究不正当竞争行为实施者的刑事责任，是对不正当竞争行为的最严厉制裁。韩国的《独占规制及公正交易法》规定，本法第66～69条以及本法有关不正交易行为的规定，是对不正当竞争行为实施刑事处罚的根据，但是，追究不正当竞争行为实施者的刑事责任，由于具有能够强制剥夺法定权利的性质，它在维护竞争秩序的各项制度中，是最后的具有补充性质的保障手段。目前中国的《反不正当竞争法》为了严厉制裁严重破坏竞争秩序的违法者，规定了不正当竞争行为实施者所应承担的刑事责任，但是，只是在个别条款作出了原则规定。所以既规定不正当竞争行为实施者所应承担的刑事责任，又把追究不正当竞争行为的刑事责任作为仅在不得已情况下使用的补充手段，也是中韩两国不正当竞争行为法律责任重要共同点。

（二）法律责任的区别点

作为制裁不正当竞争行为、维护竞争秩序的重要执法手段，中韩两国不正当竞争行为的法律责任，在违法者承担法律责任的具体方式、追

[1] 《中华人民共和国反不正当竞争法》第20条。

究违法者损害赔偿责任所适用的法律以及对违法者实施刑事处罚的原则等方面，具有诸多共同点，但由于中韩两国法律制度和规制不正当竞争行为理念的不同，中韩两国不正当竞争行为法律责任形成了如下几点重要区别：

1. 不正当竞争行为行政责任的区别

在市场经济条件下，经营者实施的不正当竞争行为由于具有既侵害其他竞争者的合法权益，又破坏正常竞争秩序的双重性质。所以中韩两国反不正当竞争法，为了保护经营者的合法权益，维护正常的市场竞争秩序，在赋予不正当竞争行为的受害人具有可以请求损害赔偿的司法救济权的同时，也规定可以通过行政手段即通过追究违法者的行政责任，对不正当竞争行为进行主动干预，既维护社会的公共利益，又确保正常的市场竞争秩序。

目前韩国的《独占规制及公正交易法》作为不正当竞争行为的行政责任，规定了警告、纠正劝告、纠正命令和课征金的支付等具体制裁手段，而这些制裁手段特别是课征金的数额，又与违法者的违法期间和违法经营所得相挂钩，因而具有了可以随着物价浮动相应变化的时代适应性特征。但是，中国的《反不正当竞争法》，虽然也规定了责令停止违法行为、责令改正、消除影响、吊销营业执照、没收违法所得和罚款等制裁手段，由于其中的某些制裁手段特别是罚款等手段规定了具体数额，所以进入21世纪随着货币的逐步贬值，其处罚力度已明显不足，导致其无法适应打击制止不正当竞争行为的需要。

2. 不正当竞争行为刑事责任的区别

为了有效打击和制止不正当竞争行为，中韩两国反不正当竞争法围绕不正当竞争行为刑事责任都作出了相应的具体安排。目前韩国的《独占规制及公正交易法》第67、69条内容涉及不正当竞争行为的实施者、滥用职权的公正交易委员会公务人员的刑事责任[1]，根据韩国的《独占规制及公正交易法》第67条第1项，应承担刑事责任的共有8种不正当竞争行为，至于承担刑事责任的具体方式均为5年以下的惩役或1.5亿元（韩元）以内的罚金。而中国的《反不正当竞争法》则有第21、22、31条和第32条共4条内容，规定了不正当竞争行为的实施者、监督检查不正当竞争行为的国家机关工作人员所应承担的刑事责任，至

[1] 韩国的《独占规制及公正交易法》第66~69条规定了不公正交易行为的法律制裁，而其中第66、68条内容涉及垄断行为的法律制裁。

于承担刑事责任的具体方式，由于其违法行为内容和违法程度的不同而有所不同。

由此，我们可以看到中韩两国反不正当竞争法，有关不正当竞争行为刑事责任的规定，就其可以追究刑事责任的不正当竞争行为的种类而言，韩国《独占规制及公正交易法》规定的范围要大于中国《反不正当竞争法》规定的范围；而就刑事处罚的具体力度而言，中国《反不正当竞争法》规定的制裁力度要强于韩国《独占规制及公正交易法》规定的制裁力度，这是在中韩两国反不正当竞争法所规定的刑事责任中所存在的重要区别。

（三）获得的启示

反不正当竞争法确定的不正当竞争行为的法律责任制度，是打击制止不正当竞争行为、维护公正竞争秩序的重要制度保障，比较中韩两国不正当竞行为的法律责任，我们不仅看到中韩两国的不正当竞争行为的法律责任制度具有上述若干重要的共同点与区别点，而且还获得了有助于完善我国的反不正当竞争法制，有助于建立公正竞争秩序的以下两点重要启示：

（1）比较中韩两国不正当竞争行为的行政责任，在确定不正当竞争行为的行政责任时，特别是在设定罚款等行政处罚的具体数额时，考虑到由于经济的持续快速发展将要导致的币值变化，为了维护法律规范应有的稳定性特征，应借鉴韩国的《独占规制及公正交易法》，尽可能使用“所取得的违法所得”和“违法所得的1至2倍”等相对抽象的表述方式。这是因为，在法律规范中尽可能使用抽象性的语言，不仅有利于确保法律规范的相对稳定，而且也有利于提高法律规范适应社会发展与变化的能力。

（2）追究违法者的刑事责任，是对不正当竞争行为实施者最严厉的法律制裁。比较中韩两国不正当竞争行为的刑事责任，虽然韩国规定的可以追究刑事责任的不正当竞争行为种类远大于中国规定的可以追究刑事责任的不正当竞争行为种类，但是，中国规定的刑事制裁力度要强于韩国规定的刑事制裁力度。此外，考虑到自改革开放以来在我国的经济生活中，各种类型的不正当竞争行为屡禁不止的现实状况，应借鉴韩国做法，加大打击不正当竞争行为的力度，即适当扩大可以追究刑事责任的不正当竞争行为种类，同时还要加大反不正当竞争法的执法力度，具有十分重要的理论与现实意义。

第四章
中韩两国反垄断法及其比较

第一节　韩国独占规制法的主要内容

进入20世纪60年代，随着国家综合经济开发的起步，韩国就已开始了《独占规制法》的立法进程，并在1980年制定了《垄断规制及公正交易法》。如上所述，目前韩国选择了反不正当竞争法和反垄断法[1]统一立法的立法模式，所以在本章所要进行的中韩两国反垄断法比较，实际上就是中国的《反垄断法》与韩国《独占规制及公正交易法》中有关独占规制部分的比较。

一、独占规制法概述

（一）独占规制法的立法目的

1. 直接目的

根据韩国的《独占规制及公正交易法》第1条[2]，独占规制法最直接的立法目的是促进自由并且公正的市场竞争。关于国家的基本经济制度，韩国宪法规定“大韩民国经济制度的根本基础是，对于个人和企业经济自由与创意的尊重”，由此确认了国家实行资本主义市场经济制度的原则。所以要使资本主义的市场经济体制，在韩国资本主义市场经

〔1〕韩国的竞争立法由于选择了反不正当竞争法与反垄断法统一立法的立法模式，所以在韩国《独占规制及公正交易法》中的《公正交易法》部分，相当于中国的《反不正当竞争法》，而韩国《独占规制及公正交易法》中的《独占规制法》部分则相当于中国的《反垄断法》。

〔2〕《独占规制及公正交易法》第1条规定：“本法的立法目的是防止事业者滥用市场支配地位、防止经济力量的过度集中，通过规制不当共同行为及不公平的交易行为，促进公平、自由的竞争，促进具有创意的企业活动，保护消费者，促进国民经济的均衡发展制定本法。”

济的发展中，发挥其应有的保障和促进作用，就必须确保企业在市场上能够开展自由公正的市场竞争。而在资本主义市场经济条件下，要确保企业开展自由并且公正的竞争，必须做到以下两点：

首先，必须确保企业能够参与自由公正的市场竞争。为此，要向所有希望参与市场竞争，并且具有参与市场竞争能力的企业开放市场。目前随着经济的持续快速发展和社会生活法制化程度的不断提高，经济主体即企业要进入市场参与市场竞争，既受到认可和许可等与市场准入有关法律制度的制约，也受需要进行大规模经济技术投资等实际条件的限制。所以要在现实生活中实现市场开放，既要缓解影响和制约经济主体即企业进入市场的市场准入条件，也要采取各种措施消除限制或影响已经进入市场的企业开展自由公正竞争的市场支配地位的滥用、不当的企业结合、不当的共同行为等影响企业开展自由公正竞争的因素。

其次，必须确保经济主体即企业开展自由公正的市场竞争。在市场经济条件下，要确保企业开展自由公正的市场竞争，一是要确保所有的经济主体即企业都能凭借自身优势参与市场竞争，促使所有参与市场竞争的企业发挥自身优势，努力做到用最小的人力、物力投入去换最大的经济效益，并且确保经济主体即企业不得以不公正的手段与方法开展市场竞争；二是必须营造开放、自由并且公正的竞争环境，开放、自由与公正既是竞争所应遵循的原则，也是市场机制发挥作用的基本前提。所以，通过一系列的规范、引导以及制裁，努力给经济主体即企业营造开放、自由并且公正的竞争环境，是独占规制法实行规制的直接目的。

2. 终极目标

目前韩国《独占规制及公正交易法》，虽然把独占规制法的立法目的归结为：促进具有创意的企业活动，保护消费者，促进国民经济的均衡发展。但是，具体分析有关《独占规制及公正交易法》立法目的的表述以及它所包含的寓意，我们认为对独占规制法所要实现的终极目标，可以归结为以下两点，即一是提高资源配置的效率、增进消费者的福祉水平；二是防止经济力量的过度集中。

关于提高资源配置的效率、增进消费者的福祉水平。通过促进企业自由公正的市场竞争，独占规制法所要实现的最终目标之一，就是要提高资源配置的效率，而与独占规制有关联的效率主要有生产效率的提高和配置效率的提高这两项内容。独占规制所要实现的提高生产效率、提高配置效率这两个目标，虽然不是独占规制所能实现的直接目标，但是，它却可以通过提高企业的市场支配能力这一中间环节，最终实现提高生产效率、提高配置效率的目标。至于独占规制所要实现的增进消费者福祉水平的目标，由于独占规制法超越消费者的权利救济，强调的是通过防止企业的不当共同行为、防止企业滥用市场支配地位等措施，实现对于消费者权利的保护，所以增进消费者福祉水平也是独占规制法的重要终极目标。

关于防止经济力量的过度集中。所谓经济力量的过度集中是指，可以所有并且支配经济资源和手段的力量，集中于少数经济主体的客观现象。目前，韩国的独占规制法虽然把防止经济力量的过度集中作为促进公正自由竞争的重要手段和方法作出了具体规定，但是，由于在市场经济条件下，经济力量的过度集中不仅阻碍资源的合理配置、收入的合理分配以及社会衡平的实现，而且还可能导致政治社会力量的集中从而最终影响社会民主。所以，防止经济力量过度集中，不仅是独占规制法促进竞争的方法与手段，而且也是独占规制法所要实现的立法目标。

（二）独占规制法的特征

对于垄断等限制竞争行为的法律规制，不仅可以根据不同的规制对象将规制分为，把导致垄断等行为的原因作为规制对象的原因禁止主义规制、把垄断等行为所导致负面影响作为规制对象的弊害规制主义规制。而且还可以根据规制主管机关以及规制方法的不同，或者将规制分为由行政机关主导的行政规制主义规制、把司法规制作为规制核心的司法规制主义规制；或者将规制分为行政机关主导的职权规制主义规制、把对当事者意愿的尊重作为其根本的当事者主义规制。

1. 弊害规制主义

对于垄断等限制竞争行为的法律规制，根据其不同的规制对象分为：原因禁止主义的法律规制和弊害规制主义的法律规制。所谓原因规制主义的法律规制是指，法律在原则上广泛禁止能够导致垄断等行为的原因，从而维护和促进竞争的法律规制方法。而所谓的弊害规制主义则是指，法律并不把垄断本身视为当然的违法，所以通常并不规制垄断等行为，只有垄断等行为违背了社会公共利益，并且导致了社会公益的损害时，才实行必要法律规制的规制方法。目前韩国的《独占规制及公正交易法》并没有禁止垄断，它要打击和制止的是滥用市场支配地位等行为，所以韩国实行的是弊害规制主义。

2. 行政规制主义

通常在实行原因规制主义的国家，由于判断垄断等限制竞争行为是否违法的权利归属于法院，所以在规制垄断等限制竞争行为的程序中，法院实施规制的司法程序自然成为了它的中心。但是，在实行弊害规制主义的国家，由于判断垄断等限制竞争行为是否违法的权利归属于行政机关，所以在规制垄断等限制竞争行为的程序中，行政机关实施行政处分的行政程序成为了它中心。

考察世界各国的反垄断法律制度，为了确保反垄断法的严格公正执法，通常都要设立具有准立法、准司法性质的独立规制机关。1981 年在开始实施独占规制法的初期阶段，韩国虽然一度把综合性的经济管理机关即经济企划院，作为独占规制法的执法机关。但是，1990 年随着《独占规制及公正交易法》的第二次修改，却把独占规制法的执法权赋予了独立的规制机关即公正交易委员会。所以韩国的《独占规制及公正交易法》开始走上了行政规制主义的道路。

3. 职权规制主义

根据《独占规制及公正交易法》的有关规定，对于垄断等限制竞争的行为，韩国实行的是职权规制主义原则，即依其法定职权执法是它最根本的执法原则。根据职权规制主义的执法原则，如果公正交易委员会认为确有违法本法事实存在，就可以依其法定职权实施必要调查；如果公正交易委员会认为确有必要，可以要求与独占行为有关的当事人、利害关系人或者参考人出席并听取意见；公正交易委员会也可以指定或委托独占行为的鉴定人；公正交易委员会可以动用所属公务人员，调查事业者或事业者团体的事务所，或者在其事业所了解其业务及经营状况，并且查阅有关的账簿、资料以及其他物证。此外，如果公正交易委员会认为具有违反本法规定的行为，可以令该事业者或事业者团体采取相应的纠正措施。

对于违反独占规制法行为的刑事处罚，只有公正交易委员予以告发才可以进入审判程序。由于违反本法行为所导致的被害人的损害，在原则上如果公正交易委员会没有确定相应的纠正措施，当事人不得直接向法院提起损害赔偿请求。但是，随着 2004 年 12 月实施《独占规制及公正交易法》的修改，目前即使公正交易委员会没有确定相应的纠正措施，受害人也可以直接向法院提出请求损害赔偿的诉讼请求。所以我们可以看到韩国的独占规制法，不论是在对违反本行为实施调查、确定纠正措施等的行政程序中，还是在对违反本法行为实施处罚的刑事程序中，都强调了公正交易委员会的核心作用，并且适当限制了当事人的权利。

（三）独占规制法的适用除外

1. 适用除外的意义

在把市场经济作为国家基本经济制度的国家，由于独占规制法是确立国家经济秩序的基本法律，所以在原则上独占规制法应适用于所有的事业领域，所以韩国的《独占规制及公正交易法》也没有规定，哪些特定的产业领域不应当适用本法，即没有规定适用除外的产业领域。但是，在各种类型的现代市场经济制度中，也不能由于市场经济是国家的基本经济制度，而把包括垄断规制在内的所有经济问题交给市场机制的自律性调节予以解决。所以韩国的《独占规制及公正交易法》在第十二章仅通过第58、59、60条这3条的法律规定，对特定事业者或者事业者的特定行为，全面或者部分地排除了该法的适用。

在国家经济管理的实践中，如果随意扩大独占规制法适用除外的范围，必将极大影响独占规制法应有的法律效力，所以为了维护市场经济秩序特别是竞争秩序，对于独占规制法的适用除外应当尽可能予以限制。

2. 适用除外的根据

关于独占规制法适用除外的根据，既可以从实证的观点予以考察，也可以从理论的视角予以研究。在此，暂不考虑形成适用除外的社会经济观点，即主要在利益集团的影响中寻找根据的实证观点，只从理论视角的层面予以考察，我们可以看到导致独占规制法的适用除外，主要有以下两个具体理论根据：

（1）面对目标冲突的政策决断。所谓面对目标冲突的政策决断是指，虽然实现独占规制法立法目标没有直接关联，但是，考虑到维护自由公正竞争秩序的需要所做的，在某些具体活动领域排除独占规制法适用的政策性决策。在这种情况下，国家既可以直接掌管该活动领域，也可以令其他人在国家的特别监督下经营该活动领域。如在教育、保健以及社会福利设施的管理维护中，就由于目标冲突而排除了独占规制法的适用。此外，为了实现克服经济危机、实现国际收支平衡、调整产业结构和促进就业等国家的某种政策目标，在某些情况下也可以排除独占规制法的适用。

（2）出于应对市场失败的需要。在市场经济条件下，虽然所有经济主体的全部经济活动，在原则上都要受到竞争规律的调节，但是，在某些不可能形成竞争或者由于该领域的特殊性无法使竞争取得预期效果的领域，自然可以并且应当排除竞争。这就是所谓出于应对市场失败的需要，在某些特殊领域排除独占规制法适用的情况。出于应对市场失败的需要而排除适用独占规制法，目前主要有以下几种情况：

一是自然独占。所谓自然独占是指在满足某一市场需求的过程中，某一单个供应者的存在比两个以上供应者的存在，更有利于以低廉的价格满足供应的情况。在这种情况下，从长远的角度看最终只能有一个供应者，而这一供应者的自然独占，作为适用独占规制法的除外对象应当受到其他法律的规范。在目前的现实经济生活中，供电和供热等能源产业以及自来水和铁路运输等公用事业是典型的自然垄断产业，这些产业是适用独占规制法的除外对象。

二是过度竞争。如果在某一特定产业有过多的竞争者，为了防止事业者即经营者的过度竞争就需要对其实施必要法律规制，以限制竞争者的数量。如在某些城市为了防止经营者的过度竞争，进行的出租车数量的总量控制等。

三是外部效果。在外部效果中虽然有否定因素，但是也有肯定因素。所谓具有否定性因素的外部效果是指，事业者特定财富的生产或消费在给第三者造成某种不利益时，第三者不仅不能把它反映于当事者间的市场关系，而且在其价格的形成过程中也不能予以考虑的客观情况。类似废弃物或噪音等环境破坏就是其最具代表性的实例。与此相反，由于对破产企业的救济而使市场结构得到改善等某些给第三者也带来实际利益的措施，就是所谓具有肯定性因素的外部效果。

3. 适用除外的范围

根据《独占规制及公正交易法》第58、59、60条，法令规定的正当行为、行使无形财产权的行为和特定组合的行为不适用独占规制法。

（1）法令规定的正当行为。独占规制法规定，事业者或者事业者团体根据其他法律以及命令实施的正当行为不适用本法。但是，对于在此所称法律或者命令的具体内容，由于独占规制法本身未作具体规定，所以要确定法律或命令的具体内容只能依据其学理解释。

根据其一般的学理解释，对于正当行为的范围既有一种广义的理解，认为在独占规制法禁止的行为中，凡是在其他法令可以找到根据的行为，都是在此所称的正当行为。同时也有一种狭义的理解认为，在此所称的正当行为应当是仅指，在其他法令可以找到根据的行为中，具有特别合理理由的行为。但是，由于独占规制法是确立国家经济秩序的基本法律，并且考虑到1980年制定本法的时代背景，以及后来经济发展方式的转变，[1]取狭义的理解具有更加明显的合理性。

（2）行使无形财产权的行为。由《著作权法》、《特许法》、《实用新案法》、《专利法》和《商标法》等法律认定的著作权、特许权、实用新案权、专利权和商标权等无形财产权，作为一种排他性的财产权利可以使用、收益和处分，所以对于这些权利的行使不应适用独占规制法。但是，应当明确不能由于是无形财产权利的行使，而无条件排除独占规制法的适用。如果权利人脱离认定其权利目的范围行使该权利，仍应受到独占规制法的制约。所以独占规制法规定，该法有关行使无形财产权的行为适用除外，应仅适用于该行为可以被认定为"行使无形财产权行为"的行为。

（3）特定组合的行为。对于小规模事业者或者消费者出于相互扶助目的，所成立的一定组合的行为不适用独占规制法。独占规制法之所以这样规定，其目的在于，在市场上改变小规模事业者或者消费者的弱者地位，最终实现维护并且增进消费者利益的目标。但是如果特定组合的行为是一种不公正交易行为，或者是由于不当限制竞争从而导致价格上涨的行为，则不能排除独占规制法的适用。

（四）独占规制的根据与独占规制法体系

1. 独占规制的根据

独占给国民经济带来的影响具有两面性，即独占不仅可以给国民经济发展带来正面的积极影响，也有可能现实地成为影响国民经济发展重要制约因素。首先，就独占给国民经济发展所带来的正面积极影响而言，主要是经济发展过程中的规模效益、通过降低研究开发费用与成本所实现的生产效率的提高。在市场经济条件下，如果企业把自己取得并且积累的独占利润，能够现实地投入到新技术、新产品的研究与开发；如果通过降低研究开发费用与成本实现了生产效率的提高，独占可以成为促进经济发展、提高消费者福祉水平的重要动力。

在市场经济条件下，具有独占地位的企业如果滥用其市场支配地位，随意采用提高商品或服务的价格，有意减少商品的供应量等不正当

---

[1] 自20世纪60年代国家综合经济开发起步，韩国长期实行"政府—财阀主导型"的经济发展战略，并取得了令世人瞩目的经济发展成果。但是，进入20世纪80年代随着"政府—财阀主导型"经济发展方式局限性的日益显现，韩国开始转变传统的经济发展方式，在经济发展中强调民间主导，注意发挥市场机制自律性调节的作用，为此制定并实施了《独占规制及公正交易法》。

竞争手段，势必导致降低消费者的福祉水平，而这种被降低的消费者福祉虽然有一部分被转移到具有独占地位的企业，但是，也有其影响不及于任何人的部分即所谓“自重损失”。在市场经济条件下，具有独占地位的企业为了保持并强化自己的独占地位，采取措施不断更新设备扩大生产规模，通过倾销和加大宣传的力度等手段，抑制其他竞争者进入市场参与竞争，从而影响和阻碍资源的合理配置。此外，独占企业的事业活动还妨碍其他事业者活动，影响竞争者投资，通过不正当竞争行为侵害消费者权益，所以对于独占企业的事业活动必须实行有效的法律规制。

2. 独占规制法体系

对于独占的规制有以下两种不同规制方法：一是在独占以及独占化现象形成之前，为了实现防止独占以及独占化的形成所进行的法律规制；二是在独占以及独占化现象形成以后，为了防止由于独占以及独占化所导致的社会危害所进行的法律规制。作为预防独占形成的事先规制手段主要有，企业结合的法律规制和不公正交易行为的法律规制；而作为规制由于独占所导致社会危害的方法主要有，防止独占企业滥用市场支配地位的法律规制。目前韩国的独占规制法与世界各国的独占规制法一样，把事先规制和事后规制规定在同一部法典。

就韩国独占规制法的法律规制体系而言，先是规定具有独占地位的企业不得滥用其市场支配地位，其目的在于防止具有独占地位的企业实施侵害消费者利益、阻碍或排除其他事业者竞争的行为。尔后为了防止市场独占化现象的形成，禁止可以导致市场集中即在一定领域可以限制竞争的企业结合。最后为了防止事业者以不当方式取得市场支配地位，禁止拒绝交易和区别待遇等不公正交易行为。相对于其他国家的独占规制法，韩国独占规制法所具有的主要特点是：围绕市场结构的改善，赋予了公正交易委员会可以制定并实施相应政策的职权。

二、独占行为的种类

（一）市场支配地位的滥用

1. 具有市场支配能力的事业者

（1）具有市场支配能力事业者的概念。所谓具有市场支配能力的事业者是指，不是被动地接受市场所给予的条件，而是可以对市场的形态及其成果给予某种影响的事业者。换言之，所谓具有市场支配能力的事业者是指，可以通过减少某一商品或劳务的供应量，抬高某一商品或劳务的价格，从而提高自己所获利润水平的事业者。

在现实的经济生活中，要具体判断事业者否具有市场支配能力，必须具体分析各事业者在该市场所占有的具体份额。但是，在实践中由于无法直接测定事业者的市场支配力，只能在综合考虑事业者的市场占有率和市场需求、其他事业者的商品或劳务供应能力、将要进入市场的企业等因素的基础上作出具体判断。所以韩国的独占规制法不仅规定，作为特定交易领域中的供应者或需要者，具有市场支配能力的事业者，应当是可以由自己或者与其他事业者一起决定、维持或者变更商品或劳务价格、数量、品质以及其他交易条件的事业者，而且还规定在判断事业者是否为具有市场支配能力的事业者时，应当综合考虑事业者的市场占有率、市场壁垒的存在与否及其程度、竞争事业者的规模等因素。

根据韩国的独占规制法，在判断事业者是否为具有市场支配能力的事业时，在该事业领域应当排除年销售额或年购买额不足 10 亿元的事业者。

（2）具有市场支配能力事业者的推定。为了要判断哪些事业者具有可以市场支配地位，首先必须确定相关市场即相关的事业领域，之后再考察事业者在该市场是否具有可以支配市场的能力。但是，由于判断事业者是否具有支配市场的能力并非易事，所以独占规制法为了化解在具体判断时遇到的困难，提高对具有市场支配地位事业者法律规制的效果，规定在一定的交易领域，如果 1 个事业者的市场占有率达到 50% 以上，或者 3 个以内事业者合计的市场占有率达到 75% 以上（在这种情况下，应当排除其市场占有率不足 10% 的事业者），可以把该事业者推定为具有市场支配地位的事业者。

2. 滥用市场支配地位行为的类型

具有市场支配能力的事业者如果滥用自己的市场支配地位，可能给其他竞争者和消费者带来诸多损害，所以独占规制法禁止事业者滥用自己的市场支配地位。但是，为了在具体事件中正确判断具有市场支配能力事业者的行为，是否为滥用市场支配地位行为，必须明确何谓滥用市场支配地位行为。根据前面已有的阐述，所谓市场支配地位是指事业者所处的，可以给市场行为或者成果带来决定性影响的地位。所以在此所称市场支配地位的滥用行为，则是指由处于市场支配地位的事业者实施的，损害竞争事业者或者交易对象的利益，并且歪曲资源配置的所有行为。根据《独占规制及公正交易法》，滥用市场支配地位行为有以下若干具体类型：

（1）具有市场支配能力的事业者，凭借自身的优势地位，以显失公平的不合理方式决定、维持或者变更商品的价格或者劳务报酬的行为。

（2）具有支配市场能力的事业者，以中断、减少或者增加特定品目商品的生产或销售；以中断、减少或者增加由自己所提供特定劳务的方式，调节特定品目商品的买卖或者由自己所提供劳务的行为。

（3）具有市场支配能力的事业者，以直接或者间接方式妨碍竞争事业者或者处于交易相对方位置的事业者购买原材料、录用必需员工；没有正当理由拒绝给竞争事业者或者处于交易相对方位置的事业者提供其生产所必需要素的行为。

（4）具有市场支配能力的事业者，为了继续维持自己所具有的市场支配能力，通过与交易对象签订排他性供应合同；买入竞争者开展事业活动所必需的权利，通过拒绝使用、接近或者限制新竞争者的商品或劳务生产、供应、销售所需各种要素等方式，直接或间接地妨碍新事业者进入市场的行为。

（5）具有市场支配能力的事业者，为了排挤竞争对手，以明显低于市场价格水平提供商品或劳务，或者以明显高于市场价格的水平购买商品或者接受服务，以及要求交易的相对方不得与其竞争对手进行交易的行为。

（二）企业结合

1. 企业结合的概念

为了维护自由公正的竞争秩序，独占规制法禁止在一定的交易领域，实施可以对竞争构成实质性影响的企业结合。过去韩国的独占规制法也禁止，以强制等其他不公正手段实施企业结合。但是，考虑到规制企业结合的根本宗旨是，防止在个别市场形成过度集中，所以在 2007 年 8 月实施的法律修改中删除了该条款。

所谓企业结合是指，通过不同企业资本、人力以及组织的结合，把不同企业的活动置于统一的管理体制下，消灭个别企业经济独立性的行为过程。与此相联系，由于企业结合只意味导致参与结合企业结构的持续性变化，所以调整具有独立地位的不同企业竞争关系的行为，不属于企业结合的范畴。

2. 企业结合的类型

考察企业与企业间的结合，我们不仅可以看到不同的企业结合具有各自不同的动机和效果，而且也表现为各自不同的形态。目前企业结合虽然可以根据不同的标准作出多种不同的分类，但是，韩国的《独占规制及公正交易法》根据实施企业结合的不同手段和方法，把企业结合分为以下若干具体类型：

（1）取得股份。任何企业都不得直接或通过特殊关系人，取得或者所有其他公司的股份，并且以此在特定交易领域实施可以对竞争构成实质性影响的行为。通常所谓的股份它所表明的是股东（社员）与公司的法律关系，即股东在公司经营中享有的权利和所应承担的义务，在除股份公司以外的其他各种类型的公司，由于公司股东（社员）的权利源于其出资额，所以在此所称的股份应当包括股东的出资。

（2）职务兼任。独占规制法规定，具有一定规模的大型公司不得直接或通过特殊关系人，把自己的管理人员兼任为其他公司职员，并且以此在一定交易领域实施限制竞争的行为。在此所称大型公司是指，其资产总额或营业额规模超过2兆元的公司；在此所称的职务兼任是指，某一公司的管理人员或职员保有其他公司管理职位的情况。

（3）公司合并。根据独占规制法，任何企业都不得直接或通过其特殊关系人，促成与其他公司的合并，并且以此在特定交易领域实施可以对竞争构成实质性影响的行为。就公司合并的具体方式而言，通常有吸收合并和新设合并这两种不同方式。在此所称吸收合并是指，一个公司通过被其他公司吸收而消灭；而在此所称新设合并则是指，消灭原有的两个公司，而后在此基础上设立新的公司。

（4）营业受让。根据独占规制法，任何企业都不得直接或通过特殊关系人，受让其他公司的全部或者核心业务，并且以此在特定交易领域实施可以对竞争构成实质性影响的行为。在此所称营业受让是指，企业受让或租借其他公司的全部或者核心业务；受让或租借其他公司的营业收入；受让或租借其他公司营业用固定资产的行为。

（5）设立公司。任何企业都不得直接或通过其特殊关系人，参与设立新的公司，并且以此在特定交易领域实施可以对竞争构成实质性影响的行为。即独占规制法不仅规制原有企业的合并结合，而且也规制通过参与新公司设立所实施的企业结合。但是，根据独占规制法出于支配新公司的经营这一共同目标，而参与到公司设立的特殊关系人以外的其他人、根据商法有关公司分立、分立合并的规定[1]而参与通过分立所设立新公司的，不属于独占规制法规定的企业结合的规制对象。

---

〔1〕 参见韩国《商法》第十节第523、524条。

（三）经济力量的集中

1. 经济力量集中的含义

在现实的社会生活实践中，人们通常把可以将他人的意思和行动，向着自己所希望的方向予以调整的可能性称其为力量。而在此所称的经济力量则是指，以土地、资本、资产或技术等经济资源为基础的力量。

具有经济力量的企业，如果以低于其他企业最低成本的决定某一商品的价格，即使其他企业的该商品价格在短期内低于商品的生产成本，由于具有优势地位的企业可以与其他企业相同或者更低的水平决定其价格。所以从长远的角度看，其他企业如果不通过新技术开发不断降低商品的生产成本，最终只能导致其惨遭淘汰。

在资本主义的市场经济制度中，可以决定企业成败的这种经济力量，集中于少数个人是一种普遍现象，而这种现象就是在此所称经济力量的集中。目前在韩国的经济生活中，经济力量集中于少数大的企业集团即所谓“财阀”，并使其成为成为限制竞争、影响市场经济发展的重要社会问题。

2. 经济力量集中的原因

作为市场经济基本原理即自由竞争的派生物，经济力量的集中在资本主义社会是一种普遍现象。在资本主义市场经济制度中，由于个人或者企业能力所存在的客观差异，自由竞争的结果必然导致经济力量逐步集中于少数有能力并且勤勉的企业，所以经济力量的集中是市场调节的必然结果。但是，经济力量的过度集中由于具有限制竞争的客观效果，目前已成为独占规制法重要的规制对象。

在韩国的市场经济制度中，经济力量的集中由来已久且表现突出，究其原因除了经济规律的自然作用外，主要是政府主导型经济开发政策的实施。早在20世纪60年代，韩国就已启动了国家综合经济开发，但是，由于资源以及资本的绝对不足，为了实现经济的持续快速发展，确立了政府主导型的经济发展战略，开始实行不均衡的经济发展政策，并在政策和资金等层面集中支援少数有能力的大企业，从而导致经济力量过度集中于少数得到政府支援的大企业。

3. 经济力量集中的类型

（1）控股公司。所谓控股公司是指通过占有（所有）其他公司的股份，支配并管理其他公司事业活动的公司。在此所称支配并管理其他公司的事业活动是指，具体干预并且影响其他公司事业活动的主要事项。长期以来，在韩国的经济生活中设立控股公司，是企业实现经济力量集中的重要手段，所以在 1986 年实施的《独占规制及公正交易法》的修改原则上禁止了控股公司的设立。但是，近年来随着市场开放进程的不断加快，以及企业经营监督体系的逐步完善，普遍认为即使允许设立控股公司，也不会导致经济力量的过度集中，所以在规定了若干限制性条款的基础上，韩国已经再次修改相关立法，允许有条件地设立控股公司。

（2）大规模企业集团。所谓企业集团是指，由某同一人根据总统令规定的基准，在事实上支配该事业内容的公司集团。在此所称某同一人如果为公司，那么企业集团应当是该公司和由该公司支配的，一个以上公司组成的企业集团；在此所称某同一人如果不是公司，那么企业集团则是指由该公司和由该公司支配的，两个以上的公司组成的企业集团。在此所称在事实上支配该事业内容的公司是指，由同一人单独或者与前述同一人有关联者，占有该公司发行股份总数的 30% 以上的，出资最多的公司。

为了防止经济力量的集中，韩国独占规制法规定对企业集团实行一定的法律规制。在此之所以说实行一定的法律规制，这是因为法律规制所针对的并不是所有的企业集团，而是达到了一定规模以上的企业集团。此外，有必要予以说明的是，在考虑应列入规制对象范围的企业时，过去的独占规制法规定进入一定规模以上企业集团范围的，应当是以企业资产总额排序处于上位位置的 30 个企业，而修改后的独占规制法从 2002 年起对那些属于企业集团的国内公司，在决定是否把它列为规制对象时，虽然规定仍要考虑企业的资产总额及其排序，但是根据本法所要禁止或者限制行为的类型，对企业规模提出了不同要求。

（3）资金、资产以及人力的不当支援。[1]

（四）不当的共同行为

1. 不当共同行为的概念

所谓共同行为是指事业者与其他事业者，通过合同、协议和决议等方式，共同限制商品或劳务的价格、交易条件、交易相对方以及交易区域的行为。不同的事业者由于具有各自不同的事业条件和环境，它们的商品或劳务以不同的价格和交易条件进行交易这是完全正常的，事实上也正是由于这种差异的存在，才使不同事业者间的竞争成为可能。但是，共同行为由于无视这种自然差异，试图人为调整事业者的事业活

---

〔1〕 参见本书第三章，第一节“二、不公正交易行为的种类”。

动，所以往往导致制约自由公正竞争的垄断。

目前韩国的独占规制法，虽然把事业者的共同行为确定为本法重要的规制对象，但是，在实践中它并不禁止事业者所有的共同作为，只有那些被公正交易委员会认定为不当的共同行为，才是独占规制法的规制对象。

2. 不当共同行为的要件

根据独占规制法不当共同行为的成立，应具备以下两个具体要件：

（1）共同性。事业者行为所具有的共同性特征是事业者的共同行为成为不当共同行为的重要要件之一。事业者共同行为的共同性特征，包含以下若干具体要素：一是意思联络，即共同行为的成立必须有一方事业者向其他事业者提议，或两个以上的事业者为实施共同行为达成某种协议；二是必须证明不同的事业者相互间具有实施共同行为的合意；三是不当共同行为的推定，即公正交易委员会如果无法证明，事业者相互间具有实施共同行为的合意，在一定的交易领域如果具有对于竞争构成实质性限制共同行为竞争，可以推定其具有实施不当共同行为的合意。

（2）限制竞争性。韩国的《独占规制及公正交易法》第19条，把不当共同行为的禁止要件规定为“不当地限制竞争”。所以独占规制法并不禁止所有的共同行为，即只禁止不当限制竞争的共同行为。但是，与独占规制法规制企业结合的情况相同，只禁止在一定交易领域对竞争构成实质性限制的共同行为。而在此所称“在一定交易领域对竞争构成实质性限制”是指，在由处于竞争关系的不同事业者构成的市场中，招致了其他事业者几乎无法期待有效竞争的客观状态。

3. 不当共同行为的类型

根据《独占规制及公正交易法》第19条，不当共同行为有以下若干具体类型：

（1）价格协定。所谓价格协定是指，事业者与其他事业者共同决定、维持或者变更商品或劳务价格的行为。在市场经济条件下，商品或劳务的价格决定于商品或劳务供求关系的变化，但是，事业者如果以协定的方式决定、维持或者变更商品或劳务价格，必将制约和限制事业者间的价格竞争。

（2）交易条件协定。所谓交易条件协定是指，事业者与其他事业者就某一商品或劳务的交易条件、价钱或代价支付条件共同达成具体协议的行为。例如，事业者与事业者就约定提供类似一定商品销售中的商品搭售、一定条件下的特别降价以及其他促销等好的销售条件所达成的协议。

（3）限制供给协定。所谓限制供给协定是指，事业者与其他事业者共同提出与商品生产、出库、运送或交易有关的提案、或者与劳务交易有关提案的行为。

（4）分割市场协定。所谓分割市场协定是指，事业者与其他事业者共同限制交易区域或者交易相对方的行为。由于分割市场协定本身并不能直接左右价格，它对竞争的限制作用极其有限，所以它通常只是价格协定的一种辅助手段。

（5）限制设备协定。所谓限制设备协定是指，事业者与其他事业者共同妨碍或者限制，为了商品生产或者提供劳务而新设、增设设备或者购买装备的行为。

（6）限制商品种类、规格的协定。所谓限制商品种类、规格的协定是指，针对某一类劳务的提供以及某一类商品的生产与交易，事业者与其他事业者通过协定共同限制某一类劳务或商品种类或者规格的行为。

（7）合作公司的设立。所谓合作公司设立是指，为了执行或者管理营业主要部分的业务，事业者与其他事业者共同设立公司的行为。例如，处于竞争关系的多数事业者，为了实现商品或服务的共同买卖、原材料的共同采购设立合作公司。这种行为由于通过设立公司，限制参与企业间的市场竞争，被确定为不当的共同行为。

（8）串通投标。串通投标是在2007年实施的法律修改中追加的不当共同行为类型。所谓串通投标是指在投标或竞买中，决定中标者、竞落者、投标价格、中标价格或竞落价格以及其他由总统令规定事项的行为。

（9）其他事业者事业活动的限制。事业者为了限制其相互间的竞争，通常采用实施共同行为的做法。但是，由于其所面临情况的不同，出于妨碍或限制其他事业者事业活动以及事业内容的需要，也可以实施一定的共同行为，所以独占规制法规定也禁止这种共同行为。根据2007年实施的法律修改中，所谓其他事业者包括参与该共同行为的事业者。

三、独占行为的调查与处理

（一）独占行为的监督检查机关

参见本书，第三章，第一节，“三、（一）不公正交易行为的监督和检查”。

（二）独占行为的处理程序

参见本书，第三章，第一节，“三、（二）不公正交易行为的处理程序”。

四、对于独占行为的法律制裁

韩国的《独占规制及公正交易法》，为了制止事业者的独占行为，维护自由公正的竞争秩序，在赋予了公正交易委员会可以采取行政制裁权力的同时，为了有效地打击制止事业者的独占行为，也规定了对于独占行为的刑事制裁。

（一）对于独占行为的刑事制裁

韩国的《独占规制及公正交易法》第66～69条，作为对违反本法行为的法律制裁规定了相应的刑事处罚。规定这些刑事处罚的法律条文与规定违法行为内容的其他法律条文，作为刑事处罚的实施根据相当于有关犯罪的构成要件。对于违法者实施刑事处罚目的在于，在宪法的框架内，给全体国民创造能够维持圆满共同生活所需要的最低条件，所以考虑到刑罚具有的能够强制剥夺法定利益的性质，《独占规制及公正交易法》规定的刑罚在维护竞争秩序的各种制度中，是最后的具有补充性质的保障手段。

1. 对事业者滥用市场支配地位的刑事制裁

具有支配市场能力的事业者违反本法第3条之2，实施滥用市场支配地位行为的，处3年以下的惩役或者2亿元以下的罚金；实施滥用市场支配地位行为的事业者，如果不采取公正交易委员会请令其实施纠正措施，处2年以下的惩役或者1亿5千万元以下的罚金。法院要给实施滥用市场支配地位行为的事业者，给予相应的刑事处罚，首先应当由公正交易委员会予以告发。

2. 对事业者经济力量集中行为的刑事制裁

对于违反限制控股公司行为的相关规定者、债务保证限制的企业集团违反限制设立控股公司、规避法律行为的禁止性规定，设立控股公司或者转换为控股公司的，处3年以下的惩役或2亿元以下的罚金。在这种情况下可以并处惩役和罚金。在公正交易委员会下达要求其采取纠正措施的命令后，在规定的期间内如果没有采取相应纠正措施的，处2年以下的惩役或1亿5千元以下的罚金。

违反独占规制法有关设立、转换控股公司必须实施申告的规定，设立、转换控股公司不予申告或者实施虚伪申告；违反控股公司行为限制的有关规定，不报告或者虚伪报告控股公司以及本公司事业内容的，处1亿元以下的罚金。

（二）对于独占行为的行政制裁

1. 对事业者滥用市场支配地位行为的行政制裁

（1）纠正措施。公正交易委员会在规制独占的执法实践中，如果发现违反独占规制法滥用市场支配地位的行为，对于实施滥用市场支配地位行为的事业者，可以下达要求其降低价格、中止该行为、违反事实的公表以及采取其他纠正措施的命令。

多年来，在独占规制法的执法实践中，公正交易委员会较多使用了要求中止该行为、公表该违反事实等行政制裁手段。但是，随着宪法法院对违反事实的公表作出了违宪判决，目前已经用实际公表事业者由于其违反行为，而受到公正交易委员会纠正劝告的事实，取代了对于违反事实本身的公表。

（2）课征金。具有支配市场能力的事业者，如果实施了滥用市场支配地位的行为，根据总统令的相关规定，公正交易委员会可以对滥用市场支配地位的事业者，在不超过其营业额3%的范围内赋加课征金。在这种情况下所称营业额应当是该事业者，在此之前3个营业年度的年均营业额。如果实施该滥用行为的事业者，没有营业额或者其营业额难以计算的，应当在不超过10亿元的范围赋加课征金。

2. 对事业者实施不当企业结合行为的行政制裁

（1）纠正措施。公正交易委员会过去认为企业结合，在一定的交易领域实质性地限制了竞争或者具有实质性限制竞争的可能，可以令该事业者或违法行为的实施者，中止企业结合、处分全部或部分股份、辞退相关任员、转让部分营业、公表由于违反法律而收到公正交易委员会纠正命令的事实，同时为了防止由于企业结合所导致的限制竞争，还可以对其营业方式或营业范围进行限制。在上述情况下，大型公司参与的合并以及只有在接受有关新公司的设立申告后，才可以采取的纠正措施，必须在接受申告后的30日内，令其采取相应的纠正措施。但是，如果公正交易委员会认为确有必要，在不超过60日的范围内可以适当延长该期限。

此外，公正交易委员会如果遇到上述各种对于竞争构成限制的企业结合、以不当方式实施的企业结合、以相当于违法的方式实施的公司合并或设立，或者大型公司参与的企业结合在申告后30日之前已经实现企业结合的，公正交易委员会可以提起该公司合并或者该公司设立无效的诉讼。

（2）履行强制金。过去对实施具有限制竞争效果的企业结合行为者，其主要的处罚手段是给其赋加相应的课征金。但是，1999 年随着对《独占规制及公正交易法》的第 7 次修改，在删除与课征金有关各项规定的基础上设立了履行强制金。公正交易委员会在对这一修改所作的解释中认为，这一修改的目的在于确保企业结合的规制取得预期效果，认为由于课征金给予的是一次性处罚，具有明显局限，所以对于违法者先由公正交易委员会要求其采取相应的纠正措施，而后如果事业者不采取相应的纠正措施，再根据其未采取相应纠正措施的实际时间，给其附加一定数额的履行强制金更有实际效果。另外，课征金具有行政制裁和收回不当得利的双重性质，但是，在实践中如果企业结合被禁止，企业自然无法取得不当利益，所以改变以往的传统做法，对不当企业结合行为的实施者赋加履行强制金，更有实际意义。

根据修改后的独占规制法，实施具有限制竞争效果的企业结合行为实施者，在公正交易委员会下达要求其采取纠正措施的命令后，在规定的期间内如果没有采取相应纠正措施的，①如果是通过取得股份或者设立公司实施的企业结合，以取得或者所有股份的账面价格和接受债务的合计额附加履行强制金；②如果是通过合并实施的企业结合，作为合并代价交付股份的账面价格和接受债务的合计额附加履行强制金；③如果是根据营业量实施的企业结合，在不超过营业量金额乘上万分之三金额的范围内附加履行强制金；④如果是以任员兼任方式实施的企业结合，在每日不超过 200 万元的范围内附加履行强制金。

3. 对事业者实施经济力量集中行为的行政制裁

（1）对设立控股公司行为的行政制裁。

第一，纠正措施。公正交易委员会对于违反控股公司行为限制、企业集团设立控股公司的限制，违反脱法行为的禁止性规定或者具有违反脱发行为禁止性规定可能，可以令事业者或违反行为的实施者，采取下列之一的纠正措施：①中止该行为；②股份的全部或部分处分；③取消债务保证；④公表由于违反行为而受到公正交易委员会纠正命令的事实；⑤其他纠正违法状态的必要措施。

此外，在未满足债务保证限制的企业集团，解除债务保证要件的情况下，设立控股公司的，公正交易委员会可以提起该公司设立无效的诉讼。

第二，课征金。对于违反有关限制控股公司行为的相关规定者，公正交易委员会可以在不超过下列各项金额10%的范围内附加课征金：①如果违反限制负债总额的有关规定，超过基准借贷对照表上的资本总额2倍以上部分的负债额。②如果违反限制子公司股份所有比例的有关规定，在该子公司股份基准借贷对照表上的账面金额合计额，乘以在下列各号比率减去该子公司股份所有比率的比率后，再把它以该子公司股份的所有比例分别算出的金额。若该子公司如果是上市法人、国外的上市法人、共同出资的法人或风险有限公司的子公司为30%；其他情况为40%。③如果违反有限公司的其他限制性规定、违反子公司其他国内系列公司所有股份的限制性规定或者违反与事业有关孙公司的限制性规定，则为违反相关规定所有股份的基准借贷对照表上的账面金额合计额。④如果违反限制子公司的孙公司股份所有比率的规定，在该孙公司股份基准借贷对照表上的账面金额合计额，乘以在下列各号比率减去该子公司股份所有比率的比率后，再把它以该孙公司股份的所有比例分别算出的金额。若该孙公司如果是上市法人、国外的上市法人、共同出资的法人为20%；其他情况为40%。

（2）对大型企业集团经济力量集中行为的法律制裁。独占规制法为了防止经济力量的集中，禁止属于相当规模以上企业集团的公司相互出资，并且对其出资总额和相互间的债务保证也作出了明确限制，此外，为了有效打击和制止经济力量集中行为，规定了如下若干具体的法律制裁：

第一，纠正措施。对于违反独占规制法禁止集团内部的企业相互出资、限制集团内部企业互相提供债务保证或者限制保险公司议决权等规定的行为、有规避与此有关的法律或者有可能规避与此有关法律的行为，公正交易委员会可以要求该事业者或违反行为的实施者中止该行为、处分全部或部分股份、取消债务保证、公表由于违法行为收到公正交易委员会发出纠正命令的事实，以及采取纠正违法状态所必需的其他措施。此外，事业者或违反行为的实施者在收到公正交易委员会下达的，要求其采取纠正措施的命令后，在规定的期间内如果没有采取相应纠正措施，应处2年以下的惩役或1亿5千元以下的罚金。

对于违反禁止相互出资的有关规定实施相互出资的股份，自收到纠正措施命令之日起至违法状态消失，不得对该全部股份行使议决权。

第二，课征金。公正交易委员会对于违反禁止相互出资的有关规定取得并所有股份的公司，在不超过由于违反行为取得和所有股份10%的范围内赋加课征金。违反对于系列公司禁止提供债务保证的有关规定，给系列公司提供债务保证的公司，可以在不超过该违法保证债务额10%的范围内赋加课征金。

第二节　中国反垄断法的主要内容

2007年8月30日，第十届全国人民代表大会常务委员会第二十九次会议审议通过了《中华人民共和国反垄断法》（以下简称《反垄断法》）结束了我国竞争法的立法过程，使我国的竞争法发展成为既有反不正当竞争法，又有反垄断法的一个完整的竞争法体系。自20世纪90年代，我国《反垄断法》的起草工作前后历经10余年时间，2008年8月1日我国《反垄断法》的实施，对于预防和制止垄断行为，提高市场经济运行的效率，维护消费者利益和社会公共利益，促进社会主义市场经济的健康发展，无疑都具有十分重要的现实意义。

一、反垄断法概述

（一）反垄断法的立法目的

关于反垄断法的立法目的，《反垄断法》第1条作出如下具体规定："为了预防和制止垄断行为，保护市场公平竞争，提高经济运行效率，维护消费者利益和社会公共利益，促进社会主义市场经济健康发展，制定本法。"根据《反垄断法》第1条的这一规定，关于本法的立法目的可以作如下具体理解：

1. 预防和制止垄断行为

目前我国《反垄断法》所要预防和制止的垄断行为有；不同经营者相互间达成的垄断协议、滥用市场支配地位的行为和经营者的集中等行为。在市场经济条件下，各种类型的垄断行为由于排除或限制竞争，必将造成市场经济整体效率的低下，并且破坏社会生产力的发展，所以我国《反垄断法》为了有效地预防和制止垄断行为，保护并且促进市场主体的市场竞争，一是明确界定了垄断协议的概念，规定了垄断协议的种类，规定了垄断协议的豁免条件；二是规定了市场支配地位的定义、认定因素和推定标准，并且列举了若干滥用市场支配地位的主要行为；三是规定了经营者集中的申报制度、审查经营者集中应考虑的因素、经营者集中豁免的条件及有关的审查程序；四是规定了对经营者违法实施垄断行为的处罚。《反垄断法》的上述种种规定，既给经营者提供了识别垄断行为的界限和标准，也明确了经营者实施垄断行为所应承担的法律责任，从而为预防和制止垄断行为提供了现实基础。

2. 保护公平竞争，实现资源的合理配置，提高经济运行效率

在市场经济条件下，由于所有经营者面对激烈的市场竞争，为了实现其自身生存与发展的需要，势必推动经营者千方百计降低成本、提高劳动生产率，促进经营者用尽可能低的原材料以及劳动力消耗，生产出质量好、价格低的产品。所以在市场经济条件下，自由公正的市场竞争，既有激励广大经营者不断提高其劳动生产率的促进作用，也有使在竞争中脱颖而出的竞争者通过价格信号吸引资源的资源配置作用。目前反垄断法所要保护市场竞争机制，正是维护这样一种竞争环境：在自由公正的竞争环境中，在价格的引导下，通过优胜劣汰，将使资源得到最优化的合理配置，以提高整体经济的效率，造福于全社会的所有成员。

3. 维护消费者利益和社会公共利益

反垄断法通过保护竞争机制，制止经营者的各种垄断行为，使市场始终保持“有竞争”的状态，而在竞争机制的作用下，迫使经营者以最低的成本生产最高质量的商品，并使消费者能够以最低的价格买到这些商品，所以增进消费者利益也是反垄断法的重要目标。制定《反垄断法》的主要目的是提高市场经济效率，但是也要注意与其他社会目标间的平衡。《反垄断法》从中国的实际出发，将维护社会公共利益作为重要的立法目标，在具体规定上体现了对社会公共利益的保护。《反垄断法》涉及的社会公共利益目标包括，促进国民经济发展、提高国内企业的国际竞争力、环境与资源保护、保护对外贸易利益以及救灾、救助等目标。

（二）垄断的概念与特征〔1〕

垄断是在自由竞争环境中生产高度集中的必然结果，但是，世界各国对于垄断目前并无统一定义。这除了世界各国国情的不同之外，更重要原因则是在于世界各国法律所禁止之垄断，随着经济发展不同阶段对市场结构的不同要求而发生变化。即对于垄断过去虽然采取了严格的“当然违法”标准，但是，随着经济社会环境的发展与变化，只要不排斥竞争，无害于社会公益，一般不予禁止。

〔1〕参见杨紫烜：《经济法》，北京大学出版社2008年版，第219～220页。

垄断有合法与非法之分，目前世界各国的反垄断立法，所禁止的仅仅是非法的垄断。在市场经济条件下，垄断作为一种经济现象，有行为与状态两种含义。反垄断法规制的垄断状态主要指经济力量的高度集中，而垄断行为则要广泛得多。一般而言，反垄断法规制的垄断行为是指，经营者通过独占或有组织联合等形式，凭借经济优势或行政权力，操纵或支配市场、限制和排斥竞争的行为。

垄断作为一种经济现象，主要有以下若干基本特征：

（1）形成垄断的主要方式是经营者的独占或经营者有组织的联合。

（2）在市场经济条件下，经营者在一定经济领域形成垄断，凭借的是自己的经济优势或者可以依赖的行政权力。凭借前者形成的垄断为经济性垄断；而基于后者形成的垄断则是行政性垄断。

（3）在市场经济条件下，垄断具有限制或排除竞争的客观效果。

（三）反垄断法的适用范围

我国《反垄断法》第2条规定："中华人民共和国境内经济活动中的垄断行为，适用本法；中华人民共和国境外的垄断行为，对境内市场竞争产生排除、限制影响的，适用本法。"此外，《反垄断法》第8条还规定："行政机关和法律、法规授权的具有管理公共事务职能的组织不得滥用行政权力，排除、限制竞争。"根据上述规定，关于我国《反垄断法》适用范围必须指出以下三点：

（1）《反垄断法》是规范经营者的竞争行为、维护自由公正竞争秩序的法律。所以其调整的对象主要是经营者在我国境内经济活动中实施的垄断行为，包括经营者达成垄断协议、经营者滥用市场支配地位和具有或者可能具有排除、限制竞争效果的经营者集中。这些垄断行为的显著特征是排除、限制国内市场的竞争，也正因为如此而被《反垄断法》所禁止。在市场经济条件下，从事垄断行为的主要主体一般是经营者，即从事商品生产、经营或者提供服务的自然人、法人和其他经济组织。这里的经营者即包括国内的经营者，也包括外国企业等国际资本参与投资的经营者。垄断行为一般发生于平等民事主体间的市场经济活动。

（2）《反垄断法》不仅适用于在中国境内发生的垄断行为，也适用于在中国境外发生的对国内市场竞争产生排除、限制影响的垄断行为。随着经济全球化和我国对外开放的进一步扩大，中外企业通过相互间的并购与重组，已经形成了你中有我、我中有你的崭新格局。另外，随着我国对外贸易活动日趋频繁、进出口产品的不断增加，外国进口商在国外达成垄断协议，向国内进口商品，损害国内进口企业利益，影响国内市场价格的情况时有发生。为了防止和制止在境外发生的垄断行为对国内的市场竞争产生不利影响，我国《反垄断法》借鉴其他国家的做法与经验，规定了域外效力。在《反垄断法》的执法实践中，《反垄断法》域外效力的具体适用，由于存在国家间的利益冲突和法律冲突，必须掌握好界限。

(3)《反垄断法》不仅调整经济性的垄断行为，还规范政府滥用行政权力排除、限制竞争的行政垄断。长期以来，行政机关由于受社会主义计划经济体制的影响，在经济管理中利用其行政管理地位，滥用行政权力从事地区封锁等行为，阻碍了商品的自由流通，对市场竞争造成了很多不良影响，所以应当坚决予以制止。考虑到行政机关滥用行政权力排除、限制竞争的行为与本法着重规范的经济性垄断行为，在行为主体、表现形式和处理方法上差别较大，难以采用与经济性垄断行为相同的规则加以规范，所以该法的总则以及第五章，对行政机关滥用行政权力排除、限制竞争的行政性垄断行为进行了专门的法律规范。

(四) 反垄断法的体系

在各种类型的市场经济制度中，确立并维护自由公正的竞争秩序，对于确保市场经济的持续稳定发展，具有十分重要的现实意义，所以在所有实行市场经济制度的国家，竞争法是维护市场经济秩序、促进市场经济健康发展的重要法律。所谓竞争法是指，调整在反对垄断或限制竞争、反对不正当竞争过程中发生的市场监管关系的法律规范的总称。就目前世界各国竞争法的立法模式而言，由于世界各国经济现实、历史条件和社会状况的不同，竞争法中的反不正当竞争法和反垄断法，或者合并、或者分立、或者交叉。但是，我国竞争法由于社会主义市场经济发展所面临的现实问题，采取了分立式的立法模式，即在 1993 年制定了《反不正当竞争法》的基础上，又于 2007 年历经十多年立法探讨制定了《反垄断法》。

反垄断法是保护市场竞争，维护市场竞争秩序，充分发挥市场配置资源基础性作用的重要法律制度，也是市场经济国家调控经济的重要政策工具。就我国反垄断法的立法体系而言，虽然采取了反不正当竞争法和反垄断法分别立法的立法模式，由于《反不正当竞争法》未作及时调整，不仅在行政性垄断的法律规制中存在诸多交叉与重叠，而且也形成了各自独立的竞争法执法机关，即工商行政管理机关这一反不正当竞争行为监督检查机关和国务院反垄断委员会这一反垄断法执法机关，而使竞争法执法中的配合与协调成为必需予以解决的重要问题。

根据《反垄断法》第1条，《反垄断法》的立法目的是预防和制止垄断行为，保护市场公平竞争，提高经济运行效率，维护消费者利益和社会公共利益，促进社会主义市场经济健康发展。所以为了要明确反垄断的体系必须要了解《反垄断法》，与已有的《反不正当竞争法》和《消费者权益保护法》的区别。

《反垄断法》作为一部竞争法，与我国已有《反不正当竞争法》的立法目的不同。《反垄断法》的立法目的是维护市场竞争机制即预防和制止垄断行为、保护市场公平竞争，而不是直接保护特定的竞争者，其所维护的是市场公平竞争，是要保护多个经营者经济行为的自由，不允许个别经营者利用其市场力量操纵价格或者强加其他市场条件。所以《反垄断法》解决的是在市场中没有竞争的问题，而《反不正当竞争法》则主要解决市场中的不正当竞争问题。

我国现行的《消费者权益保护法》与《反垄断法》一样，也把维护消费者利益作为其重要的立法目的。但是，《反垄断法》立法目的与此的区别在于，《反垄断法》并不排除对消费者的直接和具体的保护，但其更侧重通过维护市场竞争机制提高经济效率，从整体上提高产品质量和降低价格，使更多消费者获得实际利益。因此，本法对于消费者的保护着眼于竞争行为是否损害了保障消费者利益的竞争机制，而不是以某一行为是否为消费者满意作为判断标准，也不刻意保护某一具体消费者利益。

二、垄断行为的种类

（一）垄断协议

1. 垄断协议的概念

根据《反垄断法》第13条第2款，所谓垄断协议是指排除、限制竞争的协议、决定或者其他协同行为。其中的“协议”是指两个或者两个以上的经营者，通过书面协议或者口头协议的形式，就排除、限制竞争的行为所达成的一致意见；“决议”是指企业集团或者其他形式的企业联合体议决议的形式，要求其成员企业共同实施的排除、限制竞争的行为；“其他协同行为”是指企业之间虽然没有达成书面或者口头协议、决议，但是，由于相互间进行了沟通，心照不宣地实施了协调的、共同排除限制竞争的行为。在市场经济条件下，经营者相互间达成的垄断协议往往造成固定价格、划分市场以及阻碍、限制其他经营者进入市场等排除、限制竞争的后果，对市场竞争危害很大，为各国反垄断法所禁止。

目前世界各国以及国际组织对垄断协议的称谓并不完全相同，如法国将其称为“非法联合行为”，日本将其称为“不正当交易限制”，欧盟将其称为“限制竞争协议”。但是，不论如何对于垄断协议的定义基本一致，即：垄断协议的实施主体是两个以上的独立经营者；垄断协议的表现形式是除了书面或者口头协议、决议外，还包括协同行为。此外，具体考察垄断协议它通常有以下三个方面的基本特征：一是以排除、限制竞争为目的；二是实施主体是两个或者两个以上的经营者；三是共同或者联合实施排除、限制竞争的行为。

2. 垄断协议的种类

在国内外反垄断的立法以及执法实践中，根据参与垄断协议的不同主体，通常把垄断协议分为横向垄断协议和纵向垄断协议这两个基本种类。所谓横向垄断协议是指，在商品的生产或者销售过程中，生产商之间、批发商之间或零售商之间，即处于同一阶段的经营者之间所达成的垄断协议；而所谓纵向垄断协议是指，在商品生产或者销售的过程中，生产商与批发商之间或者批发商与零售商之间，即处于不同阶段的经营者之间所达成的垄断协议。

目前我国《反垄断法》对垄断协议，也分为横向垄断协议和纵向垄断协议，并分别作了规定。由于参与横向垄断协议的经营者之间具有竞争关系，参与纵向垄断协议的经营者之间多数不具有竞争关系，所以反垄断法将横向垄断协议界定为具有竞争关系的经营者之间达成的垄断协议，横向垄断协议对竞争的危害既直接又严重，因而是各国反垄断法规制的重点。根据《反垄断法》第 13 条，具有竞争关系的经营者之间达成的横向垄断协议，有以下若干种类：

（1）固定或者变更商品价格的协议。

（2）限制商品的生产数量或者销售数量的协议。

（3）分割销售市场或者原材料采购市场的协议。

（4）限制购买新技术、新设备或者限制开发新技术、新产品的协议。

（5）联合抵制交易的协议。

（6）国务院反垄断执法机构认定的其他垄断协议。

纵向垄断协议是经营者与交易相对人之间达成的协议。纵向垄断协议在限制竞争的同时，在某些情况下还具有促进竞争和提高效率的作用。因此，反垄断法对其的规制态度要比横向垄断协议宽松得多。根据

《反垄断法》第13条，纵向垄断协议有以下若干种类：

（1）固定向第三人转售商品价格的协议。

（2）限定向第三人转售商品最低价格的协议。

（3）国务院反垄断执法机构认定的其他协议。

（二）滥用市场支配地位

1. 市场支配地位的概念

根据《反垄断法》，所谓市场支配地位是指，经营者在相关市场内具有能够控制商品价格、数量或者其他交易条件，或者能够阻碍、影响其他经营者进入相关市场能力的市场地位。所以企业或者企业集团如果能够左右市场竞争或者不受市场竞争机制的制约，即企业或者企业集团如果不必被迫考虑竞争者或交易对手的反应，就可以自由定价或者自由地作出其他经济决策，就可以被认定为具有市场支配地位。简单说来，市场支配地位就是经营者所具有的控制相关市场的能力，即控制相关市场交易条件的能力或者阻碍其他经营者进入相关市场的能力。其中的相关市场是指经营者在一定时期内就特定商品或者服务进行竞争的商品范围和地域范围。其中的经营者可以是一个，也可以数十个经营者作为整体共同控制市场。

2. 市场支配地位的认定与推定

我国《反垄断法》在具体界定了市场支配地位具体含义的前提下，为了有效地打击和制止经营者滥用市场支配地位的行为，又规定了反垄断执法机构在认定经营者是否具有市场支配地位时应当考虑的具体因素，为反垄断执法机构提供了认定的具体依据。根据《反垄断法》认定经营者是否具有市场支配地位的依据有：

（1）该经营者在相关市场的市场份额，以及相关市场的竞争状况。

（2）该经营者控制销售市场或者原材料采购市场的能力。

（3）该经营者的财力和技术条件。

（4）其他经营者对该经营者在交易上的依赖程度。

（5）其他经营者进入相关市场的难易程度。

（6）与认定该经营者市场支配地位有关的其他因素。

在认定经营者是否具有市场支配地位的实践中，由于在很多情况下反垄断执法机构难以掌握经营者达成垄断协议的证据，《反垄断法》还借鉴德国和韩国等其他国家的做法，并且结合我国的实际规定了如下市场支配地位的推定制度：

（1）1个经营者在相关市场的市场份额达到1/2。

（2）2 个经营者在相关市场的市场份额合计达到 2/3。

（3）3 个经营者在相关市场的市场份额合计达到 3/4。

此外，还规定在后两种情况下，其中有的经营者市场份额不足 1/10 的，不应当推定该经营者具有市场支配地位。

被推定具有市场支配地位的经营者，有证据证明不具有市场支配地位的，不应当认定其具有市场支配地位。

3. 滥用市场支配地位行为的概念

滥用市场支配地位行为是指，企业或者企业集团为维持或者增强其市场支配地位而实施的反竞争行为。滥用市场支配地位行为有以下若干特点：

（1）行为主体的特定性。即滥用市场支配地位行为的主体是在特定市场上具有支配地位的企业或者企业集团，而非其他企业或者企业集团。

（2）行为目的的特定性。即具有市场支配地位的企业或者企业集团，实施滥用市场支配地位行为是为了维持或者增强自己的市场支配地位。

（3）行为本身的反竞争性。即滥用市场支配地位行为是排除、限制其他企业或者企业集团竞争的行为。

4. 滥用市场支配地位行为的种类

根据《反垄断法》第 17 条第 1 款，我国《反垄断法》所要禁止的滥用市场支配地位行为，即滥用市场支配地位行为有以下若干具体种类：

（1）以不公平的高价销售商品或者以不公平的低价购买商品。

（2）没有正当理由，以低于成本的价格销售商品。

（3）没有正当理由，拒绝与交易相对人进行交易。

（4）没有正当理由，限定交易相对人只能与其进行交易，或者只能与其指定的经营者进行交易。

（5）没有正当理由搭售商品，或者在交易时附加其他不合理的交易条件。

（6）没有正当理由，对条件相同的交易相对人在交易价格等交易条件上实行差别待遇。

（7）国务院反垄断执法机构认定的其他滥用市场支配地位的行为。

（三）经营者集中

1. 经营者集中的概念

所谓经营者集中是指经营者为了达到一定的经济目的，通过一定的手段和方式使不同的经营者进行结合或者控制其他经营者，给其他经营者施加决定性影响，从而掌握某一方面的经济控制权的行为。经营者集中是一个开放的概念，难以对其作出精确界定，所以包括中国在内世界各国的通常做法是，通过立法列举加兜底条款的方式对经营者集中进行界定，防止立法的僵化，以便很好地应对在实践中出现的新问题。在市场经济条件下，经营者集中的后果是双重的：一方面，经营者集中有利于发挥规模经济的作用，提高经营者的竞争能力；另一方面，经营者的过度集中又会产生或加强经营者的市场支配地位，限制、破坏竞争，导致垄断结构的形成。所以限制经营者集中是反垄断法的重要使命。

2. 经营者集中的申报标准

经营者集中的申报标准，是参与集中的经营者判断是否申报的法律依据，世界各国反垄断法对此的规定也并不完全一致。比如欧盟规定，经营者集中各方在全世界的总营业额50亿欧元以上、至少两个合并方在欧盟范围内的营业额2.5亿欧元以上必须在事先予以申报；日本规定，一家公司的总资产超过100亿日元，并且另一家公司的总资产超过10亿日元，两者合并和有商务转移时才须予以申报。目前我国《反垄断法》没有明确规定经营者集中的申报标准，而是授权国务院对经营者集中的申报标准作出规定。[1]

经营者是否实施集中在本质上属于经营者自主权的范围，但是，由于经营者集中有可能排除和限制竞争，各国都对经营者集中实行一定的政府管制。我国《反垄断法》规定，经营者集中达到国务院申报标准的，经营者应当事先向国务院反垄断机构申报。即经营者实施集中符合申报标准的，必须在事先向国务院反垄断机构予以申报，经营者集中在达到国务院规定的申报标准时所应履行的申报义务是一种强制性规定，实施集中的经营者不得违反，否则要承担相应的法律责任。

3. 经营者集中的形式

根据我国《反垄断法》第20条，经营者集中有以下三种形式：

（1）经营者合并。经营者合并是指两个或两个以上的企业通过订立

〔1〕 目前国务院尚未制定经营者集中的申报标准。

合并协议，根据相关法律合并为一家企业的法律行为。经营者合并是两个或两个以上的企业资源的共同行为，必须遵守法律规定，有的还必须依法经有关部门批准，必须通过依法订立的合同来完成。经营者合并有以下两种情形：一种是经营者吸收其他经营者，被吸收的经营者主体资格消灭，即吸收合并；另一种是两个以上的经营者合并后成为一个新的经营者，合并各方主体资格都不再存在。

（2）经营者通过取得股权或者资产的方式取得对其他经营者的控制权。经营者通过取得其他经营者的股份（资产）进而直接或者间接地控制其他经营者的行为，这是借助了股东的地位，取得对其他经营者的控制权的行为。经营者通过取得股权或者资产的方式取得对其他经营者的控制权有以下两种方式：一种方式是一家企业通过购买置换等方式，取得另一家或几家企业的股权，使该企业成为另一家或几家企业的控股股东，并进而取得对其他经营者的控制权；另一种方式是一家企业通过购买置换、抵押等方式取得另一家或几家企业的资产，使该企业成为另一家或几家企业的控股股东或实际控制人，取得对其他经营者的控制权。

（3）经营者通过合同等方式取得对其他经营者的控制权或者能够对其他经营者施加决定性影响。一家企业可以通过委托经营、联营等合同方式与另一家或几家企业之间，形成控制与被控制关系或者可以施加决定性影响。也可以通过合同方式直接或者间接控制其他经营者的业务或人事等方面，或者在业务或人事方面施加决定性影响，在事实上形成经营者的集中形态。

（四）滥用行政权力排除限制竞争

一些行政机关和法律、法规授权的具有管理公共事务职能的组织，滥用行政权力排除、限制竞争，不利于形成统一、有序的市场，不利于资源的优化配置，不利于市场经济的健康发展，也损害了广大消费者的利益。所以，我国的《反垄断法》明确禁止了以下两类滥用行政权力排除限制竞争的行为：

1. 滥用行政权力实施地区封锁行为

所谓地区封锁行为是指，从狭隘的地方利益出发，采取不合理的甚至是违法的行政手段，制造障碍限制和封锁地区间的贸易往来，即限制外地商品进入本地市场，又制约本地商品流向外地市场的，割裂地区间经济联系的行为。地区间的经济封锁不利于实现资源的合理配置，影响市场经济的健康发展，所以我国《反垄断法》第33条规定禁止以下各种地区间的经济封锁行为：

（1）对外商品设定歧视性收费项目、实行歧视性收费标准或者规定歧视性价格。

（2）对外地商品规定与本地同类商品不同的技术要求、检验标准，或者对外地商品采取重复检验、重复认证等歧视性技术措施，限制外地商品进入本地市场。

（3）采取专门针对外地商品的行政许可，限制外地商品进入本地市场。

（4）设置关卡或者采取其他手段，阻碍外地商品进入或者本地商品运出。

（5）阻碍商品在地区之间自由流通的其他行为。

2. 滥用行政权力排除限制竞争的其他行为

由于社会生活本身的复杂多样，滥用行政权力排除限制竞争的行为，除了地区间的经济封锁行为，还有其他各种行为。根据《反垄断法》第32、36、37条，《反垄断法》禁止的滥用行政权力排除限制竞争的其他行为有：

（1）行政机关和法律、法规授权的具有管理公共事务职能的组织不得滥用行政权力，限定或者变相限定单位或者个人经营、购买、使用其指定的经营者提供的商品。

（2）行政机关和法律、法规授权的具有管理公共事务职能的组织不得滥用行政权力，强制经营者从事本法规定垄断行为。

（3）行政机关不得滥用行政权力，制定含有排除、限制竞争内容的规定。

三、垄断行为的调查与处理

（一）反垄断法的执法机构

我国《反垄断法》不仅规定“国务院设立反垄断委员会，负责组织、协调、指导反垄断工作……”〔1〕，而且还规定“国务院规定的承担反垄断执法职责的机构（以下统称国务院反垄断执法机构）依照本法规定，负责反垄断执法工作”。〔2〕所以我国反垄断执法机构实行的是由国务院反垄断委员会的组织协调，国务院反垄断执法机构具体执法的二元执法模式。即我国现有的制度设计考虑到保持执法工作连续的需要性，

〔1〕《中华人民共和国反垄断法》第9条。

〔2〕《中华人民共和国反垄断法》第10条。

在设立国务院反垄断委员会的同时，维持了原有的各部门分别执法的基本格局。根据《反垄断法》以及其他相关规定，目前我国已经在商务部、国家发展和改革委员会和国家工商行政管理总局设立 3 个反垄断执法机构，并且作为这 3 个反垄断执法机构的领导机构，还设立了国务院反垄断委员会。

目前作为我国反垄断法的执法机构，已经设立的 3 个反垄断机构分别是：在商务部设立的“反垄断局”；在国家发展和改革委员会设立的“价格监督检查司”；在国家工商行政管理总局设立的“反垄断与不正当竞争执法局”。

（二）反垄断执法机构的职权

1. 国务院反垄断委员会的职权

为了确保《反垄断法》执法的统一、公正和权威。《反垄断法》规定在国务院设立反垄断委员会，并且依法履行下列各项职责：

（1）研究拟定有关竞争政策。

（2）组织调查、评估市场总体竞争状况，并发布评估报告。

（3）制定、发布反垄断指南。

（4）协调反垄断执法工作。

（5）国务院规定的其他职责。

2. 国家反垄断执法机构的职权

（1）商务部——反垄断局。反垄断局主要职责是：负责审查经营者集中行为，指导中国企业在国外的反垄断应诉工作以及开展多双边竞争政策国际交流与合作。

（2）国家发展和改革委员会——价格监督检查司。价格监督检查司的主要职责是：负责依法查处价格垄断协议行为。国家和省两级具有行政执法权，市县两级是配合调查，跨省案件由国家发改委负责指定牵头办案或者联合办案，重大案件由国家发改委直接组织查处。

（3）国家工商行政管理总局——反垄断与不正当竞争执法局。反垄断与不正当竞争执法局的主要职责是：负责垄断协议、滥用市场支配地位、滥用行政权力排除限制竞争的反垄断执法等方面的工作。

（三）反垄断执法机构的调查

1. 反垄断执法机构的调查措施

根据《反垄断法》第 39 条，反垄断执法机构在调查涉嫌垄断行为的过程中，可以依法采取以下各项具体调查措施：

（1）对经营者的有关场所进行检查。

（2）询问有关单位和个人。

（3）查阅、复制有关单证、协议等文件、资料。

（4）查封、扣押相关证据。

（5）查询经营者的银行账户。

2. 反垄断执法机构的调查程序

为了提高监管效能，《反垄断法》在赋予反垄断执法机构较大权力的同时，也规定反垄断执法机构在调查涉嫌垄断行为时，应遵循以下程序性规定：

（1）执法人员不得少于2人。

（2）执法人员应当依法出示执法证件。

（3）执法人员应当依法制作笔录并由有关人员签字。

此外，《反垄断法》第41条还规定："反垄断执法机构及其工作人员对执法过程中知悉的商业秘密负有保密义务。"

四、垄断行为的法律责任

反垄断法能否有效地得到有效实施，即国家能否有效地保护竞争和抑制垄断，在很大程度上取决于能否建立一个反垄断的法律责任制度，对于垄断行为进行有效的法律制裁。为此，我国《反垄断法》为了打击制止经营者的垄断行为，在规定对垄断行为所应给予刑事制裁的同时，不仅给反垄断执法机构赋予了可以采取行政制裁的权力，而且也规定对由于垄断行为所受到的损失实施必要的民事救济。

（一）对于垄断行为的刑事制裁

反垄断执法机构进行审查和调查，并作出行政决定，需要真实、准确、完整的材料、信息。如果没有真实、准确、完整的材料、信息，将影响反垄断执法机构所作行政决定的公正性和客观性，所以《反垄断法》第52条规定，对反垄断执法机构依法实施的审查和调查，拒绝提供有关材料、信息或者提供虚假材料、信息，或者隐匿、销毁、转移证据，或者有其他拒绝、阻碍调查行为的，由反垄断机构责令改正，……构成犯罪的，依法追究刑事责任。在此，所谓构成犯罪一般是指，构成伪证罪、暴力拒绝提供有关材料、信息，暴力阻碍执行公务等。

反垄断执法机构工作人员应当依法执法、文明执法，不得滥用职权、玩忽职守、徇私舞弊，所以《反垄断法》第54条规定，反垄断执法机构工作人员滥用职权、玩忽职守、徇私舞弊或者泄露执法过程中知悉的商业秘密，构成犯罪的，依法追究刑事责任。在此所称“依法”中的“法”实际上就是刑法。

根据《刑法》反垄断执法机构工作人员滥用职权、玩忽职守致使公共财产、国家和个人利益遭受重大损失的，处3年以下有期徒刑或者拘役；情节特别严重的，处3年以上7年以下有期徒刑。反垄断执法机构工作人员徇私舞弊构成犯罪，致使公共财产、国家和个人利益遭受重大损失的，处5年以下有期徒刑或者拘役；情节特别严重的，处5年以上10年以下有期徒刑。反垄断执法机构工作人员泄露执法过程中知悉的经营者的商业秘密，给商业秘密的权利人造成重大损失的，处3年以下有期徒刑或者拘役，并处或者单处罚金；造成特别严重后果的，处3年以上7年以下有期徒刑，并处罚金。

（二）对于垄断行为的行政制裁

1. 对于垄断协议的行政制裁

经营者违反《反垄断法》的相关规定，达成垄断协议是一种严重危害市场竞争的行为，应当予以严厉处罚。所以我国《反垄断法》第46条第1款规定：“经营者违反本法规定，达成并实施垄断协议的，由反垄断执法机构责令停止违法行为，没收违法所得，并处上一年度销售额1%以上10%以下的罚款；尚未实施所达成的垄断协议的，可以处50万元以下的罚款。”该款所称“经营者违反本法规定”，是指经营者既违反《反垄断法》第13条关于禁止横向垄断协议的规定、《反垄断法》第14条关于禁止纵向垄断协议的规定，又不能证明自己所达成的协议满足《反垄断法》第15条规定的豁免的情形。

2. 对于滥用市场支配地位行为的行政制裁

经营者违反《反垄断法》的相关规定，滥用其市场支配地位的行为是一种严重危害市场竞争的行为，应当给予严厉处罚。因此，我国《反垄断法》第47条规定：“经营者违反本法规定，滥用市场支配地位的，由反垄断执法机构责令停止违法行为，没收违法所得，并处上一年度销售额1%以上10%以下的罚款。”该条所称“经营者违反本法规定”，是指根据《反垄断法》第17条第2款、第18、19条的规定，被认定为具有市场支配地位的经营者，滥用其市场支配地位，从事《反垄断法》第17条第1款规定的垄断行为。具体包括低买高卖、掠夺性定价、拒绝交易、强制或者限定交易对象、搭售、差别待遇等。

3. 对于经营者集中行为的行政制裁

根据《反垄断法》的相关规定，经营者集中达到国务院规定的申报标准，应当向国务院反垄断执法机构申报，没有申报的不得实施集中。经营者不依照法律规定进行集中，应当依据《反垄断法》第 48 条规定，由国务院反垄断机构责令停止实施集中、限期处分股份或者资产、限期转让营业以及采取其他必要措施恢复到集中前的状态，可以处 50 万元以下的罚款。具体如下：①经营者违反《反垄断法》规定实施集中，还没有完成的，由国务院反垄断执法机构责令停止继续实施集中；已经完成了集中，或者部分已经完成集中的，由国务院反垄断执法机构依据经营者集中采取的具体方式，责令经营者限期处分股份、资产、转让营业。②国务院反垄断执法机构采取上述措施仍不能恢复到集中前的状态，可以采取其认为可以采取的其他必要措施恢复到集中前的状态。③国务院反垄断执法机构可以对违反《反垄断法》规定，实施集中的经营者处 50 万元以下的罚款，具体数额由国务院反垄断执法机构依据经营者违法实施集中的性质、程度和持续事件等因素决定。

4. 对于滥用行政权力限制竞争行为的行政制裁

制定《反垄断法》目的在于，保护市场竞争，预防和制止排除、限制竞争的行为。任何人包括单位和组织，都不得利用其手中的权力损害竞争，破坏市场机制。所以《反垄断法》规定了行政机关和法律、法规授权的具有管理公共事务职能的组织，不得滥用行政权力实施排除、限制竞争的行为。

根据《反垄断法》滥用行政权力排除或者限制竞争的行为，主要有限定或者变相限定单位或者个人经营、购买、使用其指定经营者提供的商品；妨碍商品在地区之间自由流通；设定歧视性资质要求、评审标准或者不依法发布信息等方式，排除或者限制外地经营者参加本地的招投标活动；采取与本地经营者不平等待遇等方式，排除或者限制外地经营者在本地投资或者设立分支机构；强制经营者从事本法规定的垄断行为；制定含有排除、限制竞争内容的规定。对于上述行为，应当采取措施，加以纠正，有关责任人应承担相应的法律责任。

《反垄断法》第 51 条第 1 款规定："行政机关和法律、法规授权的具有管理公共事务职能的组织滥用行政权力，实施排除、限制竞争行为的，由上级机关责令改正；对直接负责的主管人员和其他直接责任人员依法给予处分。……"根据该款规定，行政机关和法律、法规授权的具有管理公共事务职能的组织滥用行政权力，排除、限制竞争，该行政机关和法律、法规授权的具有管理公共事务职能的组织的上级机关应当责令改正，而该行政机关和法律、法规授权的具有管理公共事务职能的组织应当依法改正。对直接负责的主管人员和其他直接责任人员，依法给予警告、记过、记大过、降级、撤职、开除等行政处分。

（三）对于垄断行为的民事救济

市场经济是法制经济，同时也是自由竞争经济，市场中的任何一个经营者都享有参与竞争的权利，任何其他经营者都不得剥夺。但是，任何经营者应当依法参与竞争，不得实施垄断行为，排除、限制竞争。任何经营者实施垄断行为，排除、限制竞争，给他人造成损害的，都应承担相应的民事责任。《反垄断法》第50条规定："经营者实施垄断行为，给他人造成损失的，依法承担民事责任。"

民事责任是民事法律关系的当事人，不履行民事法律义务所应承担的法律后果。民事责任具有以下三个特点：一是以财产责任为主；二是以等价、补偿为主；三是向特定的权利人或者受害人承担责任。根据《中华人民共和国民法通则》的有关规定，民事法律关系的当事人承担民事责任的方式包括精神损害赔偿，共有以下十种具体方式：停止侵害、排除妨碍、消除危险、返还财产、恢复原状、修理、重作、更换、赔偿损失、支付违约金、消除影响、恢复名誉和赔礼道歉。

此外，最高人民法院《关于确定民事侵权精神损害赔偿责任若干问题的解释》第5条规定，法人或者其他组织以人格权利遭受侵害为由，向人民法院起诉请求赔偿精神损害的，人民法院不予受理。因此，经营者实施垄断行为对法人或者其他组织造成损失，应当承担的赔偿责任中不包括精神损害的赔偿。

第三节　中韩两国反垄断法的比较及启示

考察中韩两国反垄断法的发展历程，韩国早在20世纪60年代就已开始了《独占规制法》的立法进程，并在1980年制定了《独占规制及公正交易法》。但是，由于进入20世纪80年代，我国才开始系统改革社会主义计划经济体制，并在1993年我国把社会主义市场经济写入宪法，我国竞争法特别是反垄断法的立法相对滞后，到了2008年才制定《反垄断法》，所以有关中韩两国反垄断法的比较，必将为完善中国的竞争法制，特别是我国的反垄断法制提供有意义的启示。

一、反垄断法的立法目的

在任何一个实行市场经济制度的国家，竞争法特别是反垄断法是市场法律体系当中的最重要组成部分，所以素有“经济宪法”之称。目前中韩两国都已经把市场经济确立为各自国家的基本经济制度，所以在中韩两国市场经济的法律制度中，反垄断法日益凸显在确保市场竞争、促进市场经济发展中的积极作用，目前已成为维护自由公正的竞争秩序、确保市场经济健康发展的重要力量。

（一）立法目的的共同点

关于反垄断法即独占规制法的立法目的，韩国的独占规制法规定：“本法的立法目的是防止事业者滥用市场支配地位，防止经济力量的过度集中，通过规制不当的共同行为及不公平的交易行为，促进公平、自由的竞争，促进具有创意的企业活动，保护消费者，促进国民经济的均衡发展”〔1〕。而中国的《反垄断法》则规定：“为了预防和制止垄断行为，保护市场公平竞争，提高经济运行效率，维护消费者利益和社会公共利益，促进社会主义市场经济健康发展，制定本法。”〔2〕由此我们可以看到，中韩两国反垄断法的立法目的，主要有以下若干共同点：

1. 预防和制止垄断行为，确保企业开展自由公正的市场竞争

在市场经济条件下，经济主体的市场竞争是推定市场经济发展的根本动力，所以预防和制止影响经济主体市场竞争的垄断现象，为企业开展自由公正的市场竞争创造条件，对于市场经济发展具有十分重要的现实意义。为此，中韩两国反垄断法在把预防和制止企业的垄断行为，作为其所要实现最直接立法目标的同时，都把给企业创造能够确保其开展自由公正市场竞争的环境，作为其所要实现的间接目标，这是在中韩两国反垄断法立法目的中所存在的重要共同点之一。

2. 实现资源的合理配置，提高经济运行效率

中韩两国反垄断法在有关其立法目的的表述中，虽然没有直接表明该法的立法目的之一就是提高资源配置的效率、实现资源的合理配置，但是，由于在市场经济条件下，所有经济主体面临激烈的市场竞争，如果以诚实竞争者的态度参与自由公正的市场竞争，势必带来提高资源配置的效率、实现资源的合理配置、提高经济运行效率的客观效果。所以

---

〔1〕 韩国《独占规制及公正交易法》第1条。

〔2〕《中华人民共和国反垄断法》第1条。

中韩两国反垄断法预防和制止垄断行为，维护自由公正的竞争秩序，其蕴含的深层目的就是通过优胜劣汰的竞争机制，通过提高企业的市场支配能力这一中间环节，实现资源的合理配置、提高经济运行效率。

3. 维护消费者利益和社会公共利益

根据中韩两国反垄断法的相关规定，维护和促进消费者利益即增进消费者的福祉水平，维护和促进社会公共利益，是中韩两国反垄断法所要实现的共同立法目的。我们知道中韩两国的反垄断法，其最直接目的是预防和制止垄断行为，给企业造就自由并且公正的竞争环境。但是，由于企业间自由公正的市场竞争，在客观上可以促使企业努力以最低的生产成本生产最高质量的能够满足消费者需要的商品，所以通过预防和制止垄断行为，维护消费者利益和社会公共利益，成为在中韩两国反垄断法立法目的中所体现出来的又一个重要的共同点。

（二）立法目的的区别点

分析考察中韩两国反垄断法有关立法目的的表述，我们可以看到虽然中韩两国竞争法各自选择了不同的立法模式，中韩两国反垄断法的立法目的具有诸多共同点。但是，仔细比较中韩两国反垄断法有关其立法目的的表述，我们发现中韩两国反垄断法的立法目的还有如下若干重要区别：

1. 立法目的宽泛程度的差异

韩国的竞争法由于选择了反不正当竞争法和反垄断法合并立法的立法模式，所以有关反垄断法立法目的的表述相对于中国《反垄断法》更加宽泛，即韩国反垄断法有关立法目的的表述，除了预防和制止垄断行为、确保自由公正的市场竞争、保护消费者利益和社会公共利益外，还把助长具有创意的企业活动，实现国民经济的均衡发展确定为本法的立法目的。但是，中国的竞争立法由于选择了反不正当竞争法和反垄断法分别立法的立法模式，《反垄断法》有关该法立法目的的表述，没有像韩国反垄断法那样具体和宽泛，即中国的《反垄断法》只把预防和制止垄断行为、保护公平竞争，实现资源的合理配置、提高经济运行效率、维护消费者利益和社会公共利益确定为该法的立法目的。

2. 立法目的着眼点上的差异

韩国的《独占规制及公正交易法》认为，独占规制法的立法目的是促进自由公正的市场竞争，而要确保企业开展自由公正的市场竞争，一是要确保企业能够参与自由公正的市场竞争，即向所有希望参与竞争的企业开放市场；二是必须确保企业能够开展自由公正的市场竞争。此外，韩国的独占规制法认为，助长具有创意的企业活动，实现国民经济的均衡发展是该法终极的立法目的。由此，我们可以认为韩国独占规制法立法目的的着眼点是，排除各种制约和影响竞争的垄断现象，并且发挥市场机制的功能。而中国的《反垄断法》关于其立法目的，虽然没有明示主要是规制行政垄断，但是，在我国的社会主义市场经济制度中，由于传统体制的影响，行政性垄断依然是影响市场经济发展的重要制约因素，对于行政性垄断的法律规制成为我国《反垄断法》的重要着眼点。因此，这种立法目的着眼点上的差异，是在中韩两国反垄断法的立法目的中所体现出来的一个重要区别。

（三）获得的启示

比较中韩两国反垄断法确立的立法目的，我们不仅看到中韩两国的反垄断法作为维护和促进公平竞争的重要法律，具有上述若干明显的共同点，而且也发现中韩两国反垄断法立法目的，在目的本身的宽泛程度和着眼点等方面具有一定区别。此外，通过对中韩两国反垄断法立法目的，特别是反垄断法立法目的区别点的考察，我们还获得了如下若干有助于完善我国《反垄断法》的重要启示：

（1）作为维护和促进公平竞争的重要法律，《反垄断法》当然应当把预防和制止垄断行为、维护和促进自由公正的市场竞争、维护消费者利益和社会公共利益作为其直接的重要立法目的。但是，由于预防和制止垄断行为、维护和促进自由公正的市场竞争、维护消费者利益和社会公共利益，都不过是发挥市场竞争机制积极作用的重要手段，所以中国的《反垄断法》不仅应借鉴韩国《独占规制及公正交易法》，在有关本法立法目的的表述中增加类似“发挥市场竞争机制的功能”、“助长有创意的企业活动”等内容，而且在具体的法律规定中，既要规制各种类型的垄断行为，还要完善有利于发挥市场竞争机制功能的相关制度。

（2）预防和制止各种类型的垄断行为，维护和促进自由公正的市场竞争，维护消费者利益和社会公共利益，推动企业开展具有创意的企业活动，给企业参与竞争创造良好的外部氛围，具有十分重要的现实意义。为此《反垄断法》可以适当借鉴韩国等其他国家做法，适当调整我国《反垄断法》的立法目的，不仅要在《反垄断法》的立法目的中，用抽象性的语言进一步细化《反垄断法》的立法目的，而且还要把不断改革现有的经济管理体制，逐步铲除导致各种垄断行为形成的体制，给企业营造能够开展自由公正竞争的环境，作为我国《反垄断法》的重要内容。

二、反垄断的适用范围

关于反垄断法韩国称独占规制法的适用范围，中韩两国的反垄断法虽然采用了各自不同立法方式，但是，都以自己特有的方式界定了反垄断法的适用范围，根据中韩两国各自法律的相关规定，我们认为中韩两国反垄断法的适用范围，主要有以下若干共同点与区别点：

（一）适用范围的共同点

（1）韩国的《独占规制及公正交易法》对于本法的适用范围，实际上并没有作出正面界定，只是在其第58、59条和第60条作出了有关该法适用除外的规定，即以排除方式明确该法的适用范围。而中国的《反垄断法》对于该法的适用范围，则是在其第2条作出如下明确规定："中华人民共和国境内经济活动中的垄断行为，适用本法。……"据此，我们可以认为在中韩两国国内经济活动中的垄断行为，实际上都是反垄断法的适用范围。

（2）韩国的《独占规制及公正交易法》第2条规定："在国外实施的行为如果影响到国内市场，适用本法。"中国的《反垄断法》关于该法的适用范围，在其第2条也有如下类似规定："……中华人民共和国境外的垄断行为，对境内市场竞争产生排除、限制影响的，适用本法。"由此，我们可以看到，即使是在国外实施的垄断行为，如果影响到国内市场的竞争，也应适用反垄断法。所以反垄断法的域外适用成为中韩两国反垄断法适用范围的共同点。

（3）在韩国反垄断的执法实践中，不仅根据"面对目标冲突的政策决断"的理论，出于维护竞争秩序、克服经济危机、调整产业结构等政策目标的实际需要，可以排除独占规制法的适用，而且也可以出于应对市场失败的需要，在遇有自然独占、过度竞争、外部效果等特殊情况时，排除独占规制法的适用。[1] 此外，韩国《独占规制及公正交易法》第58、59条和第60条还规定，由法令规定的正当行为、行使无形财产权的行为和特定组合的行为，不适用独占规制法。

目前中国的《反垄断法》不仅在第55条规定："经营者依照有关知识产权的法律、行政法规规定行使知识产权的行为，不适用本法……"而且在其56条还规定："农业生产者及农村经济组织在农产品生产、加工、销售、储存等经营活动中实施的联合或者协同行为，不适用本法。"

---

〔1〕参见本章第一节，一，（三），独占规制法的适用除外。

由此，可以看到中韩两国《反垄断法》均规定了反垄断法的适用除外。

（二）适用范围的区别点

（1）韩国的独占规制法以排除法，也就是在对该法适用范围没有作出正面界定界的情况下，通过排除不应当适用反垄断法情况的方式，明确了反垄断法的适用范围；但是，中国的反垄断法在界定该法的适用范围时，则是以正面界定加特别规定的方式，界定了反垄断法的适用范围。

（2）关于反垄断法的适用范围，韩国的独占规制并没有特别指出，行政性垄断是独占规制法重要的调整对象；但是，中国的反垄断法鉴于在经济生活中，由于受传统体制的影响行政性垄断依然多发的社会现实，在第五章用较大篇幅专章规定了对于行政性垄断的法律规制。

（三）获得的启示

韩国的独占规制法在界定该法具体的适用范围时，即没有特别指出该法所应适用的范围，也没有专门规定行政性垄断也应适用该法规定予以调整，但是，我们不能说韩国独占规制法的适用范围不够明确。所以我们认为在界定反垄断法的适用范围时，可以适当借鉴韩国做法，尽可能用相关的法律原理、原则和抽象性的语言予以表述，更有利于增强我国反垄断法的生命力。

三、垄断行为的种类

反垄断法规定的垄断行为种类，是反垄断执法机构区分各种垄断行为、判断有无垄断行为的直接依据。考察中韩两国垄断行为的种类，不仅可以看到中韩两国垄断行为的种类划分基本类似，而且还可以发现由于中韩两国的不同国情，对于各种垄断行为的认定确立了不同标准。所以，中韩两国垄断行为种类的比较，必将有助于为进一步完善我国反垄断法提出有价值的借鉴意见。

（一）垄断行为种类的共同点

比较中韩两国反垄断法中的垄断行为，可以看到主要有以下若干共同点：

1. 基本相同的垄断行为种类划分

考察中韩两国反垄断法有关垄断行为的种类划分，由于经济现象和垄断行为本身所具有的共性特征，虽然韩国的《独占规制及公正交易法》将所要预防和制止的垄断行为分为市场支配地位的滥用、企业结合、经济力量的集中和不当的共同行为；中国的《反垄断法》也把其所要预防和制止的垄断行为分为垄断协议、滥用市场支配地位、经营者集中和滥用行政权力排除限制竞争。但是，在中韩两国规定的垄断行为种类中，由于韩国所称的“不当的共同行为”相当于中国所称的“垄断协议”，即中国所称“垄断协议”中的部分内容，包含于韩国所称的“不当的共同行为”。所以中韩两国垄断行为的种类划分基本相同，这是在中韩两国垄断行为中所存在的一个重要共同点。

2. 从本国实际出发划分垄断行为的种类

中韩两国在划分垄断行为的具体种类时，均从本国实际出发，反映了各自不同的实际需要。例如，韩国的《独占规制及公正交易法》根据在韩国的资本主义市场经济制度中，由于长期实行的政府主导型经济开发政策，经济力量集中由来已久且表现突出的现实状况，把控股公司和大规模企业集团确定为反垄断法主要的规制对象。而中国的《反垄断法》鉴于在中国现实的经济生活中，由于受社会主义计划经济这一传统体制的影响，滥用行政权力割裂地区间经济往来、滥用行政权力限定经营者购买使用其指定经营者商品等行政性垄断，成为影响市场经济发展重要制约因素的实际，用较大篇幅专章规定了滥用行政权力排除限制竞争这一垄断行为。所以从本国的实际需要出发确定垄断行为的种类，成为中韩两国在确定垄断行为的具体种类时所共同考虑的一个重要因素。

（二）垄断行为种类的区别点

分析考察中韩两国垄断行为的种类，由于中韩两国都把市场经济作为国家的基本经济制度，并且在经济运行中都强调国家经济干预，所以形成了基本相同的垄断行为种类划分和各种垄断行为内涵的界定。但是，由于中韩两国政治体制、法律传统以及市场经济发展阶段的各异，由于各自的市场经济发展面临了不同的问题，所以中韩两国的垄断行为也形成如下若干重要区别：

1. 各自不同的垄断行为种类划分

目前中韩两国都把市场经济作为国家的基本经济制度，所以垄断行为的种类划分也基本相同。但是，由于中韩两国市场经济体制的不同政治背景，垄断行为的种类也有明显的重要区别。根据韩国的《独占规制及公正交易法》，垄断行为虽然有市场支配地位的滥用、企业结合、经济力量的集中和不当的共同行为等四个种类；但是，中国的《反垄断法》则把垄断行为分为垄断协议、滥用市场支配地位、经营者集中和滥用行政权力排出限制竞争等四个种类。由此，我们可以看到中国的《反垄断法》鉴于行政垄断表现突出的实际，把行政垄断作为垄断行为中的一个重要种类作出了具体安排，但是，在韩国反垄断法所确定的垄断行为种类中，却没有行政垄断这样一种垄断行为的具体种类。

2. 经营者集中与企业结合的不同称谓和内涵

根据我国《反垄断法》第20条的相关规定，所谓经营者集中是指经营者为了达到一定的经济目的，通过经营者合并、取得股权或资产、合同等方式，使不同的经营者进行结合或者控制其他经营者，给其他经营者施加决定性影响，从而掌握某一方面的经济控制权的行为。而韩国《独占规制及公正交易法》中的企业结合是指，通过不同企业资本、人力以及组织的结合，把不同企业的活动置于统一的管理体制下，消灭个别企业经济独立性的行为过程。所以我国《反垄断法》所称的“经营者集中”，韩国称“企业结合”。但是，就经营者集中即企业结合的具体方式而言，韩国虽然有取得股份、职务兼任、公司合并、营业受让和设立公司等5种方式，中国仅有经营者合并、取得股权或资产、以合同方式取得控制权等这3种方式，特别是没有把在现实中大量存在“职务兼任”，确定为应当予以规制的经营者集中方式之一。这是在中韩两国垄断行为的种类中，特别是在确定经营者集中即企业结合方式中所存在的一个重要区别。

3. 垄断协议与共同行为的不同称谓和内涵

根据我国《反垄断法》第13条第2款，所谓垄断协议是指排除、限制竞争的协议、决定或者其他协同行为。而韩国《独占规制及公正交易法》中的共同行为是指，事业者与其他事业者，通过合同、协议和决议等方式，共同限制商品或劳务的价格、交易条件、交易相对方以及交易区域的行为。所以我国《反垄断法》所称的“垄断协议”，实际上就是韩国所称“共同行为”。目前韩国把应当受到规制的不当共同行为，共划分为价格协定、交易条件协定、分割市场协定、串通投标和合作公司的设立等9个具体类型〔1〕，但是，在中国《反垄断法》所确定的垄断协议种类中，却没有串通投标〔2〕和合作公司的设立等行为。

---

〔1〕 参见韩国《独占规制及公正交易法》第19条。

〔2〕 目前在我国“串通投标”作为不正当竞争行为，由《反不正当竞争法》予以规范。

（三）获得的启示

比较中韩两国反垄断法中的垄断行为，由于竞争等经济行为本身具有的共性特征，在具有了若干共同点的同时，由于中韩两国市场经济以及竞争法所处的不同发展阶段，还形成了上述若干重要区别。而通过对上述若干区别点的考察，我们获得了如下若干有助于完善我国《反垄断法》的几点重要启示：

（1）我国社会主义市场经济的发展起步较晚，1993 年才把社会主义市场经济写入宪法，所以虽然早在 1993 年就已制定《反不正当竞争法》，直到 2007 年《反垄断法》才得以出台，最终结束了我国竞争法的立法进程。由于我国竞争法选择反不正当竞争法和反垄断法分别立法的立法模式，由于《反不正当竞争法》和《反垄断法》的形成有近 14 年的时间间隔，所以《反不正当竞争法》与《反垄断法》的衔接问题较多。如对于行政性垄断的法律规制，在《反不正当竞争法》和《反垄断法》中都有具体安排，形成了法律规范相互间的交叉与重叠。所以或者借鉴韩国等其他国家的做法，把对行政性垄断的法律规制交由行政法予以处理，或者尽快修改《反不正当竞争法》，在《反不正当竞争法》删除与行政性垄断有关的内容。

（2）比较中韩两国垄断行为的种类，由于世界各国市场经济现象和竞争环境的基本一致，反垄断法所规定的垄断行为种类也基本相同。但是，分析考察反垄断法所要规制的垄断行为内容，中韩两国反垄断法的规定仍有若干重要区别，而这些区别的具体表现是：虽然中韩两国反垄断法都有相应的垄断行为种类，韩国反垄断法规定的垄断行为其内容，相对于中国的反垄断法更加具体。例如，韩国反垄断法有关“企业结合”和“共同行为”的规定，就比中国反垄断法有关“经营者集中”和“垄断协议”更加具体，并且还有《独占规制及公正交易法施行令》给其提供重要补充。所以为了有效地预防和制止限制竞争的垄断行为，并且使反垄断法执法取得预期的执法效果，不仅要进一步完善我国的《反垄断法》，而且还应借鉴韩国做法加快《反垄断法》配套法规的立法进程。

四、反垄断法的执法机关

反垄断法的目的是维护自由公正的竞争秩序，给经济主体即企业营造良好的竞争环境，而反垄断法的实施离不开独立、权威的反垄断执法机关。所以有关中韩两国反垄断执法机关的比较，必将有助于在借鉴韩国等其他国家的经验，根据独立、权威、精干和效能的原则，构建我国反垄断执法机关。

（一）反垄断执法机关的共同点

目前中韩两国为了在经济生活中，确立和维护自由公正的竞争秩序，有效预防和制止各种类型的垄断行为，根据各自国家反垄断法的相关规定，建立了具有自身特点的反垄断执法机关。比较分析中韩两国的反垄断执法机关，我们认为中韩两国反垄断执法机关，主要有以下两个方面的共同点：

1. 反垄断执法机关的行政属性

考察实行市场经济制度国家的一般做法，建立公平竞争、规范有序的市场体系必须依法打破垄断，而打破垄断必须借助于一个独立、高效、权威的反垄断执法机关，切实保证反垄断法的有效实施。目前韩国《独占规制及公正交易法》规定，为了独立履行由本所规定的各项事务，在国务总理属下设立公正交易委员会，公正交易委员会作为由政府组织法规定的中央行政机关，在自己所管事务的范围内依法履行职责〔1〕。而中国的《反垄断法》不仅规定，国务院设立反垄断委员会，负责组织、协调、指导反垄断工作，履行相应职责〔2〕，而且还规定，国务院规定的承担反垄断执法职责的机构依照本法规定，负责反垄断执法工作。〔3〕由此，可以看出中韩两国的反垄断执法机关，都属行政机关范畴，是典型的行政机关。即在反垄断的执法实践中，中韩两国都强调发挥行政机关的主导作用，这是在中韩两国反垄断执法机关中所存在的一个重要共同点。

2. 反垄断执法机关实行委员会制

目前中韩两国在设立自己的反垄断执法机关时，都借鉴欧美发达市场经济国家的做法，并且考虑本国政治制度以及行政体制的现实状况，不仅把反垄断执法机关都设定为行政机关，而且作为其具体执法主体还实行委员会制。韩国的公平交易委员会是根据《独占规制及公正交易法》规定设立的反垄断执法机关，它隶属于国务总理，独立处理事务。目前韩国的公平交易委员会由包括委员长 1 人、副委员长 1 人在内的 9 人组成，公平交易委员会享有执法权、协调权等职权。中国《反垄断

---

〔1〕参见韩国《独占规制及公正交易法》第 35 条。

〔2〕参见《中华人民共和国反垄断法》第 9 条。

〔3〕参见《中华人民共和国反垄断法》第 10 条。

法》第9条规定："国务院设立反垄断委员会，负责组织、协调和指导全国的反垄断工作。"国务院反垄断委员会是国务院议事协调机构，国务院副总理任国务院反垄断委员会主任，商务部部长、国家发改委主任、国家工商总局局长和国务院副秘书任副主任。由此，我们可以认为反垄断执法机关实行委员会制，也是中韩两国反垄断执法机关重要共同点。

（二）反垄断执法机关的区别点

分析比较中韩两国的反垄断执法机关，我们不仅可以看到具有上述若干重要共同点，而且也可以发现由于中韩两国市场经济发展状况、政治制度以及行政体制各异，在其独立程度等方面形成了如下若干重要区别：

1. 反垄断执法机关的独立性

韩国的《独占规制及公正交易法》规定："为了独立执行本法规定的事务，在国务总理属下设立公正交易委员会，公正交易委员会作为《政府组织法》第2条规定的中央行政机关，执行其管辖事务。"〔1〕此外，委员会可以就本法的实施制定必要基准，接受违反该法违法行为的申告，在认定属于本法禁止行为的例外情况，并且在对违反本法行为开展必要调查时，可以采取相应的纠正措施、赋加课征金，并且根据案件的具体情况行使起诉权，由此可以认为韩国的公正交易委员会是一个具有相应职权的独立规制机关。但是，中国的《反垄断法》则规定："国务院设立反垄断委员会，负责组织、协调、指导反垄断工作，履行下列职责……"〔2〕"国务院规定的承担反垄断执法职责的机构依照本法规定，负责反垄断执法工作。"〔3〕所以国务院设立的反垄断委员会，仅是反垄断业务的组织、协调和指导机构，而并非像韩国的公正交易委员会是独立的规制机关。反垄断执法机关是否为独立的规制机关，这是中韩两国反垄断执法机关的重要区别点。

2. 反垄断执法机构的不同结构与设置

根据《独占规制及公正交易法》以及《独占规制及公正交易法施行令》，韩国的公正交易委员会由包括委员长1人、副委员长1人在内的9人组成，其中的4人为非常任委员。公正交易委员会的常任委员和

〔1〕韩国《独占规制及公正交易法》第35条。
〔2〕《中华人民共和国反垄断法》第9条。
〔3〕《中华人民共和国反垄断法》第10条。

非常任委员，应当在独占规制和公正交易等领域具有经验和专门知识的人员中予以任命。韩国的公正交易委员会会议分为，由全体委员组成全员会议和包括1名常任委员共有3名委员组成的小会议。公正交易委员会可以设立5个以内的小会议。公正交易委员会为了处理日常事务，还设有处理日常事务的事务处，并且在事务处设立了运营支援科、综合咨询科、竞争政策局、消费者政策局、市场监督局、托拉斯调查局和企业协作局等机构。此外，为了便于处理地方的公正交易事务，公正交易委员会在首尔、釜山、大田和大丘等设立了地方公正交易事务所。

根据中国《反垄断法》第9、10条以及其他相关法规的规定，中国的反垄断执法业务分属于商务部、发改委和国家工商行政管理总局这3个不同的行政机关，并且其反垄断执法还要受到国务院反垄断委员会的指导。此外，《反垄断法》还规定国务院反垄断执法机关根据工作需要，可以授权省、自治区、直辖市人民政府相应的机关，依照本法规定负责有关反垄断执法工作。

根据中韩两国反垄断法的上述各项规定，我们可以看到中韩两国的反垄断执法机关的结构和设置具有重要区别。即在反垄断执法机关的结构设计中，虽然韩国的反垄断执法机关设置选择的是一元结构，把反垄断法的执法任务交给了独立的具有准司法性质的公正交易委员会，而中国则考虑现有行政机关可以承担反垄断法执法业务的现实状况，把反垄断法的执法业务交给了商务部、发改委和国家工商行政管理总局这3个不同的国家行政机关。所以在中韩两国的反垄断执法机关中，反垄断执法权的集中与否是又一重要区别。

（三）获得的启示

比较中韩两国反垄断法的执法机关，我们既看到它们在机关的基本性质、构成方式以及基本职能等方面具有若干共同点，也发现它们在执法机关的结构与设置、执法权的集中与独立程度等方面存在重要区别。而通过对中韩两国反垄断执法机关的比较，我们还获得了有助于完善我国相关制度的两点重要启示：

1. 应确保反垄断执法机关的独立地位

反垄断执法机关的独立性是指，它能够独立地执行国家的反垄断法和竞争政策，即在执行过程中不必受其他政府部门的干扰。反垄断执法机构必须有其独立性，这是由反垄断法的特殊任务决定的。但是，由于国务院反垄断委员会仅是反垄断工作的组织、协调和指导机关，由于具体的反垄断业务分属3个不同的行政机关，很难说我国的反垄断执法机关具有独立地位。因此，借鉴韩国等其他国家做法，实现反垄断业务的集中，把国务院反垄断委员会办成具有准司法性质的独立执法机关，并且强化其职能具有十分重要的现实意义。

2. 应强化地方反垄断执法机关的建设

考虑市场经济具有的开放性特征，出于建立全国统一大市场的需要，《反垄断法》明确规定反垄断执法为中央事权。但是，考虑到我国地域辽阔、人口众多，反垄断法执法工作量大，《反垄断法》规定国务院反垄断执法机构根据工作需要，可以授权省、自治区、直辖市人民政府相应机关负责有关反垄断法执法工作。也就是说省级人民政府相应机关虽然没有执行反垄断法的职责，可以在国务院反垄断执法机构授权的范围执行《反垄断法》。因此，强化地方反垄断执法机关的建设，规范地方反垄断执法机关的执法，已成为反垄断执法机关建设的关键环节。

五、垄断行为的法律责任

法律责任是指行为人实施了违反法律规定的行为后，根据法律规定所应承担的相应法律后果。韩国的《独占规制及公正交易法》第十章（调查等程序）、第十一章（损害赔偿）、第十四章（罚则），中国的《反垄断法》第七章，就经营者实施垄断行为后所应承担的法律责任作出了具体规定。比较中韩两国反垄断法有关垄断行为法律责任的规定，我们可以看到有以下若干共同点与区别点：

（一）法律责任的共同点

1. 垄断行为法律责任承担方式的共同点

根据中韩两国反垄断法，垄断行为实施者所应承担的法律责任，就其法律责任的具体方式而言，最终都可以把它归类为民事赔偿责任、行政责任和刑事责任。这是在中韩两国垄断行为的法律责任中，所存在的一个重要共同点。目前韩国的《独占规制及公正交易法》第十章作为调查程序的重要组成部分，规定了纠正劝告、纠正命令、课征金的纳付命令、过怠料的纳付命令等行政责任；第十一章规定了垄断行为实施者所应承担的民事赔偿责任[1]；第十四章规定了作为垄断行为实施者所应承担的罚金等刑事责任。而我国的《反垄断法》则是在第七章集中规定

〔1〕 韩国《独占规制及公正交易法》第十一章第56条（损害赔偿责任）规定："事业者或者事业者团体因违反本法规定而使他人遭受损害的，应承担该受害者的损害赔偿责任。……"

了垄断行为实施者所应承担的民事赔偿责任、行政责任和刑事责任。

2. 垄断行为民事赔偿责任的共同点

对于受到垄断行为侵害的事业者（经营者）实施相应的损害赔偿，目的在于补偿竞争事业者所受到的损害，并且间接抑制事业者实施垄断行为。根据韩国的《独占规制及公正交易法》，由于垄断行为的损害赔偿责任是不法行为责任，它的成立要件与民法中损害赔偿责任的成立要件基本相同。所以应当根据《民事诉讼法》的有关规定提出损害赔偿请求。而中国的《反垄断法》也规定："经营者实施垄断行为，给他人造成损失的，依法承担民事责任。"[1]由此，可以认为由于对民事赔偿责任没有作具体规定，所以根据民法以及民事诉讼法的有关规定提出损害赔偿请求，是中韩两国垄断行为民事责任赔偿制度的重要共同点。

3. 垄断行为刑事责任的共同点

对于垄断行为既要追究相应的民事责任和行政责任，也要追究相应的刑事责任，这是因为只有通过刑罚这种保障手段才能对竞争机制进行有效保护，才能真正地保障反垄断法立法目的得以实现。目前根据韩国的《独占规制及公正交易法》和中国的《反垄断法》，追究垄断行为实施者刑事责任的主要手段是，依照刑法的有关规定追究相关责任人员的刑事责任。而追究经营者和反垄断执法机关相关责任人员的刑事责任，由于在维护竞争秩序的各项制度中，是最后的具有补充性质的保障手段。只是在个别条款作出了原则规定。所以既规定垄断行为实施者所应承担的刑事责任，又把追究垄断行为的刑事责任作为仅在不得已的特殊情况下使用的补充手段，也是中韩两国垄断行为法律责任重要共同点。

（二）法律责任的区别点

作为制裁经营者的垄断行为，维护竞争秩序的重要执法手段，中韩两国垄断行为的法律责任，在违法者承担法律责任的方式、追究违法者的损害赔偿责任、追究经营者和反垄断执法机关相关责任人员的刑事责任等方面，具有诸多共同点的同时，中韩两国垄断行为法律责任，还具有如下几点重要区别：

1. 垄断行为行政责任的区别

法律上的垄断具有既侵害其他竞争者的合法权益，又破坏市场竞争秩序的双重性质。所以为了保护诚实经营者的合法权益，维护正常的市

---

〔1〕《中华人民共和国反垄断法》第50条。

场竞争秩序，在赋予垄断行为的受害人可以请求损害赔偿的同时，也规定可以通过行政手段追究违法者的行政责任，既维护社会的公共利益，又确保正常的市场竞争秩序。目前韩国的反垄断法作为垄断行为的行政责任，虽然规定了纠正命令的下达、责令缴纳罚款等多种具体制裁手段，并且这些多种制裁手段统一由公正交易委员会实施。但是，中国的《反垄断法》虽然也规定了责令停止违法行为、没收违法所得、依法撤销登记（社会团体登记机关）等制裁手段，这些制裁手段却由不同的反垄断机构实施，这是中韩两国垄断行为行政责任的区别。

2. 垄断行为刑事责任的区别

为了有效打击和制止垄断行为，中韩两国反垄断法对垄断行为的刑事责任都作了相应规定。目前韩国的《独占规制及公正交易法》第67、69条内容涉及垄断行为的实施者、滥用职权的公正交易委员会公务人员的刑事责任[1]，而中国的《反垄断法》则仅在第52条规定了反垄断执法机构工作人员所应承担的刑事责任，至于承担刑事责任的具体方式，规定依垄断行为的违法程度而有所不同。由此，可以看到中韩两国有关垄断行为刑事责任的规定，就其可以追究刑事责任的垄断行为的种类而言，韩国《独占规制及公正交易法》规定的范围要大于中国《反垄断法》规定的范围，而就刑事处罚的具体力度而言，中国《反垄断法》规定的制裁力度要强于韩国《独占规制及公正交易法》规定的制裁力度，这是在中韩两国反垄断法中的刑事责任所存在的重要区别。

（三）获得的启示

反垄断法确定的垄断行为的法律责任制度，是打击制止垄断行为、维护公正竞争秩序的重要制度保障，比较中韩两国垄断行为的法律责任，我们还获得了有助于完善我国的反垄断法制、有助于建立公正竞争秩序的以下两点重要启示：

（1）比较中韩两国垄断行为的行政责任，在确定垄断行为的行政责任时，特别是在设定罚款等行政处罚的具体数额时，要借鉴韩国的《独占规制及公正交易法》，既要考虑由于经济的持续快速发展将要导致的币值变化，尽可能使用“所取得的违法所得”和“违法所得的1至2倍”等抽象性的语言，又要在构建统一反垄断执法机关的基础上，为了

---

〔1〕 韩国的《独占规制及公正交易法》第66～69条规定了不公正交易行为的法律制裁，其中包括垄断行为实施者以及滥用职权的公正交易委员会公务人员所应承担的刑事责任。

确保对垄断行为行政制裁的公平与公正，应当把对垄断行为实施行政制裁的权力，集中于统一的反垄断执法机关。

（2）追究违法者的刑事责任，是对垄断行为实施者最严厉的法律制裁。比较中韩两国垄断行为的刑事责任，韩国规定既可以追究垄断行为实施者即事业者的刑事责任（罚金），也可以追究滥用职权的公正交易委员会公务人员的刑事责任。但是，根据中国的《反垄断法》，目前仅可以追究实施垄断行为的经营者和反垄断执法机构相关责任人员的刑事责任。所以考虑改革开放以来在我国的经济生活中，各种垄断行为正在不断增加的客观现实，应借鉴韩国做法，具体细化应承担刑事责任的垄断行为种类，以加大对各种垄断行为的打击力度。

第五章
竞争法制的国际化与中国竞争法制的发展

第一节　经济全球化与竞争法制的国际化

经济全球化是指世界经济活动超越国界，即通过对外贸易、资本流动、技术转移和提供服务，而在全球范围形成的相互依存、相互联系有机经济整体。经济全球化是当代世界经济发展所显现的重要特征之一，也是世界经济发展的重要趋势。经济全球化是指贸易、投资、金融、生产等经济活动的全球化。从根源上说，经济全球化是生产力和国际分工的高度发展，在客观上要求进一步跨越民族和国家疆界的产物。经济全球化是市场经济的全球化、市场竞争的全球化，而市场经济由于崇尚法制必然导致市场竞争的全球化和竞争法制的国际化。

一、经济全球化是世界经济发展的必然趋势[1]

（一）经济全球化的概念

经济全球化（Economic Globalization）是指世界经济活动超越国界，通过对外贸易、资本流动、技术转移、提供服务、相互依存、相互联系而形成的全球范围的有机经济整体。简单地说，就是世界经济日益成为紧密联系的一个整体。经济全球化是当代世界经济的重要特征之一，也是世界经济发展的重要趋势。目前世界已进入被称为全球化的新时代。全球化涉及的领域正日渐扩大，但首先和突出地表现在经济领域，即在被称为全球化的这一人类社会发展新时期，经济全球化正起着至关重要的基础作用。经济全球化将世界经济联系成一个有机的整体。目前由于以信息技术为代表的高技术发展，人与人之间、国与国之间的距离已大大缩短，世界各国经济相互间的联系和依赖更加紧密。

〔1〕参见 http：//baike. baidu. com/view/9593. htm.

经济全球化是世界经济发展的必然趋势。第二次世界大战以后，特别是自20世纪70年代以来，西方国家的资本主义生产方式在产业资本的带动下，形成了向全世界范围扩张的明显态势，使资本增值的循环与周转在全球范围进行，即形成了资本的国际循环，而资本国际循环的形成标志着经济全球化的全面展开。第二次世界大战以后，跨国公司的迅速发展，对经济全球化的形成发挥了极其重要的推动作用。跨国公司和发达国家利用自己雄厚的资本和先进的技术，使用世界各地的廉价劳动力和原材料，通过周密的全球战略和灵活的经营方式组织专业化生产，并在世界范围进行战略运作，从而获得最大效益。

（二）经济全球化的特征

从以上分析中可以看出，经济全球化具有以下几个显著特点：

1. 资源配置全球化

随着科学技术的进步和生产的发展，没有哪一个国家能够拥有发展本国经济所必需的全部资源、资金和技术，也没有哪一个国家能够生产自己所需要的一切产品，所以必须进行交流和相互合作。经济全球化加速了生产要素在世界范围内自由流动和优化配置。近几十年，很多发展中国家各自走上了改革开放和发展经济的道路，已逐步与世界经济融为一体。在这一前提下，各种资源在全球范围进行配置，由此改变了全球资源配置的格局。

2. 世界经济一体化

所谓世界经济一体化是指由于经济全球化的发展，促进了世界各国的经济交流与合作，使世界各国经济相互联系和相互依存，并且使世界各国经济连成一体的经济现象。世界经济一体化由于强化了世界各国经济的交流与互动，不仅加快了世界各国经济发展的步伐，而且也促进了世界各国文化的交流。但是，世界经济一体化也导致形成了市场竞争的国际化。经济全球化以及世界经济一体化正在推倒世界各国的经济壁垒，在全球范围内形成一个相互依存的整体。经济全球化已呈不可逆转之势，并对世界各国的经济、政治与法律产生重大影响。

3. 市场竞争国际化

自20世纪中后期以来，随着经济全球化的发展市场竞争已超越国界范围，一个国家范围内的市场竞争拓展为全球市场竞争，并直接导致了市场竞争的国际化。目前由于经济全球化进程的不断加快，参与国际市场竞争的主体在改变，即参与国际市场竞争的主体不仅有企业和企业集团，更有迅猛发展的跨国公司和以竞争法律或政策支援本国企业竞争的各国政府；市场竞争的范围在持续扩大，即市场竞争早已跨越国界范围扩大到全球各个角落；市场竞争的手段和方式也在不断创新，即市场竞争手段和方式也由单纯的价格、质量与技术等单纯经济因素的竞争，转变为既有经济因素又包含政治和文化等内容的全方位竞争。

（三）推动经济全球化进程的因素

20 世纪 80 年代以来，经济全球化取得显著进展。推动经济全球化进程的主要因素有：一是随着前苏联的解体以及“冷战”的结束，世界经济的市场化进程明显加速；二是随着以信息技术为核心的新技术革命浪潮的兴起，技术革命成果迅速转化为生产力，并极大推动社会生产的产业化进程；三是随着市场竞争国际化趋势的不断发展，区域性的经济合作大大发展，全球性质的经济合作与交流日趋活跃；四是由于世界贸易组织对国际贸易自由化的积极倡导与大力推动，在国际范围经济政策和竞争政策的协调与管理得到加强；五是跨国公司的蓬勃发展；六是许多国家产业在世界范围的迅速转移，使产业结构得到优化，服务业和新兴产业大量涌现。这些因素导致商品、技术、服务、劳动力等生产要素在世界范围内自由流动，从而使经济全球化成为不可逆转的大趋势。

二、经济全球化与市场竞争的国际化

目前由于经济全球化趋势加速发展，市场竞争已明显超越国界范围并且导致了市场竞争的国际化，经济全球化虽然可以给世界各国带来前所未有的商业机会，但也将使世界各国面临国际化的市场竞争。在由经济全球化所导致的国际化竞争环境中，不仅发达资本主义国家间的竞争将更加激烈，并使其继续处于主导和优势地位，而且也势必引起发展中国家与发展中国家、发展中国家与发达国家间的竞争，使少数发展中国家将发挥比较优势，在国际竞争中提升产业结构，成为又一批新兴工业化国家和地区。但是，由于多数发展中国家的工业化进程尚未完成，高技术产业尚处于初始阶段，所以在经济全球化中有可能进一步拉大发达国家与发展中国家间的差距。所以经济全球化与市场竞争的国际化，对于世界各国特别是发展中国家来说，既是机遇又是挑战。

考察经济全球化以及市场竞争的国际化，由于其竞争环境的复杂和竞争范围的广阔，呈现出有别于一国范围内市场竞争的如下若干特征：

1. 竞争受国际价值规律的支配

在国际化的市场竞争环境中，市场竞争受到国际价值规律支配。国际价值规律的基本内容是，商品的国际价值量由世界劳动力的平均价值量所决定，商品交换以商品的国际价值量为基础实行等价交换，商品的市场价格是围绕商品的国际价值而上下波动。世界市场上的商品价格由于受竞争和市场供求变化的影响，在某些情况下虽然偏离于商品的国际价值，但从总体趋势看，在世界市场上商品的市场价格是围绕着国际价值而上下波动的。

2. 国际市场竞争是一种有限的市场竞争

国际市场竞争不同于一国范围内的市场竞争。从现象上看，国际竞争与自由竞争最大区别是：自由竞争遵循优胜劣汰原则，在自由竞争中的落后企业、落后部门要破产和被淘汰；而国际竞争中的落后国家、落后部门和落后企业不一定破产和被淘汰。从理论上分析，国际竞争不同于自由竞争的基本前提是世界经济中存在着各个国家主权政府，只要有国家政府存在，它们必然以各种方式干预国际竞争格局，因此，国际竞争表现为一种有限的市场竞争。

3. 国家经济干预以及各种经济组织的兴起导致市场竞争日趋复杂

世界各国政府对于本国国际贸易的干预、欧盟和东盟等区域性经济贸易组织以及石油输出国组织（Organization of the Petroleum Exporting Countries，简称 OPEC）等专业化国际经济组织的兴起，导致世界范围的市场竞争更加复杂化。国际市场通常由许多相互联系的世界各国市场所构成，所以国际市场竞争的战场也就自然落实在不同的国别市场上。但是，由于各国政府出于发展本国民族经济、维护本国经济利益的需要，不仅在国内采用金融和财政多种等经济手段干预经济生活，而且在对外贸易中普遍实行奖出限入的贸易保护措施，从而使国际市场竞争变得更加激烈和日趋复杂。

4. 生产要素的流动和自由竞争受到多种因素的制约和限制

在国际市场上，各种生产要素的流动通常受国际价值规律支配，所以国家市场商品价格的波动，势必引起了生产要素在国际间的流动，使资源在世界范围内实现重新配置。在当今世界，尽管各种生产要素的流动规模在不断增大。但是，各国政府和企业从自身利益出发，都采取在特定时期限制进出口特种商品的政策和措施，限制生产要素在国际间的自由流动，使国际经济的竞争不能充分展开。近年来，随着跨国公司的发展，贸易区域化、集团化的趋势日愈加强，它们在一定程度上也影响了生产要素在国际间的流动与竞争。

三、市场竞争的国际化与竞争法制的国际化

考察世界经济全球化发展的历史过程，我们可以看到经济全球化导致了市场竞争的国际化，而市场竞争国际化由于需要参与竞争者共同遵循的竞争规则，所以在客观上又催生并且促进了竞争法制的国际化进程。

（一）竞争法制国际化的必要性[1]

（1）目前随着世界经济全球化进程的不断加快，“弱化的竞争政策”已成为妨碍国际贸易的重要因素。所谓“弱化的竞争政策”是指那些缺少竞争法律制度及其相应规则，或者虽然已经建立了竞争法律制度但未能充分实施的竞争法律和政策。这种“弱化的竞争政策”，不但没有真正体现市场竞争原理的基本精神，通常还扭曲了市场竞争的基本原理。其具体表现是，基于保护本国相关产业利益所谓需要，对进口产品或外国的投资行为实行严格限制，扩大竞争法律及其政策适用除外的范围，或者放任本国企业实施违背竞争原则的行为。由于这种“弱化的竞争政策”将提高本国企业的国际竞争力、保护本国产业的利益置于损害其他国家利益之上，无疑加大了国际经济交往的成本。因此，通过促进竞争法制及其政策的国际化，尽可能减少或者消除这一成本自然成为各国的必然选择。

（2）在国际贸易中滥用反倾销制度的日趋广泛。反倾销制度是世界贸易组织出于保护各成员国相关产业利益的需要而建立的一项重要制度。即世界贸易组织虽然明知该制度有悖于竞争原理，考虑到保护各成员国相关产业的需要，仍把它作为一项重要制度在自己的责任体系中作出了具体安排，并使其转化为各成员国国内法而被广泛采用。但是，由于反倾销本身所具有的自身特点，也常常被很多国家作为实施贸易保护主义的重要武器而被广泛使用。因此，包括一些发达国家在内的世界贸易组织大多数成员国，纷纷要求以国际化的竞争法律以及竞争政策，即“价格差别”标准，取代现行的反倾销体制。

（3）世界各国竞争法律以及竞争政策的差异、世界各国司法管辖权的存在常引发竞争法以及竞争政策在域外适用中的冲突。目前随着这世界各国经济交往的不断扩大，企业市场行为的效果已不再局限于木国领

[1] 参见王为农：《经济法学研究——法理与实践》，中国方正出版社 2005 年版，第 236～240 页。

域，即使发生在一国领域内的市场行为，也有可能影响几个国家甚至全球市场。在这种情况下，出于保护本国利益的需要，世界各国将主张自己的管辖权，并由此引发管辖权的冲突。所以建立国际通行的竞争法律、规则以及政策就显得十分必要。

（二）竞争法制国际化的途径

1. 国家间竞争法律及其政策的协调

国家间竞争法律及其政策的协调主要是指两国的双边协调，国家间竞争法律及其政策的协调有以下若干共同点：一是为了给对方当事国提供为了保护本国利益而采取相应手段的机会，均规定在对相应案件适用相应法律将会影响到对方当事国利益的场合，应在事前向对方当事国作出通报并就有关事宜进行协商；二是为了解除在域外适用问题上的对立，均规定相互间不得采取限制对方管辖权的策略；三是国家间规制机关的协作，虽然以相互间的情报交换为基础，但是不得把基于国内法负有保密义务的情报也包含在其中。

2. 通过国际性经济组织协调成员国的竞争法律及其政策

通过国际性经济组织协调成员国的竞争法律及其政策，也是目前世界各国寻求解决各自竞争法律及其政策间的差异，以及由此产生的对立与冲突的重要途径。但是，这种通过“联合国贸易与发展会议”、“经济合作与开发组织”等国际性经济组织达成的有关协调成员国竞争法律及其政策的协议，由于适用范围过窄或者缺乏应有的约束力而不具有广泛的约束力。由此看来，这些寻求制定国际型竞争法律及其政策的途经，由于目前只停留于政治和外交层面，缺乏法律上的约束力和解决争议所需要的机制、程序和强制措施，所以尽管形成了各种协议却难以执行和操作，同时也缺乏应有的效力。

在经济全球化时代，世界经济的发展不能无序进行，而必须有一套完整的为世界各国所共同接受的游戏规则，这就需要在全球范围能够调整竞争关系的竞争法律及其政策。1995 年 1 月 1 日正式成立的世界贸易组织（World Trade Organization，简称 WTO）是世界贸易进一步走向自由化、规范化的标志，它也为经济全球化、国际贸易和投资的自由化，制定了一套作为其成员国必须遵循的竞争规则。

目前 WTO 代表了世界经济发展的主流，所以 WTO 的原则、法律及其规则也自然成为世界经济贸易的主流规则。WTO 的原则、法律及其规则涉及货物贸易、服务贸易、知识产权保护、投资措施等广泛领域。WTO 的这些协议和规则是当今世界大多数国家所必须遵守的，是具有全球性的贸易和竞争法律规范，是法制全球化的重要表现。2001 年我国已经加入了 WTO，作为 WTO 的重要一员，我们必须承认并遵守这些原则、法律及规则。

第二节　韩国的竞争法制及其国际化策略

世界各国制定并实施竞争法目的在于保护本国国内产业、维护国家利益、确立与本国经济发展水平相适应的市场竞争秩序。但是，本应在特定国家范围实施的竞争法和竞争政策，由于国际经济交往的日益扩大，已经延伸到国际贸易领域，并对国际贸易活动产生了重要影响。考察 20 世纪 60 年代以来韩国经济发展的历史进程，由于韩国一直把以“大进大出”为主要特征的外向型经济的发展作为其实现经济增长的主要方式，所以不仅导致韩国与世界各国形成了密切的经济往来，而且也使韩国不得不面对更加激烈的国际市场竞争。韩国竞争法为了应对由激烈的国际市场竞争所带来的种种挑战，其竞争法采取了如下若干相应的国际化措施。[1]

一、韩国竞争法的域外适用

（一）公正交易法的域外适用

1. 实体规定

韩国公正交易法根据目前在国际社会得到普遍认可的，有关立法管辖权的“效果理论”（Effects Doctrine），在其第 2 条之 2 中规定[2]：“在国外实施的行为如果影响到国内市场，适用本法。”

2. 程序规定

（1）文书送达。关于公正交易法的域外适用，即使对外国企业的管辖权得到了立法的认定，为了履行由公正交易法所规定的实施调查、开会通知和送达议决书等法定程序，公正交易委员会必须给外国企业送达相应的文书。文书的送达在原则上应遵循《行政程序法》的相关规定。即对那些住所、营业所或事务所在国外的事业者或事业者团体，可以通过令其在国内指定相应代理人完成送达，而国外的事业者或事业者团体

〔1〕参见《独占规制及公正交易法》第八章。

〔2〕附件一。

如果没有在国内指定相应的代理人，可以通过邮寄实现送达。但是，如果无法通过邮寄实现送达，则可以通过公示完成送达过程。

（2）调查与执法。公正交易法的域外适用由于把对外国企业实施的调查作为其基本前提，在取得国外的相关证据材料以及执法过程中，将不可避免地与外国企业与外国政府发生摩擦。所以为了能够有效预防这种摩擦事件的发生，并且取得外国政府对与其执法过程所给予的积极配合，就必须与外国政府积极探讨包括签订双边协议在内的各种实质性的具体合作方案。

目前韩国的公正交易法已就与外国政府签订相关协议、开展执法协助等事宜作出了具体安排，即规定“在不违反大韩民国的法律与利益的范围内，为执行本法政府可以与外国政府签订相关协定，或者根据签订的协议支持外国政府的执法活动”。[1] 另外，还规定即使没有与外国政府签订相关协议，只要外国政府提出明确的执法协助请求，并且保证如果韩国政府提出具有类似内容的执法请求，将给予积极协助的切实保证，公正交易委员会应当给予支持。

（3）与外国政府的合作协定。要把公正交易法中有关域外适用的各项规定落到实处，必须与外国政府建立相关的协作机制。为此，既可以在与外国签订的自由贸易协定（Free Trade Agreement，简称 FTA）的相关竞争条款中，根据有关竞争法域外适用的基本原则，插入可以明示确保公正交易法执行的内容，也可以与其他国家签订能够确保公正交易法执法的双边协定。

目前在韩国与其他国家所签订的自由贸易协定中，与竞争有关的内容已经独立成章的有：2003 年韩国与智利签订的自由贸易协定和 2005 年韩国与新加坡签订的自由贸易协定。为了确保公正交易法的执法，韩国与其他国家签订的双边协定有：2002 年与澳大利亚签订的协作协定、2004 年与墨西哥签订的协作协定、2006 年与加拿大签订的协作协定和 2009 年与欧盟签订的协作协定等共 4 个协定。其中 2009 年 5 月 23 日与欧盟签订的协作协定（韩国与欧盟有关反竞争性行为的协定）包含了：①通报能够影响相对方国家重要利益的执法活动；②在竞争法执法活动中的相互协作、消极礼让和积极礼让；③两国政府间定期协议会的召开等有助于双方协作的实质性内容。此外，由于这种协议不是政府机关间的协议，而是国家间的协议，所以具有更加重要的现实意义。

---

〔1〕 附件一。

2007年4月2日由韩美两国政府签订，目前正等待韩美两国国会批准的自由贸易协定，在其第十六章就竞争问题作出了专门规定，规定“双方当事国为了有效促进竞争法的执法活动，认定各当事国政府间实施的协作及调整，双方当事国应当就包括相互间支援、通报、协议及信息交换等的执行政策、各当事国的竞争法执法提供协助”。因此，为了更加具体有效地实施这些相关规定，今后韩美两国有必要应当就竞争法的执法协助签订专门的双边协议。

（二）韩国独占规制法的域外适用

通过2004年实施的法律修改，目前韩国的独占规制法已经确立了本法域外适用的具体法律根据。即韩国的独占规制法不仅在第2条之2中规定：“在国外实施的行为如果影响到国内市场，适用本法。”而且还在第36条之2中规定：“在不违反大韩民国的法律与利益的范围内，为执行本法政府可以与外国政府签订相关协定。”“即使未签订依照第1款规定的协定，如果外国政府提出法律的协助执行请求，并保证在大韩民国就同一事项或者类似事项提出协助执行的请求时给予支援，公正交易委员会可以给其提供执法支援。”与此同时，在竞争法的域外适用中为了给国外事业者送达必需的法律文书，还规定了若干文书的送达规则。

在独占规制法中正式规定域外适用，虽然始于2004年实施的法律修改，但是，在此之前公正交易委员会就根据竞争法域外适用的国际趋势，在黑铅电极棒国际垄断协议事件[1]及2003年的维生素国际垄断协议事件[2]中，对实施价格垄断行为的外国事业者下达纠正命令并且令其缴纳课征金，后来虽然这些外国的事业者提出了异议，大法院在黑铅电极棒国际垄断协议一案的判决中，不仅认可了旧独占规制法的域外适用，而且还认定了给外国事业者以邮寄方式实施的文书送达。

通过2004年实施的法律修改，韩国确立了独占规制法的域外适用。

---

〔1〕从1992年5月到1998年2月间，美国、德国和日本的6家专门生产黑铅电极棒的企业，为了在包括韩国市场在内的国际市场确定黑铅电极棒的垄断价格、划分黑铅电极棒的国际市场，多次在伦敦和东京等地聚会进行协商并且最终达成协议。后来该事件被韩国称为黑铅电极棒的国际垄断协议事件。

〔2〕以生产销售维生素为主营业务的瑞士、日本、德国、法国和荷兰的6家企业，从1989年9月到1998年2月间，就这些企业生产的维生素A、维生素E、维生素B5和维生素D3等产品的销售，为了就根据产品的具体类别确定每一企业的产量以及划分产品的销售市场份额进行了多次协商并达成了协议。后来该事件被韩国称为维生素国际垄断协议事件。

在此以后韩国公正交易委员会根据有关域外适用的法律规定，2008 年在公正交易委员会设立了专司国际垄断协议业务的国际垄断协议科，为及时发现并且制裁国际垄断协议付出了很多积极努力。其结果在 2009 年发现并且制裁了：4 个具有印度尼西亚、新加坡、泰国和中国国籍的造纸企业，从 2001 年到 2004 年在包括国内市场在内的亚洲各国市场，为确定垄断价格经多次协商达成协议的事实；1999 年到 2006 年 6 个具有日本、英国、法国和意大利国籍的管材生产企业，经过多次协商就具体的投标价格达成国际垄断协议的事实。[1]

二、与其他国家的竞争法执法协调

由于竞争法的域外适用容易导致单边主义，所以要缓解由竞争法的域外适用所导致的单边主义，在具体的执法过程中必须强化与相关国家政府的协调。事实上考察美国、欧盟、日本以及韩国竞争法的域外适用现状，我们也可以看到，与相关国家政府的协调是缓解由竞争法的域外适用所导致单边主义的有效途径。但是，就与其他国家政府实施协调的具体方式而言，既有双边协调（签订双边协议），也有多边协调（组成经济贸易共同体）。

（一）韩国与其他国家的双边协调

韩国的公正交易委员会为了在竞争法的域外适用中，实现与其他国家竞争当局有效的执法合作，自 2002 年与罗马尼亚竞争当局签署谅解备忘录以来，到 2009 年又先后与澳大利亚、俄罗斯、墨西哥、欧盟、土耳其和加拿大等国，围绕竞争法执法合作签订了相应的协作协定或谅解备忘录。此外，2004 年与智利签订的自由贸易协定和 2005 年与新加坡签订的自由贸易协定也都包含了与竞争法在域外适用中所发生的执法协助有关的条款。

就韩国与其他国家签订的上述协定、谅解备忘录以及自由贸易协定中，与执法协助有关条款的具体内容而言主要有：实施影响对方重大利益的调查或执法活动必须向对方予以通报；在国内法允许的限度内交换与对方执法活动有关的各种信息；国内的执法机关和外国的执法机关如果调查同一企业或行为应协调相应的调查活动；交换与执法活动有关的其他信息。

---

〔1〕 参见李浩荣："东亚三国竞争法域外适用的现状与课题"，载《法学研究》（韩国）2010 年 6 月。

在与竞争法域外适用有关双边协定的具体内容中，特别具有意义的是要看在协定的具体内容中是否包含了所谓的“积极礼让”。“积极礼让”作为有别于国际法承认的“消极礼让”，是指在对方国家发生的违反竞争法规定的行为，如果对本国重要利益带来某种负面影响，应当向对方国家提出调查并制裁该违反竞争法行为的请求，而该国应尊重这一执法协助请求并且给予积极配合。考察迄今为止解决由于竞争法域外适用所导致的单边主义的做法，“积极礼让”不失为最具现实性的可行方案，它也最符合国际法中的相关原则。

考察近年来韩国的公正交易委员会与其他国家竞争当局，围绕竞争法的域外适用实施双边协调以及所签双边协议的具体内容，特别是考察2004 年与墨西哥竞争当局签订的双边协议和 2009 年与欧盟竞争当局签订的双边协议，在相关的协议中虽然还有些过于抽象，却已经把“积极礼让”确立为一项重要内容。

（二）韩国与其他国家的多边协调

关于竞争法域外适用的国际协调，国际社会曾试图主要通过多边协议机构的协调予以解决，为此经济合作开发组织（Organization for Economic Co-operation and Development，简称 OECD）的竞争委员会、2001 年经世界各国经济当局协议成立的国际竞争网络（International Competition Network，简称 ICN）和世界经济贸易组织（WTO）都为此付出了积极努力。多年来，韩国的公正交易委员会为了通过国际贸易自由化和世界经济的一体化，促进并且实现本国经济的进一步发展，积极参与了上述国际竞争组织即多边协议机构对竞争法域外适用的国际协调。

考察韩国参与的国际上的各种多边协议机构迄今对竞争法的域外适用所实施的国际协调，其协调的重点与方式有所不同。即经济合作开发组织（OECD）为了解决在企业结合的规制、垄断协议的调查与制裁等，在竞争法域外适用中遇到的焦点问题，其采用的主要协调方式是理事会发出的劝告或者提供给各会员国的年度报告；国际竞争网络（ICN）协调世界各国竞争法在域外适用中所发生各种冲突的主要方式是给世界各国竞争法的域外适用，提供可以借鉴的模范惯例；1997 年世界贸易组织（WTO）设立了专门的“贸易与竞争工作组”，对由于竞争法的域外适用所导致的单边主义等问题开展了具有深度的广泛研讨。多年来，韩国参与的各种国际性多边协议机构，虽然为化解由竞争法的域外适用所导致的单边主义等问题，付出了很多积极努力，开展了具有意义的深入研讨。但是，至今未能取得具有意义的具体成果，特别是世界贸易组织

（WTO）的“贸易与竞争工作组”，由于在发达国家与发展中国家间形成的意见对立，已于2004年在其工作计划中排出了有关竞争法执法以及竞争政策问题的讨论。

多年来，包括韩国在内的世界各国在竞争法的域外适用中，一方面力求通过国与国之间的双方协议，在处理域外发生的竞争法事件中取得对方的执法协助；而在另一方面又通过经济合作开发组织（OECD）和国际竞争网络（ICN）等多边协议机构，围绕竞争法的执法寻求能够得到各方认可的共同点。虽然前者作为现实的可行方案取得了一些重要的积极成果，但后者由于多边协商的复杂性和世界各国国情的差异，至今未能取得令人满意的成果。

三、韩国竞争法中的国际化规定

目前韩国《独占规制及公正交易法》不仅就本法的域外适用，以及在域外适用中所发生冲突的化解作出了具体制度上的安排，而且还在《独占规制及公正交易法》的第八章和第九章，为了规范事业者以及事业者团体所签订的国际契约，促进与世界各国间的竞争法执法合作，分别就事业者以及事业者团体国际契约的限制、公正交易委员会的国际合作作出了具体规定。

（一）不当国际契约的限制

（1）事业者或者事业者团体，不得签订包含不当共同行为、不公正交易行为和转售价格维持行为等内容的，由总统令规定的国际协定或者契约（以下称国际契约）。但是，该国际契约的内容在一定交易领域对竞争的影响轻微、或者公正交易委员会认定为具有其他不得已事由的除外。[1]

（2）事业者或者事业者团体缔结国际协定或者契约，如果要判明将要签订的国际协定或契约，是否包含不当共同行为、不当交易行为和转售价格维持行为等内容。应当就该国际契约是否违反第32条（缔结不正当国际契约的限制）第1款规定，可以依照总统令的规定向公正交易委员会申请审查。[2]

（3）如果公正交易委员会认为，事业者以及事业者团体所签经国际协定或契约含有不当共同行为、不当交易行为和转售价格维持行为等内

〔1〕附件1第32条。

〔2〕附件1第33条。

容，含有可能导致不当共同行为、不当交易行为和转售价格维持行为等内容。公正交易委员会可以要求事业者以及事业者集团取消、修改或变更已经签订的国际协定或契约或者采取其他必要的纠正措施。[1]

（4）事业者以及事业者团体签订的国际协定或契约，如果有不当共同行为、不当交易行为和转售价格维持行为等内容，对签订违法国际契约的事业者，公正交易委员会可以命令其缴纳5亿元以内的课征金（罚款）；如果违法者为事业者团体，则可以命令其缴纳由总统令规定的销售额2%以内的罚金。事业者无销售额的，可以命令其缴纳不超过5亿元的课征金（罚款）。[2]

（二）公正交易委员会的国际合作[3]

韩国《独占规制及公正交易法》第九章，为了促进与世界各国间的竞争法执法合作，就公正交易委员会的国际合作作出了如下若干具体规定：

（1）在不违反大韩民国的法律与利益的范围内，为执行《独占规制及公正交易法》的相关规定，政府可以与外国政府签订相关协定。

（2）根据依照《独占规制及公正交易法》规定与外国政府签订的协定，公正交易委员会可以支援外国政府的法律执行。

（3）即使韩国政府未根据《独占规制及公正交易法》的规定与外国政府签订相关执法协定，如果外国政府提出法律的协助执行请求，并保证在大韩民国就同一事项或者类似事项提出协助执行的请求时给予执法支援，公正交易委员会可以给其提供执法支援。

第三节　中国的竞争法制及其国际化策略

经济全球化并不等同于“放任主义”和“非法制化”，恰恰相反，经济全球化要依赖于法制化的国际环境。按照加入世界贸易组织的承诺，我国将进一步扩大各个领域的对外开放，这些新的开放领域，特别是服务贸易的开放，就要求我国建立起符合WTO规则的法律体系，尤其是完善政府管理行为的法制化和透明度。但是，在我国的法律法规中

---

〔1〕附件1第34条。

〔2〕附件1第34条之2。

〔3〕附件1第36条之2。

目前还存在诸多与市场经济原则不一致的规定，政策变化多，透明度低，统一性差，对外商投资的进入和经营形成一定的障碍。

目前由于中韩两国把市场经济作为各自国家的基本经济制度，并且都已成为国际贸易体系中的重要成员，所以要推动中韩两国经济合作的进一步发展，准确把握世界贸易组织的相关规则，并且了解韩国的竞争法制、借鉴韩国的竞争法经验，对进一步完善我国的竞争法制具有十分重要的现实意义。

一、世界贸易组织竞争政策与我国竞争法的矛盾

自20世纪90年代以来，随着世界冷战格局的解体以及中国社会主义市场经济体制的逐步确立，市场经济已发展成为国际性的经济制度。目前东北亚各国的区域合作虽然处于相对松散的状态，但是，由于域内各国间的经济合作正在持续发展，使域内各国开始面临日趋激烈的市场竞争，所以东北亚经济合作对域内各国来讲，既是实现发展的良好机遇又是一种严峻的挑战。面对既有合作又有竞争的国际经济环境，必须了解并把握世界贸易组织的竞争政策与相关规定。

(一) 世界贸易组织的基本原则[1]

世界贸易组织的基本原则，它既是世界贸易组织各项协定和协议的精神支柱，又是世界贸易组织在制定新的协定和协议必须遵循的准则。目前世界贸易组织由于没有有关基本原则的明文规定，所以世界贸易组织的基本原则只是对世界贸易组织的各种协定和协议所进行的概括和总结。基于对世界贸易组织性质及宗旨的理解，世界贸易组织的基本原则可以作如下概括：

1. 无歧视待遇原则

无歧视待遇原则是指一个缔约方在实施某种限制或制裁措施时，对所有缔约方应一视同仁，不得对某些缔约方实施歧视待遇的基本要求。目前世界贸易组织的无歧视待遇原则，主要是通过最惠国待遇原则和国民待遇原则来体现。

2. 自由贸易原则

贸易自由化是世界贸易组织要求其成员必须遵循的一项重要原则。世界贸易组织的协定和协议要求各成员分阶段逐步实行贸易自由化，减少和取消各种限制进入市场的措施，促进市场的合理竞争和国内产业的

---

〔1〕 参见阮成发：《WTO与政府改革》，经济日报出版社2002年版，第33～44页。

适度保护。

3. 可预见性和透明度原则

为了确保商业活动的稳定向和预见性，世界贸易组织要求各成员方坚持透明度原则，保证正式实施的有关进出口贸易的政策、法律法规、法令、条例以及签订的有关贸易的条约都必须予以正式公布。

4. 公平贸易原则

公平贸易原则要求成员在进行国际贸易时，不得采取不正当的贸易手段进行国际贸易或扭曲国际贸易竞争。为了维护公平竞争的国际贸易秩序，世界贸易组织要求成员不得以出口补贴、产品倾销等不正当的贸易方式进行竞争。

5. 互惠互利原则

世界贸易组织的协定和协议都是以各成员方权利义务的平衡为原则，世界贸易组织主张通过互惠互利的市场开放实现国际贸易的自由化。

（二）世界贸易组织的竞争政策

作为国际性的贸易组织，世界贸易组织不仅制定了作为其成员必须遵循的基本原则和法律，而且也签订了一系列具有普遍约束力的基本协定。在世界贸易组织的原则、法律和协定中，有很多规定与竞争政策密切相关，从这个意义上说，竞争政策也是世界贸易组织协定的重要组成部分。

在世界贸易组织的各种协定中，与竞争政策密切相关的规定主要有：

（1）《技术性贸易壁垒协定》[1]规定：各参加国应采取它们所能采取的合理措施，保证在其领土内从事评审程序的非政府机构，遵守本协定第5条关于给予其他缔约方产品以国民待遇的规定、第6条关于不得采取超过必要限度的技术性贸易壁垒措施的规定。此外，各缔约方不得采取措施直接或间接影响，要求或者鼓励此类机构作出与本协定第5条和第6条规定不相符的行为。

（2）《服务贸易总协定》[2]规定：每一成员应保证在其领土内的任何垄断服务提供者在有关市场提供垄断服务时，既不得违反第2条有关最惠国待遇的规定，也不得以与承诺义务不一致的方式行事。

---

〔1〕 参见《技术性贸易壁垒协定》（TBA）第8条第1款。

〔2〕 参见《服务贸易总协定》第8条。

（3）《与贸易有关的知识产权协议》[1]规定：禁止与知识产权有关的某些妨碍竞争的许可证贸易活动或条件，禁止可能对贸易具有消极影响并可能阻碍技术的转让与传播。即禁止在知识产权许可协议中附加限制竞争的条件。

（4）《与贸易有关的投资措施协议》[2]规定：在WTO协议生效起5年后，货物贸易理事会应审议本协议的运行情况，并向部长会议提出修改本协议的建议，在审议中货物贸易理事会应考虑在本协议中增加投资政策和竞争政策的规定。

（5）《保障措施协定》[3]规定：成员方政府不应鼓励或支持公共或私人企业采取或维持，在效果上等同于政府实施的旨在对出口贸易进行限制的措施。

（6）《反倾销协议》[4]规定：在确定由于倾销所导致的损害时，行政当局必须考虑外国与国内生产商之间的竞争以及贸易的限制措施，必须考虑技术的发展、出口实绩和国内产业的生产能力等因素。

（三）世界贸易组织竞争政策与我国竞争法的矛盾[5]

加入世界贸易组织意味着中国经济与世界经济的全面接轨，意味着世界通行的很多竞争规则被中国所接受，使得我国竞争法与世界贸易组织的竞争政策形成了如下若干具体矛盾，并对我国竞争法律制度发展产生了深刻影响。

1. 世界贸易组织的基本原则与我国行政垄断的矛盾

我国的社会主义市场经济体制是在改革社会主义计划经济体制的过程中，逐步形成和发展起来的一种崭新的市场经济体制，所以至今遗留了行政垄断等很多社会主义计划经济的痕迹。而在我国的经济生活中行政垄断不公平地“保护”了部分市场主体，造成了包括国内企业在内的市场主体的竞争障碍，由此所体现出来的差别待遇与世界贸易组织的“非歧视”、“国民待遇”等原则的矛盾，是在我国的竞争法制建设中必须予以关注的重要问题。

进入20世纪90年代，随着把社会主义市场经济写入宪法，为了构

---

〔1〕 参见《与贸易有关的知识产权协议》第40条。

〔2〕 参见《与贸易有关的投资措施协议》第9条。

〔3〕 参见《保障措施协议》第11条。

〔4〕 参见《反倾销协议》第3条第5款。

〔5〕 参见漆多俊主编：《经济法论丛》第10卷，中国方正出版社2005年版，第41～42页。

建社会主义市场经济法律体系，我国于 1993 年制定《反不正当竞争法》，并对行政垄断也进行了明确的法律规制。但是，由于我国选择了反不正当竞争法和反垄断法分别立法的立法模式，并且已经确立了我国的反垄断法律制度，所以在《反不正当竞争法》中尽快剥离行政垄断，进一步强化对行政垄断的法律规制，尽快化解世界贸易组织基本原则与我国行政垄断的矛盾已成为目前的当务之急。

2. 外国企业参与市场竞争与我国法律资源的不足

目前随着世界经济一体化进程的不断加快，外资进入我国已经由直接投资为主，转变为与我国企业合并或取得我国企业股份等多种方式为主，而这些跨国公司由于有明显的资本、技术等优势，很容易取得市场支配地位甚至垄断。但是，由于我国实行社会主义市场经济的历史较短，我国社会主义市场经济经济法制建设相对滞后，可以利用的竞争法律资源有限，并且这一有限的竞争法律资源也因实施不得力，难以发挥应有的规制作用。所以必须促进我国的社会主义市场经济经济法制建设，特别是推动我国竞争法制进一步发展建设。

3. 绿色壁垒引起的竞争问题和我国法律的缺位

目前随着人类面临环境问题的日渐突出，世界贸易组织允许其成员采取单边贸易措施保护国内环境，所以一些国家开始以环境保护为由对其他国家商品的进口设置障碍，即设置“绿色壁垒”限制自由贸易。从表面上看，“绿色壁垒”是环境与贸易之争，但在实际上是贸易保护与自由竞争的关系。目前保护环境追求可持续发展虽然已成为我国的重要战略目标，但是，我们很少从竞争政策和竞争法的角度去考虑环境问题，所以我们既要强化环境保护意识，了解世界各国对进口商品的环境要求，又要制定相关法规积极应对“绿色壁垒”。

二、竞争政策的国际化与我国竞争法的发展

(一) 我国竞争法的形成及其发展

自建国以来，我国长期实行了严格的社会主义计划经济。但是，20 世纪 80 年代以后，由于改革开放政策的实施和社会主义市场经济体制的逐步确立，我国于 1993 年制定了《反不正当竞争法》，但是，由于典型的市场垄断尚未发育等原因，虽然选择了反不正当竞争法和反垄断的分别立法模式，《反垄断法》的制定则被长期搁置，在我国竞争法中形成了《反垄断法》的长期缺位。

进入 21 世纪我国加入世界贸易组织，成为国际贸易体系中的重要

成员，经济主体的自由竞争开始全面展开，经济性垄断开始成为制约和影响市场经济发展的重要因素，所以我国于2007年制定了《中华人民共和国反垄断法》，完成了我国竞争法的立法过程。

（二）竞争政策的国际化及其要求

为了促进世界经济一体化和国际贸易的自由化，世界各主要国家共同建立了世界贸易组织。作为世界最大的国际贸易组织，为了促进国际贸易自由化，世界贸易组织不仅制定了所有成员必须遵循的原则和法律，而且也签订了很多具有普遍约束力的基本协定。而在此其中包括了协调各国竞争政策的内容。

根据世界贸易组织的相关规定，成员国制定各自的竞争法律及其政策，必须遵循无歧视待遇等世界贸易组织的基本原则。而世界贸易组织的成员在制定竞争法律及其政策时，所应遵循原则的精髓就是非歧视、平等对待和公平竞争。目前我国已经加入了世界贸易组织，所以我国竞争法特别是反垄断法的发展，在必须遵循世界贸易组织原则的基础上，既要做到从中国的实际出发，又要合理应对国际竞争带来的挑战。为此应根据“域外效力原则”，借鉴韩国等国做法，将影响国内市场竞争的国外垄断行为纳入我国法律的管辖范围。

为了建立自由开放的国际贸易体制，世界贸易组织不仅制定了作为其成员必须遵循的一系列原则和法律，而且也签署了很多对其成员具有普遍约束力的《服务贸易总协定》、《与贸易有关的知识产权协议》等很多体现竞争政策的协定。目前体现在世界贸易组织协定中的竞争政策，虽然分散没能形成一个有机整体，但由于它们是世界贸易组织原则和法律的具体贯彻，所以包括我国在内的世界贸易组织所有成员，在制定竞争法律以及政策时必须予以借鉴。

（三）韩国的竞争法经验及其启示〔1〕

韩国的竞争法是在转变政府主导型经济增长方式的背景下，为了规制在国家支持下所形成的垄断企业而制定。而中国的竞争法是在社会主义市场经济体制不断完善的背景下，为了规制在社会主义计划经济条件下形成行政垄断和其他垄断行为所制定。所以，韩国竞争法有以下若干经验可由中国来借鉴：

（1）韩国竞争法在规制由于得到国家支持而形成的垄断企业时，为

---

〔1〕 参见王晓晔、［日］伊从宽主编：《竞争法与经济发展》，社会科学文献出版社2003年版，第18～19页。

了避免可能导致的经济混乱，并确保国家基本经济秩序的稳定，未采取消除垄断根源的原因规制主义，而是选择了仅规制其垄断现象的客观主义做法，其结果是虽然公平交易委员会付出了很多艰苦努力，但是未能取得预期的规制效果。所以我国的竞争法特别是反垄断法的发展，在选择基本的规制原则时应予以充分考虑。

（2）进入20世纪80年代，随着政府主导型经济发展模式向民间主导型经济发展模式的转变，为了限制垄断、维护和促进公平自由的市场竞争，韩国制定《独占规制及公正交易法》确立了自己的竞争法律制度。而目前中国目前正致力于完善社会主义市场经济体制，努力发挥市场机制的调节功能。所以借鉴韩国公平交易委员会的经验，保证竞争法执法机构具有明显的独立性、权威性和专业性，对于确保社会主义市场经济健康发展具有重要的现实意义。

（3）目前随着世界经济一体化进程的不断发展，竞争法的实施已经开始超越了国界的范围，所以我国竞争法的制定及其发展，既要考虑世界贸易组织的相关规则以及国际社会的普遍要求，又要考虑我国经济发展的实际水平以及国内产业发展的实际状况，并就竞争法的国际化作出适当安排，以便使竞争法既可以规制国内经济主体，也可以规制已经影响到我国竞争秩序的国外经济主体。

（四）竞争政策的国际化与我国竞争法的发展

我国竞争法形成以来，为在我国确立并维护公平自由的竞争秩序、促进社会主义市场经济发展发挥了重要作用。但是，进入21世纪在我国不仅出现了一些新型的不正当竞争行为，而且随着2001年加入世界贸易组织，我国的对外经济合作环境已发生了深刻变化。所以，修改《反不正当竞争法》，并且实现《反垄断法》的进一步完善，已成为在我国经济法制建设中必须予以关注的重要问题。

1. 竞争法执法机构独立性、权威性与专业性

由于我国选择了反不正当竞争法和反垄断法的分别立法模式，目前形成了不正当竞争行为的监督检查由县级以上工商行政管理部门负责[1]，垄断行为的调查处理由国务院反垄断委员会负责的局面[2]。而反垄断委员会由于是国务院的议事机构，形成了国务院各部门的“多头执法”。所以有必要借鉴韩国等其他国家做法，重构我国的竞争法执

〔1〕参见《中华人民共和国反不正当竞争法》第3条。
〔2〕参见《中华人民共和国反垄断法》第9条。

法机构。既要保证竞争法执法机构具有明显的独立性、权威性和专业性，又要实现反不正当竞争机构和反垄断机构的统一，并且在全国各地设立相应的竞争法执法分支机构，以确保竞争法的执法效果。

2. 顺应竞争法制的国际化趋势

市场经济的本质特征就是开放性和竞争性，所以竞争法目前也正朝着既可以适用于国内企业，也可以适用于跨国公司的方向发展，并呈现出日益明显的国际化特征。[1] 2001 年我国加入世界贸易组织，成为世界贸易组织体系框架中的重要一员。所以我国竞争法应采取如下两项具体的国际化措施：一是要实现我国竞争法与相关国际竞争政策的接轨，特别是与世界贸易组织竞争政策的接轨；二是要采取措施促进世界贸易组织竞争规则的完善，努力使世界贸易组织的竞争规则既适应市场经济发展的需要，又反映并符合我国的国家利益。

3. 竞争法的域外适用及其安排

就目前世界经济以及竞争法发展总体走向而言，世界经济一体化和竞争法制的国际化是它们发展的总趋势。但是，在现阶段由于世界各国经济发展程度的差异以及世界各国法律体系的各自独立，确立世界各国普遍公认的竞争法律制度具有诸多现实困难。所以在目前情况下，世界贸易组织及其成员就竞争法的域外适用作出适当安排，不失为包括我国在内的世界各国竞争法既顺应竞争法发展的国际化趋势，又可以满足维护国家利益需要的最佳选择。

伴随世界经济一体化进程的发展所逐步形成的竞争法的域外效力原则，主要目的是为了保证企业行为和市场的竞争性，防止跨国公司垄断行为对本国产业所带来的消极影响。但是，由于世界各国力保本国经济利益，竞争法的域外适用遇到诸多现实问题，所以在就竞争法的域外适用作具体安排的同时，有必要通过建立相应的信息交流机制，强化竞争法发挥域外效力的国际协调。

---

〔1〕 参见王为农：《经济法学研究——法理与实践》，中国方正出版社 2005 年版，第 300 页。

独占规制及公正交易法

[2010－11－18 日施行] [法律 第 10303 号，2010－5－17，他法修改]

第一章 总则

第一条 [目的]

本法的立法目的是防止事业者滥用市场支配地位、防止经济力量的过度集中，通过规制不当共同行为及不公平的交易行为，促进公平、自由的竞争，促进具有创意的企业活动，保护消费者，促进国民经济的均衡发展。

第二条 [定义]

对本法所使用的用语作如下定义。〔1992－12－8，1996－12－30，1999－2－5，2001－1－16，2004－12－31，2007－4－27，2007－8－3 修改〕

1. "事业者"是指从事制造业、服务业以及其他事业的经营者。为谋求事业者利益实施具体行为的任员、职员、代理人及其他人，在适用有关事业者团体的相关规定时，视为事业者。〔1999－2－5 修改〕

1 之 2. "控股公司"是指把通过所有股份（包括占有份额。以下同）支配国内公司事业活动作为主要事业内容，并且其资产总额达到由总统令规定金额以上数额的公司。其主要事业活动的内容基准由总统令规定。

1 之 3. "子公司"是指由控股公司根据总统令规定的基准，支配其事业内容的国内公司。

1 之 4. "控股孙公司"是指由子公司根据总统令规定的基准，支配其事业内容的国内公司。

2. "企业集团"是指同一人依照以下各目之区分，根据由总统令规定的基准，在事实上支配其事业内容的公司的集团。

甲．如果同一人为公司，该同一人和该同一人支配的 1 个以上公司的集团；

乙．如果同一人不是公司，该同一人支配的 2 个以上公司的集团。

3. “系列公司”是指属于同一企业集团的 2 个以上公司之间的互称。

4. “事业者团体”是指不论其形态如何，2 个以上的事业者为谋求共同利益而组成的结合体或者联合体。

5. “任员”是指理事、代表理事、执行业务的无限责任职员、监事以及与此相当的人员或者支配人等，能够处理本社或者支社全部经营业务的商业雇用人。

6. “转售价格维持行为”是指从事商品生产或者销售的事业者在销售其商品时，预先向从事转售的事业者规定各交易阶段的价格，并强制按照该价格销售或者附加约定规则和其他拘束条件进行交易的行为。

7. “支配市场的事业者”是指作为一定交易领域的供给者或者需求者，拥有能够单独或者与其他事业者一起决定、维持或者变更商品或者劳务的价格、数量、品质以及其他交易条件市场地位的事业者。判断支配市场的事业者，应综合考虑市场占有率、进入市场障碍的存在及程度、竞争事业者的相对规模等。

8. “一定的交易领域”是指按照不同的交易客体、阶段和地域，形成竞争关系或者能够建立竞争关系的领域。

8 之 2. “实质性限制竞争的行为”是指减少一定交易领域的竞争，按照特定事业者或者事业者团体的意思，在一定程度上对价格、数量、品质以及其他交易条件的决定，产生影响或者可能产生影响的行为。

9. “授信”指国内金融机构发放的贷款以及公司债务的担保或者收购。

10. “金融业或者保险业”是指根据《统计法》第二十二条（标准分类）第一款的规定，统计厅长告示的韩国标准产业分类中的金融业与保险业。

第二条之二［对国外行为的适用］

在国外实施的行为如果影响到国内市场，适用本法。

［本条 2004－12－31 新设］

第二章　禁止滥用市场支配地位

第三条［改善垄断性市场结构等］

1. 公正交易委员会针对长期维持垄断性市场结构的商品和劳务的

供给和需求市场，制定、施行促进竞争的措施。

2. 公正交易委员会为了促进施行第一款规定的措施，必要时可以向相关行政机关的长官提出关于导入竞争和改善市场结构等必要的意见。

3. 公正交易委员会为了制定、施行第一款规定的措施，调查并公告市场结构。〔1999－2－5 新设〕

4. 公正交易委员会依第三款规定调查、公告市场结构时，可以要求事业者提供必要的资料。〔1999－2－5 新设〕

5. 公正交易委员会依总统令的规定，可以将第三款与第四款规定的事务委托给其他机关。〔1999－2－5 新设〕

［本条 1996－12－30 新设］

［原来的第三条移动到第三条之二〔1996－12－30〕］

第三条之二［禁止滥用市场支配地位］

1. 支配市场的事业者不得实施符合以下各项规定之一的行为（以下称：滥用行为）〔1999－2－5 修改〕

（1）不当地决定、维持或者变更商品的价格或者劳务的对价（以下称：价格）的行为；

（2）不当地调整商品的销售或者劳务的提供的行为；

（3）不当地妨害其他事业者的经营活动的行为；

（4）不当地妨碍新的竞争事业者参与的行为；

（5）为了排除竞争事业者而进行不当的交易或者可能明显损害消费者利益的行为。

2. 滥用行为的类型与基准由总统令规定〔1996－12－30 新设，1999－2－5 修改〕

［从第三条移动〔1996－12－30〕］

第四条［推定支配市场的事业者］

在一定的交易领域中，市场占有率符合以下各项规定之一的事业者（在一定的交易领域中一年销售额或者购买额未满四十亿元的事业者除外）推定为第二条（定义）第七项规定的支配市场的事业者。

（1）一个事业者的市场占有率超过百分之五十以上；

（2）三个以下的事业者的市场占有率合计超过百分之七十五以上。但是，该情形中市场占有率未满百分之十的除外。〔1999－2－5 全文修改〕

第五条［纠正措施］

发生违反第三条之二（禁止滥用市场支配地位）规定的行为时，公正交易委员会可以命令该支配市场的事业者采取降低价格、中止该行为、公布收到纠正命令的事实以及为了纠正其他违反规定的行为而应采取的必要措施。〔1996－12－30，2004－12－31 修改〕

第六条［课征金］

支配市场的事业者实施滥用行为时，公正交易委员会可以命令该事业者缴纳总统令规定的销售额（对于总统令规定的事业者，是指营业收入。以下同）百分之三以内的课征金。但是，对于依照总统令规定无销售额或者销售额难以计算的（以下称：无销售额的情形等），可以命令其缴纳十亿元以内的课征金。〔1996－12－30 全文修改〕

第三章　企业结合的限制及经济力集中的遏制

第七条［对企业结合的限制］

1. 任何直接或者通过总统令规定的具有特殊关系的人（以下称"特殊关系人"）实施符合以下各项规定之一的行为（以下称"企业结合"）时，不得在一定的交易领域内实施实质性限制竞争的行为。但是，资产总额以及销售额的规模（指合并计算系列公司的资产总额或销售额的规模）符合总统令规定的规模的公司（以下称：大规模公司）以外者，实施符合第二项规定的行为例外。〔1996－12－30，1999－2－5，2007－8－3 修改〕

（1）取得或者持有其他公司的股份；

（2）任员或者职员（指任员以外的持续从事公司业务的人。以下同）兼任其他公司的任员职位（以下称：任员兼任）；

（3）与其他公司合并；

（4）接受其他公司的全部或者主要部分的营业的让与、租借或者负责其营业，或者接受其他公司的全部或者主要部分的营业用固定资产的让与（以下称：营业受让）；

（5）参与新公司的设立，但是，符合以下各目规定之一的除外。

甲．特殊关系人（总统令规定的人除外）以外的人不参与的情形；

乙．依《商法》第五百三十条之二（公司的分割、分割合并）第一款的规定，参与因分立而设立公司的情形。

2. 对于公正交易委员会认为符合以下各项规定之一的企业结合，

不适用第一款的规定。该经营者应当证明符合上述情形的要件是否具备。〔1999－2－5 修改〕

（1）以该企业结合以外的方法提高效率比限制竞争的弊端更大的情形；

（2）与资产负债表上的资产总额长期少于缴纳的资本金等不可回生的公司进行企业结合，并符合总统令规定的要件的情形。

3. ［删除］〔2007－8－3〕

4. 企业结合符合以下各项规定之一时，推定为在一定的交易领域内实质性地限制竞争。〔1996－12－30 新设，1999－2－5，2007－8－3 修改〕

（1）进行企业结合的公司（属于第一款第五项的情形时，指所有参与设立的公司）的市场占有率（指合计系列公司的市场占有率得出的占有率。本条以下同）的合计，符合以下各目规定的要件的情形。

甲．市场占有率的合计符合支配市场的事业者的推定要件；

乙．市场占有率的合计居该交易领域内的第一位；

丙．市场占有率的合计与市场占有率居第二位的公司（指在除该公司以外的公司之中居第一位的公司）的市场占有率之间的差为该市场占有率的合计的百分之二十五以上的。

（2）大规模公司直接或者通过特殊关系人进行企业结合的，符合以下各目规定的要件的情形

甲．依《中小企业基本法》规定的中小企业在其市场占有率居三分之二以上的交易领域内进行企业结合；

乙．通过该企业结合，将拥有百分之五以上的市场占有率。

5. 根据第一款规定在一定的交易领域内实质性地限制竞争的企业结合与根据第二款的规定不适用第一款规定的企业结合的基准，由公正交易委员会制定并告示。〔1996－12－30 新设，1999－2－5，2007－8－3 修改〕

第七条之二［取得或者持有股份的基准］

依本法规定的股份的取得或者持有，与取得或者持有的名义无关，以实际的所有关系为标准。〔本条 1996－12－30 新设〕

第八条［设立、转换控股公司的申报］

设立控股公司或者转换为控股公司者，应当根据总统令的规定向公正交易委员会申报。〔2001－1－16 修改〕〔1999－2－5 全文修改〕

第八条之二［对控股公司等的行为的限制等］

1. 本条中使用的用语的定义如下。〔2004－12－31 新设，2007－8－3 修改〕

（1）“共同出资法人”是指持有能够影响经营活动的相当数量的股份的2人以上的出资者（有特殊关系人关系的出资者中总统令规定的出资者之外的，视为1人）通过契约或者相应的方法明显限制出资股份的转让，使出资者之间难以变更持有股份的法人。

（2）“风险控股公司”是指拥有根据《关于培育风险公司的特别措施法》第二条（定义）第一款规定的风险公司（以下称：控股公司）为子公司，并符合总统令规定基准的控股公司。

2. 控股公司不得实施以下各项规定中的任何一项行为。〔2001－1－16，2002－1－26，2004－12－31，2007－4－13，2007－8－3 修改〕

（1）保有超过净资产额（指资产总额中减去负债额的金额。以下同）2倍的负债额的行为。但是转换或者设立为控股公司时已经保有超过净资产额2倍的负债额的，可以从转换或者设立之日起两年内保有净资产额2倍的负债额。

甲．删除；〔2004－12－31〕

乙．删除；〔2004－12－31〕

丙．删除。〔2004－12－31〕

（2）持有未满子公司发行股份总数的百分之四十［子公司为《关于资本市场与金融投资业的法律》规定的股票上市法人（以下称“上市法人”）、持有股份的分散要件等上市要件相当于国内有价证券市场的上市要件并由公正交易委员会告示的在国外证券交易所上市的法人（以下称“国外上市法人”）、共同出资法人或者风险控股公司的子公司的，定为百分之二十。以下在同条中称“子公司持有股份标准”］的行为。但是因以下各目中的事由而未达到子公司股份持有标准的除外。

甲．转换或者设立控股公司时持有的子公司的股份未满子公司持有股份标准的，从转换或者设立控股公司之日起未满两年的情形；

乙．原为上市法人、国外上市法人或者共同出资法人的子公司因变更而未满子公司持有股份标准的，从变更之日起未满一年的情形；

丙．原为风险控股公司因变更而未满子公司持有股份标准的，从变更之日起未满一年的情形；

丁．子公司在收购或者销售股份时，根据《证券交易法》第一百九十一条之七（对职工股协会会员的优先分配）的规定预先分配给职工股协会或者该子公司根据《商法》第五百一十三条（可转换公司债务的发行）或第五百一十六条之二（收购新股为附加条件的公司债券的发行）的规定发行的可转换公司债或附加收购新股条件的公司债券被请求转换或者行使收购新股权而未满子公司持有股份标准的，从未满之日起不足一年的情形；

戊．原不是子公司的公司成为子公司未满子公司持有股份标准的，从该公司成为子公司之日起未满一年的情形；

己．把子公司变更为非子公司的过程中未满子公司持有股份标准的，从未满之日起不足一年的情形（只限于从未满子公司持有股份标准之日起一年内变更为非子公司的）；

庚．因子公司与其他公司合并而未满子公司持有股份标准的，从未满之日起不足一年的情形。

（3）持有不是系列公司的国内公司［依据《对社会基础设备的民间投资法》第四条（促进民间投资事业的方式）第一项至第四项规定的方式经营民间投资事业的公司除外。以下本项同］发行股份总数的百分之五以上的股份的行为（不适用于持有非系列公司的国内公司的股份价额的合计未满子公司股份价额的百分之十五的控股公司）与持有子公司之外的其他国内系列公司的股份的行为。但是因下列各目中的一项事由而持有股份的非系列公司的国内公司或国内系列公司除外。

甲．转换或设立控股公司的当时属于本款规定的行为的，从转换或设立之日起未满两年的情形；

乙．把不是系列公司的公司变更为子公司的过程中属于本款规定的行为的，从变更之日起未满一年的情形（只限于同一期限内变更为子公司的情形）；

丙．把未持有股份的国内系列公司变更为子公司的过程中，从持有该国内系列公司的股份之日起未满一年的情形（只限于同一期限内变更为子公司的情形）；

戊．把子公司变更为非子公司的过程中，该子公司变更为非子公司之日起未满一年的情形。

（4）持有经营金融业或者保险业的子公司的股份的控股公司（以下称：金融控股公司）持有经营金融业或者保险业的公司（包括与金融业或者保险业有密切关联的、符合总统令规定的基准的公司）外的国内公司的股份的行为。但是转换或者设立金融控股公司时持有经营金融业或者保险业公司外的国内公司的股份的，从转换或者设立金融控股公司之日起两年内可以持有该国内公司的股份。

（5）金融控股公司以外的控股公司（以下称：一般控股公司）持有经营金融业或者保险业的国内公司的股份的行为。但是转换或者设立一般控股公司时持有经营金融业或者保险业公司外的国内公司的股份的，从转换或者设立一般控股公司之日起两年内可以持有该国内公司的股份。

3. 一般控股公司的子公司不得实施以下各项规定中的任何一项行为。〔2004－12－31，2007－4－13，2007－8－3 修改〕

（1）未持有控股孙公司发行股份总数的百分之四十（该控股孙公司是上市法人、国外上市法人或者共同出资法人时为百分之二十。以下本条中称：控股孙公司持有股份标准）的行为。但是因下列各目中的一项事由而未达到控股孙公司持有股份标准的除外。

甲．成为子公司时持有未满控股孙公司持有股份标准的股份的，从变更为子公司之日起未满两年的情形；

乙．原为上市法人、国外上市法人或者共同出资法人的控股孙公司，因变更而未满控股孙公司持有股份标准的，从变更之日起未满一年的情形；

丙．控股孙公司在收购或者销售股份时，根据《证券交易法》第一百九十一条之七（对职工股协会会员的优先分配）的规定预先分配给职工股协会或者该控股孙公司根据《商法》第五百一十三条（可转换公司债务的发行）或第五百一十六条之二（收购新股为附加条件的公司债券的发行）的规定发行的可转换公司债或附加收购新股条件的公司债券被请求转换或者行使购买新股权而未满控股孙公司持有股份标准的，从未满之日起不足一年的情形；

丁．原不是控股孙公司的公司成为控股孙公司未满控股孙公司持有股份标准的，从该公司成为控股孙公司之日起未满一年的情形；

戊．把控股孙公司变更为非控股孙公司的过程中未满控股孙公司持有股份标准的，从未满之日起不足一年的情形（只限于同期内不是控股孙公司的情形）；

己．因控股孙公司与其他公司合并而未满控股孙公司持有股份标准的，从未满之日起不足一年的情形。

（2）持有不是控股孙公司的国内系列公司的股份的情形。但是因下列各目中的一项事由而持有股份的国内系列公司除外。

甲．变更为子公司的当时持有股份的国内系列公司的，从变更为子公司之日起未满两年的情形；

乙．把不是系列公司的公司变更为控股孙公司的过程中，从该公司变更为系列公司之日起未满一年的情形（只限于同一期限内变更为控股孙公司的情形）；

丙．把未持有股份的国内系列公司变更为控股孙公司的过程中，从持有该国内系列公司的股份之日起未满一年的情形（只限于同一期限内变更为控股孙公司的情形）；

丁．把控股孙公司变更为非控股孙公司的过程中，该控股孙公司变更为非控股孙公司之日起未满一年的情形（只限于同一期限内变更为系列公司的情形）；

戊．控股孙公司与其他子公司合并，持有该子公司股份的，从持有股份之日起未满一年的情形；

己．持有自己股份的子公司因公司分割而持有其他国内系列公司的股份的，从持有该股份之日起未满一年的情形。

（3）把经营金融业或保险业的公司支配为控股孙公司的行为。但是成为一般控股公司的子公司时把经营金融业或保险业的公司支配为控股孙公司，从成为子公司之日起两年内可以支配该控股孙公司。

4. 一般控股公司的控股孙公司不能持有国内系列公司的股份。但是属于下列各项中的一项的除外。〔2004－12－31 新设，2007－8－3 修改〕

（1）成为控股孙公司时持有股份的国内系列公司的，从成为控股孙公司之日起未满两年的情形；

（2）持有股份的非系列公司的国内公司成为系列公司的，从该公司成为系列公司之日起未满一年的情形；

（3）持有自己股份的控股孙公司因公司分割持有其他国内系列公司的股份的，从持有股份之日起未满一年的情形；

（4）控股孙公司持有国内系列公司（经营金融业或者保险业的公司除外）发行股份总数的情形。

5. 根据第四款第四项，控股孙公司持有股份的公司（以下称：控股曾孙公司）不能持有国内系列公司的股份。但是属于下列各项中的一项的除外。〔2007－8－3 新设〕

（1）成为控股曾孙公司时持有股份的国内系列公司的，从成为控股曾孙公司之日起未满两年的情形；

（2）持有股份的非系列公司的国内公司成为系列公司的，从该公司成为系列公司之日起未满一年的情形。

6. 在适用第二款第一项但书、第二款第二项甲目、第二款第三项甲目、第二款第四项但书、第二款第五项但书、第三款第一项甲目、第三款第二项甲目、第三款第三项但书、第四款第一项与第五款第一项时，因股价的急剧变动等经济条件的变化、禁止处分股份契约、事业明显的损失或其他事由，减少负债额或取得、处分股份有困难的，经公正交易委员会的同意，可以延长两年。〔2007 - 4 - 13 新设，2007 - 8 - 3 修改〕

7. 控股公司依照总统令的规定，应当向公正交易委员会提交关于该控股公司、子公司、控股孙公司、控股曾孙公司（以下称：控股公司等）的股份持有现况、财务状况等关于事业内容的报告书。〔2004 - 12 - 31，2007 - 4 - 13，2007 - 8 - 3 修改〕

[本条 1999 - 2 - 5 新设]

第八条之三［对设立限制债务担保的企业集团的控股公司的限制］

支配根据第十四条（限制相互出资的企业集团等的指定）第一款的规定指定的属于限制债务担保的企业集团的公司的同一人或者该同一人的特殊关系人，欲设立控股公司或者转换为控股公司时，根据第十条之二（禁止对系列公司的担保）规定的现有的债务担保，若符合以下各项规定之一的，应当解除。〔2002 - 1 - 26 修改〕

（1）控股公司和子公司之间的债务担保；

（2）控股公司和其他国内系列公司（该控股公司支配的子公司除外）之间的债务担保；

（3）子公司相互间的债务担保；

（4）子公司与其他国内系列公司（支配该子公司的控股公司以及该控股公司支配的其他子公司除外）之间的债务担保。

[本条 1999 - 2 - 5 新设]

第九条［禁止相互出资等］

1. 属于一定规模以上的资产总额等符合总统令规定的基准的、根据第十四条（限制相互出资的企业集团等的指定）第一款的规定所指定的企业集团（以下称：限制相互出资的企业集团）的公司，不得取得或者持有已经取得或者持有自己的股份的系列公司的股份。但是，符合以下各项规定之一的除外。〔2002 - 1 - 26 修改〕

（1）公司的合并或者全部营业的接收；

（2）担保权的行使或者替代物偿还的受领。

2. 根据第一款但书的规定进行出资的公司，应当在自取得或者持有该股份之日起6个月内处分该股份。但是，取得或者持有自己的股份的系列公司处分该股份时除外。

3. 依据《中小企业创业支援法》规定的中小企业创业投资公司属于限制相互出资的企业集团的，不得取得或者持有国内系列公司的股份。〔2002－1－26，2007－8－3修改〕

第十条［删除］〔2009－3－25〕

第十条之二［禁止对系列公司的债务担保］

1. 属于一定规模以上的资产总额等符合总统令规定的基准的、根据第十四条（限制相互出资的企业集团等的指定）第一款的规定所指定的企业集团（以下称：限制债务担保的企业集团）的公司（经营金融业或者保险业的公司除外。以下同），不得对国内系列公司进行债务担保。但是，符合以下各项规定之一的债务担保除外。〔1996－12－30，1998－2－24修改〕

（1）与根据《租税特例限制法》规定的合理化基准收购的公司的债务有关联的担保；

（2）［删除］〔1996－12－30〕

（3）为加强企业的国际竞争力，必要时由总统令规定的其他情形的债务的担保。

2. 第一款中所指的“债务担保”，是指符合以下各项规定之一的与国内金融机构的授信有关联的、属于限制债务担保的企业集团的公司对国内系列公司进行的担保。〔1997－8－30，1997－12－13，1998－2－24，2002－1－26，2007－8－3，2010－5－17修改〕

（1）《银行法》规定的银行和韩国产业银行、韩国进出口银行、长期信用银行以及中小企业银行；

（2）［删除］〔1998－1－13〕

（3）《保险业法》规定的保险公司；

（4）《关于资本市场与金融投资业的法律》规定的投资商、投资中介商与综合金融公司；

（5）［删除］〔2007－8－3〕

（6）其他总统令规定的金融机构。

3. ［删除］〔1998－2－24〕

4. ［删除］〔1998－2－24〕

［本条1992－12－8新设］

第十条之三［删除］〔2001－1－16〕

第十一条［对金融公司或保险公司议决权的限制］

属于限制相互出资的企业集团的经营金融业或者保险业的公司，对取得或者持有的国内系列公司股份不能行使议决权。但是，属于下列各项之一的除外。〔1992－12－8，1996－12－30，2002－1－26，2004－12－31，2007－4－13，2007－8－3 修改〕

（1）为了经营金融业或者保险业而取得或持有股份的情形；

（2）为了有效运用、管理保险资产，经《保险业法》等的承认取得或持有股份的情形；

（3）在该国内系列公司（限于上市法人）股东大会中议决以下各项之一的情形。这时该系列公司的股份中可以行使议决权的股份数与对该系列公司特殊关系人中减去总统令指定的人之外的人可以行使议决权的股份数的合计不能超过该系列公司发行股份总数的百分之十五。

甲．任员的选任或解任；

乙．变更章程；

丙．该系列公司与其他公司的合并，向其他公司转移全部或者主要部分的营业。

第十一条之二［对大规模内部交易的董事会的议决及公示］

1. 属于一定规模以上的资产总额等符合总统令规定的基准的企业集团的公司（以下称：内部交易公示对象公司），以特殊关系人为相对人或者为了特殊关系人，欲实施总统令规定的规模以上的、符合以下各项规定之一的交易行为（以下称：大规模内部交易）时，应当事先经董事会议决后公示。变更第二款规定的主要内容时亦同。〔2002－1－26，2007－4－13 修改〕

（1）提供或交易预付金或借款等的行为；

（2）提供或交易股份或公司债等有价证券的行为；

（3）提供或交易不动产和无形资产权等的行为；

（4）考虑股东等的组成，把总统令规定的系列公司作为相对人或者为了该系列公司提供或交易商品或劳务的行为。

2. 内部交易公示对象公司依照第一款的规定进行公示时，应当包括交易的目的、相对人、规模与条件等总统令规定的主要内容。

3. 公正交易委员会可以委托《关于资本市场与金融投资业的法律》第 161 条（提交主要事项报告书）规定的申报受理机构，受理第一款规定的与公示有关的业务。其公示的方法、程序和其他必要事项，由公正交易委员会经与接受委托的申报受理机构协商后作出决定。〔2007－8－

3 修改〕

4. 经营金融业或者保险业的内部交易公示对象公司根据条款进行定型化交易、实施符合总统令规定之基准的交易行为时，可以不依照第一款的规定、不必经董事会议决。但是，其交易内容应当公示。

5. 在第一款的内容中，上市法人在根据《商法》第三百九十三条之二（董事会内的委员会）设置的委员会［限于包含《证券交易法》第二条（定义）第十九款的独立董事三人以上，独立董事的人数超过委员总数的三分之二以上的情形］中议决的，视为通过了董事会的议决。〔2007－8－3 新设〕

［本条 1999－12－28 新设］

第十一条之三［非上市公司等的重要事项的公示］

1. 属于一定规模以上的资产总额等符合总统令规定的基准的企业集团的公司（经营金融业或者保险业的公司）中不是上市法人的公司应公示下列各项中的某一项。但是依照第十一条之二规定的公示的事项除外。〔2007－4－13，2007－8－3 修改〕

（1）最大股东与主要股东（《关于资本市场与金融投资业的法律》第九条第一款第二项规定的主要股东）持有股份的现状与变更事项、任员的变动等与公司治理结构相关的总统令规定的重要事项；

（2）资产与股份的取得、赠与、提供担保、债务的收购与免除等对公司的财务结构带来重大变动的总统令规定的事项；

（3）营业转让与让与，合并与分割、股份的交换与转移等与公司的经营活动有重要关联的总统令规定的事项。

2. 第十一条之二（对大规模内部交易的董事会的议决及公示）第二款及第三款的规定参照第一款公示的规定施行。

［本条 2004－12－31 新设］

第十一条之四［关于企业集团现状等的公示］

1. 属于限制相互出资的企业集团的公司中资产总额等符合总统令规定的基准的公司，应公示该企业集团的一般现状、持有股份现状、与特殊关系人的交易现状等总统令规定的事项。

2. 依照第一款的公示参照第十一条之二（对大规模内部交易的董事会的议决及公示）第三款施行。

3. 第一款规定的公示的时间、方法及程序，除第二款规定的内容之外，必要的由总统令制定。

［本条 2009－3－25 新设］

第十二条［企业结合的申报］

1. 资产总额或者销售额的规模符合总统令规定基准的公司（进行第三项规定的企业结合的，只限于大规模公司。本条以下称：企业结合申报对象公司）或其特殊关系人对资产总额或者销售额的规模符合总统令规定基准的其他公司（以下称：相对公司）进行从第一项至第四项中的任何一种企业结合的时候，企业结合申报对象公司或其特殊关系人与相对公司或其特殊关系人共同进行第五项规定的企业结合的时候，应当依照总统令规定向公正交易委员会申报。企业结合申报对象公司以外的、有相对公司规模的公司或其特殊关系人对企业结合申报对象公司进行从第一项至第四项中的任何一种企业结合的时候，企业结合申报对象公司以外的、有相对公司规模的公司或其特殊关系人与企业结合申报对象公司或其特殊关系人共同进行第五项规定的企业结合的时候，亦同。〔2004－12－31，2007－4－13，2007－8－3 修改〕

（1）持有其他公司的发行股份总数（根据《商法》第三百七十条（无议决权的股份）的规定无议决权的股份除外。以下同）的百分之二十（上市法人为百分之十五）以上的情形；

（2）持有其他公司的发行股份超过第一项比率以上的，追加取得该公司的股份，成为最多出资者的情形；

（3）任员兼任的情形（兼任系列公司的任员的除外）；

（4）实施第七条（对企业结合的限制）第一款第三项和第四项规定的行为的情形；

（5）参与新公司的设立，成为最多出资者的情形。

2. 第一款规定的企业结合申报对象公司与相对公司的资产总额或者销售额的规模是各指企业结合日之前到企业结合日之后为止继续维持系列公司地位的公司的资产总额或销售额的合计的规模。但是根据第七条（对企业结合的限制）第一款第四项规定进行营业让与时转让营业（包括营业的租借、经营的委任与营业用固定资产的转让）的公司的资产总额或者销售额的规模不计入到系列公司的资产总额或者销售额当中。〔2004－12－31 新设〕

3. 不限于第一款，符合以下各项规定之一的，从申报对象中除外。〔2001－1－16，2002－1－26，2002－8－26，2004－12－31，2007－8－3 修改〕

（1）《中小企业创业支援法》第二条第四项、第五项规定的中小企业创业投资公司或者中小企业创业投资组合，持有该条第二项规定的创业者（以下称：创业者）或者风险企业的股份超过第一款第一项规定的比率的情形，或者与其他公司共同参与创业者或者风险企业的设立，成为最多出资者的情形；

（2）《授信专门金融业法》第四十一条（适用范围）第一款、第三款规定的新技术事业金融业者或者新技术事业投资组合，持有《技术信用保证基金法》第二条（定义）第一项规定的新技术事业者（以下称：新技术事业者）的股份超过第一款第一项规定的比率的情形，或者与其他公司共同参与新技术事业者设立，成为最多出资者的情形；

（3）企业结合申报对象公司持有符合以下各目规定之一的公司的股份超过第一款第一项规定的比率的，或者与其他公司共同参与符合以下各目规定之一的公司的设立，成为最多出资者的情形。

甲.《间接投资资产运用业法》规定的投资公司（同法第一百四十二条第一款规定的收购企业证券投资公司除外）；

乙.根据《关于社会基础设备的民间投资法》指定为社会基础设备民间投资事业实行者的公司；

丙.为了投资乙目所指的公司而设立的投资公司（《法人税法》第五十一条之二第一款第六项规定的公司除外）；

丁.《不动产投资公司法》规定的不动产投资公司。

4. 有关中央行政机关的长官依其他法律的规定，就该企业结合事先与公正交易委员会进行协商的情形，不适用第一款的规定。

5. 对第一款第一项、第二项或第四项规定的股份的持有或者收购的比率进行核算或者判断是否成为最多出资者时，合并计算该公司的特殊关系人持有的股份。〔2004-12-31，2007-8-3 修改〕

6. 依照第一款规定的企业结合的申报，应当在该企业结合之日起三十日内进行。但是，依照第一款第一项、第二项、第四项或第五项的规定进行企业结合（总统令规定的情形除外）的公司中有一个以上的公司为大规模公司的，从缔结合并契约之日等总统令规定之日起到企业结合日之前进行申报。〔1999-2-5，2004-12-31，2009-3-25 修改〕

7. 依照第六款但书的规定应当进行申报的，除总统令规定的情形之外，申报后30日内，不得实施持有股份、合并登记、履行营业受让契约和收购股份等行为。但是，公正交易委员会认为必要时，可以缩短该期限，或者自该期限届满之日起九十日内予以延长。〔2004-12-31 修改〕

8. 根据第七条（对企业结合的限制）第一款的规定进行企业合并

的，即使在第六款规定的申报期间之前，也可以向公正交易委员会提出该行为是否属于实质性限制竞争行为的审查申请。〔1999－2－5，2001－1－16，2004－12－31 修改〕

9. 公正交易委员会接到第八款规定的审查申请时，应当在30日内将审查结果通知申请者。但是，公正交易委员会认为必要时，可以在自该期限届满之日起九十日内予以延长。〔1999－2－5，2001－1－16，2004－12－31 修改〕

10. 第一款规定的申报义务人为2人以上的，应当共同申报。但是，公正交易委员会依照总统令的规定、指定属于申报义务人所在的企业集团的公司中的一个公司为企业结合的申报代理人（以下各条中称：代理人）并且由该代理人进行申报的情形例外。〔1996－12－30 全文修改〕

第十二条之二［企业结合申报程序等的特例］

1. 申请符合下列各项之一的法人的设立、合并或者最多额出资者的变更等（以下称：法人设立等）的许可、变更许可推荐等（以下称：许可等）的，其法人设立等属于第十二条（企业结合的申报）第一款规定的申报对象的，向许可等的主管官厅（包括广播通信委员会，以下本条同）申请许可时，应一同提交申报资料。〔2009－3－25 修改〕

（1）［删除］〔2010－3－22〕

（2）《广播法》第十五条（变更许可等）第一款第一项规定的法人［只限于《广播法》第二条（用语的定义）第三项乙目规定的综合有线广播事业者。以下本条中称“综合有线广播事业者”］的合并；

（3）根据《广播法》第十五条之二（最多额出资者等变更许可）第一款规定，欲成为综合有线广播事业者的最多出资者、或者欲实质上支配综合有线广播事业者的经营权的情形。

2. 许可等的申请人根据第一款的规定向主管官厅提交企业结合申报资料时，把主管官厅接收该资料的日期视为第十二条（企业结合的申报）第一款规定的申报之日。

3. 主管官厅根据第一款规定收到企业结合申报资料时，应及时向公正交易委员会送达企业结合申报资料。

4. 根据第十二条（企业结合的申报）第六款但书的规定，申报企业结合者向公正交易委员会申报企业结合时可以一同提交关于法人设立等的许可等的资料。

5. 公正交易委员会根据第四款的规定收到关于法人设立等的许可等的资料时，应及时向主管官厅送达法人设立等的许可等的资料。

第十三条［股份持有现状等的申报］

1. 属于限制相互出资的企业集团或者限制债务担保的企业集团的公司，依照总统令的规定，应当向公正交易委员会申报该公司股东的股份持有现状、财务状况以及持有其他国内公司的股份的现状。〔1996－12－30，2002－1－26，2009－3－25修改〕

2. 属于限制债务担保的企业集团的公司，应当依照总统令的规定获得国内金融机构对国内系列公司的债务担保现状的确认，并向公正交易委员会申报。〔1992－12－8，1996－12－30，2002－1－26新设〕

3. 对于第一款与第二款中规定的申报，适用第十二条（企业结合的申报）第十款但书的规定。〔1996－12－30，2001－1－16，2004－12－31修改〕

4. ［删除］〔1996－12－30〕

第十四条［限制相互出资的企业集团等的指定等］

1. 公正交易委员会应当依照总统令的规定指定限制相互出资的企业集团与限制债务担保的企业集团（以下称：限制相互出资的企业集团等），并通知属于同一企业集团的公司。〔1992－12－8，2002－1－26，2009－3－25修改〕

2. 第九条（相互出资的限制）、第十条之二（禁止对系列公司的债务担保）、第十一条（对金融公司或保险公司议决权的限制）以及第十三条（股份持有现状等的申报）的规定，自接到第一款规定的通知之日起适用。〔1996－12－30，1999－2－5，2009－3－25修改〕

3. 不限于第二款的规定，根据第一款的规定指定为限制相互出资等的企业集团并通过属于同一企业集团的公司获得通知的公司、或者根据第十四条之二（系列公司的编入与除外）第一款的规定编入限制相互出资等的企业集团的系列公司并通过属于同一企业集团的公司获得通知的公司，在接到通知时，发生违反第九条（禁止相互出资等）第一款、第三款或者第十条之二（禁止对系列公司的债务担保）第一款规定的情形时，作以下各项规定的处分。〔1999－12－28，2001－1－16，2002－1－26，2005－3－31，2009－3－25修改〕

（1）违反第九条（禁止相互出资等）第一款和第三款规定的［包括发行正取得或者持有的股份的公司编入为新的系列公司而违反第九条（禁止相互出资等）的规定的情形］，自指定日或者编入日起一年内不适用同款的规定。

（2）［删除］〔2009－3－25〕

（3）对违反第十条之二（禁止对系列公司的债务担保）第一款规定的（包括正接受债务担保的公司编入为新的系列公司而违反的情形），自指定日或者编入日起两年内不适用同款的规定。但是，依照各项之外的部分规定的公司根据《关于债务者回生及破产的法律》的规定开始回生程序的，到回生程序结束之日为止，依照各项之外的部分规定的公司对开始回生程序的公司有债务担保的，限于该债务担保到接受该债务担保的公司结束回生程序之日为止不适用同款的规定。

4. 为了指定第一款规定的企业集团，公正交易委员会可以要求公司或者该公司的特殊关系人提交必要的资料。

5. 属于限制相互出资的企业集团等的公司（前一年事业年度末的资产总额未达到总统令规定的金额的公司正在清算中或者一年以上休业中的除外）应当接受注册会计师的会计审计，公正交易委员会应当使用按照注册会计师的审计意见修改的资产负债表。〔1998 - 2 - 24，2002 - 1 - 26，2004 - 12 - 31 新设〕

第十四条之二［系列公司的编入及除外等］

1. 发生编入限制相互出资的企业集团等的系列公司或者应当从系列公司中排除的事由时，公正交易委员会根据该公司（包括该公司的特殊关系人。以下本条中同）的请示或者依职权，审查该公司是否属于系列公司，并将其编入系列公司或者从系列公司中排除。〔2002 - 1 - 26 修改〕

2. 公正交易委员会根据第一款的规定进行审查，认为必要时，可以要求该公司提交关于股东和任员构成、债务担保关系、资金借贷关系、交易关系以及其他必要的资料。

3. 公正交易委员会接到根据第一款规定的审查请示后，应当在30日内将审查结果通知请求人。但是，公正交易委员会认为必要时，可以在60日内延长该期间。

［本条 1996 - 12 - 30 新设］

第十四条之三［系列公司的编入、通知日的假设］

收到第十四条（限制相互出资的企业集团等的指定等）第四款或者第十四条之二（系列公司的编入及除外等）第二款规定的要求者，无正当理由拒绝提交资料或者提交虚假资料，使本应编入到限制相互出资的企业集团等的系列公司却未编入的，公正交易委员会可以将其视为在总统令规定之日编入并通知到该属于限制相互出资的企业集团等的公司。〔2002 - 1 - 26〕

［本条 1999－2－5 新设］

［以前的第十四条之三移动到十四条之四〔1999－2－5〕］

第十四条之四［对相关机构确认资料的要求等］

为了实施第九条（禁止相互出资等）至第十一条（对金融公司或保险公司议决权的限制）、第十三条（股份持有现状等的申报）至第十四条之二（系列公司的编入及除外等）的规定，公正交易委员会认为必要时，可以对以下各项规定的机构确认和调查限制相互出资的企业集团等的国内系列公司的股东的股份持有现状、有关债务担保的资料、关于提供预付金、借款以及担保的资料、关于交易或提供不动产的资料等必要的资料。〔1997－12－31，1998－1－8，1998－2－24，2002－1－26，2007－8－3，2008－2－29 修改〕

（1）根据《关于设置金融委员会等的法律》的规定设立的金融监督院；

（2）［删除］〔1998－2－24〕

（3）符合第十条之二［禁止对系列公司的债务担保］第二款各项规定之一的国内金融机构；

（4）其他总统令规定的、与金融或者股份交易有关的机构。

〔本条 1996－12－30 新设〕

［从第十四条之三移动〔1999－2－5〕］

第十四条之五［关于限制相互出资的企业集团的现状等的信息公开］

1. 为了防止经济力的过度集中、提高企业集团的透明度，公正交易委员会可以公开属于限制相互出资的企业集团等公司的以下各项的信息。

（1）总统令规定的、属于限制相互出资的企业集团等的公司的一般现状、支配结构现状等的信息；

（2）总统令规定的、属于限制相互出资的企业集团等的公司之间、或者属于限制相互出资的企业集团等的公司与其特殊关系人之间的出资、债务担保、交易关系等的信息。

2. 为了有效地处理以及公开第一款各项规定的信息，公正交易委员会可以构筑并运作信息系统。

3. 第一款与第二款规定的事项之外的信息公开依照《关于公共机构的信息公开的法律》的规定。

［本条新设 2007－4－13］

第十五条［禁止逃避法律的行为］

1. 任何人不得作出逃避第七条（对企业结合的限制）第一款、第八条之二（对控股公司等的行为的限制等）第二款至第五款、第八条之三（限制债务担保的企业集团的控股公司的设立限制）、第九条（禁止相互出资等）、第十条之二（禁止对系列公司的债务担保）第一款或第十一条（对金融公司或保险公司议决权的限制）等规定的适用。〔1992－12－8，1996－12－30，1998－2－24，1999－2－5，1999－12－28，2001－1－16，2002－1－26，2004－12－31，2007－8－3，2009－3－25修改〕

2. 第一款规定的逃避法律的行为的类型和基准，由总统令制定。〔1996－12－30新设〕

第十六条［纠正措施等］

1. 发生违反或者有可能第七条（对企业结合的限制）第一款、第八条之二（对控股公司等的行为的限制等）第二款至第五款、第八条之三（限制债务担保的企业集团的控股公司的设立限制）、第九条（禁止相互出资等）、第十条之二（禁止对系列公司的债务担保）第一款、第十一条（对金融公司或保险公司议决权的限制）、第十一条之二（对大规模内部交易的董事会的议决及公示）至第十一条之四（关于企业集团现状等的公示）或第十五条（禁止逃避法律的行为）等规定的，对该事业者［指违反第七条（对企业结合的限制）第一款规定的，指进行企业结合的公司（对进行企业结合的公司只采取纠正措施无法纠正因限制竞争所带来的弊端，或者有必要纠正进行企业结合的公司的特殊关系人经营的交易领域的竞争限制所带来的弊端的情形，包括其特殊关系人）］或者违反行为者，公正交易委员会可以命令其采取以下各项规定之一的纠正措施。该情形中，若接到第十二条（企业结合的申告）第六款但书规定的申报，应当适用同条第七款关于期间的规定。〔1996－12－30，1998－2－24，1999－2－5，1999－12－28，2001－1－26，2004－12－31，2007－8－3，2009－3－25修改〕

（1）中止该行为；

（2）处分全部或者部分股份；

（3）任员的辞职；

（4）转让营业；

（5）取消债务担保；

（6）公布收到纠正命令的事实；

（7）限制能够防止企业结合所带来的限制竞争的弊端的营业方式或者营业范围；

（7）之2. 履行公示义务或者纠正公示内容；

（8）其他纠正违法状态的必要措施。

2. 违反第七条（对企业结合的限制）第一款、第八条之三（限制债务担保的企业集团的控股公司的设立限制）、第十二条（企业结合的申报）第七款的规定，进行公司合并或者设立公司的，公正交易委员会可以提起该公司的合并或者设立无效之诉。〔1996－12－30，1999－2－5，2001－1－16，2002－1－26，2004－12－31，2007－8－3 修改〕

3. 公正交易委员会可以制定并告示对违反第七条（对企业结合的限制）第一款规定的行为实施第一款各项纠正措施的基准。〔2007－8－3 新设〕

第十七条［课征金］

1. 对违反第九条（禁止相互出资等）的规定取得或者持有股份的公司，公正交易委员会可以命令其缴纳不超过其通过违反行为取得或者持有的股份之价额的百分之十以内的课征金。〔1996－12－30，1998－2－24，1999－12－28，2009－3－25 修改〕

2. 对违反第十条之二（禁止对系列公司的债务担保）第一款的规定进行债务担保的公司，公正交易委员会可以命令其缴纳不超过该违法的债务担保金额的百分之十以内的课征金。〔1992－12－8 新设，1996－12－30，1998－2－24，2001－1－16 修改〕

3. ［删除］〔1999－2－5〕

4. 对违反第八条之二（对控股公司等的行为的限制等）第二款至第五款规定的，公正交易委员会可以命令其缴纳不超过以下各项规定的金额的百分之十以内的课征金。〔2004－12－31，2007－4－13，2007－8－3 修改〕

（1）违反第八条之二（对控股公司等的行为的限制等）第二款第一项规定的，是超过总统令规定的资产负债表（以下本款称：基准资产负债表）中净资产额2倍的负债额；

（2）违反第八条之二（对控股公司等的行为的限制等）第二款第二项规定的，是该子公司股份的基准资产负债表上的账面金额的合计额，乘以以下各目中的比率中减去该子公司股份的持有比率，再除以该子公司股份的持有比率所得出的金额。

甲．该子公司为上市法人、国外上市法人、共同出资法人或者风险控股公司的子公司的，是百分之二十；

乙．［删除］〔2007－4－13〕

丙．不属于甲目的，是百分之四十。

（3）违反第八条之二（对控股公司等的行为的限制等）第二款第三项至第五项、同条第三款第二项、同条第四款或者同条第五款规定的，是持有股份的基准资产负债表上的账面金额的合计金额。

（4）违反第八条之二（对控股公司等的行为的限制等）第三款第一项的，是该控股孙公司股份的基准资产负债表上的账面金额的合计额，乘以以下各目中的比率中减去该控股孙公司股份的持有比率，再除以该控股孙公司股份的持有比率所得出的金额。

甲．该控股孙公司为上市法人、国外上市法人、共同出资法人的，是百分之二十；

乙．不属于甲目的控股孙公司，是百分之四十。

第十七条之二［删除］〔2009－3－25〕

第十七条之三［履行强制金］

1. 因违反第七条（对企业结合的限制）第一款的规定而接受第十六条（纠正措施等）规定的纠正措施后、在该规定的期间内不履行纠正措施的，公正交易委员会可以命令其缴纳每日不超过以下各项规定金额的万分之三以内的履行强制金。但是，根据第七条（对企业结合的限制）第一款第二项的规定进行企业结合的，可以命令其缴纳每日二百万元以内的履行强制金。〔2007－8－3 修改〕

（1）第七条（对企业结合的限制）第一款第一项和第五项规定的企业结合，是取得或者持有股份的账面金额和收购的债务的合计额；

（2）第七条（对企业结合的限制）第一款第三项规定的企业结合，是作为合并之对价交付的股份的账面金额和收购的债务的合计额；

（3）第七条（对企业结合的限制）第一款第四项规定的企业结合，是受让营业的金额。

2. 关于履行强制金的强制缴纳、缴纳、征收和返还等的必要事项，由总统令规定。但是，对于滞纳的履行强制金，按照国税滞纳处分的惯例征收。

3. 第一款与第二款规定的履行强制金的征收和滞纳处分的业务，公正交易委员会可以委托国税厅长行之。

［本条 1999－2－5 新设］

［从第十七条之二移动〔2002－1－26〕］

第十八条［确保纠正措施的履行］

1. 接到第十六条（纠正措施等）第一款规定的股份处分命令的，自接到该命令之日起，对该股份不能行使议决权。〔1996－12－30，2007－8－3修改〕

2. 对于违反第九条（禁止相互出资等）的规定进行相互出资的股份，自接到该纠正措施命令之日起至解除违法状态时止，对该全部股份不能行使议决权。〔1996－12－30新设〕

3. ［删除］〔2009－3－25〕

4. ［删除］〔2009－3－25〕

［1992－12－8全文修改］

第四章 限制不当共同行为

第十九条［禁止不当共同行为］

1. 事业者不得以契约、协定、决议以及其他任何方法，与其他事业者作出共同实施不当地限制竞争的、符合以下各项规定之一的行为的协议（以下称：不当的共同行为）或者使其他事业者如此实施。〔1992－12－8，1994－12－22，1996－12－30，1999－2－5修改〕

（1）决定、维持或者变更价格的行为；

（2）决定商品和劳务的交易条件或者其对价的支付条件的行为；

（3）限制商品的生产、出库、运输和交易或者限制劳务交易的行为；

（4）限制交易地域和交易相对人的行为；

（5）妨害或限制用于生产或劳务交易的设备的新设、增设和引进的行为；

（6）在生产、交易商品或劳务时，限制该商品的种类和规格的行为；

（7）为了共同管理营业的主要部门或者为了管理而设立公司的行为；

（8）招标或竞卖中，决定中标人、竞落人〔1〕、投标价格、中标价格、竞落价格以及其他总统令规定的事项的行为；

（9）为了妨碍或限制其他事业者（包括作出该行为的事业者）的

---

〔1〕 通过竞买取得动产或不动产的所有权人。

事业活动或者事业内容，在一定的交易领域内，实质性地限制竞争的第一款至第八款之外的行为。

2. 为以下各项规定之一的目的实施的、符合总统令规定的要件并得到公正交易委员会认可的不当共同行为，不适用第一款的规定。〔1996－12－30 新设〕

（1）产业合理化；

（2）研究、技术开发；

（3）克服萧条；

（4）调整产业结构；

（5）交易条件的合理化；

（6）提高中小企业的竞争力。

3. 与第二款规定的认可的基准、方法、程序以及认可事项的变更等有关的必要事项，由总统令规定。〔1996－12－30 新设，1999－2－5 修改〕

4. 事业者之间约定的、实施第一款规定的不当共同行为的契约无效。

5. 两个以上的事业者，实施第一款各项规定之一的行为时，在考虑该交易领域、商品与劳务的特征、该行为的经济性理由及其波及效果、事业者之间的接触次数与形态等诸多事项，可以把该行为视为由事业者共同实施的具有相当大偶然性行为的，可以推定为该事业者共同实施了第一款各项规定之一的行为。〔2007－8－3 修改〕

6. 公正交易委员会可以制定并告示不当共同行为的审查标准。〔2007－8－3 新设〕

第十九条之二［防止公共部门关于招标的共同行为的措施］

1. 为了举报或者防止国家、地方自治团体或者《关于运营公共机关的法律》规定的工企业发起的与招标相关的不当共同行为，公正交易委员会可以向中央行政机关、地方自治团体或《关于运营公共机关的法律》规定的工企业的长官（以下称：公共机关的长官）要求提供关于招标的资料或其他协助。〔2009－3－25 修改〕

2. 总统令规定的公共机关的长官在进行招标公告或者中标者已决定时，应向公正交易委员会提交关于招标的相关信息。

3. 根据第二条的规定应向公正交易委员会提交的关于招标的相关信息的范围与提交程序，由总统令规定。

［本条 2007－8－3 新设］

第二十条［删除］〔1996－12－30〕

第二十一条［纠正措施］

发生违反第十九条（禁止不当共同行为）第一款规定的行为时，公正交易委员会可以命令该事业者中止该行为、公布接收纠正命令的事实或者采取其他必要的纠正措施。〔1996－12－30，2004－12－31 修改〕

第二十二条［课征金］

发生违反第十九条（禁止不当共同行为）第一款规定的行为时，公正交易委员会可以命令该事业者缴纳总统令规定的、不超过销售额的百分之十的课征金。但是无销售额的，可以命令其缴纳不超过二十亿元的课征金。〔2004－12－31 修改〕

［1996－12－30 全文修改］

第二十二条之二［对自行申告者等的减免等］

1. 对于符合以下各项规定之一的，可以减轻或者免除第二十一条（纠正措施）规定的纠正措施和第二十二条（课征金）规定的课征金。〔2001－1－16，2004－12－31，2007－8－3 修改〕

（1）自行申告不当共同行为的事实者；

（2）以提供证据的方法协助调查者。

2. 公正交易委员会及其所属公务员，除为了执行诉讼等总统令规定的必要的情形之外，不得向与处理案件无关的人提供或者泄露自行申告者或者协助调查者的来历、举报内容等与自行申告或者举报相关的信息与资料。〔2007－8－3 新设〕

3. 第一款规定的对于减轻或者免除者的范围和减轻或者免除的基准、程序等与第二款规定的禁止信息与资料的提供、泄露的详细事项，由总统令规定。〔2001－1－16，2007－8－3 修改〕

［本条 1996－12－30 新设］

第五章　禁止不公正交易行为

第二十三条［禁止不公正交易行为］

1. 事业者不得实施符合以下各项规定之一有可能妨碍公正交易的行为（以下称：不公正交易行为），也不得使系列公司或者其他事业者实施该行为。〔1996－12－30，1999－2－5，2007－4－13 修改〕

（1）不当地拒绝交易或者差别对待交易相对人的行为；

（2）不当地排除竞争者的行为；

（3）不当地诱引或者强制竞争者的顾客与自己进行交易的行为；

（4）不当地利用自己的交易上的地位与相对人进行交易的行为；

（5）不当地以约束交易相对人的事业活动为条件进行交易或者妨害其他事业者的事业活动的行为；

（6）[删除]〔1999－2－5〕

（7）不当地向特殊关系人或者其他公司提供预付金、借款、人力、不动产、有价证券、商品、劳务、无形财产权，或者以明显有利的条件进行交易支援特殊关系人或者其他公司的行为；

（8）第一项至第七项规定以外的、有可能妨碍公正交易的行为。

2. 不公正交易行为的类型与基准，由总统令规定。〔1996－12－30修改〕

3. 为了预防违反第一款规定的行为的发生，必要时公正交易委员会可以制定、公示事业者应当遵守的指导方针。

4. 为了防止不当的诱引顾客的行为，事业者或者事业者团体可以制定自律的规约（以下称：公正竞争规约）。〔1999－2－5修改〕

5. 事业者或者事业者团体可以向公正交易委员会提出申请，对第四款规定的公正竞争规约是否违反第一款第三项或第六项的规定进行审查。

第二十四条［纠正措施］

发生违反第二十三条（禁止不公正交易行为）第一款规定的行为时，公正交易委员会可以命令该事业者中止该不公正交易行为、删除契约条款、公布收到纠正命令的事实或者采取其他必要的纠正措施。〔1996－12－30，1999－2－5，2004－12－31修改〕

第二十四条之二［课征金］

发生违反第二十三条（禁止不公正交易行为）第一款各项规定的不公正交易行为时，对该事业者，公正交易委员会可以命令其缴纳不超过总统令规定的销售额百分之二（违反第七条规定的，是百分之五）以内的课征金。但是无销售额的，可以命令其缴纳五亿元以内的课征金。〔1999－12－8，2004－12－31修改〕

［1996－12－30全文修改］

第六章 事业者团体

第二十五条［删除］〔1999－2－5〕

第二十六条［禁止事业者团体的行为］

1. 事业者团体不得实施符合以下各项规定之一的行为。〔1996－12－30，1999－2－5修改〕

（1）以第十九条（禁止不当共同行为）第一款各项规定的行为不当地限制竞争的行为；

（2）在一定的交易领域内限制现在或将来的事业者人数的行为；

（3）不当地限制构成事业者（指作为事业者团体的组成成员的事业者，以下同）的事业内容和活动的行为；

（4）对事业者实施第二十三条（禁止不公正交易行为）第一款各项规定的不公正交易行为或者第二十九条（限制转售价格维持行为）规定的转售价格维持行为，或者帮助实施上述行为的行为；

（5）［删除］〔1999－2－5〕

2. 第十九条（禁止不当共同行为）第二款与第三款的规定参照适用本条第一款第一项规定的情形。这时把“事业者”视为“事业者团体”。〔1996－12－30，2007－8－3修改〕

3. 为了预防违反第一款规定的行为的发生，必要时公正交易委员会可以制定、公示事业者团体应当遵守的指导方针。

4. 公正交易委员会在制定第三款规定的指导方针时，应当听取相关行政机关长官的意见。

第二十七条［纠正措施］

发生违反第二十六条（禁止事业者团体的行为）规定的行为时，公正交易委员会可以命令该事业者团体（必要时，包括相关的构成事业者）中止该行为、公布收到纠正命令的事实或者采取其他必要的纠正措施。〔1992－12－8，1996－12－30，1999－2－5，2004－12－31修改〕

第二十八条［课征金］

1. 发生违反第二十六条（禁止事业者团体的行为）第一款各项规定之一的行为时，公正交易委员会可以命令该事业者团体缴纳五亿元以内的课征金。

2. 对于参与违反第二十六条（禁止事业者团体的行为）第一款各项规定之一的行为的事业者，公正交易委员会可以命令其缴纳总统令规定的销售额百分之五以内的课征金。但是无销售额的，可以命令其缴纳五亿元以内的课征金。

［1996－12－30 全文修改］

第七章 限制转售价格维持行为

第二十九条［限制转售价格维持行为］

1. 生产或者销售商品的事业者不得实施转售价格维持行为。但是，使商品或者劳务的交易不能超过一定的价格以上的最高价格维持行为，具有正当的理由的，除外。〔2001－1－16 修改〕

2. 总统令规定的著作物和具备以下各项规定的要件的商品，事业者预先接到公正交易委员会的指定并可以实施转售价格维持行为的，不适用第一款的规定。

（1）能够容易识别该商品品质的同一性；

（2）该商品属一般消费者日常使用品；

（3）对该商品进行自由的竞争。

3. 要想接到第二款规定的指定的，事业者应当依照总统令的规定，向公正交易委员会提出申请。

4. 公正交易委员会依照第二款的规定，指定可以作出转售价格维持行为的商品时，应当公示。

第三十条［转售价格维持的修改］

依照第二十九条（限制转售价格维持行为）第四款的规定、生产或者销售公正交易委员会指定、公示的商品的事业者，为了决定和维持该商品的转售价格而缔结的契约，可能明显损害消费者利益的，公正交易委员会可以命令其修改契约内容。〔1999－2－5 修改〕

第三十一条［纠正措施］

发生违反第二十九条（限制转售价格维持行为）第一款规定的行为时，公正交易委员会可以命令该事业者团体中止该行为、公布收到纠正命令的事实或者采取其他必要的纠正措施。〔1996－12－30，2004－12－31 修改〕

第三十一条之二［课征金］

发生违反第二十九条（限制转售价格维持行为）规定的转售价格维持行为时，对于该事业者，公正交易委员会可以命令其缴纳总统令规定的销售额百分之二以内的课征金。对于无销售额的，可以命令其缴纳五

亿元以内的课征金。〔1996 - 12 - 30 全文修改〕

第八章 缔结国际契约的限制

第三十二条［缔结不当国际契约的限制］

1. 事业者或者事业者团体，不得签订包含不当共同行为、不公正交易行为和转售价格维持行为等内容的，由总统令规定的国际协定或者契约（以下称：国际契约）。但是，该国际契约的内容在一定交易领域对竞争的影响轻微、或者公正交易委员会认定为具有其他不得已事由的除外。〔1994 - 12 - 22 修改〕

2. 公正交易委员会可以规定第一款规定的不当共同行为、不公正交易行为和转售价格维持行为的类型与基准，并公示。〔1992 - 12 - 8 修改〕

第三十三条［申请对国际契约的审查］

事业者或者事业者团体缔结国际契约，应当就该国际契约是否违反第三十二条（缔结不当国际契约的限制）第一款的规定，可以依照总统令的规定向公正交易委员会申请审查。〔1996 - 12 - 30 修改〕

［1994 - 12 - 22 全文修改］

第三十四条［纠正措施］

违反或者可能违反第三十二条（缔结不当国际契约的限制）第一款规定的国际契约，公正交易委员会可以命令该事业者或者事业者团体取消契约、修改、变更契约内容或者采取其他必要的纠正措施。〔1994 - 12 - 22，1996 - 12 - 30 修改〕

第三十四条之二［课征金］

对违反第三十二条（缔结不当国际契约的限制）第一款规定签订国际契约的事业者，公正交易委员会可以命令其缴纳五亿元以内的课征金；如果违法者为事业者团体，则可以命令其缴纳由总统令规定的销售额百分之二以内的课征金。事业者无销售额的，可以命令其缴纳不超过五亿元的课征金。

［1996 - 12 - 30 全文修改］

第九章 专门机构

第三十五条［公正交易委员会的设置］

1. 为了独立执行本法规定的事务，在国务总理所属下设立公正交易委员会。

2. 公正交易委员会作为《政府组织法》第二条（中央行政机关的设置和组织）规定的中央行政机关，执行其管辖事务。〔1996－12－30修改〕

第三十六条［公正交易委员会的管辖事务］

公正交易委员会的管辖事务如下：

（1）关于规制滥用市场支配地位的行为的事项；

（2）关于限制企业结合和遏制经济力集中的事项；

（3）关于规制不当共同行为和事业者团体的限制竞争行为的事项；

（4）关于规制不公正交易行为和转售价格维持行为的事项；

（5）关于限制缔结不当的国际契约的事项；

（6）关于限制竞争的法令和行政处分的协议、调解等促进竞争政策的事项；

（7）其他法令规定的由公正交易委员会管辖的事项。

第三十六条之二［公正交易委员会的国际合作］

1. 在不违反大韩民国法律与利益的范围内，为执行本法政府可以与外国政府签订相关协定。

2. 依照第一款规定签订的协定，公正交易委员会可以支援外国政府的法律执行。

3. 即使未签订依照第一款规定的协定，如果外国政府提出法律的协助执行请求，并保证在大韩民国就同一事项或者类似事项提出协助执行的请求时给予支援，公正交易委员会可以给其提供执法支援。

［本条2004－12－31新设］

第三十七条［公正交易委员会的组成等］

1. 公正交易委员会由包括1名委员长与1名副委员长在内的9名委员组成，其中4名为非常任委员。〔1996－12－30修改〕

2. 公正交易委员会的常任委员和非常任委员（以下称：委员）应在规制垄断与公正交易或者消费者领域有经验或者专门知识，并符合以下各项规定之一的条件。其中，委员长和副委员长由国务总理提请总统

任命，其他委员由委员长提请总统任命。〔1994－12－23，2005－12－29，2007－8－3 修改〕

（1）曾任2级以上的公务员（包括属于高层公务员团的一般职公务员）的人员；

（2）曾任法官、检察官或者律师十五年以上的人员；

（3）研究法学、经济学、经营学或者关于消费者领域，曾在大学或者公认的研究机构工作十五年以上的副教授以上或者与其相当职位的人员；

（4）从事企业经营或者消费者保护活动十五年以上的人员。

3. 委员长和副委员长为政务职，其他常任委员任属于高层公务员的特定职公务员。〔2005－12－29 修改〕

4. 委员长和副委员长以及依照第四十七条（事务处的设置）规定的事务处的长官，不限于《政府组织法》第十条（政府委员）的规定，成为政府委员。〔1996－12－30 新设，1998－2－8，2007－8－3 修改〕

第三十七条之二［会议的区分］

公正交易委员会的会议分为由全体委员组成的会议（以下称：全体会议）和包括一名常任委员在内的3名委员组成的会议（以下称：小会议）。

［本条96－12－30 新设］

第三十七条之三［全体会议与小会议的掌管事项］

1. 全体会议审理、议决以下各项规定之一的事项。〔2001－1－16 修改〕

（1）关于公正交易委员会所管辖的法令、规则、告示等的解释适用的事项；

（2）第五十三条（异议申请）规定的异议申请；

（3）未在小会议议决的、或者小会议决定应由全体会议处理的事项；

（4）规则与告示的制定或者变更；

（5）经济影响效果重大的事项，以及其他被认为有必要在全体会议中处理的事项。

2. 小会议审议、议决第一款各项规定以外的事项。

［本条1996－12－30 新设］

第三十八条［委员长］

1. 委员长代表公正交易委员会。

2. 委员长可以出席国务会议并发言。

3. 委员长因故不能执行职务时，由副委员长代行其职；委员长和副委员长都因故不能执行职务时，由常任委员按任职的先后顺序代行其职。〔1999－2－5 修改〕

第三十九条［委员的任期］

公正交易委员会的委员长、副委员长与委员的任期为三年，可以连任一次。〔2001－1－16 修改〕

第四十条（委员的身份保障）

委员除以下情形之一，不得免职。

（1）被宣告监禁以上刑罚的；

（2）因长期身心衰弱不能执行职务的。

第四十一条［禁止委员的政治运动］

委员不得加入政党或者参加政治运动。

第四十二条［会议议事及议决的法定人数］

1. 全体会议的议事由委员长主持，在籍委员过半数赞成议决。〔1999－2－5 修改〕

2. 小会议的议事由常任委员主持，以组成委员全体出席、出席委员全体赞成通过议决。〔1996－12－30 全文修改〕

第四十三条［审理、议决的公开及合议的非公开］

1. 公正交易委员会公开进行审理和议决。但是，认为有必要保护事业者或者事业者团体的事业上的秘密的情形除外。

2. 公正交易委员会的审理以口头审理为主，必要时可以进行书面审理。〔2007－8－3 新设〕

3. 公正交易委员会关于案件决议的合议，不得公开。〔2007－8－3 修改〕

［1999－2－5 全文修改］

第四十三条之二［维持审判庭的秩序］

全体会议及小会议的议长，为了维护审判庭的秩序，可以对出席审判庭的当事人、利害关系人、参考人〔1〕以及参观人等采取必要的措施。〔1996－12－30 新设〕

第四十四条［委员的除斥、申请回避、自行回避］

1. 审理、议决以下各项规定之一的案件时，应当除斥委员：

---

〔1〕 指犯罪嫌疑人以外的第三人，区别于证人。

（1）本人、配偶或者曾是配偶的人为当事人、共同权利人或者共同义务人的案件；

（2）本人与当事人有亲属关系，或者本人或者本人所属的法人为当事人提供法律、经营等方面的咨询、顾问等服务的案件；

（3）本人或者本人所属的法人提供证言和鉴定的案件；

（4）本人或者本人所属的法人，作为当事人的代理人，参与或者曾经参与的案件；

（5）本人或者本人所属的法人，参与对该案件对象的处分或者不作为的案件；

（6）本人作为公正交易委员会所属公务员，曾经进行调查或者审查过的案件。

2. 当事人有难以期待委员所作的审议、议决的公正的事由时，可以申请回避。对该申请，委员长不必经过委员会议决直接作出决定。

3. 委员本人符合第一款各项规定以及第二款规定的情形时，可以自行回避该案件的审议、议决。

［1996－12－30 全文修改］

第四十五条［制作、更正议决书］

公正交易委员会议决违反本法规定的事项时，应当制作明确陈述理由的议决书，参与议决的委员应当在该议决书上署名、盖章。〔1999－2－5 修改〕

议决书等明确存在错误记载、计算错误以及其他类似的错误的，公正交易委员会可以根据申请或者职权对其更正。〔2007－8－3 新设〕

第四十六条［删除］〔2007－8－3〕

第四十七条［事务处的设置］

为了处理公正交易委员会的事务，公正交易委员会内设事务处。

第四十八条［关于组织的规定］

1. 本法规定以外的、有关公正交易委员会的组织的必要事项，由总统令制定。

2. 本法规定以外的、有关公正交易委员会的运行等的必要事项，由公正交易委员会的规则制定。〔1996－12－30 新设〕

第九章之二　韩国公正交易调停院的设立以及纠纷调解〔2007－8－3新设〕

第四十八条之二［韩国公正交易调停院的设立等］

1. 为了执行下列各项业务，设立韩国公正交易调停院（以下称：调停院）。

（1）调解有违反第二十三条（禁止不公正交易行为）第一款规定的嫌疑的行为的相关纠纷；

（2）调解《关于加盟事业交易的公正化的法律》规定的加盟事业当事人之间的纠纷；

（3）分析市场与产业以及调查、分析事业者的交易惯例与形态；

（4）其他公正交易委员会委托的业务。

2. 调停院是法人。

3. 调停院的长官由公正交易委员会委员长在符合第三十七条（公正交易委员会的组成等）第二款各项规定的人中任命。

4. 调停院的设立与运行所需的经费，政府可以从预算中出资或者进行补助。

5. 关于调停院，除本法规定的之外，参照适用《民法》中对财团法人的规定。

［本条2007－8－3新设］

第四十八条之三［公正交易纠纷调停协议会的设置及组成］

1. 为了调解有违反第二十三条（禁止不公正交易行为）第一款规定的嫌疑的行为的相关纠纷，调停院内设公正交易纠纷调停协议会（以下称：协议会）。

2. 协议会由包括一名委员长在内的七名以内的协议会委员组成。

3. 协议会的委员长由调停院的长官兼任。

4. 协议会的委员，在规制垄断及公正交易或消费者领域有经验或者专业知识、并符合以下各项规定之一的人员中由调停院的长官提请、公正交易委员会的委员长任命或者委任。这时应包括一人以上的符合以下各项规定之一的人员。

（1）符合总统令规定要件的在公职的人员；

（2）担任法官、检察官、律师职位的时间超过总统令规定的期限的人员；

（3）研究法学、经济学、经营学或者关于消费者领域，曾在大学或者公认的研究机构工作，并超过总统令规定的期限以上的副教授以上或者与其相当职位的人员；

（4）从事企业经营或者消费者保护活动超过总统令规定的期限以上的人员。

5. 协议会委员的任期为三年，可以连任。

6. 协议会委员中出现空缺时，根据第四款的规定委任补缺的委员，其补缺的委员的任期与前任者任期相同。

[本条 2007－8－3 新设]

第四十八条之四［协议会的会议］

1. 协议会的委员长负责召集协议会的会议，并担任议长。

2. 协议会开会应有在籍委员过半数出席，出席委员过半数赞成通过议决。

3. 协议会的委员长因故不能执行公务的，由公正交易委员会的委员长指定的委员代行其职。

4. 成为调解对象的纠纷当事人的事业者（以下称：纠纷当事人）可以出席协议会，并陈述意见。

[本条 2007－8－3 新设]

第四十八条之五［协议会委员的除斥、申请回避、自行回避］

1. 协议会的委员符合以下各项规定之一的，在该纠纷调解事项的调解中除斥。

（1）协议会委员、其配偶或者曾是配偶的人为该纠纷调解事项的纠纷当事人、共同权利人或者共同义务人的情形；

（2）协议会委员与该纠纷调解事项的纠纷当事人是亲属关系，或者曾为亲属关系的情形；

（3）协议会委员或者协议会委员所属的法人为纠纷当事人提供法律、经营等方面的咨询、顾问等服务的情形；

（4）协议会委员或者协议会委员所属的法人，在该纠纷调解事项中作为纠纷当事人的代理人，参与或者曾经参与的情形，或者提供证言和鉴定的情形。

2. 纠纷当事人有难以期待协议会委员所作的审议、议决的公正的事由时，可以对该协议会委员申请回避。

3. 协议会委员符合第一款或者第二款事由的，可以自行回避该纠纷调解事项的调解。

[本条 2007 - 8 - 3 新设]

第四十八条之六 [申请调解等]

1. 因有违反第二十三条（禁止不公正交易行为）第一款规定的嫌疑的行为，受到损害的事业者，向公正交易委员会或者协议会提出总统令规定的事项的书面资料（以下称：调解纠纷申请书），申请调解纠纷。但是符合以下各项规定之一的除外。

（1）考虑到有违反嫌疑的行为的内容、性格以及程度等因素，认为依照第二十四条（纠正措施）或者第五十一条（违反行为的纠正劝告）规定处理更为合适的、符合总统令规定的基准的行为；

（2）在调解纠纷申请前，公正交易委员会根据第四十九条（确认、申告违反行为等）的规定进行调查中的案件。

2. 根据第一款的规定，公正交易委员会在收到调解纠纷的申请时，检查是否符合第一款但书规定的行为或者案件，并将此结果附上调解纠纷申请书，从接收之日起到总统令规定的期限内向协议会进行通报。

3. 协议会根据第一款与第二款的规定，接收调解纠纷申请书时，依照总统令规定，立即将该接收事实向公正交易委员会或者纠纷当事人进行通知。

[本条 2007 - 8 - 3 新设]

第四十八条之七 [调解等]

1. 对纠纷当事人的调解纠纷事项，协议会可以劝告其自行合意，也可以制定调解书予以提示。

2. 为了确认该调解纠纷事项的相关事实，必要的时候协议会可以进行调查，也可以要求纠纷当事人提出相关资料或者出席。

3. 协议会应驳回符合第四十八条之六（申请调解等）第一款但书各项规定的行为或者案件的调解申请。公正交易委员会通报符合第四十八条之六（申请调解等）第一款但书各项规定的行为或者案件的纠纷亦同。

4. 符合下列各项规定之一的，协议会应终了调解程序。

（1）纠纷当事人接受协议会的劝告或者调解方案、或者自行调解成立的情形；

（2）至公正交易委员会通报调解纠纷申请书之日起六十日内，调解未成立的情形；

（3）纠纷当事人一方拒绝调解或者就调解纠纷事项向法院提起诉讼等进行调解没有实际意义的情形；

5. 协议会在驳回调解申请或者终了调解程序时，依照总统令的规定，及时向公正交易委员会递交相关资料并书面报告调解的经过、驳回调解申请或者终了调解程序的事由，向纠纷当事人通报其事实。

6. 就调解纠纷事项，公正交易委员会到调解程序终了为止不得向该纠纷当事人作出根据第二十四条（纠正措施）规定的纠正措施或者根据第五十一条（对违反行为的纠正劝告）第一款规定的纠正劝告。

[本条 2007 -8 -3 新设]

第四十八条之八 [制作调解报告及其效力]

1. 对调解纠纷事项的调解成立的，协议会制作参加调解的委员与纠纷当事人签字盖章的调解报告。这时视为纠纷当事人之间形成了与调解报告相同内容的合意。

2. 纠纷当事人在开始调解程序之前自行调解纠纷，并要求制作调解报告的，协议会可以制作该调解报告。

3. 纠纷当事人应履行在调解中合意的事项，并将履行结果提交到公正交易委员会。

4. 根据第一款规定形成合意且已履行该合意事项时，公正交易委员会不作出根据第二十四条（纠正措施）规定的纠正措施或者根据第五十一条（对违反行为的纠正劝告）第一款规定的纠正劝告。

[本条 2007 -8 -3 新设]

第四十八条之九 [协议会的组织、运作等]

除了第四十八条之三（公正交易纠纷调停协议会的设置及组成）至第四十八条之八（制作调解报告及其效力）规定的内容之外，关于协议会的组织、运作、调解程序等的必要内容，由总统令规定。

第十章　调查等的程序

第四十九条 [确认、申告违反行为等]

1. 公正交易委员会认为有违反本法规定的嫌疑时，可以依职权进行必要的调查。〔2001 -1 -16 修改〕

2. 任何人认为有违反本法规定的事实发生的，可以向公正交易委员会申告该事实。

3. 公正交易委员会依第一款或者第二款的规定进行调查时，应当以书面形式将该结果（如需作出纠正措施命令处分时，调查结果包括该处分的内容）通知该事件的当事人。〔1996 -12 -30 新设〕

4. 违反本法规定的行为，自结束之日起经过五年的，对该违反行为，公正交易委员会不得命令其采取本法规定的纠正措施或者责令缴纳课征金。但是，法院判决取消纠正措施或者缴纳课征金处分的，按照该判决理由进行新的处分时除外。〔1994－12－22 新设，1996－12－30，2001－1－16 修改〕

第五十条［调查违反行为等］

1. 为了施行本法，认为必要时，公正交易委员会可以依照总统令的规定作出以下处分。

（1）要求当事人、利害关系人或者参考人出席并听取意见；

（2）指定鉴定人并委托鉴定；

（3）要求事业者、事业者团体或者其任员、职员汇报成本与经营状况，命令其提供其他必要资料、物品，或者收管提供的资料、物品。

2. 为了施行本法，认为必要时，公正交易委员会可以允许其所属公务员［包括依照第六十五条（权限的委任、委托）的规定接受委任的机关的所属公务员］出入事业者或者事业者团体的事务所或者事业场所，调查其业务、经营状况、账簿文件、电脑资料、声音录像资料、画像资料和其他总统令规定的资料或者物品，并可以按照总统令的规定，在指定的场所听取当事人、利害关系人或者参考人的陈述。〔1996－12－30，1999－2－5，2001－1－16 修改〕

3. 依照第二款规定进行调查的公务员，按照总统令的规定，可以命令事业者、事业者团体或者其任员、职员提供调查所必要的资料、物品，或者可以收管提供的资料、物品。

4. 依第二款规定进行调查的公务员，应当向关系人出示表示其权限的证明。

5. 公正交易委员会认为，与具有违反第十五条（禁止逃避法律的行为）规定、逃避适用第九条（禁止相互出资等）第一款规定之重大嫌疑的人的调查有关联的、非依金融交易关联信息和资料（以下称：金融交易信息）无法确认是否作出逃避法律的行为的情形时，与具有违反第二十三条（禁止不公正交易行为）第一款第七项规定之重大嫌疑的内部交易公示对象公司的调查有关联的、非依金融交易信息无法确认援助资金等与否的情形时，可以不限于《关于保障金融实名交易及秘密的法律》第四条的规定，经第三十七条之三（全体会议与小会议的掌管事项）的规定的会议的议决，依据记载有以下各项规定事项的文书，要求金融机关的特定店铺的负责人提供金融交易信息，对此该金融机关的特定店铺的负责人不得拒绝。〔2004 - 12 - 31 新设，2007 - 4 - 13，2007 - 8 - 3，2009 - 3 - 25〕

（1）交易人个人信息；

（2）要求对象的交易期限；

（3）要求的法定依据；

（4）使用目的；

（5）要求提供的金融交易信息的内容（限于与被认定为有涉及逃避适用第九条规定的行为或不当支援行为之嫌疑的人与金融机关之间的逃避适用第九条规定的行为或不当支援行为相关的金融交易信息）

（6）要求的机关的责任人及负责人的姓名、职责等个人信息。

6. 根据第五款规定的提供金融交易信息的要求，应限于为调查所必要的最小的限度内。

7. 依照第五款的规定，金融机构向公正交易委员会提供金融交易信息时，该金融机构应当在自提供金融交易信息之日起十日内，将提供的金融交易信息的主要内容、使用目的、接受人以及提供日期等事项以书面形式通知交易人。这时，通知所需的费用参照适用《关于保障金融实名交易及秘密的法律》第四条之二（通报交易信息等的提供事实）第四款的规定。

8. 公正交易委员会依照第五款的规定要求金融机构提供金融交易信息时，应当记录该事实，并自要求提供之日起三年内保管该记录。〔2004 - 12 - 31 新设〕

9. 依照第五款的规定，接受所提供的金融交易信息的人，不得向他人提供或者泄露该资料，或者以其他目的使用。〔2004 - 12 - 31 新设〕

［依照法律第 8631 号（2007 - 8 - 3）附则第二款规定，本条第五款到 2010 年 12 月 31 日为止有效］

第五十条之二［禁止滥用调查权］

调查公务员应在为实施本法所必要的限度内进行调查，不得为了其他目的滥用调查权。

［本条 2004 - 12 - 31 新设］

第五十条之三［申请调查等的延期］

1. 根据第五十条第一款至第三款规定，接受公正交易委员会的处分或者调查的事业者或者事业者团体，因天灾、地变以及其他总统令规定的事由难以履行处分或者接受调查的，根据总统令规定可以向公正交易委员会提出延期处分或者调查的申请。

2. 公正交易委员会依照第一款的规定，接收处分或者调查的延期申请时对其进行审查，认为合理的可以对处分或者调查进行延期。

[本条 2004 - 12 - 31 新设]

第五十一条 [纠正违反行为的劝告]

1. 发生违反本法规定的行为时，公正交易委员会可以针对该事业者或事业者团体制定纠正方案，并劝告其执行。

2. 接到第一款规定的劝告者，自接到纠正劝告的通知之日起十日内应当通知公正交易委员会是否接受该劝告。〔1996 - 12 - 30 修改〕

3. 依照第一款的规定接到劝告者接受该劝告时，视为采取了本法规定的纠正措施。〔1996 - 12 - 30 修改〕

第五十二条 [赋予陈述意见的机会]

1. 对于违反本法规定的事项，公正交易委员会在采取纠正措施或者命令其缴纳课征金之前，应赋予当事人或者利害关系人陈述意见的机会。

2. 当事人或者利害关系人可以出席公正交易委员会的会议，陈述意见或者提交必要的资料。

第五十二条之二 [查阅资料的要求等]

当事人或者利害关系人可以向公正交易委员会要求查阅和复印与本法规定的处分有关的资料。资料提供人同意或者有公益的必要时，公正交易委员会应当允许。

[本条 1999 - 2 - 5 新设]

第五十三条 [异议申请]

1 对公正交易委员会依照本法作出的处理不服的，自接到处理通知之日起 30 日内，可以整理事由向公正交易委员会提起异议申请。〔1999 - 2 - 5 修改〕

2. 对第一款规定的异议申请，公正交易委员会应当在六十日内进行裁决。但是，因不得已的情况在该期间内不能裁决的，可以用决议的方式在三十日的范围内延长该期限。〔1996 - 12 - 30 新设，1999 - 2 - 5 修改〕

第五十三条之二 [停止纠正措施命令的执行]

1. 接到本法规定的纠正措施命令者提起第五十三条（异议申请）第一款规定的异议申请时，为了预防因命令的执行或者程序的快速进行而发生的难以恢复的损失，公正交易委员会认为必要时，可以依照当事人的申请或者职权，决定停止该命令的执行或者程序的快速进行（以下称：执行停止）。

2. 在作出执行停止的决定之后、执行停止的事由消失时，公正交易委员会可以依照当事人的申请或者职权，取消执行停止的决定。〔1999-2-5 修改〕

[本条 1996-12-30 新设]

第五十三条之三 [送达文书]

1. 送达文书参照适用《行政程序法》第十四条至第十六条的规定。〔2007-8-3 修改〕

2. 不限于第一款的规定，对在国外设有住所、营业场所或者事务所（以下称：住所等）的事业者或者事业者团体，应在国内指定其代理人，并送达至该代理人。〔2007-8-3 修改〕

3. 根据第二款规定，应在国内指定代理人的事业者或者事业者团体未在国内指定代理人的，遵从第一款规定。

〔2007-8-3 修改〕

[本条 2004-12-31 新设]

第五十四条 [提起诉讼]

1. 对公正交易委员会依照本法规定的处理提起不服之诉的，应当自接到处分通知之日或者收到关于异议申请的裁决书的正本之日起三十日内提起诉讼。〔1996-12-30，1994-2-5，2001-1-16 修改〕

2. 第一款的期间为不变期限。

第五十五条 [不服之诉的专属管辖]

根据第五十四条（提起诉讼）规定的不服之诉，由公正交易委员会所在地的首尔高等法院专属管辖。〔1996-12-30 修改〕

第五十五条之二 [案件处理程序等]

关于违反本法规定的案件的处理程序等必要事项，由公正交易委员会制定并公示。

[本条 1996-12-30 新设]

第十章之二 征收、责令缴纳课征金

第五十五条之三 [责令缴纳课征金]

1. 公正交易委员会责令缴纳本法规定的课征金时，应当参考以下各项规定的事项。

（1）违反行为的内容与程度；

（2）违反行为的期间与次数；

（3）因违反行为取得的利益的规模等。

2. 对违反本法规定的公司的事业者进行合并的，公正交易委员会将其视为该公司作出的违反行为在合并后继续存续或者合并设立的新公司作出的行为，并可以对其责令缴纳、征收课征金。

3. 责令缴纳第一款规定的课征金的基准，由总统令制定。〔1999－2－5 修改〕

［本条 96－12－30 新设］

第五十五条之四［延长课征金的缴纳期限与分期缴纳］

1. 课征金金额超过总统令规定的基准时，公正交易委员会认为因以下各项规定的理由被责令缴纳课征金的人（以下称：缴纳课征金义务人）难以一次性缴纳全部课征金的，可以延长其缴纳期限或者责令分期缴纳。必要时，可以要求其提供担保。

（1）因灾害或者被盗致使财产明显损失的情形；

（2）因事业条件的恶化致使事业处于重大危机之中的情形；

（3）如一次性缴纳课征金，可以预计资金方面出现明显困难的情形；

（4）其他相当于第一项至第三项规定的事由的情形。

2. 缴纳课征金义务人申请延长第一款规定的缴纳课征金期限或者申请分期缴纳的，应于接到缴纳课征金通知之日起三十日内向公正交易委员会提出申请。〔2002－1－26 修改〕

3. 被允许依照第一款规定延长缴纳期限或者分期缴纳的缴纳课征金义务人，符合以下各项规定之一的，公正交易委员会可以取消其缴纳期限的延长或者分期缴纳的决定，进行一次性征收。

（1）该缴纳期限内不缴纳已决定的分期缴纳的课征金时；

（2）不履行关于担保的变更以及其他担保保全方面所必要的公正交易委员会的命令时；

（3）因强制执行、开始竞卖、宣告破产、解散法人和由于拖欠国税或者地方税而受到处分等原因，认为无法征收课征金的全部或者剩余部分时。

4. 第一款至第三款规定的缴纳课征金期限的延长和分期缴纳的必要的相关事项，由总统令规定。〔1999－2－5 修改〕

［本条 1996－12－30 新设］

第五十五条之五［课征金的连带缴纳义务］

1. 被处以课征金的公司的事业者分割或者分割合并时（包括处罚

日分割或者分割合并的情形），以下各项规定的公司有连带缴纳其课征金的义务。

（1）分割的公司；

（2）因分割或者分割合并而设立的公司；

（3）被分割的公司的一部分与其他公司合并存续时的该其他公司。

2. 被处以课征金的公司的事业者因分割或者分割合并而解散时（包括处罚日解散的情形），以下各项规定的公司有连带缴纳其课征金的义务。

（1）因分割或者分割合并而设立的公司；

（2）被分割的公司的一部分与其他公司合并存续时的该其他公司。

［本条 2004－12－31 新设］

第五十五条之六［征收课征金与滞纳处分］

1. 缴纳课征金义务人在缴纳期限内不缴纳课征金的，对自缴纳期限的第二日起至实际缴纳日为止的这一期间，公正交易委员会在每年百分之四十的范围内参考《银行法》第二条的滞纳利息率，制定并公示利率，并按其征收加算金。〔1999－2－5，2004－12－31，2007－8－3，2010－5－17 修改〕

2. 缴纳课征金义务人在缴纳期限内不缴纳课征金的，公正交易委员会规定期限进行督促，在其指定的期限内仍不缴纳课征金与第一款规定的加算金的，公正交易委员会可以按照国税滞纳处分的惯例进行征收。

3. 关于征收第一款与第二款规定的课征金和加算金以及滞纳处分的业务，公正交易委员会可以委托给国税厅长官。

4. 为了征收滞纳的课征金，必要时公正交易委员会可以请求国税厅长官提供关于对滞纳课征金者征收国税的信息。〔2001－1－16 新设〕

5. 负责课征金业务的公务员为了征收课征金，必要时可以请求登记所其他相关行政机关长官，予以无偿阅览或誊写必要的文件或者提供该誊本或摘抄本的权利。〔2001－1－16 新设〕

6. 关于征收课征金的必要事项，由总统令规定。

［本条 1996－12－30 新设］

第五十五条之七［课征金的返还加算金］

公正交易委员会因对异议申请的裁决或者法院判决的理由返还课征金时，应当依照总统令的规定对自缴纳课征金之日起至返还之日为止的期间支付返还加算金。

[本条 2001 - 1 - 16 新设] [从第五十五条之六移动 2004 - 12 - 31]

第五十五条之八 [亏损处分]

1. 课征金、过怠料以及其他征收金（以下称：征收金等）的缴纳义务者，符合以下规定之一的事由时，公正交易委员会可以作出亏损处分。

（1）滞纳处分结束，充当到滞纳额的分配金额未达到滞纳额的情形；

（2）对征收金等的征收权的消灭时效完成的情形；

（3）滞纳者行踪不明或者确定无财产的情形；

（4）被确认为滞纳处分目的物的总资产的推算额充当滞纳处分费用之后没有剩余余地的情形；

（5）确认为滞纳处分目的物的总资产，充当于被优于罚款的国税、地方税、租赁权、质权或者抵押权的担保债权等的抵债之后，没有剩余余地的情形；

（6）无征收可能性的、符合总统令规定的事由的情形。

2. 依照第一款规定，作出亏损处分时，应向地方行政机关等相关机关调查、确认滞纳者的行踪与财产的有无。

3. 符合第一款第四项或者第五项的规定，作出亏损处分时，应中止滞纳处分、解除对该财产的扣押。

4. 公正交易委员会依照第一款规定作出亏损处分之后，若是发现可以扣押的财产，则应及时取消亏损处分，作出滞纳处分。但是符合第一款第二项规定的除外。

[本条 2007 - 8 - 3 新设]

第十一章　损害赔偿

第五十六条 [损害赔偿责任]

1. 事业者或者事业者团体因违反本法规定而使他人遭受损害的，应承担该受害者的损害赔偿责任。但是，可以证明事业者或者事业者团体没有故意或者过失的除外。〔2004 - 12 - 31 修改〕

2. 删除。〔2004 - 12 - 31〕

第五十六条之二 [送达记录等]

提起依第五十六条（损害赔偿责任）规定的损害赔偿请求之诉时，法院若认为有必要，可以要求公正交易委员会寄送该事件的记录（包括对事件关系人、参考人或者鉴定人的审讯记录、速记笔录以及其他作为审判证据的一切材料)。

[本条 1999 - 2 - 5 新设]

第五十七条 [损害额的认定]

虽然可以认定因违反本法之行为发生损害的事实，但是举证为了证明该损害额而必要的事实，从该事实的性质上判断极为困难的，法院可以基于全部辩论的宗旨与证据调查的结果，认定相当的损害额。

[2004 - 12 - 31 全文修改]

第十二章　适用除外

第五十八条 [依照法令的正当的行为]

本法的规定不适用于事业者或者事业者团体按照其他法律或者该法律的命令行使的正当的行为。

第五十九条 [行使无形财产权的行为]

本法的规定不适用于被认定为行使《著作权法》、《特许法》、《实用新案法》、《设计保护法》以及《商标法》规定的正当的权利的行为。〔2004 - 12 - 31，2007 - 8 - 3 修改〕

第六十条 [一定组合的行为]

本法的规定不适用于具备以下各项规定的要件而设立的组合（包括组合的联合会）的行为。但是，实施不公正交易行为或者不当地限制竞争以提高价格的，除外。〔1999 - 2 - 5 修改〕

（1）以小规模的事业者或者消费者的相互资助为目的；

（2）任意设立，组合成员可以任意地加入或者退出；

（3）各组合成员具有平等的议决权；

（4）向组合成员分配利润时，其限度由章程规定的。

第六十一条 [删除]〔1996 - 12 - 30〕

第十三章　补则

第六十二条 [严守秘密的义务]

从事或者曾经从事本法规定的职务的委员或者公务员或者在协议会负责或者曾经负责调解纠纷业务的人，不得泄露该职务上知晓的事业者或者事业者团体的秘密，或者不得以实施本法之外的目的利用。〔2007 -

8－3 修改〕

第六十三条［协商制定限制竞争的法令的等］

1. 相关行政机关的长官，在制定或者修改以决定价格、交易条件、限制进入市场或者事业活动、不当的共同行为或者事业者团体的禁止行为等限制竞争事项为内容的法令，或者以限制竞争事项为内容、对事业者或者事业者团体作出许可或者进行其他处分时，应当事先与公正交易委员会进行协商。

2. 相关行政机关的长官制定或者修改以限制竞争事项为内容的惯例规则、告示时，应当事先向公正交易委员会通报。

3. 相关行政机关的长官以第一款规定的限制竞争事项为内容作出许可或者进行其他处分时，应当向公正交易委员会通报该许可和其他处分的内容。

4. 公正交易委员会依第二款的规定接到通报时，认为该制定或者修改的惯例规则、告示包含限制竞争事项的，可以向相关行政机关的长官提出纠正限制竞争事项的意见。对于未经第一款的规定协商制定或者修改的法令、未经通报制定或修改的惯例规则、告示等或者未经通报作出的许可或者其他的处分，亦同。［1996－12－30 全文修改］

第六十四条［相关机关等的长官的协助］

1. 公正交易委员会为了施行本法，必要时可以听取相关行政机关、其他机构或者团体的长官的意见。〔1996－12－30 修改〕

2. 公正交易委员会为了施行本法，必要时可以要求相关行政机关、其他机关或者团体的长官委托必要的调查或者要求必要的资料。〔1996－12－30 修改〕

3. 公正交易委员会为了确保本法规定的纠正措施的执行，必要时可以要求相关行政机关、其他机构或者团体的长官提供必要的协助。〔1996－12－30 修改〕

第六十四条之二［支付奖金］

1. 对申告、举报违反本法的行为，并提交相关证据资料的，公正交易委员会可以在预算内支付奖金。

2. 根据第一款的规定，成为奖金支付对象的违反本法的行为以及支付奖金的对象者的范围、支付奖金的基准、程序等必要的事项，由总统令制定。

［本条 2004－12－31 新设］

第六十五条［权限的委任、委托］

公正交易委员会可以将本法规定的部分权限，依照总统令的规定，

委任给所属机关的长官、特别市市长、广域市市长或者道知事，或者委托给其他行政机关的长官。〔1996－12－30 修改〕

第六十五条之二［适用罚则中的公务员的假设］

1. 在适用《刑法》或者其他法律的罚则的规定上，把公正交易委员会的委员中不是公务员的委员视为公务员。

2. 根据第四十八条之三（公正交易纠纷调停协议会的设置及组成）至第四十八条之九（协议会的组织、运作等）规定，负责或者曾经负责调解纠纷业务的人在适用于《刑法》第一百二十九条（受贿、事前受贿）至第一百三十二条（调解受贿）规定的罚则时，将其视为公务员。

［本条 2007－8－3 新设］

第十四章　罚则

第六十六条［罚则］

1. 凡符合以下各项规定之一者，处以三年以下徒刑或者两亿元以下罚金。〔1992－12－8，1996－12－30，1998－2－24，1999－2－5，1999－12－28，2001－1－16，2002－1－26，2004－12－31，2007－4－13，2007－8－3，2009－3－25 修改〕

（1）违反第三条之二（禁止滥用市场支配地位）的规定行使滥用行为者；

（2）违反第七条（对企业结合的限制）第一款的规定进行企业结合者；

（3）违反第八条之二（对控股公司等的行为的限制等）第二款至第五款规定者；

（4）违反第八条之三（对设立限制债务担保的企业集团的控股公司的限制）的规定，设立控股公司或者转换为控股公司者；

（5）违反第九条（禁止相互出资等）规定取得或者持有股份者；

（6）违反第十条之二（禁止对系列公司的债务担保）第一款的规定进行债务担保者；

（7）违反第十一条（对金融公司或保险公司议决权的限制）或者第十八条（确保纠正措施的履行）的规定行使议决权者；

（8）违反第十五条（禁止逃避法律的行为）的规定逃避法律行为者；

（9）违反第十九条（禁止不当共同行为）第一款的规定，作出或者使他人作出不当共同行为者；

（10）违反第二十六条（禁止事业者团体的行为）第一款第一项的规定对事业者团体作出禁止行为者。

2. 第一款规定的徒刑和罚金刑可以并罚。

第六十七条［罚则］

凡符合以下各项规定之一者，处以两年以下的徒刑或者一亿五千万元以下罚金。〔1992-12-8，1994-12-22，1996-12-30，1998-2-24，1999-2-5，2002-1-26，2007-8-3，2009-3-25 修改〕

（1）删除；〔1996-12-30〕

（2）违反第二十三条（禁止不公正交易行为）第一款的规定实施不公正交易行为者；

（3）违反第二十六条（禁止事业者团体的行为）第一款第二项至第五项的规定者；

（4）违反第二十九条（限制转售价格维持行为）第一款的规定实施转售价格维持行为者；

（5）违反第三十二条（缔结不当国际契约的限制）第一款的规定缔结国际契约者；

（6）不采取不服从第五条（纠正措施）、第十六条（纠正措施等）第一款、第二十一条（纠正措施）、第二十四条（纠正措施）、第二十七条（纠正措施）、第三十条（转售价格维持的修改）、第三十一条（纠正措施）或者第三十四条（纠正措施）规定的纠正措施或者禁止命令者；

（7）违反第十四条（限制相互出资的企业集团等的指定等）第五款的规定，不接受注册会计师的会计审计者。

第六十八条［罚则］

凡符合以下各项规定之一者，处以一亿元以下的罚金。〔1996-12-30，1999-2-5，2002-1-26，2004-12-31，2007-4-13，2007-8-3 修改〕

（1）违反第八条（设立、转换控股公司的申报）的规定，不进行设立或者转换控股公司的申报或者作虚假申报者；

（2）违反第八条之二（对控股公司等的行为的限制等）第七款的规定，不提交该控股公司等的事业工作报告或者作虚假报告者；

（3）违反第十三条（股份持有现状等的申报）第一款及第二款的规定，不申报股份持有现况或者债务担保现况者，或者作虚假申报者；

（4）对第十四条（限制相互出资的企业集团等的指定等）第四款规定的提交资料的要求，无正当理由拒绝提交资料或者提交虚假资料者；

（5）违反第五十条（调查违反行为等）第一款第二项的规定，作虚假鉴定者；

（6）删除；〔2004－12－31 修改〕

（7）删除；〔1994－12－22〕

（8）删除。〔1999－2－5〕

［1999－12－8 专门修改］

第六十九条［罚则］

1. 不符合第五十条（调查违反行为等）第五款规定，对滥用职权向金融机关的特定店铺的负责人要求提交金融交易信息者，或者违反同条第九款规定者，处以五年以下徒刑或者三千万元以下罚金。〔2004－12－31 新设〕

2. 对于违反第六十二条（严守秘密的义务）规定者，处以两年以下徒刑或者二百万元以下罚金。〔1996－12－30 修改〕

第六十九条之二［过怠料］

1. 对符合第一项至第六项以及第八项规定的事业者或者事业者团体，处以一亿元以下过怠料；对符合第七项规定的事业者或者事业者团体，处以两亿元以下过怠料；对符合第一项至第六项以及第八项规定的公司或者事业者团体的任员、职员或者其他利害关系人，处以一千万元以下过怠料；对于符合第七项规定的公司或者事业者团体的任员、职员或者其他利害关系人，处以五千万元以下过怠料。〔1996－12－30，1998－2－24，1999－2－5，1999－12－28，2001－1－16，2002－1－26，2004－12－31，2009－3－25 修改〕

（1）进行第十一条之二（对大规模内部交易的董事会的议决及公示）至第十一条之四（关于企业集团现状等的公示）规定的公示时，不经董事会议决或者不进行公示者，以及泄露主要内容者或者虚假公示者；

（2）不进行第十二条（企业结合的申报）第一款或者第六款规定的企业结合的申报或者作虚假申报者，或者违反同条第七款规定者；

（3）对第十四条之二（系列公司的编入及除外等）第二款规定的提交资料的要求，无正当理由不提交资料或者提交虚假资料者；

（4）［删除］〔2009－3－25〕

（5）违反第五十条（调查违反行为等）第一款第一项的规定，无正当理由不出席者；

（6）不提交第五十条（调查违反行为等）第一款第三项或者第三款规定的报告、必要的资料或物品，或者提交虚假报告、资料或物品者；

（7）拒绝、妨碍或者逃避第五十条（调查违反行为等）第二款规定的调查者；

（8）拒绝提交第五十条（调查违反行为等）第五款规定的金融交易信息者。

2. 对违反第四十三条之二（维持审判庭的秩序）的规定，不服从维持秩序的命令者，处以一百万元以下过怠料。〔1996－12－30 新设〕

3. 第一款、第二款规定的过怠料，根据总统令规定的内容由公正交易委员会责令缴纳、征收。〔1996－12－30 修改〕

4. ［删除］〔2009－3－25 修改〕

5. ［删除］〔2009－3－25 修改〕

6. ［删除］〔2009－3－25 修改〕

［本条 1992－12－8 新设］

第七十条［双罚规定］

法人（包括无法人资格的团体。本条以下同）的法定代表人、法人或者个人的代理人、雇佣人以及其他职员执行该法人或者个人的业务时，违反第六十六条（罚则）至第六十八条（罚则）规定之一的行为的，在处罚其行为人之外，对该法人或者个人处以该条规定的罚金刑。但是法人或者个人为了防止该违反行为，未曾懈怠对该业务的注意与监督的除外。

［2009－3－25 全文修改］

第七十一条［告发］

1. 第六十六条（罚则）与第六十七条（罚则）规定的罪行，有公正交易委员会的告发才可以提起公诉。〔1996－12－30 修改〕

2. 公正交易委员会认为违反第六十六条、第六十七条规定的罪行的程度客观上明确、重大并明显妨碍竞争秩序的，应向检察总长告发。〔1996－12－30 新设〕

3. 检察总长可以向公正交易委员会通报有符合第二款规定的告发之要件的事实，并要求公正交易委员会告发。〔1996－12－30 新设〕

4. 公正交易委员会提起公诉之后，不能取消告发。〔1996－12－30

新设〕

［1992－12－8 全文修改］

附则〔法律第4198号，1990－1－13〕

第一条［施行日］

本法自1990年4月1日起施行。

第二条［一般的过渡措施］

1. 依照本法施行之前的规定的经济企划院长官的认可、许可、认定、指定、纠正措施，视为依照本法规定的公正交易委员会的认可、许可、认定、指定及纠正措施。

2. 依照本法施行时的规定向经济企划院长官作出的申报、申请、通知的事项，视为依照本法的规定向公正交易委员会作出的申报、申请、通知。

3. 依照本法施行之前的规定的经济企划院长官的告示，视为依照本法规定的公正交易委员会的告示。

第三条［关于禁止相互出资的过渡措施］

作为本法施行当时被指定为大规模企业集团的属于企业集团的公司，经营金融业或者保险业违反第九条第一款的规定时，自本法施行日起一年间，不适用同条的规定。

第四条［对于出资总额的过渡措施］

1. 本法施行当时或者自本法施行日起两年以内被指定为大规模企业集团的属于企业集团的公司，在被指定的当时接到第十四条第一款规定的通知并在通知的当时超过出资限度进行出资的，在适用第十条第一款的规定时，自本法施行日起两年间，把通知日的出资总额（以下称"特例限度额"），视为出资限度额。但是，因增加净资产额而出资限度额超过特例限度额的情形除外，期限比第十四条第三款第二项规定的短时，视为一年。

2. 公正交易委员会认为必要时，对认定为特例限度额的公司，可以制定并提出解决出资限度额超过额的年度方案。

3. 属于大规模企业集团的公司于1987年4月1日当时，持有政府、地方自治团体或者《政府投资机构管理基本法》规定的政府投资机构持有发行股份总数的百分之三十以上的公司的股份的，并取得公正交易委员会的许可的，可以不限于第十条第一款的规定，在经过第一款规定的期限之后仍持有该股份。公正交易委员会可以另行规定能够持有该股份的期限。

4. 属于大规模企业集团的公司于1987年4月1日当时，持有《外资导入法》规定的外国人投资企业的股份，并取得公正交易委员会许可的，可以不限于第十条第一款的规定，在经过第一款规定的期限之后的三年内可以持有该股份。

第五条［其他法律的修改］

1. 《关于转承包交易公正化的法律》作如下修改。

删除第二十五条第三款

第二十七条一款中“第三十二条至第三十五条”修改为“第四十二条至第四十五条以及第五十二条”，“第四十二条至第四十四条”修改为“第五十三条至第五十五条”，同条第二款中“第五十条”修改为“第六十二条”。

第二十八条中“第十五条第四款”修改为“第二十三条第一款第四项”。

删除第三十二条第二款

第二十一条第三款、第二十二条第一款、第二十四条第三款中“向经济企划院长官”修改为“向公正交易委员会”，第二十二条第二款、第二十三条第一款、第二十五条第一款、第二十六条中“经济企划院长官”修改为“公正交易委员会”，第二十四条第二款、第二十五条第二款以及第四款中“经济企划院长官”修改为“公正交易委员会”，第二十七条、第三十二条第一款中“经济企划院长官”修改为“公正交易委员会”。

2. 《工业发展法》作如下修改。

第二十六条第二款中“经济企划院长官”修改为“公正交易委员会”。

3. 《对外贸易法》作如下修改。

第六十二条第二款中“经济企划院长官”修改为“公正交易委员会”。

附则〔法律第4513号，1992-12-8〕

第一条［施行日］

本法自1993年4月1日起施行。

第二条［关于出资总额的过渡措施］

适用本法第十条第一款但书的规定时，同款第五项的修改规定限适用于本法施行日以后取得或者持有的股份。

第三条［关于债务担保的过渡措施］

1. 本法施行当时或者自本法施行日起三年以内被指定为限制债务担保的大规模企业集团的属于企业集团的公司，接到第十四条第一款规定的通知并在接到通知的当时超过债务担保限度额进行债务担保的，适用第十条之二第一款的规定时，自本法施行日起三年内，把通知日的债务担保总额（以下称“债务担保特例限度额”）视为债务担保限度额。但是，因增加自有资本而债务担保限度额超过债务担保特例限度额的，除外。

2. 公正交易委员会认为必要时，对认定为债务担保特例限度额的公司，可以制定并提出与国内金融机构的协商的解除债务担保限度超过额的年度方案。

附则〔法律第4790号，1994－12－22〕

1. ［施行日］

本法自1995年4月1日起施行。

2. ［关于出资总额的过渡措施］

本法施行当时或者本法施行日起三年以内被指定为大规模企业集团的属于企业集团的公司，在被指定的当时，接到第十四条第一款规定的通知并在接到通知的当时超过出资限度额进行出资的，适用第十条第一款的规定时，在本法施行日起三年间，把通知日的出资总额（以下称“特例限度额”）视为出资限度额。但是，因增加净资产额而出资限度额超过特例限度额的，除外；期限比第十四条第三款第二项中规定的期间短时，视为一年。

3. ［适用例］

本法第十条第二款的修改规定，限适用于本法施行日以后取得或者持有的股份。

附则〔法律第5235号，1996－12－30〕

1. ［施行日］

本法自1997年4月1日起施行。

2. ［关于出资总额的过渡措施］

适用第十条（限制出资总额）的修改规定时，本法施行日之前取得的股份的账面金额比取得价额少的，对该账面金额，视为该股份的取得价额。

3. ［关于债务担保的过渡措施］

本法施行当时属于限制债务担保的大规模企业集团的公司，对本法施行当时的国内系列公司的债务担保总额超过第十条之二（限制对系列公司的债务担保）第一款的修改规定的债务担保限度额的，到1998年3月31日为止，把该债务担保总额视为该公司的债务担保限度额。但是，因自有资本的增加该公司的债务担保限度额超过债务担保总额的，除外。

4. ［关于罚则的过渡措施］

适用对本法施行前的行为的罚则，依照以前的规定。

附则〔法律第5528号，1998－2－24〕

1. ［施行日］

本法自1998年4月1日起施行。但是，第十条（限制出资总额）的修改规定自公布之日起施行。

2. ［对债务担保的过渡措施］

属于1997年被指定为限制债务担保的大规模企业集团、1998年被指定为限制债务担保的大规模企业集团，在被指定当时，对国内系列公司的债务担保总额超过根据第十条之二第一款规定的债务担保限度额的，依照以前的规定。但是之前的第十条之二第四款的因自有资本的减少而认定的例外期限不能超过2000年3月31日。

附则〔法律第5813号，1999－2－5〕

1. ［施行日］

本法自1999年4月1日起施行。但是，第五十条（调查违反行为和听取意见等）第五款、第六款、第七款、第八款、第六十八条（罚则）第六款、第六十九条（罚则）第一款和第六十九条之二（过怠料）第一款第七项的修改规定，自公布之日起施行。

2. ［有效期间］

第五十条（调查违反行为和听取意见等）第五款、第六款、第七款、第八款、第六十八条（罚则）第六款、第六十九条（罚则）第一款和第六十九条之二（过怠料）第一款第七项的修改规定，自本法公布之日起五年间有效。〔2001－1－16〕

3. ［有效期间届满的过渡措施］

对第二款规定的有效期间届满前的行为的罚则或者过怠料的适用，依照以前的规定。

4. ［关于适用罚则的过渡措施］

适用于对本法施行前的行为的罚则，依照从前的规定。

附则〔法律第6043号，1999－12－28〕

第一条［施行日］

本法自2000年4月1日起施行。但是，第十条（限制出资总额）与第十四条（指定大规模企业集团）第三款第二项的修改规定自2001年4月1日起施行。

第二条［关于为了调整企业结构而出资的适用特例］

第十条（限制出资总额）第一款第四项的修改规定中为了调整企业结构而取得或者持有股份时，可以超过出资限度额取得或者持有的股份，限于1998年1月1日至2002年3月31日期间取得或者持有的股份，对此也适用同条同款同项的规定。依照该项规定计算期限时，对于1998年1月1日至2001年3月31日期间取得或者持有的股份，视为2001年4月1日取得或者持有。〔2002－1－26修改〕

第三条［关于出资总额的过渡措施］

本法施行当时属于被指定为大规模的企业集团，超过出资限度额进行出资的，适用第十条（限制出资总额）第一款的修改规定时，自本法施行日起一年期间，把施行日的出资总额，视为出资限度额。但是因增加净资产额而出资限度额超过视为出资限度额的额度的，除外。

第四条［为社会间接资本、设备出资的过渡措施］

依照本法施行前的《独占规制及公正交易法》（指修改之前的第5528号法律）第十条（限制出资总额的）第二款的规定，许可取得、持有或者延长为了经营从前的《关于社会间接资本、设备的民间资本吸引促进法》（指修改之前的第5377号法律）第二条（定义）第二款规定的第1种设备事业而设立的公司的股份的，自许可的当时至公正交易委员会许可的期限为止，依照第十条（限制出资总额的）第一款第三项的修改规定，将其视为取得、持有或者延长。

第五条［关于为了吸收外国人投资的出资的过渡措施］

在本法施行前为了吸引外国人投资而取得或者持有的股份，并符合第十条（限制出资总额的）第一款第四项的修改规定的，视为在2001年4月1日取得或者持有的股份。

附则〔法律第6371号，2001-1-16〕

1. ［施行日］

本法自2001年4月1日起施行。但是，法律第5813号《独占规制及公正交易法》附则第二款的修改规定自公布之日起施行。

2. ［关于课征金的返还加算金的适用例］

第五十五条之六（课征金的返还加算金）的修改规定，自本法施行后最初发生返还事由时开始适用。

3. ［关于适用罚则的过渡措施］

适用于对本法施行前的行为的罚则，依照以前的规定。

附则〔法律第6651号，2002-1-26〕

第一条［施行日］

本法自2002年4月1日期施行。但是，第十一条（对金融公司或保险公司议决权的限制）的修改规定与法律第6043号《独占规制及公正交易法》附则第二条的修改规定，自公布之日起施行。

第二条［有效期限］

第十条（限制出资总额）第一款第四项中关于调整企业结构的事项的有效期限至2003年3月31日为止。

第三条［对出资总额限制制度的消极适用］

1. 第十条（限制出资总额）的修改规定也适用于本法施行当时取得或者持有的股份。此时，根据同条第六款第二项的修改规定取得或者持有的股份限于1998年1月1日之后取得或者持有的股份。

2. 第一款规定中，本法施行当时为了吸引外国人投资而取得或者持有的股份（属于法律第6043号《独占规制及公正交易法》附则第五条的股份除外）属于第十条第一款第三项的修改规定，2001年3月31日之前取得或者持有的，将其视为2001年4月1日取得或者持有。

第四条［对超过出资限度额的企业的消极适用］

本法施行当时指定为大规模企业集团的企业集团系列公司在2001年4月1日（2001年指定为大规模企业集团的企业集团系列公司是指该指定日，以下同）当时，超过出资限度额取得或者持有其他国内公司的股份并从2001年4月1日起经过一年继续持有、或者根据第十条（限制出资总额）第一款但书的规定经过出资总额限制例外认定期限继续持有，违反同条同款本文规定的，适用第十七条之二（纠正措施等的特例）与第六十七条第六项的修改规定。

［2004－12－31 全文修改］

第五条［关于限制相互出资的企业集团等的指定的过渡措施］

本法施行当时，根据以前的第十四条（指定大规模企业集团等）第一款的规定指定为大规模企业集团或者限制债务担保的大规模企业集团的企业集团，视为依照第十四条（指定限制相互出资的企业集团等）第一款的修改规定指定为限制相互出资的企业集团等。

第六条［关于罚则适用的过渡措施］

对本法施行前的行为的罚则，适用以前的规定。

附则〔法律第7315号，2004－12－31〕

第一条［施行日］

本法自2005年4月1日起施行。但是第五十条（调查违反行为等）第五款至第九款、第六十九条（罚则）第一款与第六十九条之二（过怠料）第一款的修改规定，自公布之日起施行。

第二条［删除］〔2007－4－13〕

第三条［关于企业结合申报的适用例等］

1. 本法施行当时，根据以前的规定出现申报义务的企业结合，不限于第十二条第一款第二项与第五款至第七款的修改规定，适用以前的规定。

2. 第十二条第一款第二项的修改规定是依照本法施行当时的以前的第十二条第一款第一项规定出现申报义务的企业结合，因此本法施行之后符合第十二条第一款第二项规定时也适用此规定。

3. 虽然本法施行当时未出现申报义务，但是符合第十二条第一款第一项的修改规定、且企业结合的当事公司中有1个以上属于大规模公司的企业结合，适用第十二条第二款、第五款、第七款的修改规定，不限于同条第六款的修改规定，应自企业结合之日起30日内申报企业结合。

4. 第十二条第九款的修改规定，从本法施行后最初向公正交易委员会申请审查的企业结合开始适用。

第四条［对限制持有一般控股公司的子公司之外的其他国内公司股份的过渡措施］

本法施行当时，在公正交易委员会已申报的控股公司持有子公司之外的其他国内公司发行股份总数的百分之五以上的股份时，就该国内公司发行的股份，自本法施行之日起两年内，使其符合第八条之二第二款第三项的修改规定。

第五条［关于限制一般控股公司子公司的事业关联控股孙公司的持股率的过渡措施］

本法施行当时，在公正交易委员会已申报的一般控股公司的子公司持有事业关联控股孙公司的股份时，就该事业关联控股孙公司的股份，自本法施行之日起两年内，使其符合第八条之二第三款第一项的修改规定。

第六条［关于禁止一般控股公司的子公司对其他子公司出资的过渡措施］

本法施行当时，在公正交易委员会已申报的一般控股公司的子公司持有支配该子公司的一般控股公司的其他子公司的股份时，就该子公司的股份，自本法施行之日起两年内，使其符合第八条之二第三款第二项的修改规定。

第七条［关于出资总额的过渡措施］

1. 本法施行当时，属于被指定为限制出资总额的企业集团的公司根据以前的第十条（限制出资总额）第一款第三项的规定取得或者持有的股份，即使未满足第十条（限制出资总额）第一款第三项的修改规定的要件，也适用以前的规定。

2. 本法施行当时，属于被指定为限制出资总额的企业集团的公司根据以前的第十条（限制出资总额）第一款第四项的规定取得或者持有的股份，适用第十条（限制出资总额）第一款第四项的修改规定。

第八条［关于不当共同行为的课征金的过渡措施］

对本法施行之前作出、并在法律第8631号《独占规制及公正交易法》公布后3个月之内结束的行为的课征金，适用以前的规定。〔2007-8-3修改〕

第九条［关于限制金融公司或者保险公司的议决权的特例］

不限于第十一条第三款的修改规定，经营金融业或者保险业的属于限制相互出资的企业集团的公司，根据第十一条但书与以前的同条第三项的规定，对本公司取得或者持有的国内系列公司的股份中能够行使议决权的股份数，加上特殊关系人中除总统令规定的人之外能够对该系列公司行使的股份数，到2006年3月31日为止不得超过该系列公司发行股份总数的百分之三十，自2006年4月1日起到2007年3月31日为止不得超过百分之二十五，自2007年4月1日起到2008年3月31日为止不得超过百分之二十，2008年4月1日起不得超过百分之十五。

第十条［其他法律的修改］

1.《关于加盟事业交易的公正化的法律》作如下修改。

第三十七条第二款中“第五十五条之三至第五十五条之六”修改为“第五十五条之三至第五十五条之七”。

2.《关于转承包交易公正化的法律》作如下修改。

第二十五条之三第二款中“第五十五条之三（处以课征金）至第五十五条之五（征收课征金及滞纳处分）”修改为“第五十五条之三（处以罚款）至第五十五条之六（征收课征金及滞纳处分）”。

3.《关于表示、广告的公正化的法律》作如下修改。

第十六条第三款中“第五十五条之五”修改为“第五十五条之六”。

4.《关于访问贩卖等的法律》作如下修改。

第四十四条第四款中“第五十五条之五”修改为“第五十五条之六”。

5.《关于在电子商交易等中保护消费者的法律》作如下修改。

第三十四条第四款中“第五十五条之五”修改为“第五十五条之六”。

附则〔法律第7492号，2005-3-31〕

本法自公布后经过三个月之日起施行。

附则〔法律第8382号，2007-4-13〕

第一条［施行日］

本法自公布后经过三个月之日起施行。但是，第八条之二、第十条第一款、第二款、第八款、第十七条第四款、第五十条第五款、第六十八条的修改规定与附则第二条、法律第7315号《独占规制及公正交易法》中的附则第二条的修改规定，自公布之日起施行。

第二条［有效期限］

第五十条（调查违反行为等）第五款的修改规定的有效期限规定为2010年12月31日为止。

第三条［关于指定限制出资总额的企业集团中排除的特例］

本法施行当时根据第十四条第一款规定指定为限制出资总额的企业集团中在2007年的指定日当时属于该企业集团的国内公司，依照第十条第二款的修改规定算出的资产总额的合计额未满十兆元的企业集团，在本法公布日将其视为在限制出资总额的企业集团的指定中排除。

第四条［关于罚则与过怠料的过渡措施］

对本法施行前的行为的罚则与过怠料，适用以前的规定。

附则〔法律第8631号，2007-8-3〕

第一条［施行日］

本法自公布后经过三个月之日起施行。但是，第五十条第五款与法律第7315号《独占规制及公正交易法》的附则第八条的修改规定，自公布之日起施行，第四十八条之三至第四十八条之九的修改规定，自公布后经过六个月之日起施行。

第二条［有效期限］

第五十条（调查违反行为等）第五款的修改规定的有效期限规定为2010年12月31日为止。

第三条［关于企业结合申报的适用例］

第七条第四款第一项与第十二条第一款第二项、第五项的修改规定，自本法施行后最初的企业结合申报的计算日起适用。

第四条［关于企业结合的过渡措施］

本法施行当时根据以前的规定到达申报企业结合的计算日的，不限于第七条第四款第一项与第十二条第一款第二项、第五项的修改规定，适用以前的规定。

第五条［推定不当共同行为的过渡措施］

本法施行前终了的、符合以前的第十九条第一款的各项规定之一的行为的不当共同行为的推定，不限于第十九条第五款的修改规定，适用以前的规定。

第六条［关于罚则与过怠料的过渡措施］

对本法施行前的行为的罚则与过怠料，适用以前的规定。

第七条［其他法律的修改］

《法人税法》作如下修改。

第十八条之二第一款第四项甲目中的“关联事业控股孙公司”修改为“控股孙公司”。

附则〔法律第8666号，2007-10-17〕

1.（施行日）

本法自公布之日起施行。

2.（适用例）

第十条第一款第七项的修改规定，自取得本法施行之后最初设立的公司的股份之日起适用，同款第八项的修改规定，自取得本法施行之后最初转移到地方的公司的股份之日起适用。

附则〔法律第9554号，2009-3-25〕

本法自公布之日起施行。但是，第十一条之四与第十二条第六款的修改规定，自公布后经过三个月之日起施行。

独占规制及公正交易法施行令

［2010－11－2施行］［总统令第22467号，2010－11－2，他法修改］

第一章 总则

第一条［目的］

制定本令的目的是对《独占规制及公正交易法》中委任的事项和施行所必要的事项作出规定。〔1999－3－31，2005－3－31修改〕

第二条［控股公司的基准］

1.《独占规制及公正交易法》（以下称：法）第二条（定义）第一款之二中规定的“资产总额在总统令规定金额以上的公司”，是指以下各项中规定的公司。〔2007－11－2修改〕

（1）在该事业年度中新设立或者合并、分割、分割合并、物理分割[1]（以下称“分割”）的公司，在登记设立日、登记合并日或者登记分割日当时的资产负债表上记载的资产总额为一千亿元以上的公司；

（2）第一项以外的公司，上一事业年度终了日（以事业年度终了日以前的资产总额为基准进行控股公司转换申报的，是该转换申报的事由发生之日）当时的资产负债表上记载的资产总额为一千亿元以上的公司。

2.法第二条（定义）第一项之二后段规定的主要事业活动的基准，是指公司正在持有的子公司的股份（包括占有份额，以下同）价额的合计额（是指合计第一款各项规定的资产总额核算基准日当时的资产负债表中显示的价额所得出的金额）占该公司资产总额的百分之五十以上。〔2007－11－2修改〕

3.法第二条（定义）第一项之三中规定的“总统令规定的基准”，是指满足以下各项规定的要件者。〔2001－3－27新设，2005－3－31，

〔1〕物理分割是指公司将部分业务分割出来，成立另外的全资子公司，而子公司的股份归原公司所有的情形。

2007－7－13，2007－11－2 修改〕

（1）控股公司的系列公司（根据《中小企业创业支援法》设立的中小企业创业投资公司或者根据《授信专门金融业法》设立的新技术事业金融业者，为了创业投资的目的或者支援新技术事业者的目的，取得其他国内公司股份的系列公司除外）；

（2）控股公司所持有的股份，等同于或者超过第十一条（特殊关系人的范围）第一项或者第二项规定的特殊关系人中最多出资者所持有的股份。

4. 法第二条（定义）第一项之四中规定的“总统令规定的基准”，是指满足以下各项规定的要件者。〔2007－11－2 新设〕

（1）子公司的系列公司；

（2）子公司所持有的股份，等同于或者超过第十一条（特殊关系人的范围）第一项或者第二项规定的特殊关系人中最多出资者所持有的股份。

［1999－3－31 全文修改］

第二条之二［删除］〔2007－11－2〕

第三条［企业集团的范围］

法第二条（定义）第二项中规定的“依照总统令规定的基准，事实上支配其事业内容的公司”，是指符合以下各项规定之一的公司。〔1999－3－31，2000－4－1，2001－3－27，2002－3－30，2005－3－31，2007－7－13，2009－5－13 修改〕

（1）同一人单独或者和符合以下各目规定之一者（以下称：同一人关联者）一起，持有该公司的发行股份［排除依照《商法》第三百七十条（无议决权的股份）规定无议决权的股份。以下本条、第三条之二（从企业集团中排除）、第十七条之五（禁止债务担保的对象的除外条件）、第十七条之八（对大规模内部交易的董事会的议决与公示）与第十八条（企业结合的申报等）中亦同］总数的百分之三十以上并成为最多出资者的公司。

甲．配偶、六寸[1]以内的血亲、四寸之内的姻亲（以下称：亲族）；

乙．同一人单独或者和同一人关联者一起捐助总捐助金额的百分之

---

〔1〕 父子间为一寸、亲兄弟间为二寸、亲叔侄间为三寸、堂兄弟间为四寸，以下类推。

三十以上并成为最大捐助者；或者同一人与同一人关联者中的一人是设立者的非营利法人或者团体（是指无法人资格的社团或者财团，以下同）；

丙．同一人直接或者通过同一人关联者，对任员的组成或者事业运行等，行使支配性影响力的非营利法人或者团体；

丁．同一人依照本项或者第二项的规定，事实上支配事业内容的公司；

戊．同一人以及与同一人有符合乙目至丁目规定的关系者的雇佣人（法人的情形是指任员，个人的情形是指商业雇佣人或者依照雇佣合同的被雇佣人）。

（2）符合以下各目规定之一的公司被认定为，对该公司的经营行使支配性影响力的公司。

甲．同一人依照与其他主要股东之间的契约或者协议，任免代表理事或者选任或可以选任百分之五十以上的任员的公司；

乙．同一人直接或者通过同一人关联者，对该公司的组织变更、新事业中的投资等主要的议事决定或者业务执行行使支配性影响力的公司；

丙．同一人支配的公司（同一人为公司的情形，包括同一人，以下本目中同）和该公司之间具有符合以下规定之一的人事交流的公司；

a. 同一人支配的公司和该公司之间有任员兼任的情形；

b. 同一人支配的公司的任、职员，在担任过该公司的任员之后，又在同一人支配的公司中复职的情形（包括在同一人支配的非原先公司的公司中复职的情形）；

c. 该公司的任员，在同一人支配的公司中任命为任、职员之后，又在该公司或者该公司的系列公司中复职的情形；

丁．超过通常的范围，和同一人或者同一人关联者一起，进行资金、资产、商品、劳务等交易，或者进行债务担保，或者接受债务担保的公司，或者该公司实施了可以被认定为是同一人的企业集团的系列公司所实施的营业上的表示行为等，在社会通常理念上被认定为是经济性同一体的公司。

［1997－3－31 全文修改］

第三条之二［从企业集团中排除］

1. 对符合以下各项规定之一的公司，公正交易委员会认为同一人没有支配其事业内容的，可以不限于第三条的规定，根据利害关系人的请求将该公司从同一人支配的企业集团的范围中排除。〔1999 - 3 - 31, 2001 - 3 - 27, 2001 - 7 - 24, 2005 - 3 - 31, 2006 - 3 - 29, 2006 - 4 - 14, 2008 - 7 - 29 修改〕

（1）依照出资者之间的协议、契约等，认为符合以下各目规定的人之外的人事实上经营的公司。

甲．同一人所任命的人；

乙．与同一人具有第三条（企业集团的范围）第一款甲目或者戊目规定的关系的人。

（2）被认定为由同一人的亲族独立经营该公司的、具备以下各目规定的要件（以下称“独立经营认定基准”）的公司。

甲．对请求从同一人支配的企业集团中排除的各公司（以下称：亲族方系列公司），同一人与同一人关联者［排除独立经营亲族方系列公司者（以下称：独立经营者）与公正交易委员会根据独立经营者的请求认定从同一人关联者的范围中分离出来者］所持有的股份的合计，未满各公司的发行股份总数的百分之三［不属于《关于资本市场与金融投资业的法律》第九条第十五款第三项规定的股票上市法人（以下称：股票上市法人）的公司为百分之十］；

乙．对同一人支配的各公司（是指从同一人支配的企业集团中除去亲族方系列公司的公司，以下称“同一人方系列公司”），独立经营者和与独立经营者有符合第三条（企业集团的范围）第一项各目规定之一的关系者（同一人关联者的情形，依照甲目的规定，仅限于从其范围中分离出来者）所持有的股份的合计，未满各公司的发行股份总数的百分之三（非股票上市法人的公司为百分之十五）；

丙．同一人方系列公司和亲族方系列公司之间无任员的相互兼任；

丁．同一人方系列公司和亲族方系列公司之间无债务担保或资金借贷。但是，根据法第十条之二第一款第一项规定的债务担保与被认定为伴随交易而正常发生的债务担保或者资金借贷除外；

戊．［删除］〔1999 - 3 - 31〕

（3）根据《关于债务者回生及破产的法律》规定被宣告为破产并正处于破产程序中的公司。

（4）依照《企业结构调整投资公司法》第二条第二项的规定签订协议、并符合以下各目规定之一的公司。

甲．同一人与同一人关联者所持有的股份中，对超过该公司发行股份总数的百分之三（非股票上市法人的公司为百分之十）的股份的处分与议决权的行使权限委任给债权金融机关（是指对该公司提供信贷的、依照《银行法》以外的法律的金融机关）；

乙．同一人与同一人关联者特别约定放弃依照甲目规定的委任契约的解除权。

（5）根据《关于债务者回生及破产的法律》规定决定开始回生程序，并正处于回生程序中的符合以下各目规定之一的公司。

甲．同一人与同一人关联者所持有的股份中，对超过该公司发行股份总数的百分之三（非股票上市法人的公司为百分之十）的股份的处分与议决权的行使权限委任给《关于债务者回生及破产的法律》第七十四条规定的管理人，但是整理程序终了以后该权限由公司继承；

乙．同一人与同一人关联者特别约定放弃依照甲目规定的委任契约的解除权。

2. 对符合以下各项规定之一的公司，公正交易委员会可以不限于第三条（企业集团的范围）的规定，根据利害关系人的请求将其从同一人支配的企业集团的范围中排除。〔1999－3－31，2001－3－27，2005－3－8，2005－3－31，2009－5－13，2010－5－14 修改〕

（1）符合以下各目规定之一且持有依照《对社会基础设备的民间投资法》设立的民间投资事业法人的发行股份总数的百分之二十以上的该民间投资事业法人。但是只限于没有和其他公司之间的相互出资、没有出自出资者之外者的债务担保的情形。

甲．国家或者地方自治团体；

乙．《关于公共机关的运营的法律》第五条（区分公共机关）规定的国营企业；

丙．依照特别法设立的公社〔1〕、公团〔2〕以及其他法人。

（2）在符合以下各目规定之一的公司中，最多出资者（包括同一人、同一人关联者出资的情形）为两人以上的、该出资者被认定为对任员的组成或者事业运行等不行使支配性的影响力的公司。

甲．经营同一行业的两个以上的公司为了调整事业结构以现物出资或者合并等方法设立的公司；

乙．《对社会基础设备的民间投资法》规定的民间投资事业法人中，以同法第四条第一项至第四项规定的方式促进民间投资事业的

---

〔1〕 公社是指政府设立的公共企业体，属经济上独立的公法上的法人。

〔2〕 公团是指为了执行具有国家性质的事业而设立的特殊法人，例如韩国医疗保险管理公团等。

公司。

（3）《关于振兴产业教育与促进产学协力的法律》第二条第六项规定的产学协力技术控股公司与同条第七项规定的子公司，或者《关于培育风险公司的特别措施法》第二条第八款规定的新技术创业专门公司与同法第十一条之二第四款第二项规定的子公司，从设立公司之日起未满十年的、与同一人支配的公司（同一人为公司的，包括同一人）没有出资或者债务担保关系的公司。

3. 对依照第一款或者第二款的规定从同一人支配的企业集团的范围中排除的公司不符合其排除要件的，公正交易委员会可以根据职权或者利害关系人的请求撤销其排除决定。但是，对依照第一款第二项的规定从同一人支配的企业集团的范围中排除的公司，仅限于自其被排除之日起三年以内不符合其排除要件的情形。

4. 根据第一款第二项的规定，请求从同一人支配的企业集团中排除者，应当向公正交易委员会提交以下各项规定的文件。这时，公正交易委员会应根据《电子政府法》第三十六条第一款规定的行政信息的共同利用，确认第一款第二项丙目规定的同一人方系列公司与亲族方系列公司的法人的登记事项证明书。〔1999－3－31，2004－3－17，2005－3－31，2008－7－29，2009－5－13，2010－5－4，2010－11－2修改〕

（1）第一款第二项甲目与乙目规定的情形，为股东名册。若是根据《关于资本市场与金融投资业的法律》第九条第十三款第一项的规定，在有价证券市场中上市股份的法人，应当附加名义变更代行机构出具的确认书；

（2）［删除］〔2010－11－2〕

（3）第一款第二项丁目规定的情形，为经注册会计师确认的债务担保与资金借贷现状。

［本条1997－3－31新设］

第三条之三［从同一人关联者中排除］

1. 不限于第三条（企业集团的范围）第一项乙目的规定，公正交易委员会认为同一人或者同一人关联者对任员的组成或者事业运行等不行使支配性的影响力的，可以根据利害关系人的请求，从同一人关联者中排除该非营利性法人或者团体。

2. 公正交易委员会认为，根据第一款的规定从同一人关联者中排除的非营利性法人或者团体不符合其排除要件的，可以根据职权或者利害关系人的请求撤销其排除决定。

[本条 2007－11－2 新设]

第四条［销售额或者购买额的计算方法等］

1. 法第四条（推定支配市场的事业者）中规定的“年销售额或者购买额”，是指该事业者在具有违反法第三条之二（禁止滥用市场支配地位）规定的嫌疑的行为的终了日（该行为持续到认定日或者申告日的，将认定日或者申告日视为该行为的终了日）所属的事业年度的上一事业年度一年期间，供给或者购买的商品或劳务的金额（指扣除该商品或劳务的间接税的金额，以下同）。〔2007－11－2 修改〕

2. 法第二条（定义）第七项与法第四条（推定支配市场的事业者）中规定的“市场占有率”，是指在具有违反法第三条之二（禁止滥用市场支配地位）规定的嫌疑的行为的终了日所属的事业年度的上一事业年度一年期间，在国内供给或者购买的商品或者劳务的金额中，该事业者在国内供给或者购买的商品或者劳务的金额所占的比率。但是，以金额基准计算市场占有率有困难时，可以使用计量基准或者生产能力基准进行计算。

3. 适用法第二条（定义）第七项与法第四条（推定支配市场的事业者）的规定时，该事业者与其系列公司视为一个事业者。

4. 依照法第二条（定义）第七项的规定，判断支配市场的事业者所必要的具体基准，可以由公正交易委员会制定并告示。

[1999－3－31 全文修改]

第四条之二［调查市场结构或者委托公布事务］

1. 依照法第三条（改善垄断性市场结构等）第五款的规定，调查或者公布垄断性市场结构以及要求提交与之有关的资料的事务，公正交易委员会可以委托给相关行政机关的长官或者政府资助研究机构的长官。

2. 依照第一款的规定接受关于调查与公布市场结构事务的委托的机关的长官，应当向公正交易委员会通报委托事务的处理内容。

[本条 1999－3－31 新设]

第二章　禁止滥用市场支配地位

第五条［滥用行为的类型与基准］

1. 法第三条之二（禁止滥用市场支配地位）第一款第一项规定的不当地决定、维持或者变更价格，是针对与供求的变动或者供给中所必要的费用（限于同种或者类似行业的通常的水准）的变动相比较、商品的价格或者劳务的对价无正当理由地发生明显上升或者较大下降的情形。

2. 法第三条之二（禁止滥用市场支配地位）第一款第二项规定的不当地调整商品的销售或者劳务的提供，是指符合以下各项规定之一的情形。

（1）无正当理由，比最近的趋势明显地减少商品或者劳务的供给量的情形；

（2）无正当理由，不顾在流通阶段中的供给不足，减少商品或者劳务的供给量的情形。

3. 法第三条之二（禁止滥用市场支配地位）第一款第三项规定的不当地妨害其他事业者的经营活动，是指直接地或者间接地实施符合以下各项规定之一的行为，致使其他事业者的事业活动发生困难的情形。〔2001－3－27 修改〕

（1）无正当理由，妨害其他事业者购买在生产活动中所必需的原材料的行为；

（2）提供或者约定提供相对正常的惯例而言过高的经济上的利益，雇佣其他事业者的事业活动中所必需的人才的行为；

（3）无正当理由，拒绝、中断或者限制使用或者接近其他事业者的商品或劳务的生产、供给、销售所必需的场所的行为；

（4）以第一项至第三项规定之外的不当的方法致使其他事业者的事业活动发生困难、由公正交易委员会进行告示的行为。

4. 法第三条之二（禁止滥用市场支配地位）第一款第四项规定的不当地妨碍新的竞争事业者的参与，是指直接或者间接地实施符合以下各项规定之一的行为，致使新的竞争事业者的进入发生困难的情形。〔2001－3－27 修改〕

（1）无正当理由，与交易的流通事业者签订排他性的交易契约的行为；

（2）无正当理由，买入现有事业者持续性的事业活动中所必需的权利等的行为；

（3）无正当理由，拒绝、中断或者限制使用或者接近新的竞争事业者的商品或劳务的生产、供给、销售所必需的场所的行为；

（4）以第一项至第三项规定之外的不当的方法致使新的竞争事业者的进入发生困难、由公正交易委员会进行告示的行为。

5. 为了排除依照法第三条之二（禁止滥用市场支配地位）第一款第五项规定的为了排除竞争事业者而进行不当的交易，是指符合以下各项规定之一的情形。

（1）以低于通常交易价格的对价不当地提供商品或者劳务或者以高于通常交易价格的对价不当地购入商品或者劳务，有可能排除竞争事业者的情形；

（2）以交易相对人不与竞争事业者进行交易为条件，不当地和该交易相对人进行交易的情形。

6. 第一款至第五款规定的滥用行为的具体的类型与基准，可以由公正交易委员会制定并告示。

［1999－3－31 全文修改］

第六条［委托价格调查］

公正交易委员会有相当的理由视为支配市场的事业者作出了不当地决定、维持或者变更商品或者劳务的价格的行为时，可以委托相关行政机关的长官或者执行物价调查业务的公共机构对商品或者劳务的价格进行调查。

第七条［删除］〔1999－3－31〕

第八条［公布接到纠正命令的事实的方法］

公正交易委员会根据法第五条（纠正措施）、法第十六条（纠正措施）第一款、法第二十一条（纠正措施）、法第二十四条（纠正措施）、法第二十七条（纠正措施）与法第三十一条（纠正措施）的规定，命令该事业者［在法第二十七条（纠正措施）中，为事业者团体（必要时包括关联的组成事业者）］公布接到纠正命令的事实时，应当参酌以下各项规定的事项，确定公布的内容、媒体的种类、数量及版面大小等。〔1997－3－31，1999－3－31，1999－6－30，2001－3－27，2002－3－30 修改〕

1. 违反行为的内容与程度；

2. 违反行为的期间与次数。

第九条［课征金的计算方法］

1. 法第六条（课征金）本文、法第二十二条（课征金）本文、法第二十四条之二（课征金）本文［法第二十三条（禁止不公正交易行为）第一款第七项规定的情形除外］、法第二十八条（课征金）第二款本文、法第三十一条之二（课征金）本文与法第三十四条之二（课征金）本文中规定的“总统令规定的销售额”，是指在违反期间违反事业者在一定的交易领域销售的商品或劳务的销售额或者参照该数的金额（以下称“关联销售额”）。但是违反行为是关于购买商品或者劳务的行为时，是指其关联商品或者劳务的购入额；是招标磋商或者与此类似的行为时，是指该契约金额。〔2004－4－1，2007－11－2 修改〕

2. 法第二十四条之二（课征金）本文［仅限于法第二十三条（禁止不公正交易行为）第一款第七项规定的情形］中规定的“总统令规定的销售额”，是指该事业者的之前三个事业年度的平均销售额（以下称：平均销售额）但是该事业年度第一天当时尚未达到开业三年的，是指基于开业后到上一事业年度末为止的销售额换算的年平均销售额的金额；该事业年度中开业的，是指基于从开业日起到作出违反行为之日为止的销售额换算的年销售额的金额。〔2007－11－2 新设〕

3. 除此之外的计算关于关联销售额与平均销售额的必要事项，由公正交易委员会制定。〔2004－4－1，2007－11－2 修改〕

［1997－3－31 全文修改］

第九条之二［营业收益使用事业者的范围］

法第六条（课征金）本文中规定的“总统令规定的事业者”，是指将商品或者劳务的对价的合计额作为营业收益等记载于财务报表等中的事业者。

［1997－3－31 全文修改］

第十条［无销售额的情形等］

法第六条（课征金）但书中规定的“依照总统令规定的、无销售额或者销售额难以计算的情形”，是指符合以下各项规定之一的情形。〔2004－4－1，2007－11－2 修改〕

1. 因尚未开始营业或者营业中断，无营业实绩的情形；

2. 无法确定违反期间或者关联商品与劳务的范围而难以计算根据第九条（课征金的计算方法）第一款规定的金额的情形；

3. 因灾害等原因销售额计算资料消灭或者损毁等客观上难以计算销售额的情形。

［1997－3－31 全文修改］

第三章　限制企业结合与遏制经济力集中

第十一条［特殊关系人的范围］

法第七条（对企业结合的限制）第一款本文中规定的“总统令规

定的具有特殊关系的人”，是指公司或者和公司之外者之间有符合以下各项规定之一者。

1. 事实上支配该公司者；

2. 同一人关联者。但是，依照第三条之二（从企业集团中排除）第一款的规定，从同一人关联者中分离出来者除外；

3. 以支配经营的共同目的参与该企业结合者。

［1997－3－31 全文修改］

第十二条［资产总额或者销售额的基准］

1. 法第七条（对企业结合的限制）第一款但书与法第十二条（企业结合的申报）第一款中规定的“资产总额”，是指企业结合日所属的事业年度的上一事业年度终了日的资产负债表上显示的资产总额。但是，针对经营金融业或者保险业的公司，是指上一事业年度终了日的资产负债表上显示的资本总额和资本金中数额大的金额。〔1999－3－31 修改〕

2. 第一款规定的情形中，在企业结合日所属的事业年度中，因发行新股与公司债致使资产总额增加的，把上一事业年度终了日的资产负债表上显示的资产总额加上其增加的金额的金额，视为资产总额。〔1999－3－31 修改〕

3. 法第七条（对企业结合的限制）第一款但书与法第十二条（企业结合的申报）第一款中规定的“销售额”，是指企业结合日所属的事业年度的上一事业年度损益表中所显示的销售额。但是，针对经营金融业或者保险业的公司，是指上一事业年度的损益表上所显示的营业收益。〔1999－3－31 修改〕

［1997－3－31 全文修改］

第十二条之二［大规模公司的基准］

法第七条（对企业结合的限制）第一款但书中规定的“符合总统令规定的规模的公司”，是指资产总额或者销售额的规模在二兆元以上的公司。〔1999－3－31 修改〕

［本条 1997－3－31 新设］

第十二条之三［特殊关系人范围的例外］

法第七条（对企业结合的限制）第一款第五项甲目、法第八条之二第一款第一项与法第十一条第三项后段中规定的“总统令规定的人”，是指第十一条第三项中规定的人。〔2002－3－30，2005－3－31 修改〕

［本条 1999－3－31 新设］

第十二条之四［与不可回生的公司的企业结合］

法第七条（对企业结合的限制）第二款第二项中规定的“总统令规定的要件”，是指具有以下各项规定的要件的情形。

1. 不进行企业结合，公司的生产设备在该市场中难以继续适用的情形；

2. 难以实现比该企业结合竞争限制性更小的其他企业结合的情形。

［本条 1999 - 3 - 31 新设］

第十三条［删除］〔1999 - 3 - 31〕

第十四条［删除］〔1999 - 3 - 31〕

第十五条［控股公司的设立、转换的申报等］

1. 设立控股公司或者转换为控股公司者，依照法第八条的规定，应当按照公正交易委员会制定并告示的内容，在以下各项规定的期限内，向公正交易委员会提交记载有申报人姓名、控股公司、子公司、控股孙公司与法第八条之二（对控股公司等的行为的限制等）第五款规定的控股曾孙公司名称、资产总额、负债总额、股东现状、股份持有现状、事业内容等内容的申报书，并附加证明申报内容的文件。〔2001 - 3 - 27，2005 - 3 - 31，2007 - 11 - 2 修改〕

（1）设立控股公司的，自设立登记日起三十日以内；

（2）通过和其他公司的合并或者分割转换为控股公司的，自合并登记日或者分割登记日起 30 日以内；

（3）根据其他法律排除法第八条的适用的，自其他法律所规定的排除期间终了之日起 30 日以内；

（4）因取得其他公司的股份、资产增减或者其他事由转换为控股公司的，自第二条（控股公司的基准）第一款第二项规定的资产总额计算基准日起四个月以内。

2. 实施第一款规定的申报者，是支配属于法第十条之二（禁止对系列公司的债务担保）第一款规定的限制债务担保的企业集团的公司的同一人或者该同一人的特殊关系人的，应当一并提交解除依照法第八条之三（对设立限制债务担保的企业集团的控股公司的限制）各项规定的债务担保的实绩。〔2001 - 3 - 27，2002 - 3 - 30 修改〕

3. 在依照第一款规定的控股公司的设立申报中，参与设立者为两人以上的，应当共同申报。但是，申报义务人中的一人被确定为代理人并由该代理人申报的情形例外。

4. 控股公司因在事业年度中发生持有股份的减少、资产的增减等事由而不符合第二条（控股公司的基准）第一款或者第二款的规定并向公正交易委员会申报的，自该事由发生之日起，不将其视为控股公司。

5. 依照第四款的规定进行申报的公司，应当依照公正交易委员会的规定，向公正交易委员会提交以该事由发生之日为基准进行的注册会记师会计审计的资产负债表与股份持有现状。公正交易委员会应当自接到申报之日起三十日以内，将其审查结果通知申报人。

［1999－3－31 全文修改］

第十五条之二［风险投资控股公司的基准］

法第八条之二第一款第二项中规定的“总统令规定的基准”，是指控股公司依照《关于培育风险公司的特别措施法》第二条第一款规定所持有的风险投资企业的股份价额的合计额，占该控股公司持有的全部子公司的股份价额的合计额的百分之五十以上的情形。〔2005－3－31 修改〕

［本条 2001－3－27 新设］［以前的第十五条之二移动到第十五条之三〔2001－3－27〕］

第十五条之三［删除］〔2005－3－31〕

第十五条之四［限制金融控股公司持有子公司股份］

法第八条之二第二款第四项本文中规定的“与金融业或者保险业有密切关联的、符合总统令规定的基准的公司”，是指以经营符合以下各项规定之一的事业为目的的公司。〔2005－3－31 修改〕

1. 面向金融公司或者保险公司提供电算、信息处理等服务；

2. 管理金融公司或者保险公司所有的不动产之外的其他资产；

3. 与金融业或者保险业有关的调查、研究；

4. 其他与金融公司或者保险公司的固有业务有直接关联的事业。

［本条 1999－3－31 新设］［从第十五条之三移动，以前的第十五条之四移动到第十五条之五〔2001－3－27〕］

第十五条之五［删除］〔2005－3－31〕

第十五条之六［控股公司等的股份持有现状等的报告］

1. 依照法第八条之二（对控股公司等的行为的限制等）第七款的规定，控股公司应当按照公正交易委员会制定并告示的内容，在该事业年度终了后四个月以内，向公正交易委员会提交记载有以下各项规定事项的报告书。〔2001－3－27，2005－3－31，2007－11－2 修改〕

（1）控股公司等的名称、所在地、设立日、事业内容以及法定代表的姓名等公司的一般现状；

（2）控股公司等的股东现状；

（3）控股公司等的股份持有现状；

（4）控股公司等的纳入资本金、资本总额、负债总额、资产总额等财务现状；

（5）[删除]〔2005-3-31〕

2. 第一款规定的报告书应当附加以下各项规定的文件。〔2002-3-30，2005-3-31，2007-11-2，2009-5-13 修改〕

（1）控股公司等的上一事业年度的资产负债表、损益表等财务报表（依照《关于股份公司的外部审计的法律》规定制定合并财务报表的企业，包括合并财务报表）与审计人对财务报表的审计报告书[属于限制相互出资的企业集团或者限制债务担保的企业集团（以下称“限制相互出资的企业集团等”）的公司与依照《关于股份公司的外部审计的法律》规定成为外部审计对象的公司]；

（2）子公司、控股孙公司与法第八条之二（对控股公司等的行为的限制等）第五款规定的控股曾孙公司（以下称“控股曾孙公司”）的股东名册；

（3）[删除]〔2008-6-25〕

3. 依照第一款与第二款的规定提交的报告书与附加文件不齐全的，公正交易委员会可以规定期限责令补全该文件。

[本条 1999-3-31 新设][从第十五条之五移动〔2001-3-27〕]

第十六条［删除］〔1999-3-31〕

第十七条［限制相互出资的企业集团等的范围］

1. 依照法第九条（禁止相互出资等）第一款规定限制相互出资的企业集团，是指指定限制相互出资的企业集团之前的、属于该企业集团的国内公司的上一事业年度资产负债表上的资产总额[经营金融业或者保险业的公司，是指资产总额或者资本金中数额大的金额；作为新设立的公司，若无上一事业年度的资产负债表的，是指指定日的纳入资本金。以下本条、第十七条之八（对大规模内部交易的董事会的议决与公示）与二十一条（限制相互出资的企业集团等的指定）亦同]的合计额为五兆元以上的企业集团。但是，符合以下各项规定之一的企业集团除外。〔1993-2-20，1995-4-1，1997-3-31，1998-4-1，1999-3-31，2000-4-1，2002-3-30，2005-3-31，2006-3-29，2006-4-14，2008-6-25 修改〕

（1）仅经营金融业或者保险业的企业集团；

(2) 经营金融业或者保险业的公司属于法第二条（定义）第二项中规定的同一人的企业集团；

(3) [删除]〔2002－3－30〕

(4) [删除]〔2001－3－27〕

(5) 属于该企业集团的公司中，符合以下各目之一的公司的资产总额的合计额占企业集团全部资产总额的百分之五十以上的企业集团。但是符合以下各目之一的公司之外的公司的资产总额的合计额超过五兆元以上的企业集团除外。

甲．依照《关于债务者回生及破产的法律》的规定，决定开始回生程序，并正在进行该程序的公司；

乙．决定开始符合法律第6504号《企业结构调整投资公司法》第十二条（对有经营不良征兆的企业的管理）第一款第一项至第三项规定之一的管理程序，并正在进行该程序的公司。

2. [删除]〔2009－5－13〕

3. [删除]〔2009－5－13〕

4. [删除]〔2009－5－13〕

5. 法第十条之二（禁止对系列公司的债务担保）第一款规定的限制债务担保的企业集团，是指第一款规定的限制相互出资的企业集团。〔1993－2－20新设，1997－3－31，1998－4－1，2001－3－27，2002－3－30修改〕

第十七条之二 [删除]〔2009－5－13〕

第十七条之三 [删除]〔1998－4－1〕

第十七条之四 [删除]〔1998－4－1〕

第十七条之五 [禁止债务担保的对象的排除要件]

1. 法第十条之二（禁止对系列公司的债务担保）第一款第一项中规定的“与……收购的公司的债务有关联的担保”，是指符合以下各项规定之一的情形。〔1997－3－31，1998－4－1，1999－3－31，2001－3－27修改〕

(1) 对以转让股份或者合并等方法收购的公司在收购时的债务或者预定收购的债务，由收购的公司或者其系列公司进行的担保；

(2) 对分割收购的被收购的公司的债务，由系列公司进行的担保。

2. 法第十条之二第一款第三项中规定的“为加强企业的国际竞争力，必要时由总统令规定的其他情形的债务的担保”，是指符合以下各项规定之一的情形。〔1997－3－31，1998－4－1，1999－3－31，2000－

4-1，2001-3-27，2002-3-30，2005-3-8，2005-3-31，2006-3-29，2006-4-14，2009-5-13 修改〕

（1）对依照《韩国进出口银行法》第十八条（业务）第一款第一项与第二项的规定，为了支援资本财之外的其他商品的生产或者技术的提供过程中所必需的资金，由韩国进出口银行进行的放贷或者由与之有联系的其他国内金融机构进行的放贷所进行的担保；

（2）对海外建设、产业设备工程、建造出口船舶、劳务输出以及其他公正交易委员会认可的物品出口，国内金融机构进行的招标担保、契约履行担保、预收款返还担保、瑕疵保修担保或者纳税担保所进行的担保；

（3）对为了发展国内新技术或者引进技术的企业化，购入用于技术开发的设备与技术材料等技术开发事业、从国内金融机构处获得支援的资金所进行的担保；

（4）对国内金融机构议付以承兑交货条件出口或者以支付交货条件出口的票据以及开立的国内信用证所进行的担保；

（5）对与符合以下各目规定之一的事业有关联的、由国内金融机构的海外分支机构行使的授信的担保；

甲．依照《外汇交易法》规定的海外直接投资；

乙．海外建设、劳务事业者在海外从事的建设与劳务事业；

丙．其他公正交易委员会认可的发生在国外的事业。

（6）与依照《关于债务者回生及破产的法律》的规定，向法院申请开始回生程序的公司的第三人的收购有直接关联的担保；

（7）向以《对社会基础设备的民间投资法》第四条第一项至第四项规定的方式经营民间投资事业的系列公司出资时，对国内金融机构向该系列公司进行的授信进行的担保；

（8）“符合以下各目之一的公司为了机构改编而分割时，与该公司对非系列公司的公司进行的担保，与因分割而由新设立的公司的收购相联系、该公司对新设立的公司进行的再担保”。

甲．《关于公共机关的运营的法律》第五条（区分公共机关）规定的国营企业；

乙．《关于改善国营企业的经营结构与民营化的法律》第二条（适用对象企业）规定的法人；

丙．根据《韩国电力公司法》设立的韩国电力公司；

丁．根据《集团能源事业法》设立的韩国地区供暖公司。

［本条 1993－3－20 新设］

第十七条之六［国内金融机构的范围］

法第十条之二（禁止对系列公司的债务担保）第二款第六项中规定的“其他总统令规定的金融机构”，是指《授信专门金融业法》规定的授信专门金融公司与《相互储蓄银行法》规定的相互储蓄银行中上一事业年度终了日的资产负债表上的资产总额（新设立的、没有上一事业年度的资产负债表的，是指设立日当日的纳入资本金）超过三千亿元以上的授信专门金融公司与相互储蓄银行。〔2001－3－27，2005－3－31，2007－11－2 修改〕

［1998－4－1 全文修改］

第十七条之七［删除］〔2001－3－27〕

第十七条之八［对大规模内部交易的董事会的议决与公示］

1. 根据法第十一条之二（对大规模内部交易的董事会的议决及公示）第一款的规定，要求对大规模内部交易进行董事会议决与公示的企业集团，是指第十七条（限制相互出资的企业集团等的范围）第一款规定的限制相互出资的企业集团。〔2001－3－27，2002－3－30 修改〕

2. 根据法第十一条之二（对大规模内部交易的董事会的议决及公示）第一款的规定，成为董事会议决与公示的对象的大规模内部交易行为，是指交易金额［法第十一条之二（对大规模内部交易的董事会的议决及公示）第一款第四项的情形，是指季度交易金额的合计额］为该公司资本总额与资本金中更多的金额的百分之十以上或者一百亿元以上的交易行为。〔2005－3－31，2007－7－13 修改〕

3. 法第十一条之二（对大规模内部交易的董事会的议决及公示）第一款第四项规定的“总统令规定的系列公司”，是指同一人单独或者与同一人的亲族［依照第三条之二（从企业集团中排除）第一款的规定，从同一人关联者分离者除外。以下本款同］一起占有发行股份总数的百分之三十以上系列公司或者该系列公司依照《商法》第三百四十二条之二（通过子公司取得母公司的股份）规定的子公司的系列公司。但是符合以下各项规定之一的公司除外。〔2007－7－13 新设，2007－11－2，2008－7－29 修改〕

（1）同一人不是自然人的属于企业集团的公司；

（2）控股公司的子公司，控股孙公司的控股曾孙公司；

（3）［删除］〔2010－5－14〕

（4）［删除］〔2010－5－14〕

4. 法第十一条之二（对大规模内部交易的董事会的议决及公示）第二款规定的公示的主要内容如下。〔2007－7－13 修改〕

（1）交易的目的与对象；

（2）交易的相对人（即使特殊关系人不是直接的交易相对人，若为了特殊关系人而进行交易时，包括该特殊关系人）；

（3）交易的金额与条件；

（4）与交易相对人交易的同一交易类型的总交易余额；

（5）相当于第一项至第四项规定的内容，并由公正交易委员会制定并告示的事项。

5. 依照法第十一条之二（对大规模内部交易的董事会的议决及公示）第四款的规定，不必经董事会议决即可以实施的交易行为，是指具备以下各项规定要件的交易行为。〔2005－3－31，2007－7－13 修改〕

（1）依照《关于规制契约条款的法律》第二条（定义）规定的契约条款实施的交易行为；

（2）该公司日常的交易领域中的交易行为。

6. 本令规定之外的关于对大规模内部交易的董事会的议决与公示的方法、程序、时间等具体事项，可以由公正交易委员会制定并告示。〔2007－7－13 新设〕

［本条 2000－4－1 新设］

第十七条之九［删除］〔2009－5－13〕

第十七条之十［公示关于非上市公司等的重要事项］

1. 法第十一条之三（非上市公司等的重要事项的公示）第一款本文中规定的“符合总统令规定的基准的企业集团”，是指第十七条第一款规定的属于限制相互出资的企业集团的公司。但是，上一事业年度末当时的资产总额未满一百亿元、并处于清算中或者休业一年以上的公司除外。〔2009－5－13 修改〕

2. 法第十一条之三第一款第一项规定的“总统令规定的事项”，是指符合以下各项规定之一的事项。

（1）最大股东（同一人单独或者与同一人关联者一起合计成为最多出资者的，包括该同一人与同一人关联者）的持有股份现状以及该持有股份比率在该法人发行股份总数的百分之一以上有变动时的该变动事项；

（2）任员的组成现状及其变动事项；

（3）系列公司持有股份现状及该持有股份比率在该法人发行股份总

数的百分之一以上有变动时的该变动事项。

3. 法第十一条之三（非上市公司等的重要事项的公示）第一款第二项规定的“总统令规定的事项”，是指符合以下各项规定之一的事项。〔2007－7－13，2008－7－29 修改〕

（1）决定取得或者处分最近事业年度末，当时资产总额的百分之十以上固定资产［包括通过《关于资本市场与金融投资业的法律》规定的信托契约（限于该法人有运用指示权限的情形）或者根据同法规定的私募集合投资机构（限于该法人对资产运用实施事实上的影响力的情形）的取得与处分］时，是指该决定事项；

（2）决定取得或者处分自有资本百分之五以上的其他法人（系列公司除外）的股份以及出资证券时，是指该决定事项；

（3）决定赠与或者接受自有资本的百分之一以上时，是指该决定事项；

（4）决定为他人提供自有资本的百分之五以上的担保或者债务担保（为契约等的履行担保与纳税担保的债务担保除外）时，是指该决定事项；

（5）决定免除或者收购自有资本的百分之五以上的债务或被免除债务时，是指该决定事项；

（6）决定增资或者减资时，是指该决定事项；

（7）决定发行转换公司债券或者收购新股为附加条件的公司债券时，是指该决定事项。

4. 法第十一条之三（非上市公司等的重要事项的公示）第一款第三项规定的“总统令规定的事项”，是指符合以下各项规定之一的事项。〔2006－3－29，2006－4－14，2007－7－13，2010－5－14 修改〕

（1）根据《商法》第三百七十四条、第五百二十二条、第五百二十七条之二、第五百二十七条之三、第五百三十条之二的规定作出决定时，是指该决定事项；

（2）根据《商法》第三百六十条之二的规定决定股份的全部交换或者根据《商法》第三百六十条之十五的规定决定股份的全部转移时，是指该决定事项；

（3）发生《商法》第五百一十七条或者其他法律规定的解散事由时，是指该解散事由；

（4）根据《关于债务者回生及破产的法律》的规定，决定回生程序的开始、终止或者废止时，是指该决定事项；

（5）［删除］〔2006－4－14〕

（6）根据法律第6504号《企业结构调整投资公司法》第十二条第一款第一项至第三项规定，决定管理程序的开始、中断或者解除时，是指该决定事项；

（7）事业年度期间与系列公司达成的商品与劳务的交易金额达到该事业年度销售额的百分之十以上时，是指与该系列公司的商品、劳务的交易明细。

5. 适用第一款至第四款的规定时，最近事业年度末当时的资产总额、自有资本是适用每一事业年度终了后经过三个月之日起至下一个事业年度终了后经过三个月之日为止的期间；新设立的、没有最近事业年度资产负债表的，是以设立当时的纳入资本金的基准代替最近事业年度末当时的资产总额与自有资本。〔2007－7－13 修改〕

6. 本令规定的事项之外的、非股份上市法人的公司根据法第十一条之三（非上市公司等的重要事项的公示）的规定进行公示的方法、程序、时间等具体事项，可以由公正交易委员会制定并告示。〔2007－7－13 新设，2008－7－29 修改〕

［本条 2005－3－31 新设］

第十七条之十一［关于企业集团现状等的公示］

1. 法第十一条之四（关于企业集团现状等的公示）第一款规定的“资产总额等符合总统令规定的基准的公司”，是指第十七条（限制相互出资的企业集团等的范围）第一款规定的属于限制相互出资的企业集团的公司。但是，上一事业年度末当时的资产总额未满一百亿元、并处于清算中或者休业一年以上的公司除外。

2. 法第十一条之四（关于企业集团现状等的公示）第一款规定的“总统令规定的事项”，是指符合以下各项规定的事项。

（1）属于限制相互出资的企业集团的公司的名称、事业内容、财务现状、系列公司的变动内容以及其他的公正交易委员会制定并告示的一般现状；

（2）属于限制相互出资的企业集团的公司的任员现状；

（3）属于限制相互出资的企业集团的公司的持有股份现状；

（4）属于限制相互出资的企业集团的公司间的出资现状；

（5）属于限制相互出资企业集团的公司与其特殊关系人之间提供或交易资金、资产、商品与劳务的现状。

3. 第二款规定的事项应按季度公示。但是公正交易委员会制定并告示的事项可以一年公示一次或者两次。

4. 第一款至第三款规定的事项之外，关于企业集团现状等的公示的方法、程序或时间的具体事项，由公正交易委员会制定并告示。

［本条 2009 - 5 - 13 新设］

第十八条［企业结合的申报等］

1. 法第十二条第一款前段中规定的“资产总额或者销售额的规模符合总统令规定基准的公司”，是指资产总额或者销售额为两千亿元以上的公司。〔2005 - 3 - 31，2008 - 6 - 25 修改〕

2. 法第十二条第一款前段中规定的“资产总额或者销售额的规模符合总统令规定基准的其他公司”，是指资产总额或者销售额为两百亿元以上的公司。〔2005 - 3 - 31 新设，2007 - 11 - 2 修改〕

3. 不限于第一款与第二款的规定，法第十二条（企业结合的申报）第一款规定的企业结合申报对象公司与相对公司都是外国公司（是指在外国有主要的事务所或者依照外国法律设立的公司）或者企业结合申报对象公司为国内公司、相对公司为外国公司的，限于满足第一款与第二款要件的同时该外国公司各自的国内销售额超过两百亿元以上的，成为法第十二条（企业结合的申报）第一款规定的申报对象。这时的关于计算国内销售额的必要事项，由公正交易委员会制定并告示。〔2007 - 11 - 2 新设〕

4. 依照法第十二条（企业结合的申报）第一款的规定进行申报者，应当按照公正交易委员会所制定并告示的规定，向公正交易委员会提交记载有申报义务人与相对方公司的名称、销售额、资产总额、事业内容和该企业结合的内容以及关联市场现状等的申报书，并附加证实该申报内容所必要的相关文件。〔2001 - 3 - 27，2007 - 11 - 2 修改〕

5. 对依照第四款的规定提交的申报书或者附加的文件不齐全的情形，公正交易委员会可以规定期限命令补充该文件。补充所需要的期限（包括发送补充命令书之日和已补充的文件送达公正交易委员会之日），不计入法第十二条第七款与第九款规定的期限。〔2001 - 3 - 27，2005 - 3 - 31，2007 - 11 - 2 修改〕

6. 法第十二条（企业结合的申报）第一款第一项中规定的“持有百分之二十（股票上市法人的情形，为百分之十五）以上的情形”，是指从未满百分之二十（股票上市法人的情形，为百分之十五，本款以下同）的持有状态变化为百分之二十以上的情形。〔2001 - 3 - 27，2006 - 4 - 14，2007 - 11 - 2，2008 - 7 - 29 修改〕

7. 法第十二条第一款第二项中规定的“成为最多出资者的情形”，是指从不是最多出资者的状态变化为最多出资者的情形。〔2005－3－31新设，2007－11－2修改〕

8. 法第十二条（企业结合的申报）第二款本文与同条第六款本文与但书中规定的“企业结合之日”，是指以下各项规定之日。〔1999－3－31，2001－3－27，2005－3－31，2007－11－2，2009－5－13修改〕

（1）取得其他公司的股份或者增加持有股份比率的情形，为以下各目规定之日。

甲．受让股份公司的股份的情形，为交付股票之日。但是股票尚未发行的，是指支付股份的价金之日；在接到支付的股票之前或者在支付股份的全部价金之前依照协议、契约等实质性地转移议决权以及其他有关股份的权利的，是指该权力转移之日；

乙．有偿取得股份公司新股的情形，为交付股份价金的第二日；

丙．受让股份公司以外的公司占有份额的情形，为受让占有份额的效力发生之日；

丁．不属于甲目至丙目的情形的、因减资或者销毁股份之外的其他理由增加持有股份比率的情形，为确定增加持有股份比率之日。

（2）任员兼任的情形，为在任员所兼任的公司的股东大会或者社员大会议决任员的选任之日。

（3）受让营业的情形，为支付受让营业的价金结束之日。但是，自签订契约日起经过九十日支付完受让营业的价金的情形，为经过该九十日之日。

（4）与其他公司进行合并的情形，为合并登记日。

（5）参与新公司设立的情形，为交付已分配股份的价金的第二日。

9. 法第十二条（企业结合的申报）第六款但书中规定的“总统令规定的情形”与同条第七款本文中规定的“总统令规定的情形”，是指持有其他公司的股份或者成为最多出资者的情形，并非是根据与股份持有者的契约与协议、在《关于资本市场与金融投资业的法律》第九条（对其他用语的定义）第十三款规定的证券市场外取得股份的情形（根据同法规定的公开买入除外）。〔2009－5－13新设〕

10. 法第十二条第六款但书中规定的“总统令规定之日”，是指符合以下各项规定之日。〔2005－3－31新设，2007－11－2，2008－6－25，2008－7－29，2009－5－13修改〕

（1）取得其他公司的股份或者成为最多出资者的情形，为与持有想要取得的股份者签订契约、协议之日；

（2）合并、受让营业的情形，为签订合并契约之日或者签订受让营业契约之日；

（3）参与新公司的设立的情形，为股东大会或者代替它的董事会议决参与公司的设立之日。

11. 根据法第十二条第六款但书的规定进行申报的大规模公司，在申报后至股份的持有日、合并的登记日、营业的受让日或者公司的设立日为止，申报事项出现重要变更的，应申报其变更事项。〔1999－3－31，2001－3－27，2005－3－31，2007－11－2，2009－5－13 修改〕

［1997－3－31 全文修改］

第十九条［企业结合申报代理人的指定等］

1. 欲被指定为法第十二条第十款但书规定的代理人者，应当向公正交易委员会提交记载有公司名称、资产总额与销售额等内容的申请书。〔1997－3－31，2001－3－27，2005－3－31 修改〕

2. 公正交易委员会接到第一款规定的申请并指定代理人时，应当把该事实通知该代理人。〔1997－3－31 修改〕

第二十条［股份持有现状等的申报］

1. 欲进行法第十三条（股份持有现状等的申报）第一款与第二款规定的申报者，应当在每年四月末之前向公正交易委员会提交记载有以下各项规定事项的申报书。但是，属于新指定为限制相互出资的企业集团等的企业集团的公司，应当在被指定的该年度内，自接到第二十一条（指定限制相互出资的企业集团等）第二款规定的通知之日起三十日以内提交申告书。〔1993－2－20，1997－3－31，1999－3－31，2000－4－1，2001－3－27，2002－3－30，2009－5－13 修改〕

（1）该公司的名称、资本金与资产总额等公司的概要；

（2）系列公司与特殊关系人持有的该公司的股份数；

（3）该公司持有国内公司股份的现状；

（4）该公司的债务担保金额。

2. 在第一款规定的申报书中，应当附加以下各项规定的文件。〔1998－4－1，2001－3－27 修改〕

（1）该公司的持有股份明细书；

（2）与系列公司相互出资的现状表；

（3）该公司的上一事业年度审计报告书；

（4）该公司系列公司的债务担保明细书以及上一年度间的债务担保

变更明细；

（5）该公司从系列公司处接到的债务担保明细书以及上一年度间的债务担保变更明细；

（6）为了确认第四项、第五项以及第一款第四项规定的内容，法第十条之二（禁止对系列公司的债务担保）第二款规定的国内金融机构按照公正交易委员会规定的书面格式制作的确认书。

3. 依照法第十三条（股份持有现状等的申报）第一款的规定，属于限制相互出资的企业集团等的公司因取得股份等原因导致所属公司发生变动事由时，应当从下列各项区分之日起至30日以内向公正交易委员会提交记载有该变动内容的申报书。〔2000－4－1，2002－3－30，2010－5－14修改〕

（1）持有股份或者持有股份的比率增加的情形：第十八条（企业结合的申报等）第八款第一项各目规定之日；

（2）选任任员的情形：选任任员的公司的股东大会或者社员大会议决任员的选任之日；

（3）参与新公司的设立的情形：公司的设立登记日；

（4）不属于第一项至第三项的情形：根据与主要股东的契约、协议等，对该所属公司的经营能够行使支配性影响力之日。

第二十条之二［删除］〔2001－3－27〕

第二十一条［指定限制相互出资的企业集团等］

1. 依照法第十四条（限制相互出资的企业集团等的指定等）第一款的规定，公正交易委员会应当在每年四月一日（不得已的情形为四月十五日）为止，指定符合第十七条（限制相互出资的企业集团等的范围）所规定的基准的企业集团为限制相互出资的企业集团，或者已指定为限制相互出资的企业集团不符合该基准时将其从限制相互出资的企业集团的指定中排除。〔1997－3－31，1998－4－1，2000－4－1，2002－3－30修改〕

2. 依照第一款的规定，新指定为限制相互出资的企业集团或者从指定中排除时，公正交易委员会应当立即以书面形式将该事实通知属于该限制相互出资的企业集团的公司和根据法第二条（定义）第二项规定事实上支配属于该限制相互出资的企业集团的公司的事业内容的同一人。〔1997－3－31，2000－4－1，2002－3－30修改〕

3. 作出第一款与第二款规定的指定、通知之后，属于该限制相互出资的企业集团的公司发生变动时，公正交易委员会应当每月一次以书面

形式将变动内容通知同一人和该公司。〔1993 -2 -20 新设，2002 -3 -30 修改〕

4. 法第十四条第五款中规定的“总统令规定的金额”是指一百亿元。〔2005 -3 -31 新设，2009 -5 -13 修改〕

5. 法第十四条之三中规定的“总统令规定之日”，是指符合以下各项规定之一之日。〔1993 -3 -31，2002 -3 -30，2005 -3 -31 修改〕

（1）指定限制相互出资的企业集团的当时应当编入为该所属公司却未编入的公司，是指接到该限制相互出资的企业集团的指定、通知之日；

（2）指定限制相互出资的企业集团之后应当编入为该所属公司却未编入的公司，是指应当归属于该限制相互出资的企业集团的事由发生之日下一个月的第一日。

6. 关于法第十四条第一款规定的对限制债务担保的企业集团的指定与通知，适用本条第一款至第五款的规定。此时把“限制相互出资的企业集团”视为“限制债务担保的企业集团”。〔2002 -3 -30，2005 -3 -31，2009 -5 -13 修改〕

7. 根据第一款的规定被指定为限制相互出资的企业集团或者根据第六款的规定被指定为限制债务担保的企业集团的企业集团，符合以下各项规定之一的情形的，在该事由发生时，可以从限制相互出资的企业集团或者限制债务担保的企业集团中排除。〔2002 -3 -30，2005 -3 -31，2008 -6 -25 修改〕

（1）在指定日以后，属于该企业集团的公司中符合第十七条（限制相互出资的企业集团等的范围）第一款第五项甲目或者乙目的公司资产总额（是指最近指定日的前一事业年度终了日当时的资产负债表上的资产总额，以下本条同）的合计额为企业集团全部资产总额的百分之五十以上的情形。但是不符合第十七条第一款第五项甲目或者乙目的公司的资产总额的合计额超过三兆五千万元的企业集团除外；

（2）因所属公司的变动，属于该企业集团的各国内公司的资产总额的合计额减少为未满三兆五千万元的情形。

8. ［删除］〔2009 -5 -13〕

第二十一条之二［相关机构的范围］

法第十四条之四（对相关机构确认资料的要求等）第四项中规定的“总统令规定的……机构”，是指根据《关于资本市场与金融投资业的法律》规定经营名义变更代理业务的机构和《关于信用信息的利用与保护的法律》第二条第六项规定的信用信息集中机构。〔1999－3－31，2005－3－31，2008－7－29，2009－10－1修改〕

［本条1997－3－31新设］

第二十一条之三［关于限制相互出资的企业集团的现状等的信息公开的范围］

1. 法第十四条之五（关于限制相互出资的企业集团的现状等的信息公开）第一款第一项中规定的“总统令规定的……信息”，是指符合以下各项规定之一的信息。

（1）属于限制相互出资的企业集团的公司的名称、事业内容、主要股东、任员、财务状况、其他的一般现状；

（2）属于限制相互出资的企业集团的公司的董事会以及根据《商法》第三百九十三条之二（董事会内的委员会）规定在董事会设立的委员会的组成、运行、在股东大会中的议决权的行使方法、其他的治理结构现状。

2. 法第十四条之五（关于限制相互出资的企业集团的现状等的信息公开）第一款第二项中规定的“总统令规定的……信息”，是指符合以下各项规定之一的信息。〔2009－5－13修改〕

（1）属于限制相互出资的企业集团的公司之间或者属于限制相互出资的企业集团的公司与其特殊关系人之间的股份持有现状等与出资相关的现状；

（2）属于限制相互出资的企业集团的公司之间的根据法第十条之二（禁止对系列公司的债务担保）第二款规定的债务担保现状；

（3）属于限制相互出资的企业集团的公司之间、或者属于限制相互出资的企业集团的公司与其特殊关系人之间的与资金、有价证券、资产、商品、劳务、其他交易相关的现状。

［本条2007－7－13新设］

［以前的第二十一条之三移动到第二十一条之四〔2007－7－13〕］

第二十一条之四［逃避法律行为的类型与基准］

1. 法第十五条第一款规定的禁止逃避的法律行为，是指符合以下各项规定之一的行为。〔1999－3－31，2000－4－1，2001－3－27，2002－3－30，2005－3－31，2007－11－2，2008－7－29修改〕

（1）［删除］〔2005－3－31〕

（2）法第十条之二（禁止对系列公司的债务担保）第一款规定的属于限制债务担保的企业集团的公司实施的符合以下各目规定之一的

行为。

甲. 不免除对法第十条之二（禁止对系列公司的债务担保）第二款规定的国内金融机构的自己系列公司所现有的债务，并且负担同一内容的债务的行为；

乙. 以其他公司对自己的系列公司进行债务担保为前提对该其他公司或者该系列公司进行债务担保的行为。

（2）之二·法第九条（禁止相互出资等）第一款规定的属于限制相互出资的企业集团的公司实施的符合以下各目规定之一的行为。

甲. 利用《关于资本市场与金融投资业的法律施行令》第一百零三条（信托的种类）第一项规定的特定金钱信托，使信托业者取得或者持有取得或者持有自己股份的系列公司的股份，并通过与信托业者的契约事实上对该股份行使议决权的行为；

乙. 利用他人的名义通过自己的计算，取得或者持有取得或者持有自己股份的系列公司的股份的行为。

（3）其他相当于第二项与第二项之二规定的、由公正交易委员会制定并告示的行为。

2. ［删除］〔2005-3-31〕

［本条 1997-3-31 新设］

［从第二十一条之三移动〔2007-7-13〕］

第二十二条 ［删除］〔1999-3-31〕

第二十三条 ［删除］〔2005-3-31〕

第二十三条之二 ［基准资产负债表的范围］

法第十七条第四款第一项规定的“总统令规定的资产负债表”，是指最初出现违反法第八条之二第二款至第四款规定的事实的资产负债表。但是在作出资产负债表之前纠正违反法律行为（依照法第八条之二第二款规定违反法律的行为除外），所以在资产负债表中未出现违反法律行为的，适用以违反法律之日为基准的资产负债表。

［本条 2005-3-31 新设］［以前的第二十三条之二移动到第二十三条之三〔2005-3-31〕］

第二十三条之三 ［删除］〔2009-5-31〕

第二十三条之四 ［责令缴纳、征收履行强制金等］

1. 公正交易委员会根据法第十七条之三（履行强制金）的规定责令缴纳履行强制金时，针对自纠正措施中规定期间的终了日的第二天起至履行纠正措施之日为止的期间，责令其缴纳。责令缴纳履行强制金

时，除有特殊理由的情形之外，应当在纠正措施中规定的期间终了日起三十日以内责令其缴纳。〔2002－3－30 修改〕

2. 确定履行第一款规定的纠正措施的日期时，若纠正措施的内容为股份处分的情形，以股票交付日为基准；若纠正措施的内容为辞退任员的情形，以该事实的登记日为基准；若纠正措施内容为转让营业的情形，以有关不动产等的所有权的转移登记日或者登录日为基准。

3. 不限于第一款的规定，根据法第十六条（纠正措施等）第一款第七项与第八项规定的纠正措施的内容为按照每季度、每事业年度等期间承担一定的义务的，对不履行该义务者责令其缴纳履行强制令时，公正交易委员会针对该不履行期间责令其缴纳。这时除有特殊事由的情形之外，应当自可以确认其是否履行之日起三十日以内责令其缴纳履行强制金。

4. 法第十七条之三（履行强制金）第一款规定的责令缴纳履行强制金的标准同附表一。〔2010－5－14 修改〕

5. 公正交易委员会责令缴纳履行强制金时，应当明确说明每一日的履行强制金金额（第三款规定的履行强制金的情形，是指针对该不履行期间所确定的金额）、责令缴纳事由、缴纳期限和接收机关、提起异议的方法和提起异议的机关等内容，并以书面形式通知。

6. 依照第五款的规定接到通知者，应当在以下各项规定的期限内缴纳履行强制金。但是，因天灾地变以及其他不得已的事由不能在该期限内缴纳履行强制金时，应当在自该事由消失之日起三十日以内缴纳。

（1）第一款规定的履行强制金的情形，为自公正交易委员会确认终了履行行为以后、确定履行强制金的金额并发出缴纳通知之日起三十日以内；

（2）第三款规定的履行强制金的情形，为自公正交易委员会发出通知之日起三十日以内。

7. 征收第一款规定的履行强制金时，自纠正措施中规定的期限终了日起经过三十日也未能使纠正措施的履行得以实现的，公正交易委员会可以从该终了日起计算，以每经过九十日为基准征收履行强制金。

8. 督促缴纳履行强制金与委托滞纳处分，各自适用第六十四条（督促）与第六十四条之二（委托滞纳处分）的规定。

9. 征收履行强制金的具体基准与征收所必需的事项，由公正交易委员会制定并告示。〔2007－11－2 新设〕

［本条 1999－3－31 新设］

［从第二十三条之三移动，以前的第二十三条之四移动到第二十三条之五〔2005－3－31〕］

第二十三条之五［删除］〔2009－5－13〕

第四章 限制不当共同行为

第二十四条［共同行为的许可要件］

法第十九条（禁止不当共同行为）第二款中规定的“总统令规定的要件”，是指依照第二十四条之二（为了实现产业合理化的共同行为的要件）至第二十八条（为了提高中小企业竞争力的共同行为的要件）规定的要件。〔本条1997－3－31新设〕

第二十四条之二［实现产业合理化共同行为的要件］

为了实现法第十九条（禁止不当共同行为）第二款第一项规定的产业合理化的共同行为，只有在符合以下各项规定的要件时，公正交易委员会才能对该共同行为作出许可。〔1997－3－31，2002－3－30修改〕

1. 实施共同行为能够明确地达到发展技术、改善质量、节减成本与提高效率的效果；

2. 以共同行为以外的方法难以实现产业合理化；

3. 与限制竞争的效果相比，产业合理化的效果更大。

第二十四条之三［研究、技术开发共同行为的要件］

为了法第十九条（禁止不当共同行为）第二款第二项规定的研究、技术开发的共同行为，只有在符合以下各项规定的要件时，公正交易委员会才能对该共同行为作出许可。〔1997－3－31，2002－3－30修改〕

1. 该研究、技术开发对加强产业竞争力十分重要，其经济影响效果大；

2. 研究、技术开发所需的投资金额过多、一个事业者难以筹措；

3. 为分散研究、技术开发成果的不确实性所带来的危险而必要的时候；

4. 与限制竞争的效果相比，研究、技术开发的效果更大。

［本条1993－2－20新设］

第二十五条［克服萧条共同行为的要件］

为了法第十九条（禁止不当共同行为）第二款第三项规定的克服萧条的共同行为，只有在符合以下各项规定的要件时，公正交易委员会才能对该共同行为作出许可。〔1997－3－31修改〕

1. 对特定的商品或者劳务的需求较长时间内持续减少，供给大大超过需求的状态持续存在，而且该状态即使在今后亦将明确地存续；

2. 该商品或者劳务的交易价格，在较长时间内低于平均生产成本；

3. 该事业领域的相当多的企业因萧条可能难以继续事业活动；

4. 依靠企业的合理化，不能克服第一款至第三款规定的事项。

第二十六条［调整产业结构共同行为的要件］

为了法第十九条（禁止不当共同行为）第二款第四项规定的调整产业结构的共同行为，只有在符合以下各项规定的要件时，公正交易委员会才能对该共同行为作出许可。〔1997 -3 -31，2002 -3 -30 修改〕

1. 因国内外经济条件的变化，特定产业的供给能力处于明显过剩的状态；或者因生产设备、生产方法的落后，生产效率或者国际竞争力明显低下；

2. 依靠企业的合理化，不能克服第一款规定的事项；

3. 与限制竞争的效果相比，调整产业结构的效果更大。

第二十七条［交易条件合理化共同行为的要件］

为了法第十九条（禁止不当共同行为）第二款第五项的规定的交易条件的合理化的共同行为，只有在符合以下各项规定的要件时，公正交易委员会才能对该共同行为作出许可。〔2002 -3 -30 修改〕

1. 通过交易条件的合理化，明确地提高生产效率、增进交易的灵活性与消费者的便利性；

2. 交易条件的合理化内容，对该事业领域内的大部分事业者在技术上和经济上有可能实现；

3. 与限制竞争的效果相比，交易条件的合理化的效果更大。

［本条 1997 -3 -31 新设］

第二十八条［提高中小企业竞争力共同行为的要件］

为了法第十九条（禁止不当共同行为）第二款第六项规定的提高中小企业的竞争力的共同行为，只有在符合以下各项规定的要件时，公正交易委员会才能对该共同行为作出许可。〔1997 -3 -31 修改〕

1. 实施共同行为能够明确地达到改善中小企业的质量与技术等提高生产性、或者强化交易条件的交涉力的效果；

2. 参加的事业者全部为中小企业者；

3. 以共同行为以外的方法，难以和大企业进行有效的竞争或者对抗大企业。

第二十九条［许可共同行为的界限］

不限于第二十四条之二（为了实现产业合理化的共同行为的要件）至第二十八条（为了提高中小企业的竞争力的共同行为的要件）规定、符合以下各项规定之一的共同行为，公正交易委员会不能予以许可。〔1997－3－31 修改〕

1. 超过为了实现该共同行为的目的的必要的程度；

2. 有可能不当地侵害需求者与关联事业者的利益；

3. 该共同行为的参加事业者之间，在共同行为的内容上具有不当的差别；

4. 不当地限制参与或者退出该共同行为。

第三十条［共同行为的许可程序等］

1. 欲根据法第十九条（禁止不当共同行为）第二款规定得到共同行为的许可者，应当向公正交易委员会提交记载有以下各项规定事项的申请书。〔1997－3－31 修改〕

（1）参加事业者的人数；

（2）参加事业者的名称与事业场所所在地；

（3）法定代表与任员的住址、姓名；

（4）欲实施共同行为的事由与其内容；

（5）欲实施共同行为的期间；

（6）参加事业者的事业内容。

2. 在第一款规定的申请书中，应当附加以下各项规定的文件。〔1997－3－31 修改〕

（1）参加事业者的最近两年的营业报告书、资产负债表与损益表；

（2）共同行为的协定或者决议书的复印件；

（3）证明符合共同行为的许可要件的文件；

（4）证明是否符合第二十九条（许可共同行为的界限）规定的文件。

3. 公正交易委员会接到第一款规定的申请并作出许可时，应当将许可证明交付给该申请人。

4. 得到共同行为的许可者欲变更许可事项时，应当在第一款与第二款规定的文件中附加与该变更事项有关的文件，并向公正交易委员会提出变更申请。

5. 公正交易委员会接到依照法第十九条（禁止不当共同行为）第二款规定的许可申请时，应当在自该申请日起三十日［依照第三十一条

（公示共同行为的许可申请内容）第三款规定进行公示的，是指三十日与公示期间的合计期间］以内作出决定。但是，公正交易委员会认为必要时，可以在三十日以内延长该期间。〔1997 - 3 - 31 新设〕

第三十一条［公示共同行为的许可申请内容］

1. 公正交易委员会认为必要时，在作出法第十九条（禁止不当共同行为）第二款规定的许可之前，可以公示该申请内容并听取利害关系人的意见。变更许可内容的情形，亦同。〔1997 - 3 - 31 新设〕

2. 依照第一款的规定公示许可申请或者变更申请内容时，应当在公示内容中包括以下各项规定的事项。〔1997 - 3 - 31 修改〕

（1）申请事业者的名称与地址；

（2）共同行为的内容；

（3）欲实施共同行为的事由；

（4）欲实施共同行为的期间；

（5）变更申请的情形中，最初许可内容的变更事项与事由。

3. 第一款规定的公示期间为三十日以内。〔1997 - 3 - 31 新设〕

4. 对第二款规定的公示内容持有意见的利害关系人，可以在公示期间内向公正交易委员会提交记载有以下各项规定事项的意见书。

（1）意见陈述人的姓名或者名称、地址；

（2）意见内容与提出意见的事由；

（3）陈述意见时的其他必要事项。

第三十二条［停止经许可的共同行为］

依照法第十九条（禁止不当共同行为）第二款的规定，得到共同行为的许可者，停止该共同行为时，应当立即向公正交易委员会申报该事实。

［1999 - 3 - 31 全文修改］

第三十三条［磋商竞卖、招标的类型］

法第十九条（禁止不当共同行为）第一款第八项规定的“总统令规定的事项”，是指以下各项规定之一。

1. 中标或者竞落的比率；

2. 设计或者施工的方法；

3. 其他成为招标或者竞卖的竞争要素的事项。

［本条 2007 - 11 - 2 新设］

第三十四条［为分析公共部门磋商招标征兆提交信息等］

1. 法第十九条之二（防止公共部门关于招标的共同行为的措施）

第二款规定的“总统令规定的公共机关”，是指符合以下各项规定的机关等。〔2009－5－13 修改〕

（1）依照《政府组织法》或者其他法律所设置的中央行政机关；

（2）依照《地方自治法》第二条（地方自治团体的种类）规定的地方自治团体；

（3）依照《关于公共机关的运营的法律》第五条（区分公共机关）的国营企业。

2. 法第十九条之二（防止公共部门关于招标的共同行为的措施）第二款规定的提交关于招标的相关信息，是指参加招标的事业者数少于二十，推定价格符合以下各项规定金额的情形。

（1）符合《建设产业基本法》第二条（定义）第四项规定的建筑公司的招标：五十亿元；

（2）第一款以外的公司的招标：五亿元；

（3）购买物品或者劳务的招标：五亿元。

3. 法第十九条之二（防止公共部门关于招标的共同行为的措施）第三款规定的关于招标的相关信息，是指符合以下各项规定的事项。

（1）订货机关或者需求机关；

（2）招标的种类与方式；

（3）招标公告的时间与内容；

（4）推定价格、预订价格与中标下限率；

（5）参加招标者数；

（6）各参加招标者的投标明细；

（7）关于中标人的事项；

（8）中标金额；

（9）流标次数与预订价格的上涨次数；

（10）其他为分析磋商招标的征兆而公正交易委员会所要求的信息。

4. 第一款各项中规定的公共机关的长官，应在中标人决定后的三十日之内，把第三款的各项规定的事项，依照《关于调达事业的法律》第八条（电子调达的利用）第二款的规定通过国家综合电子调达系统，向公正交易委员会提交。但是，第一款各项规定的公共机关的长官未委托调达厅长签订契约的，该信息可以以直接输入到公正交易委员会运行的信息处理装置的方式提交。〔2008－6－25 修改〕

［本条 2007－11－2 新设］

第三十五条［对自行申告者等的减轻或者免除的基准等］

1. 对法第二十二条之二（对自行申告者等的减免等）第三款规定的纠正措施或者课征金的减轻与免除的基准，适用以下各项的规定。〔2007－11－2，2009－5－13 修改〕

（1）在公正交易委员会开始调查之前自行申告者，符合以下各目所有规定的，免除课征金或者纠正措施。

甲．最初单独提供证明不当共同行为所必要的证据者。但是，参与共同行为的两人以上事业者共同提供证据的，他们是存在实质性支配关系的系列公司或者是公司分割或者营业转让的当事公司并符合公正交易委员会规定的要件的，也视为单独提供。

乙．公正交易委员会尚未掌握不当共同行为的信息或者没有充分确保证明不当共同行为所必要的证据时，自行申告。

丙．陈述所有与不当共同行为相关的事实，并诚实地协助到提交相关资料等调查结束为止。

丁．中断其不当共同行为。

（2）公正交易委员会开始调查之后，协助调查的符合以下各目所有规定者，免除课征金或者减轻、免除纠正措施。

甲．公正交易委员会尚未掌握对不当共同行为的信息或者没有充分确保证明不当共同行为所必要的证据时协助调查。

乙．符合第一项甲目、丙目、丁目。

丙．［删除］〔2008－6－25〕

（3）公正交易委员会开始调查之前自行申告、或者公正交易委员会开始调查之后，协助调查的符合以下各目所有规定者，减轻课征金的百分之五十、减轻纠正措施。

甲．第二个单独提供证明不当共同行为所必要的证据者。但是，参与共同行为的两人以上的事业者共同提供证据的，他们是存在实质性支配关系的系列公司或者是公司分割或者营业转让的当事公司并符合公正交易委员会规定的要件的，也视为单独提供。

乙．符合第一项丙目或者丁目。

丙．［删除］〔2008－6－25〕

丁．［删除］〔2008－6－25〕

（4）因不当共同行为成为责令缴纳课征金或者纠正措施的对象者，对除该不当共同行为之外的与本人相关的其他的不当共同行为，符合第一款各目或者第二款各目的要件时，可以对该不当共同行为减轻或者免除课征金或者减轻纠正措施。

（5）即使是符合第一款至第四款的规定，但是有违反其他事业者的意思强迫其参与不当共同行为或者强迫其不能中断的事实时，不能减免纠正措施或者课征金。

2. 依照法第二十二条之二（对自行申告者等的减免等）第二款的规定，可以提供给他人的自行申告者或者协助调查者的身份、举报内容等与举报相关的事项的情形，是指符合以下各项规定之一的情形。〔2007－11－2 修改〕

（1）自行申告者同意提供该信息的情形；

（2）对提起、执行与该案件有关联的诉讼等有必要的情形。

3. 如果自行申告者或者协助者提出申请，公正交易委员会可以分离审理或者分离议决该案件，以保证自行申告者等的身份不被公开。〔2007－11－2 新设〕

4. 关于对申告者等的具体减免程度、减免制度的具体运行程序以及提交证据方法等事项，由公正交易委员会制定并告示。〔2007－11－2 修改〕

［2005－3－31 全文修改］

第五章　禁止不公正交易行为

第三十六条［指定不公正交易行为］

1. 法第二十三条（禁止不公正交易行为）第二款规定的不公正交易行为的类型与基准，如附表一之二。〔2010－5－14 修改〕

2. 公正交易委员会认为必要，为了对特定领域或者特定行为适用第一款规定的不公正交易行为的类型与基准，可以制定并告示具体基准。该情形下，公正交易委员会应当事先听取相关行政机关长官的意见。〔1997－3－31 全文修改〕

第三十七条［公正竞争规约］

1. 公正交易委员会依照法第二十三条（禁止不公正交易行为）第五款的规定接到要求审查公正竞争规约的申请时，应当自接到审查申请之日起六十日以内向申请人通报审查结果。〔1997－3－31 修改〕

2. ［删除］〔1999－3－31〕

第三十八条［删除］〔1999－3－31〕

第三十八条之二［删除］〔1999－3－31〕

第六章 事业者团体

第三十九条［删除］〔1999－3－31〕

第四十条［对事业者团体限制竞争行为的许可等］

1. 欲依照法第二十六条（禁止事业者团体的行为）第二款的规定，得到法第二十六条（禁止事业者团体的行为）第一款第一项规定的限制竞争行为的许可的事业者团体，应当向公正交易委员会提交记载有以下各项规定事项的申请书，并附加证明限制竞争行为的必要性文件。

（1）欲实施限制竞争行为的事由及其内容；

（2）参加事业者的基准和范围。

2. 对限制竞争行为的许可，第二十四条之二（为了实现产业合理化的共同行为的要件）至第二十九条（许可共同行为的界限）、第三十条（共同行为的许可程序等）第三款、第四款与第五款、第三十一条（公示共同行为的许可申请内容）与第三十二条（停止经许可的共同行为）的规定，适用本条。〔1997－3－31，1999－3－31修改〕

第四十一条［删除］〔1999－3－31〕

第四十二条［删除］〔1999－3－31〕

第七章 限制转售价格维持行为

第四十三条［允许实施转售价格维持行为的著作物］

法第二十九条（限制转售价格维持行为）第二款中规定的“总统令规定的著作物”，是指在《著作权法》第二条（定义）规定的著作物中，经与有关中央行政机关长官进行协商，并由公正交易委员会确定的已出版的著作物（包括电子出版物）。〔1997－3－31，1999－3－31，2005－3－31修改〕

第四十四条［转售价格维持对象商品的指定程序］

1. 欲依照法第二十九条（限制转售价格维持行为）第三款的规定，得到能够实施转售价格维持行为的商品的指定的事业者，应当向公正交易委员会提交记载有以下各项规定事项的申请书。〔1997－3－31修改〕

（1）事业内容；

（2）最近一年间的经营实绩；

（3）对象商品的内容；

（4）对象商品的流通途径与最近一年中的各流通阶段的销售价格动向；

（5）关于对象商品的销售业者的组织状况；

（6）指定申请事由。

2. 在第一款规定的申请书中，应当附加以下各项规定的文件。〔1997－3－31 修改〕

（1）证明该商品的转售价格维持行为，没有不当地损害一般消费者利益的文件；

（2）证明符合法第二十九条（限制转售价格维持行为）第二款各项规定要件的文件。

第四十五条［删除］〔1999－3－31〕

第四十六条［删除］〔1999－3－31〕

第四十六条之二［删除］〔1997－3－31〕

第八章　缔结国际契约的限制

第四十七条［国际契约的种类］

法第三十二条（缔结不当国际契约的限制）第一款中规定的“总统令规定的国际协定或者契约”，是指符合以下各项的规定之一的国际协定或者契约（以下称“国际契约”）。〔2005－6－30 修改〕

1. 工业产权引进契约。引进特许权、实用新案权、设计权、商标权等产业财产权的实施权或者使用权的契约。

2. 著作权引进契约。引进书籍、唱片、影像以及计算机程序等的著作权的契约。

3. 商业秘密引进契约。引进关于商业秘密以及其他类似技术的权利的实施权或者使用权的契约。

4. 连锁加盟引进契约。以加盟事业的形态、使用加盟本部的营业标志、并且以获得商品劳务的提供或者事业经营的指导为目的，引进加盟事业的实施权或者使用权的契约。

5. 共同研究开发协定。

6. 进口代理店契约。针对商品的进口或者劳务输入、以持续的交易为目的而签订的契约期间为一年以上的进口代理店（从事对物品出售进行确认证明的服务业的情形除外）契约。

7. 合作投资契约。

〔1997－3－31 全文修改〕

第四十八条〔国际契约的审查申请〕

1. 缔结国际契约者，依照法第三十三条（申请对国际契约的审查）的规定申请审查契约内容时，应当向公正交易委员会提交由公正交易委员会制定并告示的审查申请书。〔1997－3－31 修改〕

2. 已缔结国际契约者，依照法第三十三条（申请对国际契约的审查）的规定申请审查该契约时，应当在自缔结该契约之日起六十日以内向公正交易委员会提交由公正交易委员会制定并告示的审查申请书和该契约书的复印件（包括译本）。修改、变更契约内容时，亦同。〔1997－3－31 修改〕

3. 公正交易委员会接到依照第一款与第二款规定的审查申请时，除有正当事由的情形之外，应当在自接到审查申请之日起二十日以内将该结果以书面形式通报审查申请人。

4. 审查申请人从公正交易委员会处接到申请审查的契约内容违反法第三十二条（缔结不当国际契约的限制）规定的通报时，可以在自接到该通报之日起六十日以内修改契约的有关条款并再次申请审查。〔1995－4－1 全文修改〕

第九章　公正交易委员会的运行

第四十九条〔小会议的组成〕

1. 根据法第三十七条之二（会议的区分）的规定，在公正交易委员会内设置五个以内的小会议。〔2010－5－14 修改〕

2. 公正交易委员会的委员长（以下称“委员长”）可以指定各个小会议的组成委员，在必要的情形下可以变更组成委员。

3. 在特定的案件中、各小会议的组成委员具有符合法第四十四条（委员的除斥、申请回避、自行回避）规定的除斥、申请回避、自行回避事由的情形的，委员长可以决定其他小会议审议该案件，或者仅对该案件指定其他小会议的委员为该小会议的委员。

〔1997－3－31 全文修改〕

第五十条〔小会议的业务分工〕

委员长指定各小会议的分工业务，必要时可以变更分工业务。

〔1997－3－31 全文修改〕

第五十一条［委员的回避申请、自行回避］

1. 依照法第四十四条（委员的除斥、申请回避、自行回避）第二款的规定申请回避者，应当向委员长说明理由并提交申请。

2. 回避事由应当在自申请回避之日起三日以内以书面形式说明。

3. 接到回避申请的委员，应当立即向委员长提交关于回避申请的意见书。

4. 委员依照法第四十四条（委员的除斥、申请回避、自行回避）第三款的规定进行回避时，应得到委员长的许可。

［1997－3－31 全文修改］

第五十二条［地方事务机构的设置］

公正交易委员为了处理有关公正交易的地方事务，可以依照总统令的规定另行设置地方事务机构。

第五十三条［委员的津贴等］

对公正交易委员会的非常任委员，可以在预算的范围内支付津贴以及其他必要的经费。

第五十三条之二［公正交易纠纷调停协议会委员的资格］

1. 法第四十八条之三（公正交易纠纷调停协议会的设置及组成）第四款第一项中规定的“符合总统令规定要件的公务员”，是指四级以上公务员。

2. 法第四十八条之三（公正交易纠纷调停协议会的设置及组成）第四款第二项至第四项中规定的“总统令规定的期限”，是指七年。

［本条 2007－11－2 新设］

第五十三条之三［协议会的会议］

1. 法第四十八条之三（公正交易纠纷调停协议会的设置及组成）第一款规定的公正交易纠纷调停协议会（以下称：协议会）的委员长召集协议会，应在开会前七日以内，把会议的时间、场所以及案件以书面形式通知协议会的会员。但是要求紧急的情况除外。

2. 不公开协议会的会议。但是协议会的委员长认为必要时，可以允许纠纷当事人以及其他利害关系人旁听。

［本条 2007－1－2 新设］

第五十三条之四［申请调解等］

1. 根据法第四十八条之六（申请调解等）第一款的规定，申请纠纷调解的，应当向公正交易委员会或者协议会提交记载以下各项规定事项的书面文件（以下称：调解纠纷申请书）。〔2010－5－14 修改〕

（1）申请人与被申请人的姓名与地址（纠纷当事人为法人时，是指法人的名称、主要事务所的所在地以及其法定代表的姓名）；

（2）有代理人时，其姓名与地址；

（3）申请的意图与理由。

2. 调解纠纷申请书应附加以下各项规定的文件。

（1）申请调解纠纷的原因与证明该事实的文件；

（2）代理人申请时，其委任状；

（3）其他调解纠纷所必要的证明文件或者资料。

3. 法第四十八条之六（申请调解等）第一款第一项规定的“符合总统令规定的基准的行为”，是指有违反法律行为的嫌疑的以下各项规定之一的行为。〔2010－5－14 修改〕

（1）法第二十三条（禁止不公正交易行为）第一款第七项；

（2）附表一之二第一项甲目；

（3）附表一之二第二项丙目或者丁目；

（4）附表一之二第三项甲目（仅限于在供给自己的商品或者劳务时，无正当理由继续以明显更低于供给所需要的费用的价格进行供给，有可能排除自己或者系列公司的竞争事业者的行为）。

4. 公正交易委员会或者协议会若只根据调解纠纷申请书或者附加文件难以确认被申请人的有违反法律嫌疑的行为是否符合第三款各项规定之一时、或者成为调解纠纷对象的行为的事实关系不明确时，可以规定一定期限，要求补充资料。

5. 法第四十八条之六（申请调解等）第二款规定的“总统令规定的期限”，是指十日。这时不计入根据第四款规定的用于补充的时间。

6. 协议会从申请人处直接收到调解纠纷申请书时，应立即向公正交易委员会送达该调解纠纷申请书的复印件。〔2010－5－14 修改〕

7. 协议会接收调解纠纷申请书时，应当向申请人发放调解纠纷申请书接收证，向被申请人送达调解纠纷申请书的复印件。这时，协议会可以以《电子政府法》第二条第七项规定的电子文件的方式发送信息。〔2010－5－14 修改〕

8. 协议会的委员长认为依照法第四十八条之六（申请调解等）规定的调解纠纷的申请有必要进行补充的，可以规定一定期限，要求对其补充。这时用于补充的时间不计入法第四十八条之七（调解等）第四款第二项规定的期限内。〔2010－5－14 新设〕

［本条 2007－11－2 新设］

第五十三条之五［选定代表］

1. 多数事业者对同一事件共同申请调解纠纷的，可以从申请人中选定三人以内的代表。〔2010－5－14 修改〕

2. 未根据第一款的规定选定代表的，协议会的委员长可以劝告申请人选定代表。

3. 申请人选定或者变更代表时，应立即通知协议会的委员长。

［本条 2007－11－2 新设］

第五十三条之六［纠纷当事人的事实确认等］

1. 协议会根据法第四十八条之七（调解等）第二款的规定要求纠纷当事人出席时，应规定时间与场所并在要求出席之日七日前通知纠纷当事人。但是要求紧急或者接到出席通知者同意时除外。

2. 接到第一款通知的纠纷当事人因不得已的事由不能出席协议会时，可以提前以书面方式提交意见。

［本条 2007－11－2 新设］

第五十三条之七［提起诉讼的通知］

纠纷当事人申请调解纠纷后对该案件提起诉讼时，应将该事实立即通知协议会。

［本条 2007－11－2 新设］

第五十三条之八［调解等］

1. 协议会根据法第四十八条之七（调解等）第三款的规定驳回调解申请或者根据同条第四款第二项或者第三项的规定终了调解程序时，应作出记载以下各项规定事项的调解纠纷终了书，并附加该复印件与相关资料向公正交易委员会报告。

（1）纠纷当事人的一般现状；

（2）纠纷的经过；

（3）调解的焦点；

（4）驳回调解申请或者终了调解程序的事由。

2. 协议会在调解成立时，应作出记载以下各项规定事项的调解书，并附加该复印件与相关资料向公正交易委员会报告。

（1）第一款第一项至第三项的事项

（2）调解的结果。

［本条 2007－11－2 新设］

第五十三条之九［协议会的运行细则］

本令规定之外的关于协议会的运行与组织的必要事项，经协议会议

决由协议会的委员长制定。〔2010－5－14 修改〕

［本条 2007－11－2 新设］

第十章　调查等的程序

第五十四条［违反行为的申告方法］

欲进行法第四十九条（确认、申告违反行为等）第二款规定的申告者，应当向公正交易委员会提交记载有以下各项规定事项的书面资料。但是，申告事项紧急或者处于不得已的情形时，可以以电话或者口头申告。〔1997－3－31 修改〕

1. 申告人的姓名、地址；
2. 被申告人的地址、法定代表姓名与事业内容；
3. 被申告人的违反行为的内容；
4. 能够明确说明违反行为内容的其他事项。

第五十五条［公正交易委员会的调查等］

1. 公正交易委员会欲依照法第五十条（调查违反行为等）第一款第一项的规定，要求当事人等出席并听取意见时，应当发出记载有案件名称、相对人姓名、出席时间与地点等事项的出席要求书。〔2001－3－27 修改〕

2. 依照法第五十条（调查违反行为等）第一款第二项规定的鉴定人的指定，应当以记载有案件名称、鉴定人的姓名、鉴定时间、鉴定目的与内容等事项的书面形式进行。〔1997－3－31，2001－3－27 修改〕

3. 根据法第五十条（调查违反行为等）第一款第三项规定的关于成本与经营状况的报告以及其他必要资料的提交命令，应当以记载有案件名称、提交时间、报告或者提交资料等事项的书面形式进行。但是，对出席公正交易委员会的会议的事业者等，可以用口头形式。〔1997－3－31，2001－3－27 修改〕

第五十六条［所属公务员的调查等］

1. 法第五十条（调查违反行为等）第二款中规定的“指定的场所”，是指事业者或者事业者团体的事务所或者事业场所和公正交易委员会的出席要求书上所指定的场所。〔1997－3－31，2001－3－27 修改〕

2. 依照法第五十条（调查违反行为等）第三款规定的资料或物品的提交命令、或者收管已提交的资料或物品，仅限于可能发生证据灭失的情形。〔1997－3－31，2001－3－27 修改〕

第五十七条［经费的支付］

公正交易委员会根据法第五十条（调查违反行为等）第一款第一项的规定听取利害关系人或参考人的意见或者依照法第五十条（调查违反行为等）第一款第二项的规定委托鉴定人时，对该人可以在预算的范围内支付必要的经费。但是，在利害关系人或参考人的事务所或者事业场所听取意见的情形例外。〔1997－3－31，2001－3－27 修改〕

第五十七条之二［申请调查等的延期］

1. 法第五十条之三第一款规定的“总统令规定的事由”，是指符合以下各项规定之一的情形。

（1）进行合并、收购、和议或者申请法定管理、破产以及其他与此相当的程序的情形；

（2）被有权限的机关收管账簿、证据文件的情形；

（3）因火灾等原因对事业者与事业者团体的事业执行发生重大阻碍的情形。

2. 欲得到依照法第五十条之三第一款规定的处分或者调查的延期者，应当向公正交易委员会提交记载有以下各项规定事项的文件。

（1）欲得到处分或者调查延期的事业者或者事业者团体的名称与法定代表的姓名、地址；

（2）欲得到处分或者调查的延期的时间；

（3）欲得到处分或者调查的延期的事由。

［本条 2005－3－31 新设］

第五十八条［纠正劝告程序］

法第五十一条（纠正违反行为的劝告）第一款规定的纠正劝告，应当以明确记载以下各项规定事项的书面形式进行。〔1997－3－31 修改〕

1. 违法内容；

2. 劝告事项；

3. 纠正期限；

4. 是否接受的通知期限；

5. 拒绝接受时的措施。

第五十八条之二［删除］〔1997－3－31〕

第五十九条［异议申请的程序与处理期间等］

1. 依照法第五十三条（异议申请）第一款的规定提起异议申请者，应当向公正交易委员会提交记载有异议申请对象与内容、异议申请事由等事项的申请书与证明异议申请的事由或内容所必要的文件。

2. 对依照第一款的规定提交的申请书和有关文件不齐全的，公正交易委员会可以规定期间责令补充该文件。该情形下补充所需的期间（包括发送补充命令之日和已补充的文件到达公正交易委员会之日）不计入法第五十三条（异议申请）第二款规定的期限内。

3. 法第五十三条（异议申请）第二款但书中规定的“不得已的情况”，是指符合以下各项规定之一的情形。

（1）为了判断处分是否违法或者不当，有必要对市场的范围、结构、占有率、进出口动向等进行调查、检讨等另行进行经济性分析的情形；

（2）为了判断处分是否违法或者不当，有必要进行高度的法理性分析、检讨的情形；

（3）对异议申请的审理过程中，因提出新的主张或者资料，需要对其进行长期调查的情形；

（4）当事人或者利害关系人等行使沉默权或者不及时提交资料等不协助调查的情形；

（5）相当于第一项至第四项的情形，必须延长期间的情形。

［本条 1997－3－31 全文修改］

第六十条［纠正措施命令的停止执行］

依照法第五十三条之二（停止纠正措施命令的执行）的规定申请停止执行纠正措施或者申请取消停止执行决定者，应当向公正交易委员会提交记载有申请的意图和原因的申请书、说明申请的事由或内容所必要的文件。

［本条 1997－3－31 新设］

第十一章　课征金的责令缴纳与征收等〔1997－3－31 新设〕

第六十一条［责令缴纳课征金的基准］

1. 法第六条（课征金）、法第十七条（课征金）、法第二十二条（课征金）、法第二十四条之二（课征金）、法第二十八条（课征金）、法第三十一条之二（课征金）与法第三十四条之二（课征金）规定的责令缴纳课征金的基准，如附表二。〔2004－4－1，2009－5－13 修改〕

2. ［删除］〔2004－4－1〕

3. 本令规定之外的、关于责令缴纳课征金所必要的具体基准，由公正交易委员会制定并告示。

［1999－3－31 全文修改］

第六十一条之二［征收课征金与加算金］

1. 公正交易委员会依照法第五十五条之三（责令缴纳课征金）第一款的规定责令缴纳课征金时，应当明确说明该违反行为的类别和该课征金的金额，并以书面形式通知缴纳者进行缴纳。

2. 收到第一款规定的通知者，应当自收到通知之日起六十日以内向公正交易委员会规定的接收机关缴纳课征金。但是，因天灾地变以及其他不得已的事由不能在该期间内缴纳课征金时，应当自该事由消失之日起三十日以内进行缴纳。

3. ［删除］〔2005－3－31〕

［本条 1999－3－31 新设］

第六十二条［许可延长缴纳期限与分期缴纳的基准及其界限］

1. 法第五十五条之四（延长课征金的缴纳期限与分期缴纳）第一款中规定的"总统令规定的基准"，是指第九条（课征金的计算方法）规定的销售额的百分之一的金额或者十亿元。

2. 依照法第五十五条之四（延长课征金的缴纳期限与分期缴纳）第一款规定延长缴纳期限的，不能超过自该缴纳期限的第二日起一年。

3. 依照法第五十五条之四（延长课征金的缴纳期限与分期缴纳）第一款的规定进行分期缴纳时，各个分期缴纳期限之间的间隔不能超过六个月，分期的次数不能超过三次。

［本条 1997－3－31 新设］

第六十三条［延长缴纳期限与申请分期缴纳］

法第五十五条之四（延长课征金的缴纳期限与分期缴纳）第二款规定的缴纳期限的延长或者分期缴纳，应当依照公正交易委员会规定的格式进行。

［本条 1997－3－31 新设］

第六十四条［督促］

1. 依照法第五十五条之六第二款规定的督促，应当在缴纳期限经过后十五日以内以书面形式进行。〔2005－3－31 修改〕

2. 依照第一款的规定发出督促状的，滞纳的课征金的缴纳期限为自发出日起十日以内。

［1999－3－31 全文修改］

第六十四条之二［滞纳处分的委托］

1. 公正交易委员会根据法第五十五条之六第三款的规定将有关滞

纳处分的业务委托给国税厅长官时，应当以附有以下各项规定文件的书面形式进行。

（1）公正交易委员会的议决书；

（2）税收征收决议书与通知书；

（3）缴纳督促状。

2. 国税厅长官依照第一款的规定接受关于滞纳处分业务的委托时，应当自该事由发生之日起三十日以内向公正交易委员会以书面形式通报符合以下各项规定之一事项。

（1）滞纳处分的业务已经结束的情形，为该业务结束的时间以及其他必要的事项；

（2）公正交易委员会要求通报该进行状况的情形，为该进行状况。

［本条 1999 -3 -31 新设］

第六十四条之三［请求国税征收信息的程序］

1. 公正交易委员会根据法第五十五条之六第四款的规定，请求国税厅长官提供有关国税征收的信息时，应当以附有以下各项规定文件的书面形式进行。

（1）公正交易委员会的议决书；

（2）税收征收决议书与通知书；

（3）缴纳督促状。

2. 国税厅长官接到依照第一款规定的请求时，若无特殊情况，应在三十日以内以书面形式提供关于国税征收的信息。

［本条 2001 -3 -27 新设］

第六十四条之四［返还加算金的费率］

法第五十五条之七规定的返还加算金，是指对要返还的课征金适用公正交易委员会参酌金融机构规定的定期存款利息率并以告示确定的比率计算出的金额。〔2005 -3 -31 修改〕

［本条 2001 -3 -27 新设］

第六十四条之五［亏损处分］

法第五十五条之八（亏损处分）第一款第六项中规定的“总统令规定的事由”，是指符合以下各项规定之一情形。

1. 根据《关于债务者回生及破产的法律》第二百五十一条（对回生债权等的免责等）规定的免责情形；

2. 因不可避免的事由认为不可能收回时，由公正交易委员会制定并告示的情形。

[本条 2007 - 11 - 3 新设]

[以前的第六十四条之五移动到第六十四条之六〔2007 - 11 - 2〕]

第六十四条之六 [支付奖金]

1. 成为法第六十四条之二（支付奖金）规定的奖金支付对象的违反法律行为，是指符合以下各项规定之一的行为。〔2005 - 6 - 30，2008 - 12 - 3，2010 - 1 - 27，2010 - 5 - 14 修改〕

（1）法第十九条第一款各项规定的不当共同行为；

（2）法第二十三条第一款第一项至第五项规定的行为中，属于报纸业（是指发行或者销售《关于振兴报纸等的法律》第二条第一项甲目至丁目中规定的报纸的事业）中的不公正交易行为；

（3）法第二十三条（禁止不公正交易行为）第一款第三项规定的行为中，不当地诱引竞争者的顾客与自己进行交易的行为；

（4）法第二十三条（禁止不公正交易行为）第一款第三项规定的行为中，不当地强制自己或者系列公司的职员购买或者销售自己或者系列公司的商品或者劳务的行为；

（5）法第二十三条第一款第四项规定的行为中，大规模商店业（卖场面积的合计超过公正交易委员会规定的一定规模的同一店铺中销售一般消费者日常使用的各种种类商品的事业）的不公正交易行为；

（6）符合法第二十三条第一款第七项规定的不公正交易行为；

（7）法第二十六条第一款第一项至第三项规定的事业者团体的禁止行为。

2. 法第六十四条之二规定的奖金的支付对象者，是指申告或者举报第一款各项规定的行为并最初提交能够证明该行为的证据资料者。但是作出该违反法律行为的事业者除外。

3. 除特殊事由之外，公正交易委员会应在议决申告或者举报的行为为违反法律行为之日（有异议申请的，是指裁决之日）起三个月以内支付奖金。

4. 参与支付奖金的公务员不得向他人提供或者泄露申告者或者举报者的身份等与申告或者举报有关的事项。

5. 对各种行为的具体奖金的支付基准，由公正交易委员会考虑违反法律的重大性与证据的水平等事项后制定并告示。

6. 为了审议关于支付奖金的事项，公正交易委员会可以设置申告奖金审议委员会（以下称“审议委员会”）。

7. 关于审议委员会的设置、运行等事项以及其他与支付奖金有关的必要事项，由公正交易委员会制定并告示。

［本条 2005－3－31 新设］

［从第六十四条之五移动〔2007－11－2〕］

第六十四条之七［规制的再审议］

到 2013 年 12 月 31 日为止，公正交易委员会应审议第三条之二规定的从企业集团范围中可以排除的公司的范围是否适当，并采取废止、放宽或者维持等措施。

［本条 2009－7－7 新设］

第六十五条［责令缴纳过怠料的基准］

1. 法第六十九条之二（过怠料）第一款第一项与第二项规定的过怠料的责令缴纳基准各自同附表三与附表四。

2. 根据附表三与附表四计算的过怠料，公正交易委员会可以考虑其违反程度、事由或者结果，对其进行减免或者在二分之一的范围内加重处罚。但是加重处罚时也不能超过法第六十九条之二（过怠料）第一款规定的过怠料金额的上限。

［2009－5－13 全文修改］

第六十六条［施行细则］

关于施行本令的必要事项，由公正交易委员会制并告示。

附则〔总统令第 12979 号，1990－4－14〕

第一条［施行日］

本令自公布之日起施行。

第二条［对正在处理之中的事项的过渡措施］

本令施行当时，依照以前的第三十四条与第三十五条的规定由市、道知事调查或者正在进行纠正劝告的事项，依照以前的规定处理。

第三条［相关法令的修改］

1. 《关于转承包交易公正化的法律施行令》作如下修改。第七条第二款与第十三条中“经济企划院长官”修改为“公正交易委员会”，第九条与第十二条第一款、第二款中“向经济企划院长官”修改为“向公正交易委员会”。

2. 《证券交易法施行令》作如下修改。第三条第一款第六项中“《独占规制及公正交易法施行令》第五条第一款”修改为“《独占规制及公正交易法施行令》第七条第一款”。

3. 《建筑技术管理法施行令》作如下修改。第五十一条第一款中

“《独占规制及公正交易法》第二条第三款”修改为“《独占规制及公正交易法》第二条第三项”。

4.《关于定期刊物登记的法律施行令》作如下修改。第二条第一款中“《独占规制及公正交易法》第二条第二款”修改为“《独占规制及公正交易法》第二条第二项”。

附则〔总统令第13842号，1993-2-20〕

第一条［施行日］

本令自1993年4月1日起施行。

第二条［相关法令的修改］

1.《广播法施行令》作如下修改。第二条第二款中“第十七条本文”修改为“第十七条第一款本文”。

2.《综合有线广播法施行令》作如下修改。第二条第二款中“第十七条”修改为“第十七条第一款”。

附则〔总统令第14566号，1995-4-1〕

1.［施行日］

本令自公布之日起施行。

2.［关于例外认定出资的过渡措施］

本令施行当时，对依照以前的第十七条之二第三项的规定由公正交易委员会例外认定出资的，依照以前的规定处理。

3.［适用例］

第十七条之二第三项的修改规定，仅适用于在本令施行日以后取得或者持有的新股。

附则〔总统令第15328号，1997-3-31〕

第一条［施行日］

本令自1997年4月1日起施行。

第二条［关于提交财务报表及审计报告书等的适用例］

第三条之二（从企业集团中排除）第四款、第十七条（限制相互出资的企业集团等的范围）第三款与第十七条之四（分散持有优良公司的要件与确认）第二款的修改规定，自1998年1月1日开始适用。

第三条［关于为了加强产业的国际竞争力的出资的过渡措施］

本令施行当时，依照以前的第十七条之二（为了加强产业的国际竞争力的出资要件）第三项的规定取得或持有经公正交易委员会认定的股份，适用以前的规定。

第四条［关于分散持有优良公司的过渡措施］

本令施行时的分散持有优良公司，依照第十七条之四（分散持有优良公司的要件与确认）的修改规定视为公正交易委员会认定的分散持有优良公司。但是，关于该分散持有优良公司的要件，自本令施行日起三年期间，适用以前的规定。

第五条［其他法令的修改］

1. 《电子通信事业法施行令》作如下修改。

第四条第一款中"《独占规制及公正交易法施行令》第三条第一项至第五项"修改为"《独占规制及公正交易法施行令》第三条第一项甲目至戊目"。

2. 《住宅建设促进法施行令》作如下修改。

第四十二条之二第三款中"《独占规制及公正交易法》第七条第一款"修改为"《独占规制及公正交易法》第二条第三项"。

附则〔总统令第15767号，1998-4-1〕

本令自1998年4月1日起施行。但是，第十七条之二至第十七条之四的修改规定自公布之日起施行。

附则〔总统令第16221号，1999-3-31〕

1. ［施行日］

本令自1999年4月1日起施行。

2. ［关于允许实施转售价格维持行为的著作物的过渡措施］

本令施行当时，对依照以前的规定允许实施转售价格维持行为的著作物，不限于第四十三条的修改规定，到2002年12月31日为止适用以前的规定。

3. ［关于滞纳的课征金的过渡措施］

对本法施行当时已经滞纳的课征金，不限于第六十一条之二第三款的修改规定，适用以前的规定。

附则〔总统令第16685号，1999-12-31〕

本令自公布之日起施行。

附则〔总统令第 16777 号，2000 -4 -1〕

1. ［施行日］

本令自 2000 年 4 月 1 日起施行。但是，第十七条之二（限制出资总额的例外）的修改规定自 2001 年 4 月 1 日起施行。

2. ［对与社会间接资本设备有关的出资者的债务担保的过渡措施］

本令施行当时，属于对以《对社会基础设备的民间投资法》第四条（民间投资事业的促进方式）第一项与第二项规定的方式经营民间投资事业的系列公司出资的大规模企业集团的公司，对国内金融机构的该系列公司的授信作出担保的情形，视为依照第十七条之五（禁止新债务担保的对象的除外要件）第二款第七项的修改规定所作出的担保。

附则〔总统令第 17176 号，2001 -3 -27〕

1. ［施行日］

本令自 2001 年 4 月 1 日起施行。但是，第八条（公布违反法律事实的方法）的修改规定自 2001 年 6 月 1 日起施行。

2. ［关于控股公司的过渡措施］

本法施行当时，将符合第二条（控股公司的基准）第三项修改规定基准的公司作为子公司所拥有的、符合控股公司要件的公司（向公正交易委员会进行控股公司申报的公司除外），自本令施行日起四个月以内，应当依照第十五条（控股公司的设立、转换的申报）第一款的规定，向公正交易委员会进行申报。

附则〔总统令第 17317 号，2001 -7 -24〕

本令自公布之日起施行。

附则〔总统令第 17564 号，2002 -3 -30〕

1. ［施行日］

本令自 2002 年 4 月 1 日起施行。

2. ［其他法令的修改］

《关于改善国营企业的经营结构与民营化的法律施行令》作如下修改。

删除总统令第 15488 号《关于改善国营企业的经营结构与民营化的法律施行令》附则第二条（对指定大规模企业集团的特例）。

3. ［关于限制出资总额的例外的过渡措施］

本令施行当时取得或者持有的股份，符合以前的第十七条之二（限制出资总额的例外）第一款第六项规定的，不限于第十七条之二（限制出资总额的例外与适用例外）的修改规定，适用以前的规定。

附则〔总统令第 18536 号，2004 -4 -1〕

1. ［施行日］

本令自公布之日起施行。

2. ［关于责令缴纳课征金的过渡措施］

责令缴纳对本令施行之前作出的违反行为的课征金，适用以前的规定。

附则〔总统令第 18768 号，2005 -3 -31〕

1. ［施行日］

本令自 2005 年 4 月 1 日起施行。

2. ［关于与社会基础设备有关的投资者的债务担保的过渡措施］

本令施行当时，向依照《对社会基础设备的民间投资法》第四条第一项至第四项规定的方式经营民间投资事业的系列公司投资的、属于限制债务担保的企业集团的公司，对国内金融机构的该系列公司的授信作出担保的，视为依照第十七条之五第二款第七项的修改规定作出了债务担保。

3. ［关于限制出资总额的企业集团范围的过渡措施］

对本令施行当时依照以前的第十七条第二款第三项的规定不适用法第十条第一款规定的企业集团，不限于第十七条第二款第三项的修改规定，自本令施行之日起一年内适用以前的规定。

4. ［关于不当共同行为的课征金的过渡措施］

对本令施行之前作出、在总统令第 20360 号《独占规制及公正交易法施行令》的一部分修改令施行之前终了的行为的课征金，适用以前的规定。〔2007 -11 -2 修改〕

附则〔总统令第 18921 号，2005 -6 -30〕

本令自 2005 年 7 月 1 日起施行。但是，第六十四条之五第一款第二项的修改规定自 2005 年 7 月 28 日起施行。

附则〔总统令第 19447 号，2006－4－14〕

本令自公布之日起施行。

附则〔总统令第 20166 号，2007－7－13〕

第一条［施行日］

本令自 2007 年 7 月 14 日起施行。

第二条［关于对大规模内部交易的董事会的议决与公示的适用例］

第十七条之八（对大规模内部交易的董事会的议决与公示）第二款的修改规定，自本令施行之后第一个季度的交易开始适用。

第三条［关于变更子公司的基准的过渡措施］

法第八条之二（对控股公司等的行为的限制等）第二款第三项各目之外部分的本文中，在适用禁止持有子公司之外的国内系列公司股份的部分时，控股公司的子公司因第二条（控股公司的基准）第三款第二项的修改，成为子公司之外的国内系列公司的，自本令施行日起一年以内将该公司视为不属于控股公司的国内系列公司。

第四条［关于公示非上市公司等的重要事项的过渡措施］

本令施行当时，根据以前的第十七条之十（公示关于非上市公司等的重要事项）第三款第二项至第五项以及同条第四款第七项的规定作出决定的，关于该决定的公示事项，不限于第十七条之十（公示关于非上市公司等的重要事项）第三项至第五项的修改规定，适用以前的规定。

附则〔总统令第 20360 号，2007－11－2〕

第一条［施行日］

本令自 2007 年 11 月 4 日起施行。但是，第三十四条（为分析公共部门磋商招标的征兆提交信息等）的修改规定自 2009 年 1 月 1 日起施行。

第二条［关于自行申告者等的适用例］

第三十五条（对自行申告者等的减轻或者免除的基准等）的修改规定，从本令施行后进行自行申告或者协助调查者开始适用。

第三条［对与债务担保有关的金融机构的过渡措施］

本令施行当时，依照《相互储蓄银行法》的规定，对相互储蓄银行的授信依照法第十条之二（禁止对系列公司的债务担保）第二款规定作出债务担保的公司，自本令施行日起两年间，不限于第十七条之六的修改规定，适用以前的规定。

第四条［关于申报企业结合的过渡措施］

对本令施行当时已经发生申报企业结合的事由的，不限于第十八条第一款至第三款的修改规定，适用以前的规定。

附则〔总统令第20884号，2008-6-25〕

第一条［施行日］

本令自2008年7月1日起施行。但是，第三十四条第四款的修改规定自2009年1月1日起施行。

第二条［关于排除限制相互出资的企业集团等的指定的过渡措施］

本令施行当时，根据以前的规定，指定为限制相互出资的企业集团或者限制债务担保的企业集团，不符合第十七条（限制相互出资的企业集团等的范围）第一款修改规定的指定基准的，将其视为在本令施行日依照第二十一条（指定限制相互出资的企业集团等）第一款、第二款以及第六款规定的程序，从限制相互出资的企业集团或者限制债务担保的企业集团的指定中排除。

附则〔总统令第21492号，2009-5-13〕

第一条［施行日］

本令自公布之日起施行。但是，第十七条之十一与第十八条的修改规定自2009年6月26日起施行。

第二条［适用例］

第三十五条第一款的修改规定，亦适用于依照附则第一条本文的规定，在第三十五条第一款的修改规定施行之前自行申告或者协助调查的不当共同行为、或者同修改规定施行日为止公正交易委员会尚未作出决议的不当共同行为。

附则〔总统令第22160号，2010-5-14〕

第一条［施行日］

本令自公布之日起施行。

第二条［关于大规模内部交易的公示对象的适用例］

第十七条之八（对大规模内部交易的董事会的议决与公示）第三款的修改规定，自2010年7月1日之后的最初的交易行为开始适用。

第三条［关于调解纠纷的补充期间的适用例］

第五十三条之四（申请调解等）第八款的修改规定，自本令施行后最初接受的申请调解纠纷的案件开始适用。

［附表一］因不履行企业结合的相关纠正措施而责令缴纳的履行强制金的基准［关于第二十三条之四（责令缴纳、征收履行强制金等）第四款］

［附表一之二］不公正交易行为的类型与基准（关于第三十六条第一款）

［附表二］责令缴纳违反行为的课征金基准（关于第六十一条第一款）

［附表三］责令缴纳违反关于公示义务的过怠料基准［关于第六十五条（责令缴纳过怠料的基准）第一款］

［附表四］责令缴纳违反关于企业结合申报义务的过怠料基准［关于第六十五条（责令缴纳过怠料的基准）第一款］

参考文献

一、著作

1. 王晓晔、［日］伊从宽：《经济法与经济发展》，社会科学文献出版社 2003 年版。
2. 中国世界贸易组织研究会竞争政策与法律专业委会主编：《中国竞争法律与政策研究报告》，法律出版社 2010 年版。
3. 王显勇：《公平竞争权论》，人民法院出版社 2007 年版。
4. 董洪日：《社会主义市场经济概论》，山东大学出版社 2003 年版。
5. 权五乘：《经济法》，法文社（韩国）2002 年版。
6. 权五乘：《自由竞争与公正交易》，法文社（韩国）2002 年版。
7. 全国人大常委会法制工作委员会经济法室编：《中华人民共和国反垄断法：条文说明、立法理由及相关规定》，北京大学出版社 2007 年版。
8. 张汉林、蔡春林编译：《韩国规制改革——经济合作与发展组织考察报告》，上海财经大学出版社 2007 年版。
9. 杨紫烜主编：《经济法》，北京大学出版社、高等教育出版社 2008 年版。
10. 本书编写组编：《〈中华人民共和国反垄断法〉学习问答》，中国民主法制出版社 2007 年版。
11. 王为农：《经济法学研究——法理与实践》，中国方正出版社 2005 年版。
12. 漆多俊主编：《经济法论丛》第 10 卷，中国方正出版社 2005 年版。
13. 李俊峰：《反垄断法的私人实施》，中国法制出版社 2009 年版。
14. 宋才发：《WTO 规则与中国法律制度改革》，人民法院出版社 2005 年版。
15. ［英］马赫·M. 达芭著，肖兴志等译：《反垄断政策国际化研究》，东北财经大学出版社 2008 年版。
16. 何志鹏：《全球化经济的法律调整》，清华大学出版社 2006 年版。
17. 权五乘编著：《独占规制法 30 年》，法文社（韩国）2011 年版。
18. 金河禄：《经济行政的结构及其法律控制》，法律出版社 2006 年版。

二、论文

1. 金赞镇："韩国垄断规制法的制定沿革"，载《竞争法研究》（韩国）1989 年第 1 卷。
2. 河泰洙："对于公正交易委员会成长过程的分析"，载《韩国社会和行政研究》（韩国）2004 年第 19 卷第 2 号。
3. 郑浩烈："公正交易法的最近变化和执法现状"，载《The Justice》（韩国）2005 年通卷第 88 号。
4. 金民瑞："韩国竞争法的域外适用与国际法评价"，载《国际法学会论丛》（韩国）2006 年第 51 卷第 3 号（通卷第 106 号）。
5. 李浩荣："东亚三国竞争法域外适用的现状与课题"，载《法学研究》（韩国）2010 年通卷第 30 辑。
6. 申铉润："竞争法域外适用的最近动向"，载《竞争法研究》（韩国）2009 年通卷第 20 辑。

图书在版编目（CIP）数据

中韩两国竞争法比较研究／金河禄、蔡永浩著. — 北京：中国政法大学出版社，2011.10

ISBN 978-7-5620-4053-8

Ⅰ. 中… Ⅱ. ①金…②蔡… Ⅲ. 反不正当竞争-经济法-对比研究-中国、韩国 Ⅳ. ①D922.294.4 ②D931.262.29

中国版本图书馆CIP数据核字(2011)第197009号

书　　名　中韩两国竞争法比较研究　ZHONGHAN LIANGGUO JINGZHENGFA BIJIAO YANJIU

出版发行　中国政法大学出版社(北京市海淀区西土城路 25 号)

北京 100088 信箱 8034 分箱　邮编 100088　shenxiaojian@gmail.com

http://www.cuplpress.com （网络实名：中国政法大学出版社）

(010) 58908292(编辑部)　58908285(总编室)　58908334(邮购部)

承　　印　固安华明印刷厂

规　　格　650mm×980mm　16 开本　21.25 印张　370 千字

版　　本　2012 年 1 月第 1 版　2012 年 1 月第 1 次印刷

书　　号　ISBN 978-7-5620-4053-8/D·4013

定　　价　39.00 元